大数据技术与应用

教育大数据

肖　君
主编

上海科学技术出版社

图书在版编目(CIP)数据

教育大数据 / 肖君主编. —上海：上海科学技术出版社，2020. 1(2024. 1重印)
(大数据技术与应用)
ISBN 978 - 7 - 5478 - 4709 - 1

Ⅰ. ①教… Ⅱ. ①肖… Ⅲ. ①教育工作—信息化 Ⅳ. ①G43

中国版本图书馆 CIP 数据核字(2019)第 278661 号

教育大数据
肖君　主编

上海世纪出版(集团)有限公司
上 海 科 学 技 术 出 版 社　出版、发行
(上海市闵行区号景路 159 弄 A 座 9F-10F)
邮政编码 201101　www. sstp. cn
上海当纳利印刷有限公司印刷
开本 787×1092　1/16　印张 22. 75
字数 450 千字
2020 年 1 月第 1 版　2024 年 1 月第 6 次印刷
ISBN 978 - 7 - 5478 - 4709 - 1/G・935
定价：128. 00 元

内容提要

《教育大数据》从教育大数据的重要意义、国内外研究现状以及政策支持出发，对其相关概念和内涵进行了阐述说明，介绍了教育大数据的技术、技术标准、治理与开放、风险管理与法律政策，重点阐述了大数据在教育领域的典型应用，包括课堂教育、校园管理、在线教育、开放远程教育、教育培训行业以及学生综合素质评价等方面的应用，最后提出教育大数据的发展趋势和机遇挑战。

本书的读者对象包括教育信息化研究人员，企业中从事教育大数据产品研发、运营和管理的相关人员，学校中从事教育大数据决策部署的相关人员等；可作为教育领域从事教育大数据研究工作者的参考用书。

大数据技术与应用

学术顾问

大数据技术与应用

编撰委员会

丛书指导

干　频　石　谦　肖　菁

主　任

朱扬勇　吴俊伟

委　员

（以姓氏笔画为序）

于广军	朱扬勇	刘振宇	孙景乐	杨　丽	杨佳泓	李光亚
李光耀	吴俊伟	何　承	邹国良	宋俊典	张　云	张　洁
张绍华	张鹏翥	陈　云	武　星	宗宇伟	赵国栋	黄冬梅
黄林鹏	韩彦岭	童维勤	楼振飞	蔡立志	熊　贇	糜万军

本书编委会

主　编

上海开放大学　肖　君

副主编

上海开放大学　王腊梅

上海图书馆上海科学技术情报研究所　曹　磊

上海市电化教育馆　张　治

华东师范大学　吴永和

编　委

北京邮电大学　李　青

上海师范大学　江丰光

北京奥鹏远程教育中心有限公司　龚亚勋

华东师范大学—上海开放大学博士后科研工作站　杜　华

华东师范大学—上海开放大学博士后科研工作站　李绚兮

上海开放大学　朱晓晓

上海大学　朱文浩

腾讯云计算(北京)有限责任公司　潘鸿雁

上海远大学习广场教育科技有限公司(上海教育服务园区)　钱　辉

智园教育研究院　郑旭成

丛书序

我国各级政府非常重视大数据的科研和产业发展，2014 年国务院政府工作报告中明确指出要“以创新支撑和引领经济结构优化升级”，并提出“设立新兴产业创业创新平台，在新一代移动通信、集成电路、大数据、先进制造、新能源、新材料等方面赶超先进，引领未来产业发展”。2015 年 8 月 31 日，国务院印发了《促进大数据发展行动纲要》，明确提出将全面推进我国大数据发展和应用，加快建设数据强国。前不久，党的十八届五中全会公报提出要实施“国家大数据战略”，这是大数据第一次写入党的全会决议，标志着大数据战略正式上升为国家战略。

上海的大数据研究与发展在国内起步较早。上海市科学技术委员会于 2012 年开始布局，并组织力量开展大数据三年行动计划的调研和编制工作，于 2013 年 7 月 12 日率先发布了《上海推进大数据研究与发展三年行动计划（2013—2015 年）》，又称“汇计划”，寓意“汇数据、汇技术、汇人才”和“数据‘汇’聚、百川入‘海’”的文化内涵。

“汇计划”围绕“发展数据产业，服务智慧城市”的指导思想，对上海大数据研究与发展做了顶层设计，包括大数据理论研究、关键技术突破、重要产品开发、公共服务平台建设、行业应用、产业模式和模式创新等大数据研究与发展的各个方面。近两年来，“汇计划”针对城市交通、医疗健康、食品安全、公共安全等大型城市中的重大民生问题，逐步建立了大数据公共服务平台，惠及民生。一批新型大数据算法，特别是实时数据库、内存计算平台在国内独树一帜，有企业因此获得了数百万美元的投资。

为确保行动计划的实施，着力营造大数据创新生态，“上海大数据产业技术创新战略联盟”（以下简称“联盟”）于 2013 年 7 月成立。截至 2015 年 8 月底，联盟共有 108 家成员单位，既有从事各类数据应用与服务的企业，也有行业协会和专业学会、高校和研究院所、大数据技术和产品装备研发企业，更有大数据领域投资机构、产业园区、非 IT

领域的数据资源拥有单位，显现出强大的吸引力，勾勒出上海数据产业的良好生态。同时，依托复旦大学筹建成立了“上海市数据科学重点实验室”，开展数据科学和大数据理论基础研究、建设数据科学学科和开展人才培养、解决大数据发展中的基础科学问题和技术问题、开展大数据发展战略咨询等工作。

在“汇计划”引领下，由联盟、上海市数据科学重点实验室、上海产业技术研究院和上海科学技术出版社于2014年初共同策划了《大数据技术与应用》丛书。本丛书第一批已于2015年初上市，包括了《汇计划在行动》《大数据评测》《数据密集型计算和模型》《城市发展的数据逻辑》《智慧城市大数据》《金融大数据》《城市交通大数据》《医疗大数据》共八册，在业界取得了广泛的好评。今年进一步联合北京中关村大数据产业联盟共同策划本丛书第二批，包括《大数据挖掘》《制造业大数据》《航运大数据》《海洋大数据》《能源大数据》《大数据治理与服务》等。从大数据的共性技术概念、主要前沿技术研究和当前的成功应用领域等方面向读者做了阐述，作者希望把上海在大数据领域技术研究的成果和应用成功案例分享给大家，希望读者能从中获得有益启示并共同探讨。第三批的书目也已在策划、编写中，作者将与大家分享更多的技术与应用。

大数据对科学研究、经济建设、社会发展和文化生活等各个领域正在产生革命性的影响。上海希望通过“汇计划”的实施，同时也是本丛书希望带给大家一个理念：大数据所带来的变革，让公众能享受到更个性化的医疗服务、更便利的出行、更放心的食品，以及在互联网、金融等领域创造新型商业模式，让老百姓享受到科技带来的美好生活，促进经济结构调整和产业转型。

干频

上海市科学技术委员会副主任

2015年11月

前言

随着新一代信息技术的发展，人类正在进入大数据时代，数据已经成为世界基础性的战略资源，大数据越来越受到各国家和各领域的重视。2012 年，联合国在发布的《大数据促进发展：挑战与机遇》白皮书中指出："大数据时代已经到来，大数据的出现将会对社会各个领域产生深刻影响。"2015 年，国务院印发了《促进大数据发展行动纲要》，其中明确指出将全面推进我国大数据的发展和应用，加快数据强国建设。毫无疑问，大数据正在逐步深入人心，快速融入各行各业，正在对人类的工作、生活与思维方式产生巨大的变革。大数据的"威力"也强烈地冲击着教育系统，正在给教育带来全新景观，成为推动教育系统创新与变革的颠覆力量，展现出未来教育的无限魅力。

本书正是在这样的背景下编写，力求把握教育大数据应用的前沿，以教育大数据的应用为特色，阐述大数据在教育各个应用领域的发展和应用现状。本书共 12 章：第 1 章介绍教育大数据的基本概念、内涵、研究现状以及政策支持等；第 2、3 章介绍教育大数据的技术以及相关技术标准；第 4、5 章介绍教育大数据的治理与开放、风险管理与法律政策。第 6～11 章阐述了教育大数据在教育领域的典型应用，包括教育大数据在课堂教育、校园管理、在线教育、开放远程教育、教育培训行业以及学生综合素质评价等方面的应用；第 12 章提出教育大数据的发展趋势和机遇挑战。

本书由肖君主编，由肖君、王腊梅研究确定主要内容结构，并组织上海开放大学、上海图书馆上海科学技术情报研究所、上海市电化教育馆、华东师范大学、北京邮电大学、上海师范大学、北京奥鹏远程教育中心有限公司、华东师范大学—上海开放大学博士后科研工作站、上海大学、腾讯云计算（北京）有限责任公司、上海远大学习广场教育科技有限公司、上海教育软件发展有限公司、智园教育研究院等单位专家合作组织编写。其中，第 1 章 1.1 节、1.2 节、1.3 节、1.6 节，第 7 章 7.1 节、7.2 节，第 9 章 9.1 节、9.2 节由杜华、孙艳超编写;第 1 章 1.4 节、1.5 节,第 6 章 6.3 节由王腊梅编写;第 2 章、第 9 章 9.4 节由龚亚勋编写;第 3 章由吴永和、朱丽娟编写;第 4 章由李青、韩俊红、王海兰编写;第 5 章由曹磊编写;第 6 章 6.1 节、6.2 节由孙林宏证、郑旭成编写,6.4 节由张治、徐冰冰编写;第 7 章 7.3 节由朱文浩编写,7.4 节由潘鸿雁、丁游、卢冬梅编写;第 8 章 8.1 节、8.2 节、8.3 节由李绚兮编写,8.4 节由冯伟、顾方妤编写;第 9 章 9.3 节由朱晓晓编写;第 10 章由钱辉、郁凌虚、袁家宏编写;第 11 章 11.1 节、11.2 节、11.3 节由张治、徐冰冰编写,第 11.4 节由吴蓉瑾编写,11.5 节由张志敏编写;第 12 章由黄子杰、江丰光编写。全书由肖君、王腊梅统稿,潘志敏、李梦圆等硕士研究生协助。此外,本书的研究工作得到了上海市科学技术委员会科研计划项目课题“上海开放远程教育工程技术研究中心”(课题编号: 13DZ2252200)和全国教育科学规划课题“大数据下在线学习用户画像的构建其应用研究”(课题编号: BCA160053)资助。

本书受限于作者的学识和水平,尽管已做了最大努力多次修改成稿,但仍难免存在疏漏与不足之处,欢迎广大读者批评指正。在成书过程中参考了大量文献,已在书中尽可能标注,如有疏忽未标注,也敬请谅解。

作 者
2019 年 5 月

目 录

第2章 教育大数据的技术 31

第1章

教育大数据概述

2012年联合国发布了《大数据促进发展：挑战与机遇》白皮书，指出“大数据时代已经到来，大数据的出现将会对社会各个领域产生深刻影响”。中国教育科学研究院院长田慧生在其报告《大数据时代的教育变革》中指出：大数据和大数据技术为教育规律的认识探索提供了前所未有的手段，对教与学的方式的改变提供了强有力的支持，对提升教育研究、教育决策科学化水平奠定了基础，并将全方位改变人们的工作方式、思维方式与生活方式。

随着技术的快速发展，人类社会已进入大数据时代，对于信息产业、制造业、物流业、金融产业、电子商务、城市安全治理等领域产生了重要影响。大数据在各行各业的应用价值凸显，大数据之于教育的价值和意义也引发了研究者与实践者的关注。教育领域正以越来越强大的方式捕捉、处理与分析学习、教学、管理等产生的海量数据，挖掘教育数据背后的价值，一场整个教育生态系统的变革正在悄然发生。

本章将从大数据入手，对教育大数据的定义、特征、类型、研究现状及意义进行梳理与探讨。

1.1 大数据的定义与特征

1980年，著名未来学家Alvin Toffler出版的《第三次浪潮》一书中，将“大数据”赞颂为“第三次浪潮的华彩乐章”。1997年，美国国家航空航天局(National Aeronautics and Space Administration，NASA)的研究人员Michael Cox、David Ellsworth使用了“大数据”一词来描述超级计算机在实验中生成的“巨大的对主机内存、磁盘等带来挑战”的信息数据量。1998年，刊发于国际著名学术期刊*Science*的《大数据的处理程序》(A Handler for Big Data)一文中使用了“大数据”一词。2008年9月，*Nature*专门设立*Big data*专刊。2011年2月，*Science*专门设立*Dealing with data*专刊。之后，随着互联网的快速发展，数据呈现爆炸式增长，国际数据公司(International Data Corporation，IDC)的统计数字表明，2008年全球产生的数据量为0.49 ZB，2009年的数据量为0.8 ZB，2010年增长为1.2 ZB，2011年的数量更是高达1.82 ZB，相当于全球每人产生200 GB以上的数据，“大数据”开始引起人们的注意。

2011年5月，美国麦肯锡咨询公司发布了题为《大数据：下一个创新、竞争和生产力的前沿》(Big data：The Next Frontier for Innovation，Competition，and Productivity)的研究报告，在该报告中称：数据已经渗透到当今每一个行业和业务职能领域，成为重要的生产因素；人们对于海量数据的挖掘和运用，预示着新一波生产率增长和消费者盈余浪潮的到来。这一观点更是将“大数据”视为创新、竞争与生产力的风向标。自此，大数据的快速发展引起了国际范围的空前关注。IDC统计数字表明，互联网上的数据每年将增长50%，每两年便将翻一番，而目前世界上90%以上的数据是最近几年才产生的。2012年，联合国发布了《大数据促发展：挑战与机遇》(Big Data for Development：Challenges & Opportunities)白皮书，其中指出：大数据时代已经到来，大数据的出现将会对社会各个领域产生深刻影响。2013年，牛津大学互联网研究所(Oxford Internet Institute)教授 Viktor Mayer-Schönberger 与 *The Economist* 数据编辑、著名的大数据发展评论员 Kenneth Cukier 合著的一本《大数据时代：生活、工作与思维的大变革》(Big Data：A Revolution that will Transform How We Live，Work and Think)，被认为是大数据的先河之作，真正把大数据推向了公众视野。正如 Schönberger 等在书中写的那样，"2013年是大数据时代的元年，标志着信息技术进入了新的发展时代"，"大数据开启了一个新纪元，就如显微镜能让我们看清微生物，望远镜能让我们感受到宇宙一样，大数据影响的不仅是我们生活的方方面面，还改变了我们理解世界的方式"。

当下，大数据正在成为一股热潮，世界各国都在加快大数据战略布局，以抢占新一轮科技革命的制高点。大数据在商业、通信、物流、健康医疗、公共交通、能源等众多行业领域得到了大范围的应用，并取得了巨大的成功。在电子商务领域，大数据技术可以用于定向投放广告和智能推荐；在金融领域，企业可以应用大数据技术来做基于客户行为分析的大数据营销和供应链管理；在医疗领域，医生可以对患者诊疗和治疗过程中产生的数据进行分析，为医疗决策提供重要的辅助依据，为患者提供个性化健康医疗服务；在交通领域，可以基于城市实时交通信息优化交通情况；在电力、石油、燃气等能源领域，可以通过大数据的综合采集、处理和分析，促进能源生产、消费及相关技术革命与大数据理念的深度融合，将加速推进能源行业发展及商业模式创新。

1.1.1 大数据的定义

大数据成了一个时髦术语，许多国家的高校、科研院所等相继成立了大数据研究机构，从不同视角开展对大数据的研究工作(McKinsey、Company，2011)。关于大数据的定义，一些学者、研究机构给出了各自的表述。

有的学者认为，大数据是数据概念的延伸和扩展，是数量巨大的数据、海量数据，它区别于传统数据主要在于其规模。比如刘建明认为：大数据是信息爆炸的同义语，是巨量资料、浩瀚信息的另一种称呼。大数据的庞大甚至超出了我们的想象。有的定义则强调大数据不仅意味着数据量大或数据种类多，而且是那些使用传统的软件工具难以捕捉、管理与分析的数据。比如在美国麦肯锡咨询公司的研究报告中是这样表述的：大数据是指其大小超出了典型数据库软件的采集、储存、管理和分析等能力的数据集。EMC公司则这样描述大数据：大数据并不是一个准确的术语；相反，它是对各种数据(其中大多数是非结构化的)永不休止地积聚的一种表征，它用以描述那些呈指数级增长，并且因太大、太原始或非结构化程度太高而无法使用关系数据库方法进行分析的数据集。Jason Bloomberg 认为：大数据是海量的结构化数据与非结构化数据，是那些用传统数据库与软件技术难以处理的数据。类似的还有维基百科对大数据的定义：无法在一定时间内用通常的软件工具进行捕获、管理的数据集合。再如 Li Guojie 等指出：一般来说，大数据指的是数据集，使用传统信息技术、硬件与软件工具在合理的时间内难以获得的数据感知、数据获取、数据管理、数据处理、数据服务。

“数据就像一个神奇的钻石矿，当它的首要价值被发掘后仍能不断给予。它的真实价值就像漂浮在海洋中的冰山，第一眼只能看到冰山一角，而绝大部分都隐藏在表面之下。”在有的定义里，不仅指出了大数据的海量数据规模，还强调了大数据所存在着巨大的价值。如 Viktor Mayer-Schönberger 与 Kenneth Cukier 认为大数据是“当今社会所独有的一种新型的能力：以一种前所未有的方式，通过对海量数据进行分析，获得有巨大价值的产品和服务，或深刻的洞见”，通过对海量数据的交换、整合、分析，可以发现新知识、创造新价值。IDC 认为：大数据是从海量数据中抽取有价值数据的新一代技术与架构，使得高速的采集、发现和/或分析成为可能。邬贺铨院士指出：大数据是指其规模大到从中可以挖掘出符合事物发展规律性的数据集。

大数据的内涵并不止于此，还包括快速的数据生成与处理、动态的数据体系等含义。如全球知名信息技术调研机构 Gartner 关于大数据的定义是这样描述的：大数据是大容量、高速率、多变化的信息集，需要考虑成本效益、信息处理的创新的形式，以促进理解与决策。Y Demchenko、C Ngo、P Membrey 等则在 Gartner 定义的基础上进行了修订，指出：大数据技术指的是处理大容量、高速率、多变化的数据集以提取意向数据的价值，保证原始数据和获取信息的高度真实性；需要考虑成本效益、信息处理的创新的形式，以促进理解、决策与过程控制；这些需要新的数据模型（在全数据周期支持所有的数据状态和过程），新的基础设施服务，以及从多样化的数据源（包括感知网络）中获取（与处理）数据的工具，还有以多样化的形式为不同的数据信息消费者与设备来传递数据。中国工业和信息化部电信研究院在其公布的《大数据白皮书（2014）》中对大数据定义如下：大数据是具有体量大、结构多样、时效强等特征的数据；处理大数据需采用新型计算架构和智能算法等新技术；大数据的应用强调以新的理念应用于辅助决策、发现新的知识，更强调在线闭环的业务流程优化。

总之，随着大数据理念的传播及其应用的逐步深入，大数据在内涵和外延上已超越传统意义上的“数据”概念。大数据不仅仅是一种技术，而且是一种能力，即从海量复杂的数据中寻找有意义关联、挖掘事物变化规律、准确预测事物发展趋势的能力。大数据是一套方法论，通过间接的数据，推测事物难以客观表达的特征，提示事物间内在的本质的必然联系，帮助人们更加准确的认识。大数据更是一种思维方式，即让数据开口说话，让数据成为人类思考问题、做出行为决策的基本出发点，让人们通过科学计算而不是凭借主观臆断来探寻事务本质。大数据所蕴含的多元、有序、共享、生成等思想，促使人们在技术哲学指导下应对大数据挑战过程中所生成的技术、方法和思维。大数据正在演变为一种社会文化方式，即人人生产数据、人人共享数据、人人热爱数据、人人管理数据的方式——这种文化正在潜移默化地影响着各个行业。

1.1.2 大数据的特征

人们在讨论大数据的时候，较多地是使用若干个基本特征去认识它。虽然大数据的定义表述各异，但关于大数据特征的概括，直接或间接地表现出了一些共性。如国际商用机器公司（International Business Machine Corporation，IBM）用3个V来描述，即规模（Volume）、速度（Velocity）、类型（Variety）。Viktor Mayer-Schönberger把大数据总结为4个V，除了上述3个V之外，再加上一个数据价值密度（Value）。阿姆斯特丹大学Yuri Demchenko在4V的基础上增加了精确性（Veracity），他还在与C Ngo、P Membrey等合作的报告中指出，除了Volume、Variety、Velocity、Value、Veracity这5个特征之外，还有一个特征，就是数据的动态化与联结。他们还指出，新的数据模式、新的分析方法、新的基础架构与工具、来源与目标等都是需要考虑的问题。Tekiner F、Keane J A等则从6个方面总结了大数据的特征，分别是：数据/处理容量与规模；数据/来源的多样性和异质性；信息需求的速度和时间线；目标服务、产出、解决和应用；数据呈现、可用性与解读；数据隐私、错误处理与安全性。

一般而言，大数据的核心特征常被概括为4V，即数据规模（Volume，一般认为在T级或P级以上）、数据处理速度（Velocity）、数据类型（Variety）和精确性（Veracity）。

1.2 教育大数据的定义与特征

大数据正在实现人类工作、生活与思维的大变革，其“威力”也给教育带来了强烈的冲击，正在成为推动教育系统创新与变革的颠覆性力量。《2013NMC地平线报告（高教版）》非常有预见性地认为“大数据和学习分析”将在未来2～3年成为主流技术。在大数据理念与技术的冲击下，教育领域正在发生着一场“静悄悄的革命”。Viktor Mayer-Schönberger曾指出：大数据和教育的结合，将超越过去那些“力量甚微的创新”，真正颠覆传统的教育模式，引领教学、学习、科研、服务、管理、评价等全方位的转型和变革。

1.2.1 教育大数据的定义

随着时代的发展与技术的进步，越来越多的数据正在产生，而且产生的速度越来越快。理论上讲，任何领域有了人的活动，都可以持续不断地产生大数据，教育领域也不例外。教育领域也在不断生成、流动着海量的数据，这就是我们所说的教育大数据。教育大数据的重要性和所蕴含的巨大价值正在为更多的人所关注。2012年10月，美国教育部发布了《通过教育数据挖掘和学习分析促进教与学》中指出，“通过对教育大数据的挖掘与分析，促进美国高等院校及

K12 学校教学系统的变革”。2013 年 10 月，美国哥伦比亚大学 Ryan Baker 在 Coursera 平台开设“教育大数据”课程，向学习者介绍常用的数据挖掘方法，以及如何将这些方法应用到教育数据挖掘和学习分析中。2015 年被认为是中国的教育大数据元年，政府、企业、学校、研究者、管理者、教师、社会公众等都开始关注教育大数据，相关政策文件、研究机构、市场产品等开始纷纷出现。2015 年，中国国务院发布《促进大数据发展行动纲要》，指出“数据已成为国家基础性战略资源”，要“探索发挥大数据对变革教育方式、促进教育公平、提升教育质量的支撑作用”，并在启动的十大工程之一——“公共服务大数据工程”中明确提出“建设教育文化大数据”，将教育大数据上升到国家战略层面。2016 年，教育部发布《教育信息化“十三五”规划》，强调“发挥大数据在教育管理与学习空间中的重要作用”。2016 年 4 月，中国首份教育大数据发展报告——《中国基础教育大数据发展蓝皮书》正式发布，蓝皮书中对教育大数据基础理论、发展理念和应用范式进行了梳理。2018 年，教育部印发《教育信息化 2.0 行动计划》，指出“完善教育管理信息化顶层设计，全面提高利用大数据支撑保障教育管理、决策和公共服务的能力……深化教育大数据应用”。教育大数据的浪潮正在席卷而来，为解决教育难题、促进教育领域综合改革与发展提供了重要机遇，成为一股推进教育创新发展的科学力量。

由于教育及大数据的复杂性，教育大数据尚且没有一个统一的定义。学者们从不同角度出发，对其进行了阐释。方海光认为总体而言关于教育大数据有两种定义。第一种教育大数据的定义是指大数据应用在教育行业中，可以翻译为“Big Data in Education，BDE”。这种定义特指教育领域应用大数据技术和方法，它强调了大数据及大数据技术在教育行业中的应用，是一种技术引导教育变革的基本想法。第二种教育大数据的定义是指教育行业中的大数据，可以翻译为“Educational Big Data，EBD”。这种定义特指教育领域的大数据，即教育和学习过程中所伴随的各类数据的总称，它强调了教育行业本身特有的大数据带来的新方法，是一种通过教育应用技术解决问题的基本想法。这两类定义都是将教育大数据看作是大数据的一个重要子集，是大数据技术在教育领域的延伸，认为教育大数据指的就是教育领域中的大数据，特指在教育领域的数据集合，即整个教育活动过程中所产生的以及根据教育需要采集到的、一切用于教育发展并可创造巨大潜在价值的数据集合。

有学者从教育的范畴出发，认为教育大数据有广义、狭义之分。因为教育是一种培养人的社会活动，是传承社会文化、传递生产经验和生活经验的基本途径。从广义上看，凡是增进人们知识和技能、影响人们的思想观念的活动，都具有教育作用。广义教育是“大教育”的概念，具有全员（从全日制学生到全民，面向所有人）、全程（从学前教育到终身教育，服务各个教育阶段）、全方位（家庭、学校、社会“三位一体”教育，无处不在的教育，虚实融合的教育）的特点。从狭义上来看，教育是以影响人的身心发展为直接目标的社会活动，主要指学校教育，是教育者根据一定的社会要求，有目的、有计划、有组织地通过学校教育的工作，对受教育者的身心施加影响，促使他们朝着期望方向变化的活动。从广义来看，教育大数据范畴极为广泛，杜婧敏等在《教育大数据研究综述》文中将教育大数据定义为：面向教育全过程时空的多种类型的全样本的数据集合。这一含义指出了广义的教育大数据，来自教育的全过程、全时空、多种类型、全样本。孙洪涛等认为教育大数据指的是服务教育主体和教育过程，具有强周期性和巨大教育价值的高复杂性数据集合。徐鹏等人在《大数据视角分析学习变革》一文中提出，“广义的教育大数据泛指来源于日常教育活动中人类的行为数据”，在杨现民主编的《中国基础教育大数据蓝皮书(2015)》中，也将教育大数据视作广义范畴，“既包括校园环境下的教学活动、管理活动、科研活动以及校园生活，也包括家庭、社区、博物馆、图书馆等非正式环境下的学习活动；既包括线上的教育教学活动，也包括线下的教育教学活动”。从狭义来看，教育大数据指的是在学校教育中产生的大数据。

还有的学者强调教育大数据是信息技术环境下在教育领域所产生的数据集。如章怡等将教育大数据定义为，信息技术支持下教与学的各个环节所产生的各种类型的结构化、半结构化和非结构化的具有大数据特征的数据集，它是信息技术环境下教与学的行为轨迹产物。

还有一种观点倾向于将教育大数据看作是学习者在信息技术环境下的学习过程所产生的数据。如徐鹏等认为狭义教育大数据指的是“学习者的行为数据，主要来源于学生管理系统、在线学习平台和课程管理平台等”。张洪孟等认为，教育大数据是学习者以学习为目的，在互联网学习环境中借助一定媒介，与外界交互过程中所产生的数据，主要包含学习行为数据、学习内容数据、虚拟社会网络关系数据以及学习管理数据。美国 Knewton 教育公司将教育大数据分为两类：一类是有关学生基本信息的数据(例如，身份识别数据)，另一类是基于学生学习活动用以提升学习效果的数据，包括学习交互数据、推断的内容数据、系统范围数据、推断的学生数据等。

也有一些学者是从技术层面来理解教育大数据。刘培等指出教育大数据是大数据技术在教育领域的延伸，是一项革命性的教育技术。黄欣荣认为教育大数据之所以能够迅速发展，在于一系列前沿技术的支撑，其中“最为核心的应该是数字计算机、智能感知、互联网以及云计算”，它们解决了传统教育技术所无法解决的数据的获取、存储、传输、计算等问题。杜婧敏等认为教育大数据是一种分布式计算架构方式，通过数据共享的各种支持技术达到共建共享的思想。这些数据既有静态的结果性数据，也有动态的过程性数据；它们形成有价值的数据库，研究者通过对数据库中的数据进行限制条件的搜索、查找、分析，就可以发现发展规律，进行有价值的针对性指导，或者进行相关判断和预测。孙洪涛等强调，要准确地理解教育大数据仅仅从“数据”的角度还不够，需要从“数据和技术两个层面进行解析”。

还有学者从生态学角度来理解教育大数据——教育大数据不仅仅是建设教育大数据中心，也不仅仅是分析全过程学习数据，更多的是一种共享的生态思想。

总之，教育领域虽然长期“保守”，但在大数据浪潮的冲击下，也在加速走向开放、“拥抱”大数据，教育大数据的发展显示出一派生机勃勃的景象。基于教育大数据的思想，可以产生一种不同于商业互联网的模式，一种能够平衡教育和技术使用的模式，特别是未来可以考虑的是数据分享、共建共享的模式。教育大数据的最终价值在于实现教育管理与决策的科学化、教学模式改革、个性化学习的实现、教育评价体系的重构、科学研究范式的转型以及教育服务的人性化。

1.2.2 教育大数据的特征

随着教育数据获取技术的更新和获取手段的增多，教育数据的数据量越来越大，呈现海量性特征；教育数据的获取手段多样化，使得教育数据的类型多样化，呈现出多类性特征。同时，教育数据是一类典型的数据，也呈现出了与其他领域数据所不同的特征。归结起来，教育大数据的特征在于以下几点。

1）海量性

教育大数据的数量巨大到何种程度呢？以一节 40 min 的普通中学课为例，其中一个学生所产生的全息数据约有 5～6 GB，而其中可归类、标签并进行分析的量化数据约有 50～60 MB，且大多是非结构化数据。单从基础教育来看，根据《中国基础教育大数据蓝皮书（2015）》对正规学校教育数据的估算值，班级层面的大数据达 96 GB，校园层面的大数据达 25 422 GB≈24.8 TB，从区域层面来看，大数据为 4 397 116 Gb≈4.2 Pb，全国大数据则为 12 544 971 948 GB≈12 EB，再加上非正规教育活动的数据如校外辅导班的学习数据、网络自主学习数据教育等，说是数量巨大一点也不夸张。网络上对 PB 级数据体量予以了形象说明：假设手机播放 MP3 的编码速度平均为 1 MB/min，而 1 首歌曲的平均时长为 4 min，那么 1 PB 歌曲可以连续播放 2 000 年；如果智能手机、相机所拍照片的平均大小为 3 MB，打印照片的平均大小为 8.5 in（21.59 cm），那么总共 1 PB 照片的并排排列长度就能达到 48 000 mile（77 248.5 km）——大约可以环绕地球 2 圈。所以，从规模上看，教育大数据的体量虽然尚未达到零售业、电信业等领域的规模，但已经超出了传统数据工具的处理能力。

2）多类性

和大数据的构成基本相同，构成教育大数据的要素主要是一些基础的元数据，例如教师的教学行为数据，教师的一些课堂管理数据，学生的学习行为数据，学生的教学评价数据以及学生的考试数据等。教育大数据直接产生于各种教育活动（包括教学活动、管理活动、科研活动、校园活动等），指向教育发展，能在提升教育质量、促进教育公平、实现个性化学习、优化教育资源配置、辅助教育科学决策等方面发挥有效作用。教育不仅仅包括学校中的教育，还包括家庭教育、社会教育以及各种非正式教育。其针对的对象不仅仅局限于学生，也包括教育行业中的教师等全体从事教育行业的人员。教育的阶段囊括了学前教育到终身教育的整体。此外，教育大数据中的非结构化数据，特别是音视频数据占很大比重，这些数据来自课堂录像、教学资源等，因此其类型多样，并有一定的复杂性。

3）实时性

传统的教育数据采集方式一般是人工采集，数据被周期性、阶段性采集，实时性较低。教育大数据具有高度个性化的特点，它能够关注每一个学生的行为表现，例如学习的过程轨迹、情绪表现、问题反馈等，这些个性化的数据一经产生就能够被精准地记录下来，通过传感设备实时地、不间断地进行采集，因此教育大数据具有很强的实时性。

4）流动速度慢

从流动速度的角度来看，教育大数据流转速度相对较慢。因为教育、教学活动的周期性，决定了教育大数据具有典型的周期性，而且持续时间较长。与电商等领域中步骤清晰、结果明确、周期较短的交易活动不同，教育教学活动具有更高的过程复杂性，因此并不像交易数据、搜索数据或通信数据具有快速流转的特点。

5）蕴含价值大

传统学习由于碎片化的数据信息无法为受教育者提供良好的发展机会，或者在某些场景下（例如管理决策等）因为缺乏可靠的数据分析而只能借助于经验进行判断，大数据的出现解决了传统教育技术所无法解决的问题，对海量、异构、多维的教育数据进行清洗、整合、挖掘和应用，从中提取出潜在的、极具潜在应用价值的信息，为教学、科研、后勤、管理、安保等各项工作提供科学的数据支撑。教育大数据是一种无形的资产，是一座可无限开采的"金矿"，充分挖掘与应用是实现数据"资产"增值的唯一途径。在《中国基础教育大数据蓝皮书(2015)》中，将教育大数据看作是发展智慧教育的基石，是一种教育战略资产，是教育领域综合改革的科学力量。

所以，教育大数据之"大"并非只指数量之大，更加强调"价值"之大，即能从繁杂的教育数据中发现相关关系、诊断现存问题、预测发展趋势，发挥教育大数据在提升教育质量、促进教育公平、实现个性化学习、优化教育资源配置、辅助教育科学决策等方面的极大潜能。

6）价值密度低

价值是大数据的终极目的。为形成用户价值，需对海量的数据进行挖掘分析，这使得大数据价值存在密度低的特性。教育大数据的价值密度相比其他行业的大数据价值密度已经是比较高了，但是还是依赖于数据挖掘才能实现数据的价值。一般来说，影响教育信息系统数据质量的因素主要包括：数据系统缺乏兼容性、数据本身的可用性不强、数据提供者对同一数据项理解不一致、数据更新不及时。与电商等领域中步骤清晰、结果明确、周期较短的交易活动不同，教育教学活动具有更高的过程复杂性，教育大数据的规模大且结构复杂，通过教育大数据分析发现规律更为困难。

综上，教育大数据的特点可以概况为海量性、多类性、实时性、流动速度相对较慢、蕴含价值大以及价值密度低。与电子商务、交通、医疗、金融保险等领域的大数据相比，教育大数据还具有以下特征——教育大数据的采集呈现高度的复杂性；教育大数据的应用需要高度的创造性；教育大数据不仅注重相关关系，更强调因果关系。

1.3 教育大数据的类型

在大数据时代，移动通信、云计算、传感器、普适计算等新技术将逐步融入教育的全过程。由于教育是一个极为复杂的系统，教育大数据由来自多个来源的异构数据组成，极为复杂。从数据结构化的程度来看，教育大数据的类型可以分为结构化数据、半结构化数据和非结构化数据；从数据产生的环节来看，可以分为过程性数据和结果性数据；从数据产生的业务来源来看，有教学类数据、管理类数据、科研类数据以及服务类数据。

1.3.1 根据数据结构化的程度划分

教育大数据的数据结构更加混杂。从数据结构化的程度来看，教育大数据可以分为结构化数据、半结构化数据和非结构化数据，见图1-1。常规的结构化数据依旧重要，但非结构化数据将越来越占据主导地位。

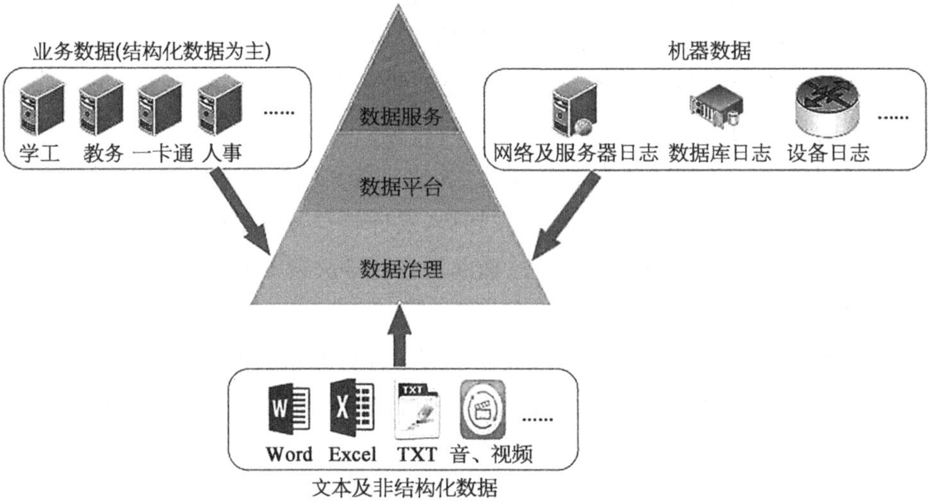

图1-1 教育大数据的类型

1）结构化数据

结构化数据是指可以用数据库二维逻辑表来表现的数据，如学习者的基本资料信息、学生的学习成绩、学籍、就业率、出勤记录等。

2）半结构化数据

半结构化的数据介乎结构化数据与非结构化数据之间，是结构变化很大的结构化数据，如E-mail、标记语言XML等。XML是一组定义人机可读格式的文档编码规则，其价值在于它的标签驱动结构非常灵活，编码人员可以使其适应在web上普及数据结构、存储和传输。

3）非结构化数据

非结构化数据是数据结构不规则或不完整，没有预定义的数据模型，不方便用数据库二维逻辑表来表现的数据。或者说，非结构化数据具有内部结构，但不通过预定义的数据模型或模式进行结构化。它可能是文本的或者非文本的，如图片、视频、音频、交互信息和知识图谱等；它也可能是人为的或机器生成的。

1.3.2 根据数据产生的环节划分

从数据产生的环节来看，可以将教育大数据分为过程性数据和结果性数据。

1）过程性数据

大数据技术对教与学活动过程中的记录更为精细化，过程性数据指的就是在教与学活动过程中采集到的、难以直接量化的数据。如可以准确记录到课堂教学中教师课堂提问与微笑的次数、学生举手次数、回答问题的次数与时长、师生互动的频率与时长等，还可以抓取每位学习者使用在线学习资源的过程细节，如点击资源的时间点、停留了多长时间、答对了多少道题、资源的回访率、师生课堂互动次数、在线作业等。

2）结果性数据

结果性数据常常表现为某种可量化的结果（如成绩、等级、数量等），比如学生识字的准确率、作业的正确率、考试成绩等。大数据所能带来的就是处理过程更加便捷，将课程成绩测试等结果性数据进行可视化呈现，便于把握学习者学习情况，提出更具针对性的发展建议，以改进教学。图 1－2 所示是某中学六年级学生的学习成绩。通过大数据系统自动统计并显示，从图中可以看出 1、3、6 班的优秀段人数过少，6 班的不合格段人数过多，1、3 班的低分段人数过高，建议 1、3、6 班重视低分段学生的补差补缺和中等生的培优工作；4、5 班重视优等生培养。

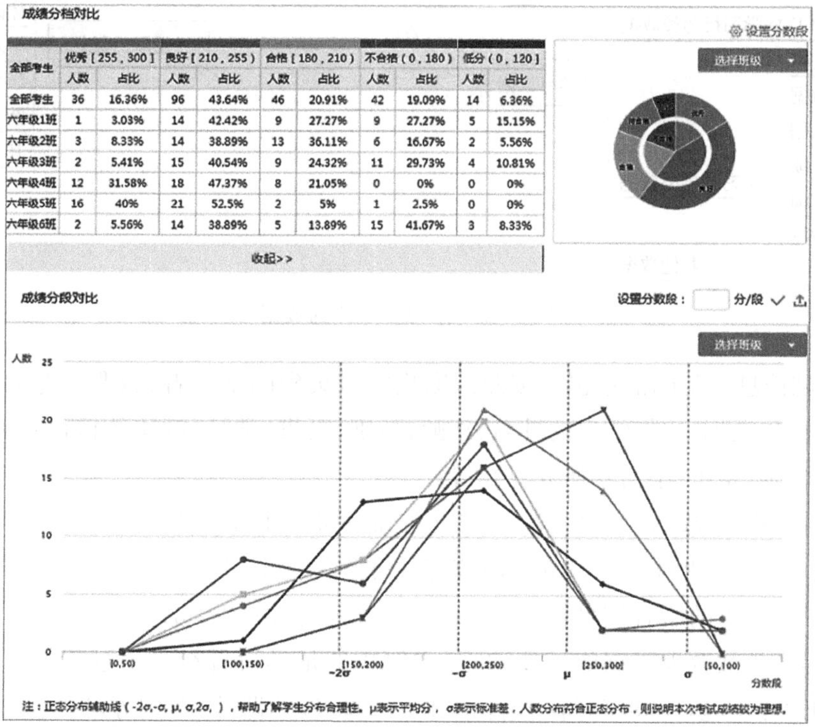

全部考生	优秀［255，300］		良好［210，255）		合格［180，210）		不合格（0，180）		低分（0，120］	
	人数	占比	人数	占比	人数	占比	人数	占比	人数	占比
全部考生	36	16.36%	96	43.64%	46	20.91%	42	19.09%	14	6.36%
六年级1班	1	3.03%	14	42.42%	9	27.27%	9	27.27%	5	15.15%
六年级2班	3	8.33%	14	38.89%	13	36.11%	6	16.67%	2	5.56%
六年级3班	2	5.41%	15	40.54%	9	24.32%	11	29.73%	4	10.81%
六年级4班	12	31.58%	18	47.37%	8	21.05%	0	0%	0	0%
六年级5班	16	40%	21	52.5%	2	5%	1	2.5%	0	0%
六年级6班	2	5.56%	14	38.89%	5	13.89%	15	41.67%	3	8.33%

图 1－2 某中学六年级学生的学习结果数据

1.3.3　根据主体划分

依据不同层级的主体和教育教学活动中的各项内容，可以将教育领域中的大数据，分为个体数据、学校数据、区域数据。

1）个体数据

随着各类教育资源公共服务平台、教育管理公共服务平台的广泛应用，大数据将全面记录学生的学习、生活及成长。个体层教育数据主要指的是教育领域中的个体的数据，如学习者、教职工等单个个体的数据。其中，来自学习者的数据是非常重要且数量最为巨大的一类数据，是教育大数据的主要构成之一，如图 1-3 所示。

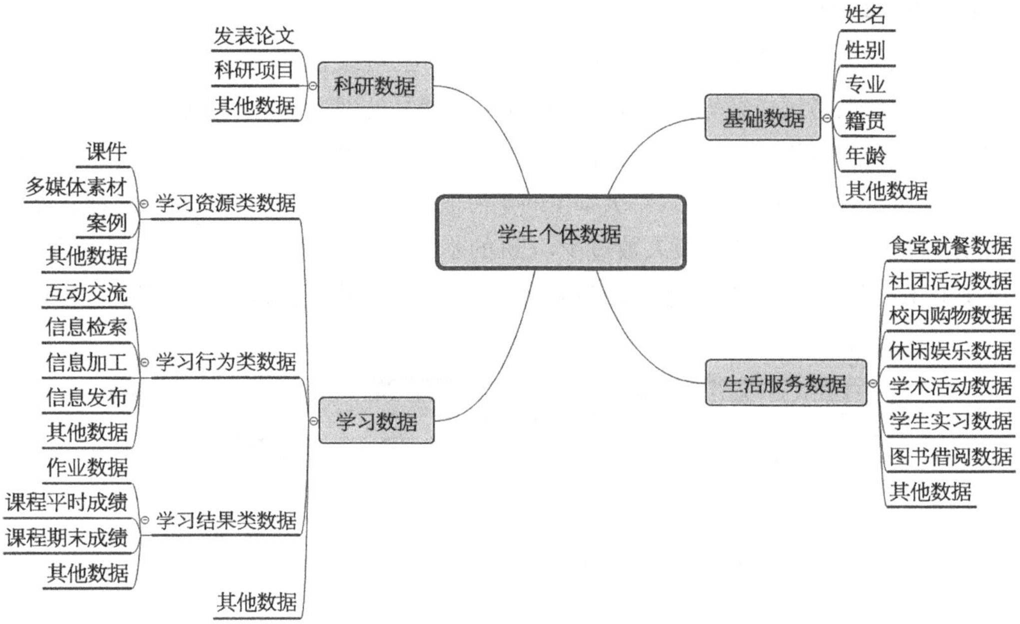

图 1-3　学习者个体的数据

（1）基础信息。基础信息包括按照国家规定采集到的学习者、教职工等的以人口学为代表的基本信息数据，比如学生的姓名、年龄、性别、籍贯、学号、健康体检信息等，教职工的姓名、年龄、性别、籍贯、学历和研究专长等。

（2）学习（教学）数据。学习（教学）数据是非常重要且数量最为巨大的一类数据，主要指的是在教与学的过程中所产生的相关教育数据，包括学习资源、学习行为和学习结果等数据，教与学所产生的所有信息都被记录下来，教育过程从“非量化”到“可量化”。学习资源类数据，是产生教育大数据的重要途径，主要指的是学习者在学习过程中所需要的相关学习材料和学习环境，比如多媒体素材、文档、试卷、教学课件、案例等，这类数据多以文本、音视频等非结构化的形式存储在文件系统中；学习行为类数据，包括教师的教学行为和学生学习行为产生的数据，前者涉及讲解与演示行为、答疑与指导行为、提问与对话行为、评价与激励行为等，后者则分为信息检索类、信息加工类、信息发布类、信息交流类等；学习结果类数据，包括课程的作业、课程考核成绩、学习者的学业水平考试类数据以及综合素质评价类数据。

(3) 生活服务数据。生活服务数据指的是在学习者或教职工等在校园生活中产生的教育数据，如餐饮消费、图书借阅、网络使用、复印资料、社团活动、休闲娱乐等各类师生生活服务中所产生的数据。对于学习者而言，可以通过一卡通管理数据库、学生宿舍管理系统数据库等，采集食堂就餐数据、校内购物数据、打开水数据、进出宿舍数据等，以分析该学习者个体的就餐时间、购物次数、购物金额、生活习惯、归寝情况等；可以通过图书馆系统管理数据库采集图书解决数据、图书馆自习数据、图书阅览数据、学术活动数据、学生实习数据等，以分析该学习者个体的图书借阅量、日常自习时间、实习成绩、学术水平等；可以采集学习者的社团活动数据、进出校门数据、上网数据等，以分析该学习者个体的社团参与情况、外出情况等。

(4) 科研数据。科研数据指的是在科学研究活动中采集到的数据，比如学生或教职工个人的论文发表、主持或参与科研项目、科研设备运行、科研材料的采购与消耗、研究数据与资源的共享等信息。随着大数据技术的不断成熟，各种科研数据的获取将更加便利，传统科研的复杂性将大大降低，这也在一定程度上破解了科研经费投入、数据分析以及科研管理等难题，为科研工作者提供了更为便捷的技术支撑与人性化服务，大大提高了研究的效率和结果的可信度。

2）学校数据

学校是在漫长的人类社会发展史中逐渐形成的教育与文化载体，并且伴随着社会的发展而发展。从“家有塾，党有庠，术有序，国有学”，到书院、学堂，再到今天的学校，一直都是人类科学知识传播与文化传承的重要机构。大数据时代的教育竞争是对核心数据的争夺和利用，学校要想在这场深刻变革中获得长足发展，就得充分认识学校层级大数据的重要性，不断获取核心数据，不断挖掘和利用好数据，才能适应新时代教育的发展，才能从变革中胜出，从而促进学校教育的整体发展。大数据技术能够从海量的教育数据中发现隐藏的、有用的信息，反映教育系统中实际存在的问题，从而为做好教育管理和决策工作提供科学的数据支持。

学校层教育数据指的是以学校为单位产生的、由各类教育教学管理系统中所记录下来的数据，主要包括国家标准规定的各种学校管理数据（概况、学生管理、办公管理、科研管理、财务管理等）、课堂教学数据、教务数据、校园安全数据、设备使用与维护数据、教室实验室等使用数据、学校能耗数据以及校园生活数据等。大数据不仅可以运行和维护各教育机构的人事信息、教育经费、办学条件和服务管理的数据，而且可以长期积累所有类型教育机构的数据，利用统计分析、应用模型等技术将数据转换为知识，最终为教育者和学习者提供决策依据。学校通过对大数据的分析利用，可以帮助学生进行学习、学业规划，从而更好地管理、服务学生。图 1-4 所示是某中学的教育数据示例。

利用大数据技术可以深度挖掘教育数据中的隐藏信息，可以暴露教育教学过程中存在的问题，提供决策来优化教育管理。学校层面的教育大数据给学校的教育管理与决策带来了极大的变革——教育决策从“经验化”到“科学化”，数据驱动的决策将变得越来越可靠；

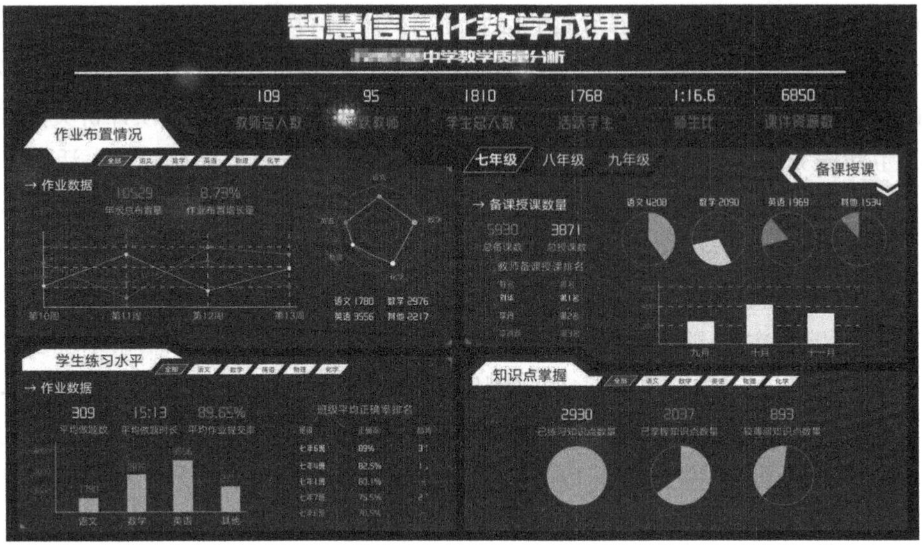

图 1-4 某中学的教育数据示例

教育管理从"不可见"到"可视化",通过可视化技术将实现更直观、更准确、更高效的教育资源与业务管理。比如一些高校已经建立起了学生画像、学生行为预警、学生家庭经济状况分析、学生综合数据检索、学生群体分析等功能应用,由面向混杂群体变为面向特征群体管理,更好分辨学生在专业学习或就业方向上的潜能,为学生提供个性化的管理与培养方案。

3) 区域数据

区域教育均衡发展是中国教育事业面临的重大问题之一。应用大数据技术可以准确把握区域教育发展动态和影响其均衡发展的关键因素,从教育环境均衡、教育资源均衡、教育机会均等、教育质量均衡等方面全面推进区域教育的均衡发展。大数据是区域智慧教育发展的基础,区域性教育大数据汇聚应用是智慧教育必经的前置阶段,依托大数据逐步形成智能系统和智能装备,为智慧教育发展奠定基础;大数据是科学配置区域教育资源的基础,教育大数据是在教育活动运行过程中的数据,它反映教育系统运行过程中实时、真实的运行状况,蕴含着教育系统运行的内在规律。通过数据挖掘,可以将这种规律及其演化趋势可视化展现出来,使教育决策部门可以预测到区域内教育发展的需求趋势,从而进行科学的教育决策与教育资源配置,由事后补救转向事前预警,使得教育资源配置过程更迅速,甚至达到实时与即时。如基于区域性的教育电子地图,叠加区域综合大数据,及时可视化动态显示变化趋势,帮助教育决策者获得超越个体与局部的宏观或中观的洞察力;通过数据聚类、关联分析和演化趋势等技术分析,可以发现群体共性问题,群体中的异常模式,相比以前更容易发现问题所在、可能弱点和盲区,并发现根源性的问题。大数据不仅服务于区域教育行政部门,更可以服务于每一位老师、每一位学生、每一位家长,让服务主体有获得感,是推进区域教育质量检测与管理、改进与提升最佳、最有效的手段。

助力区域教育改革、优化区域专业配置、合理布局学校分布、整合区域教育资源、辅助区域教育决策、均衡区域教育资源等，以加速推动区域创新体系的构建。此外，不同区域有自己不同的教育现状，在大数据背景下不仅可以缩小区域间的教育差距，而且有助于不同区域根据自身环境条件、经济状况以及发展需要形成各具特色的区域教育发展路径。此外，通过建立连续的制度化的区域教育发展数据采集机制，可以全面跟踪了解所有学生的在校学习情况以及毕业后的工作情况，进而更加客观的评价区域教育质量，根据评估结果动态调整区域教育体系，比如专业调整、课程计划调整、培养方式的调整等，实现教育与社会需求之间更加无缝的对接，帮助每一位学生获得成功。区域发展层面强调的是教育大数据对资源要素跨区域流动、产业跨区域发展、人才结构和劳动力结构跨区域调整、跨区域创新能力体系构建等的推动作用。区域层教育数据主要来自区域层面的教育数据，主要包括该区域内的各个学校，以及社会培训、在线教育机构等产生的教育数据，如国家标准规定的教育行政管理数据、区域教育云平台产生的各种行为与结果数据、区域教研等所需的各种教育资源、各种区域层面开展的教学教研与学生竞赛活动数据以及各种社会培训与在线教育活动数据。如上海闵行区教育局依托大数据进行数字化校园建设，全面客观地记录该区域基础教育中的学生成长轨迹，沉淀和积累多维度的学生成长数据，让反映学生发展状态的数据完整显示出来。

随着大数据时代到来，国际社会对教育大数据作为战略资产的地位越来越认可和重视。国家层教育数据，主要指的是各个区域的教育教学活动过程中所产生的数据集合，是个体数据、学校数据、区域数据等的汇聚，可以反映一个国家宏观层面教育发展整体状况，对制定教育政策、推动教育发展可以起到积极作用。中国教育部已经建立了较为完整的国家基础教育质量数据库和多级数据采集网络，全面客观地记录学生成长轨迹，沉淀和积累多维度的学生成长数据，让反映学生发展状态的数据完整显示出来，将能引导学生培养模式和教育质量管理方式的健康发展。

其实不管哪种分类，教育大数据的核心数据源头主要是“人”与“物”——“人”包括学生、教师、管理者、家长等各类人员；“物”包括信息系统校园网站、服务器、多媒体设备等各种教育装备。无论怎样，在教育领域存在着海量的数据。那么，如何利用这些数据，使这些数据转变为信息、知识，并为教学决策、学习优化服务，而不至于“淹没在数据的海洋中，却又忍受着信息的饥渴”，已成为教育工作者以及学习者们越来越关注的内容。

1.4 教育大数据的研究现状和国内外相关政策

1.4.1 教育大数据的研究现状

1）教育大数据的理论研究

教育大数据的概念、内涵、特征、价值、分类、范式、影响、趋势等基础理论研究为教育大数据的发展提供了前提条件，是开展深入应用研究的基础。徐鹏等解读美国《通过教育数据挖掘和学习分析促进教与学》报告，认为教育领域中的大数据有广义和狭义之分，广义的教育大数据泛指所有来源于日常教育活动中人类的行为数据，狭义的教育大数据是指学习者的行为数据。杨现民等研究了教育大数据的内涵价值和挑战，认为教育大数据特指教育领域的大数据，具有三方面的独特性：数据采集呈现高度的复杂性、应用需要高度的复杂性、更加强调因果关系。方海光认为教育大数据是整个教育活动过程中所产生的以及根据教育需要采集到的、一切用于教育发展并可创造巨大潜在价值的数据集合。张艳南等从个人隐私视角阐述了大数据教育应用的伦理思考。吴南中等提出了教育大数据范式的基本理念于建构策略。刘桐等从价值发现的视角，对如何合理理解和运用教育大数据进行了探索，构建了包含三个层次的价值及其关系模型，包括由本体共生的表征价值、由交互过程产生的关联价值以及由多方协同创生的决策价值等。肖玉敏等提出教育大数据研究的价值体现在拓宽对教育的认知、实现基于数据的教育决策、促进教育的进化和培育大数据文化这四个方面，并绘制了教育大数据应用研究的路线图。赵慧琼等从技术促进学习的视角出发，阐释了教育大数据的具体形成、分析过程及应用价值。

2）教育大数据的模型研究

模型是科学研究的有效手段。教育大数据的模型研究包括分析模型、结构模型、服务模型以及基于教育大数据构建的各种模型，对教育大数据的平台建设、应用实践等都具有重要的意义。武法提等提出了基于电子书包大数据的学生个性化分析模型与实现路径。姜强等以《C语言程序设计》课程学习为例，从基于大数据个性化自适应的学习过程结构、学习过程可视化及学习效果实证等方面进行分析，提出了基于大数据的个性化自适应在线学习分析模型。晋欣泉等基于大数据的一般处理流程，综合视频监控、可穿戴设备、网络爬虫、情感识别、文本挖掘等技术，构建在线学习情绪测量模型。焦春燕提出了一种基于离群挖掘算法的高校学困生学业预警干预模型，包含学困生筛查、异常因素反馈、负向离群干预、智能化的精准个体帮扶等功能模块。顾云锋等提出了一种基于教育大数据的学习分析架构模型。史金梅等提出了一种基于大数据分析的学生最优选课方案模型的设计方法及实现路径。赵纪涛等提出了教育大数据环境下基于关联规则的答卷分析模型。刘青堂等提出了教育大数据视角下的内容语义分析模型。訾保霞等提出了大数据背景下自适应学习个性特征模型。余鹏等提出了一种教育大数据生态体系模型用以提升数据治理的精准化，管理服务的协同化，教学科研的智能化，决策应用的科学化。

3）教育大数据的技术研究

从数据产生到应用的整个生命周期来看，教育大数据涉及一系列关键技术，包括数据采集、存储、管理、共享、挖掘、分析、可视化等多个方面。魏顺平归纳出学习分析技术的关键技术及分析模式，并以实例阐述学习分析技术在教育大数据背景下的应用价值。杨现民等构建了教育大数据的通用技术框架，包括教育数据采集层、教育数据处理层、教育数据分析与展现层和教育数据应用服务层。邢蓓蓓等研究了4大类、13种常见数据采集技术，包括物联感知类技术、视频录制类技术、图像识别类技术以及平台采集类技术，总结了教育数据采集的注意事项。李振等从学习行为大数据采集、教育大数据存储与计算以及教育大数据分析挖掘3个方面，对教育大数据平台构建的关键实现技术进行了研究。丁继红等依据多维关联分析原理，采用高阶奇异值分解算法挖掘学习者和资源的关联关系，提出了学习者和资源之间的精准匹配方法。王亚飞等从探索"差异化教学"实践路径的角度，设计了大数据精准教学技术框架，并进行了一定的实践研究。

4）教育大数据的应用研究

教育大数据的核心价值在于应用。于长虹等从剖析大数据的概念特征出发，进而梳理教育大数据的来源、应用价值和数字校园建设的内涵与目标演变，从而解读数字校园建设面临的挑战。胡水星在对教育数据挖掘和学习分析技术等教育大数据关键技术分析的基础上，开展了大数据及其关键技术的教育应用实证分析。杨现民等认为教育大数据的应用主要体现在：驱动国家教育政策科学化，驱动区域教育均衡发展，驱动学校教育质量提升，驱动课程体系与教学效果的最优化，驱动个体的个性化发展。王博等以远程教育领域人才引进决策支持为例，全面展现了基于大数据的决策支持过程。刘清堂等对教育大数据视角下的学习分析应用进行了研究，提出了学习分析评估、预测与优化教学的应用策略。刘邦奇等开展了基于智慧课堂的教育大数据分析与应用研究。孙志伟等认为教育大数据应用的关键在于挖掘数据背后的教育现象和教育规律，并以此开展了系统整合视角下教育大数据应用研究。

张燕南总结的大数据在美国教育领域中的应用主要包括教学、学习、评价、管理、科研、服务等。教学的主要应用场景包括洞察学习规律（edX用户学习行为数据研究）、实现个性化教育（"学位罗盘"个性化课程推荐系统）、施加教学干预（"课程信号"教学预警系统）；学习的应用场景包括实现自适应学习（Knewton自适应学习系统）、改善学习支持（可汗学院的学习仪表盘）；评价的应用场景包括推动形成性评价（北伊利诺伊大学的电子档案工具）、转化评价标准（田纳西州增值评价系统TVAAS）、促进多元化评价（电子课程资源工具eCART）；管理的应用场景包括规范管理体系（科罗拉多大学信息系统UIS）、提升行政管理质量（肯塔基大学的SAP HANA系统）、强化网络安全（得克萨斯大学的Splunk软件）、实现数据共享（共享学习协作项目LLC）；科研的应用场景包括加速社会科学转型（基于大数据的社会科学研究）、促成新兴学科诞生（计算广告学诞生）、把握学术研究趋势（基于谷歌数字图书馆的研究）；服务的应用场景包括优化就业服务（"接近职业"服务系统）、优化择校服务（Admitsee大学申请平台）。

1.4.2 国内外教育大数据政策

1）美国教育大数据相关政策

2012年3月，奥巴马政府提出《大数据研究与发展计划》，其中特别强调了提高从大型复杂的数据中提取知识和观点的能力，加大了对未来“数据科学家”的培养投入，鼓励大学开设大数据相关的课程，意在推动大数据技术在教学研究、科学工程、国家安全、医疗卫生等方面的改进。同年，美国国家教育部发布《通过教育数据挖掘和学习分析促进教与学》报告，对美国大数据教育应用领域和案例以及所面临的挑战进行了详细介绍。明确部署了教育大数据的发展路径，重点关注了数据挖掘和学习分析技术在预测学生学习行为、优化教学策略、评价教学效果等方面的应用，构建领域知识、学习者知识、学习者行为、学习者经历等模型，从而促成学习者在自适应系统环境进行个性化学习。这是美国教育部首次直击大数据在教育领域的应用，在一定程度上成为指导美国高等院校和 K－12 教学系统变革的重要指南，也为美国学校在大数据环境下改善教学效果、提升学生学习绩效等方面指明了具体方法，明确了教育数据挖掘和学习分析技术在学生行为模型建立及学习轨迹模型建立中的重要价值。

为了进一步明确教育大数据的落实路径，2013 年 2 月，美国教育部教育技术办公室发布了《扩展数字时代的有效学习方法》报告，提出了两项促进教育大数据发展的关键战略：一是必须把握大数据技术的发展趋势，为获取、组织和分析教育数据提供保障；二是对数据进行可视化操作，在静态学习行为数据与动态学习行为数据之间建立联系。从该报告可以看出，美国非常重视大数据在教育领域的应用。2014 年 5 月，美国总统行政办公室发布了《大数据：抓住机遇、保存价值》报告，针对美国大数据研究与发展计划的实施情况，陈述了教育大数据对个性化学习及学习轨迹研究的预测，并围绕数据开放与隐私保护的问题推出了一系列大数据未来发展计划，其中“我的学生数据”计划是专门推进教育大数据在管理与隐私保护方面的策略。为了助推教育大数据的顺利实施，美国政府还在《大数据计划》中明确启动以下计划：机器阅读、综合研究生教育和培训实习生的跟踪计划、加利福尼亚大学戴维斯分校的 RTG 项目等，推进大数据在提升学校教育质量、学生知识掌握水平方面的应用。

2）欧盟国家教育大数据相关政策

2011 年，欧盟公开颁布了《开放数据战略》，旨在使欧洲企业和市民能自由获取欧盟公共管理部门的信息。随后，欧盟会员国积极响应该政策，纷纷启动各国开放数据战略。2013 年 6 月，英国、法国、德国、意大利等欧盟主要国家在其签署的《数据开放宪章》(G8 Open Data Charter)中承诺为了推进数字经济发展和科技创新、创造更便捷的公共服务，将向公众开放大量优质数据。教育领域在该宪章中被划定为鼓励应用发展的重点领域，学校名单、学校表现和数字技能等教育数据被归属于优先开放的数据类别。欧盟委员会联合发布了《欧洲 2020 战略》(EUROPE 2020)，明确指出需要用大数据等新兴技术提升教育的普及率。

3）新加坡教育大数据相关政策

2014 年，新加坡提出了“智慧国计划”，该计划的核心在于大数据技术，即利用大数据、物联网、云计算、智能终端等新兴信息技术，实时收集和汇聚反映城市发展各个方面的数据，辅助管理者做出管理决策。新加坡将大数据列为智慧国家2025计划的关键技术之一，以实现教育的个性化和自主化。

4）日本教育大数据相关政策

2011年，日本文部科学省开展“学习创新事业”，在实验校推广电子黑板和无线网，向学生发放一人一台平板电脑，精细收集并分析学生的学习进程、操作等数据，揭开了日本教育大数据的研究序幕。2013年，日本总务省在颁发的《平成24年版信息通信白皮书要点》指出：“随着无线通信技术的发展、云计算服务等网络服务的进化、智能手机等移动终端的普及、M2M通信技术的演进，大数据时代已经到来，对各个领域产生了深远影响。”2015年，日本总务省颁布为期3年的先导性教育系统实证事业，将推进教育大数据的研究和发展作为国家政策——先导性教育系统是指通过无缝连接国家及各地教委部门、学校、家庭等各环节，创造随时随地的学习环境，并利用教育·学习云平台收集、共享学生的学习记录数据，进而利用大数据分析为学生提供最优化教育。自2016年起，由日本经济产业省陆续发起“利用IoT的新经济创造推进事业”（大数据应用的新指标开发事业）、“为推进IoT的新产业模型创造基盘整备事业”等国家级重点项目，其内容涉及连贯医疗和教育的母子电子手册研发、基于大数据和物联网技术的教育信息化建设等，已然将大数据产业化提上日程。由此可见，日本政府将如何有效利用大数据视为影响未来教育事业优胜成败的关键因素，并具有向低龄化、产业化加大实践和研发的特点。日本提出要运用大数据等新兴信息技术来优化人才结构，促进高校改革。

5）韩国教育大数据相关政策

2013年12月，韩国多部门联合发布“大数据产业发展战略”，将发展重点集中在大数据基础设施建设和大数据市场创造上。2014年年中，韩国政府发布“未来增长引擎执行计划”，大数据位于13个未来增长引擎领域之一。2015年发布的《K-ICT》战略中，韩国将大数据产业定义为九大战略性产业之一，目标是到2019年使韩国跻身世界大数据三大强国。2016年年底提出《智能信息社会中长期综合对策》，将大数据及其相关技术界定为智能信息社会的核心要素，并提出具体的发展目标与举措。

6）中国教育大数据相关政策

中国非常重视教育大数据的发展。2012年以来，中国政府相继出台了系列文件，为大数据的茁壮生长奠定基础。中国正处在数字经济发展的转型时期，党中央、国务院高度重视大数据发展，将大数据上升为中国国家战略之一。党的十九大明确提出“推动互联网、大数据、人工智能和实体经济深度融合”。2015年，国务院发布《促进大数据发展行动纲要》，其中在公共服务大数据工程中提到教育文化大数据应“完善教育管理公共服务平台，推动教育基础数据的伴随式收集和全国互通共享。建立各阶段适龄入学人口基础数据库、学生基础数据库和终身电子学籍档案，实现学生学籍档案在不同教育阶段的纵向贯通。推动形成覆盖全国、协同服务、全网互通的教育资源云服务体系。探索发挥大数据对变革教育方式、促进教育公平、提升教育质量的支撑作用”。2016年工业和信息化部出台了《大数据产业发展规划(2016—2020年)》,指出要"促进大数据在政务、交通、教育、健康、社保、就业等民生领域的应用"。2017年3月5日,李克强作政府工作报告指出"数据是基础性资源,也是重要生产力";2017年5月14日,习近平在"一带一路"国际合作高峰论坛上发表讲话:"要坚持创新驱动发展,加强在数字经济、人工智能、纳米技术、量子计算机等前沿领域合作,推动大数据、云计算、智慧城市建设,连接成21世纪的数字丝绸之路";2017年12月8日,习近平在中共中央政治局第二次集体学习时强调"实施国家大数据战略加快建设数字中国"。

地方政府也相继出台政策文件,促进大数据的发展。上海市科委发布《上海推进大数据研究与发展三年行动计划(2013—2015年)》,提出将重点选取医疗卫生、食品安全、终身教育、智慧交通、公共安全、科技服务等具有大数据基础的领域,探索交互共享、一体化的服务模式,建设大数据公共服务平台,促进大数据技术成果惠及民众。2014年5月,贵阳发布《贵阳大数据产业行动计划》;2014年7月,武汉发布《武汉市大数据产业发展行动计划(2014—2018年)》;2015年,东莞发布《东莞大数据行动计划(2015—2016年)》。

在教育领域,教育大数据推动教育研究科学范式转型,驱动教育创新和变革,助力人才培养及技术融合。2010年5月,《国家中长期教育改革和发展规划纲要(2010—2020年)》指出"探索现代信息技术与教育的全面深度融合"。2013年12月,《教育部中国移动科研基金2013年项目申请指南》中,教育部将IT-大数据项目列入其中,以鼓励高校科研人才对教育大数据发展进行研究。2014年3月,教育部办公厅印发的《2014年教育信息化工作要点》中指出要加强教育数据资源在各方面的整合力度,让数据发挥其精确、及时服务的意义,是以推动全国基础教育数据资源的功效。这一文案的提出,意味着数据时代妥善运用、分析数据已成为一种倾向,并为大数据进入中国教育创造契机。2016年12月,《国家教育事业发展"十三五"规划》明确提出"加快大数据建设与开放共享",要利用大数据、云计算等信息技术,促进教育公平提升教育质量。2016年6月,《教育信息化"十三五"规划》指出"积极利用云计算、大数据等新技术,创新资源平台、管理平台的建设、应用模式"。同时,随着三通两平台建设,学校层面已建立许多智能教室、数字实验室、数字图书馆、在线学习平台、智慧校园等数字化教育环境,为大数据驱动教育变革奠定基础。2018年4月,教育部发布的《教育信息化2.0行动计划》指出:"深化教育大数据应用,全面提升教育管理信息化支撑教育业务管理、政务服务、教学管理等工作的能力。充分利用云计算、大数据、人工智能等新技术,构建全方位、全过程、全天候的支撑体系,助力教育教学、管理和服务的改革发展。"实施"教育大资源共享计划",为各级各类学校和全体学习者提供海量、适切的学习资源服务,实现从"专用资源服务"向"大资源服务"的转变。教育数据将助力"教育信息化2.0"行动计划,通过"百姓少跑腿、数据多跑路",构建教育数据生态系统。借助教育大数据,能够彻底将教育"黑匣子"打开,从而更加全面地了解教育的全过程,透视各类教育现象,推动教育变革,主要包括:通过教育云平台进行科学的教育信息化管理;推进"数据服务式"教育模式和"以学生为中心"的教育方式变革,以实现个性化教育;推进"基于证据的教与学",最终实现"基于预测改善教与学";推动教育研究数据密集型科学范式转型。

1.5 教育大数据的意义

大数据是技术发展的重大变革,是时代发展的重要产物,是信息技术最新发展的典型代表,同时也影响着时代的进步与发展。21世纪,随着新一代信息技术的高速发展,人类进入了大数据时代,大数据迅速融入各行各业,成为各行业重大变革的主要推手。大数据研究的开创之作《大数据时代: 生活、工作与思维的大变革》,将大数据引入大众视野。Viktor Mayer-Schönberger在该书中提出大数据将为人类的生活创造前所未有的可量化纬度,将引发思维变革、商业变革、管理变革。数据已经成为世界的基础性战略资源,大数据在各国纷纷上升为国家战略。教育与国家的发展、人类的进步密不可分,教育大数据虽是在教育领域产生的大数据,但它的作用和意义不仅限于教育领域。从宏观层面来看,教育大数据是大数据领域的重要分支,是国家大数据战略的重要一环,是提升国家治理现代化水平的有力支撑,是构建智慧城市的重要组成部分,是推动区域融合创新发展的有效途径。从中观层面来看,教育大数据是推动教育领域创新发展的新动力,是教育领域综合改革的科学力量,它为破解教育发展难题提供可能,它能推进教育决策的科学性,它能有效助力智慧教育,它能引发教育科研、教育管理、教育评价等一系列的变革,它能引领教育信息化创新发展,进而催生新的教育生态系统。从微观层面来看,教育大数据技术的引入,将促使学校管理理念、教师教学方式、学生学习方式的改革和创新,在学校管理、教师发展、学生成长等方面都有积极的促进作用,可以为学校精细化管理提供数据依据,为智能化服务提供数据支撑,为教师差异性教学提供数据保障,为学生个性化学习提供数据支持。教育大数据对于促进教育公平、优化教育方式、提升学习质量、培养优质人才具有不可估量的作用。

1.5.1 教育大数据驱动教育决策创新

教育是关乎千家万户的民生大计,影响教育成败的因素又错综复杂,任何改革与决策都需要格外谨慎。大数据的价值是通过各种数据的大量采集、处理、分析,从而发现新联系、预测新趋势、创造新价值。传统的教育决策存在依赖主观经验、专家权威主导、依据少数群体需求、教育数据搜集量小、决策数据样本量有限等现象,往往缺乏大量有效数据的支撑。教育大数据可以有效呈现数据之间的内在联系,支持对事物未来发展变化的预测,更好地实现教育信息的价值。随着大数据思维的深入人心与大数据技术的日益成熟,各种数据库的不断开放、融合和共享,师资配置、学习环境、教学过程、用户行为等各类教育数据的采集、挖掘、分析变得越来越容易,教育大数据的"数据仓库"正在逐步形成,教育大数据与教育决策深度融合成为一种可能，也是一种必然。大数据支持的教育决策模式日益凸显，以大数据驱动决策正在成为提高教育决策绩效的一条崭新路径，教育大数据将全面提升教育决策的数据支撑能力，有利于教育决策的科学化、合理化、民主化。教育大数据有利于量化发展成果，统筹教育全局，有利于改变教育决策"拍脑袋"困境，朝着以数据说话的方向发展。

1.5.2 教育大数据助力教育教学变革

大数据技术是助力教育教学变革的重要引擎，正在引发教育的"悄悄的革命"。2015年，国务院印发的《促进大数据发展行动纲要》中明确指出，探索发挥大数据对变革教育方式、促进教育公平、提升教育质量的支撑作用。教育大数据是整个教育活动过程中产生的，具有一定的独特性，它是有效改进教育方式、提升教育质量的突破口，正成为支持教学模式、教学评价、教学研究等教育教学变革的关键性力量。教育大数据采集的复杂性，决定了它在助力教育教学改革方面具有很高的创造性。对于教学模式而言，通过大数据技术，全面采集学生的主客观数据，并进行清洗、挖掘和分析，精准分析学生状况，及时发现潜在的问题，有效地进行预测和干预，支撑教师精准化教学、分层差异教学、适应性教学和个性化教学，使因材施教成为可能。通过对学生学习过程和学习状态的量化，以数据驱动教学流程的再造及动态调整，可以有效实现精准学情分析、精细教学设计、精心教学辅导、精益教学服务，进而构建教学的新生态。对于教学评价而言，通过多角度记录学生的成长过程数据，对学生学习行为、情感体验、学业表现、个性技能、成长体验等多源多模态数据的综合分析，评价内容更加多元，评价方式更加多样，有利于转变教育评价标准，有利于实现对学生的精准化、个性化学习评价。对于教育科研而言，通过数据分析可以使研究更加量化，更好预测未来趋势，教育大数据支持的新型研究范式将不断建立，教育研究者可以借助数据，探究教育教学的新问题，发现教育教学的新规律。

1.5.3 教育大数据促进学习方式转变

技术可以促进学习方式的变革已成为普遍共识，自大数据进入学习情境，学习思维方式和行为模式也就随之发生了深刻的变化。有研究认为，大数据可以实现迎合学生个体需求的，而不是为一组类似的学生定制的学习。利用大数据技术可以更有效地分析学生学习行为，更能明确学生的学习需求和学习特点，真正实现个性化学习。大数据背景下，可以建立学习预警系统、自适应学习系统等支撑学生学习的各类平台。借助大数据技术可以对学生的课堂学习情况和在线学习情况进行全面的分析，通过对学生整个学习过程行为数据的分析，可以准确把握学生的学习风格、学习兴趣、学习效果，并且可以实时反馈给相关利益者。基于教育大数据，教师可以根据学生的学习行为，及时对学生进行指导和干预，及时调整学习目标，为学生提供个性化学习路径、推荐个性化学习资源，满足学生个性化学习需求。基于教育大数据，学生可以依托在线学习系统，帮助其实现过程量化、效果量化、目标量化，进而形成明确的学习路径，并根据系统给予的实时反馈，结合自身学习基础和学习需求，进行自适应学习、自我调节学习、自我控制学习，最终走进智慧学习，以提高学习质量，体验学习快乐。

1.6 教育大数据的关键领域

教育大数据是一笔难以估量的潜在的巨额财富，而学习分析技术与数据挖掘技术的发展将实现这笔财富的无限增值。学习分析技术可以有效助力对教育大数据的深度理解和应用，给教学与学习带来了巨大的变化，为教育创新提供了全新的发展视角。

1.6.1 学习分析

1）学习分析的提出

在美国新媒体联盟（New Media Consortium，NMC）与美国高校教育信息化协会（EDUCAUSE）合作的 2010 年度“地平线项目”的报告（Horizon Report）中，学习分析（Learning Analytics）首次被提出。在该报告中，指出了高等教育未来的六大发展趋势，其中第六项就是学习分析技术在教育中的广泛应用。该报告预测，学习分析技术将在未来四到五年之内，成为教育数据分析的主流工具之一。

2）学习分析的内涵

新媒体联盟将学习分析定义为，利用松散耦合的数据收集工具和分析技术，研究分析学习者学习参与、学习表现和学习过程的相关数据，进而对课程、教学和评价进行实时修正。

从学习分析的目的来看，学习分析旨在优化学习。学习分析研究学会（Society for Learning Analytics Research，SoLAR）的成员在第一届学习分析与知识大会之前开设了一门 MOOC——学习与知识分析（Learning and Knowledge Analytics），在课程介绍中将学习分析定义为“为了理解和优化学习与学习发生的环境，对学习者及其所处境脉的数据进行的测量、收集、分析与报告”。该定义得到很多学者的认可并被广泛引用。也有很多学者对学习分析进行界定。Martin 与 Sherin 指出，学习分析是通过开发工具与技术实现对学习过程与学习结果数据的抓取、存储，基于大量数据发现模式，以生成性和可利用的形式呈现这些数据，并将数据与智能化工具整合以实现学习环境的个性化与优化。Slade 和 Prinsloo 认为，学习分析是对学习者生成的、可提供行为参考的数据进行收集、分析、利用与传播，从而为学习者提供适当且有效的认知、管理支持。George Siemens 认为，学习分析通过应用智能化数据、学习者数据与分析模型，实现对信息与社会性连接的发掘，并为学习提供预测与建议。Carlos Monroy 等认为，学习分析是通过测量学生在网络学习系统中的数据，发现学生存在的问题，利用高效教学方式帮助学习者解决困难，提升学生课程表现，并为学校管理者和政策制定者提供实践依据。国内也有很多学者对学习分析的定义进行描述。如潘青青等指出，学习分析技术是采集与学习活动相关的学习者数据，并运用多种方法和工具全方面解读数据的技术，它能够记录分析学习环境和学习轨迹，进而发现学习规律，预测学习结果，为学习者提供相应的学习策略，促进有效学习。

从学习分析受益者角度出发，Monika Andergassen 等认为学习分析能够服务不同的数据群体，包括学生、教师、学习管理系统开发者和提供者，通过智能技术，采集、分析、应用用户生成的数据，预测学生在教育中的学习表现，以此来了解学生如何学习和推进学习管理系统的发展。从学习分析的主要研究领域来看，Abelardo Pardo 等通过研究发现，学习分析主要侧重于学习环境的适应领域的研究(40%)、监测与分析(33%)、评估与反馈(13%)和学生成绩的预测(12%)。从学习分析的学科性质来看，Geraldine Gray 等指出目前大学教育在发挥学术潜力、开发探索和识别数据能力方面面临诸多挑战，而学习分析是一个不断发展的学科，它可以促进教育数据分析，分析的结果有助于更好地理解学习过程，从而减少诸多问题。

从以上分析中，可以认为学习分析的工作对象是关于学习者与学习过程的数据，要实现的目的是对学习与学习环境的优化，采用的手段是开发特定工具与技术。学习分析是利用学习分析技术，对学习者学习活动的有关数据进行分析和建模，对学习者的学习结果进行评估，发现学习者学习中潜在的问题，并对学习者的行为进行预测。学习分析技术是采集与学习活动相关的学习者数据，并运用多种方法和工具全方面解读数据的技术，它能够记录分析学习环境和学习轨迹，进而发现学习规律，预测学习结果，为学习者提供相应的学习策略，促进有效学习。学习分析的关注点在于学生的个体差异与需求，这与注重提供差异化及个性化教学的高等教育教学新理念相适应。学习分析将成为推动教育教学改革与发展的强大推动力。

3）学习分析的特征

（1）多样化的数据来源。学习分析的数据收集对象众多，包括学生、家长、教师、学校领导、决策者和技术提供者等。学习分析的数据收集平台众多，包括学习管理系统、学生档案系统、正式和非正式的在线学习空间。海量的教育大数据为学习分析提供了巨大的发展空间，通过对数据源的标准化处理，将数据划分进不同的系统框架，便于后期的应用。

（2）完整的分析过程。完整的分析过程包括数据的收集、整合、分析、应用和调整优化。首先是数据的收集，包括学生使用移动终端、电脑、平板等设备在各类学习系统和空间中产生的数据以及其他系统处理好的学生课程、考试成绩等数据。其次通过整合所需数据，以便进行数据分析，根据分析结果，预测学生未来的学习表现，方便教师和管理者及时为学习者提供合适的干预措施。最后根据应用结果进行及时调整，实现各阶段无缝连接。

(3) 可视化的分析结果。学习分析的结果不仅仅是教师决策干预的关键，也是学生认识自我的重要依据。通过降低技术门槛，利用图文性的软件平台，对结果进行多终端可视化呈现，如电脑、手机、投影以及电视等，教学人员可对数据进行多维分析，学习者也可以直观地了解自己的学习情况。

(4) 多样化的分析技术。支持学习分析的技术不是单一的，而是结合多领域、跨学科的技术融合，学习分析借鉴信息科学、统计学、心理学、机器学习等不同领域的成果，借助不同分析技术的优势处理多种教学问题，透过数据为学习行为和学习过程提供合适的解释。孟玲玲等介绍了发展比较成熟的学习分析关键技术，如网络分析法、话语分析法和内容分析法等，并指出研究者需要找准切入点并选择适当的研究方法和技术分析学习过程。

4) 学习分析的模型

学习分析模型有助于学习分析研究与实践中更为系统有效地设计研究方案，提升效率，可为学习分析系统平台与学习分析工具的设计、开发、应用与推广提供参考与指导。研究者提出的学习分析模型，主要包括过程性模型与框架模型。George Siemens 于 2010 年构建了学习分析的过程模型，他认为学习分析的最终落点应体现在学习预测、干预、个性化与自适应等方面。其中，要实现学习的个性化与自适应，应结合技术、社会、教育等因素从整体性角度多方面考虑。Khalil 与 Ebner 等人提出了学习分析的生命周期模型。该模型将学习分析分为 4 个主要部分，即学习环境、大数据、分析、行动，学习分析的一个周期始于学习环境，止于适当的干预行动，上一个周期的结束同时是新的学习分析周期的开始。同时，学习分析的整个过程都会受到 8 种因素的制约，包括隐私、数据存取权限、透明性、政策、安全、准确性、限制条件、所有权等，见图 1-5。

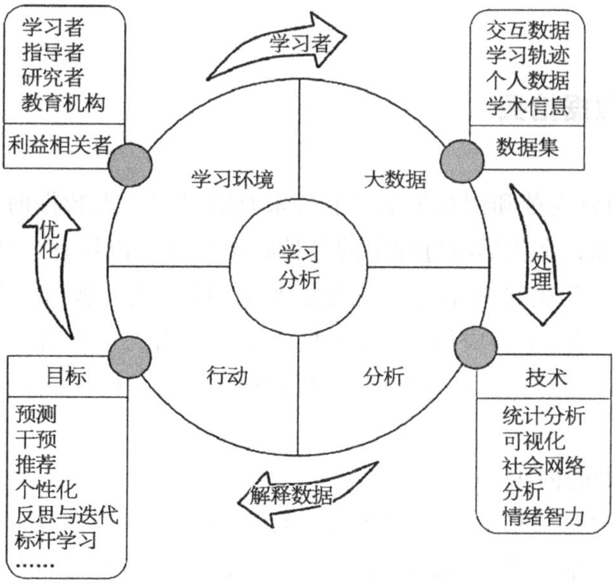

图 1-5 学习分析的生命周期模型

此外，学者还依据学习者的知识能力结构、情感态度、学习网络结构和学习过程行为等要素，建构了多种学习分析模型。

基于知识能力结构建构学习分析模型。有学者提出开展学习分析可以基于学习者的知识结构进行，如 Ferguson 等基于线索词匹配和 K-近邻聚类技术，提出学习者知识结构模型，开展学习分析；Mckay 等通过分析学习者在学习过程知识结构的改进情况，对学习进行诊断。此外，能力结构也是学习分析的依据，如 Ruipérez-Valiente 等以学习者的能力结构为基础，提出了学习分析的分类器，对可汗学院中学习者的学习活动进行数据分析，划分了学习者的学习状态，并利用可视化工具呈现。

基于情感态度建构学习分析模型。有研究指出学习者的个人情感特征是学习分析的重要因素，如曹帅等通过评价学习者的人格特点和能力差异，预测学习者在学习活动中可能出现的差异；李梅等将社会情感作为学习分析的自变量，发现其对学习交互的质量起作用；杨雪等基于学习者情感的分析，对学生在线学习拖延进行诊断与干预。也有研究表明学习者在学习中的态度也会成为学习分析的变量，如 Vatrapu 等设计了利用微笑、心跳速率等指标来分析学习者的情感，预测其对学习积极性和学习进度的影响；张琪等基于学习者的生物数据开展了学习情感和认知负荷等研究。

基于学习网络结构建构学习分析模型。有研究运用社会网络分析方法进行学习分析，如 Siemens 等以社会网络分析方法，对学习过程的网络互动数据进行分析，为学习者推送个性化学习资源和学习服务；刘三妍等认为社会网络分析方法在学习分析领域的应用，可揭示在线学习的交互方式。此外，有研究会将学习者的社交网络纳入学习分析模型中，如郑娅峰等构建面向计算机支持的协作学习分析模型就将社交关系作为其中一个维度；姜强等建构的个性化自适应在线学习分析模型的要素包含了学习过程中的数据与环境、关联者的网络互动等维度。

1.6.2 教育数据挖掘

教育大数据为教育变革和创新带来了前所未有的机遇。大数据时代，多媒体技术的广泛使用，使得学习者在数字化学习过程中的各种状态数据得以保存。如何挖掘教育大数据背后的知识信息，为教学决策和学习支持提供服务，日益成为教育教学领域关注的重点。数据挖掘技术在教学实践中的应用，能从这些数据中找出大量有价值的知识规律，并以此来指导教育决策和促进教育发展。因此，教育数据挖掘将成为未来教育变革与创新的主流趋势。

1）教育数据挖掘的内涵

在《通过教育数据挖掘和学习分析促进教与学》的报告中，将教育数据挖掘的定义为：综合运用机器学习、数学统计和数据挖掘的方法和技术，对海量教育数据进行处理和分析，建立数学模型，发现和解释学习者的学习结果与学习内容、学习资源与教学行为等变量之间的相关关系，用于预测学习者的未来学习趋势。教育数据挖掘的目标是：第一，整合学习者知识、元认知、学习动机和态度等多维度的信息，用于构建学习者模型，并预测其未来的学习发展趋势；第二，构建优化教学内容和教学顺序的数学模型；第三，研究不同教学软件提供的教学支持的有效性；第四，构建学习者模型和教育软件教学策略模型，促进学习者有效学习的发生。

2）教育数据挖掘的过程

胡水星描述了基于教育大数据的数据挖掘过程，主要是将学习结果、学习内容、学习资源与教学行为等教育原始数据，综合使用多种技术与方法，实现知识的发现与呈现，为学习者提供积极的学习建议，为教育者的教育决策制定提供信息支撑，见图 1-6。

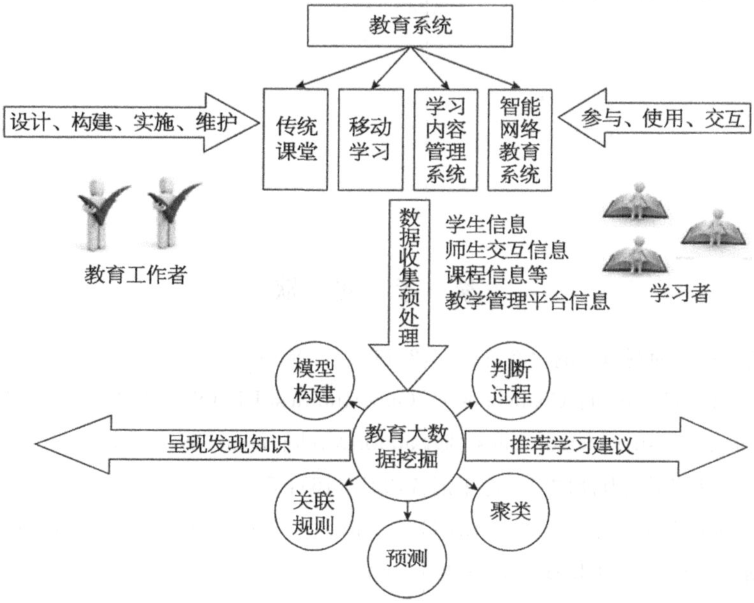

图 1-6 教育数据挖掘的过程

3）数据挖掘的主要应用

数据挖掘在教育领域的主要应用有学生模型的改进、知识结构模型的改进、教学支持、学习系统构建等。

（1）学生模型的改进。学生模型代表一个学生特性或状态的所有信息，如学生的基本信息及家庭信息。利用数据挖掘对学生这些信息进行模拟，能够使研究人员更大范围地实时模拟学生在学校表现的差异，并采取相应的措施，进而提高学生的学习成绩。

（2）知识结构模型的改进。研究人员通过将心理学建模框架和机器学习中的空间搜索算法相结合，已经成功开发多种自动化方法，用于直接从教育数据中准确发现并提取其隐含的主要结构模型。例如，Barnes 开发了一种算法可以从教育数据中自动发现一个 q-矩阵，Pavlik 等人开发了一种算法，用于从大量教育数据中找到能够解释教育研究领域知识相关的偏序知识结构模型。

(3) 教学支持。一种最流行的研究教学支持的方法是学习分解。学习分解是指通过对教育数据进行指数学习曲线拟合以展现数据,进而将学生的成功和达到那个点时学生接受的各类教学支持的数量进行关联。最佳拟合模型中每类教学支持的相对权重可以用于推断每种支持类型的相对有效性。

(4) 学习系统构建。通过寻找先验证据来完善和扩展已有的教育理论及著名教育现象,加深影响学生学习因素的深入了解,以期设计出更好的学习系统。例如,Gong 等人研究了学生自律性对学习的影响,结果发现,虽然自律性代表了更高的知识输入和更少的错误有关,但对学习的实际影响却是微小的。Perera 等人将团队协作理论作为驱动理论,深入探讨了学生团队互动的成功模式。

◇参◇考◇文◇献◇

[1] 何克抗. 大数据面面观[J]. 电化教育研究,2014(10):8-16.

[2] Big Data for Development: Challenges & Opportunities[DB/OL]. 2012-05-01. http://www.unglobalpulse.org/sites/default/files/BigDataforDevelopment-UNGlobalPulseJune2012.pdf.

[3] 刘建明. "大数据"不是万能的[J]. 青年记者,2013(16):5.

[4] EMC. Big data Big Opportunities[EB/OL]. http://china.emc.com/microsites/cio/articles/big-data-big-opportunities/LCIA-BigData-Opportunities-Value.pdf.

[5] Y Demchenko, C Ngo, P Membrey. Architecture Framework and Components for the Big Data Ecosystem [EB/OL]. http://www.uazone.org/demch/worksinprogress/sne-2013-02-techreport-bdaf-draft02.pdf.

[6] 刘艳华,徐鹏. 大数据教育应用研究综述及其典型案例解析——以美国普渡大学课程信号项目为例[J]. 软件导刊(教育技术),2014,13(12):47-51.

[7] Li Guojie, Cheng Xueqi. Research Status and Scientific Thinking of Big Data [J]. Bulletin of the Chinese Academy of Sciences, 2012, 27(6): 647-657.

[8] 工业和信息化部电信研究院. 工信部电信研究院大数据白皮书(2014年)[R]. 北京:工业和信息化部电信研究院,2014.

[9] Tekiner F, Keane J A. Big Data Framework[C]. Proceedings of the 2013 IEEE International Conference on Systems, Man, and Cybernetics. IEEE, 2013.

[10] 维克托·迈尔-舍恩伯格,肯尼思·库克耶著. 与大数据同行——学习和教育的未来[M]. 粒中建,张燕南译. 上海:华东师范大学出版社,2015.

[11] 张力玮,郭伟.教育大数据:开启教育新时代的钥匙——访首都师范大学远程教育研究所所长、数字化学习实验室主任方海光教授[J].世界教育信息,2018,31(09):56-60+66.
[12] 杨现民,唐斯斯,李冀红.发展教育大数据:内涵、价值和挑战[J].现代远程教育研究,2016(01):50-61.
[13] 袁振国.当代教育学[M].北京:教育科学出版社,1998.
[14] 杜婧敏,方海光,李维杨,仝赛赛.教育大数据研究综述[J].中国教育信息化,2016(19):1-4.
[15] 孙洪涛,郑勤华.教育大数据的核心技术、应用现状与发展趋势[J].远程教育杂志,2016,34(05):41-49.
[16] 徐鹏,王以宁.大数据视角分析学习变革——美国《通过教育数据挖掘和学习分析促进教与学》报告解读及启示[J].远程教育杂志,2013(06):11-17.
[17] 章怡,牟智佳.电子书包中的教育大数据及其应用[J].科技与出版,2014(05):117-120.
[18] 张洪孟,胡凡刚.教育虚拟社区:教育大数据的必然回归[J].开放教育研究,2015,21(01):44-52.
[19] 刘培,池忠军.大数据技术图景中主体隐匿与重构的哲学反思——以教育大数据为例[J].自然辩证法通讯,2018,40(11):1-10.
[20] 方海光 教育大数据:迈向共建、共享、开放、个性的未来教育[M].北京:机械工业出版社,2016.
[21] 张燕南,赵中建.大数据教育应用的伦理思考[J].全球教育展望,2016,45(2):28-29.
[22] 吴南中,夏海鹰.教育大数据范式的基本理念与建构策略[J].电化教育研究,2017(06):84-89.
[23] 刘桐,沈书生.从表征到决策:教育大数据的价值透视[J].电化教育研究,2018(06):56-62.
[24] 肖玉敏,孟冰纹,唐婷婷,等.面向智慧教育的大数据研究与实践:价值发现与路径探索[J].电化教育研究,2017(38):12.
[25] 赵慧琼,姜强,赵蔚.教育大数据深度学习的价值取向、挑战及展望——在技术促进学习的理解视域中[J].现代远距离教育,2018(01):17-25.
[26] 武法提,牟智佳.电子书包中基于大数据的学生个性化分析模型构建与实现路径[J].中国电化教育,2014(03):60-70+73-77.
[27] 姜强,赵蔚,王朋娇,等.基于大数据的个性化自适应在线学习分析模型及实现[J].中国电化教育,2015(01):85-92.
[28] 晋欣泉,王林丽,杨现民.基于大数据的在线学习情绪测量模型构建[J].现代教育技术,2016,26(12):5-11.
[29] 焦春燕.基于教育大数据的学业预警模型研究[J].电子技术,2017(09):11-13.
[30] 顾云锋,吴钟鸣,管兆昶,等.基于教育大数据的学习分析研究综述[J].中国教育信息化,2018,418(07):5-10.
[31] 史金梅,夏伟.基于大数据分析的学生最优选课方案模型的设计与实现[J].现代电子技术,2017(14):38-40.
[32] 赵纪涛,王婷.教育大数据环境下基于关联规则的答卷分析模型研究[J].现代计算机(专业版),2017(29):46-49.
[33] 刘清堂,张思,范桂林,等.教育大数据视角下的内容语义分析模型及应用研究[J].电化教育研究,2017(01):56-63+95.
[34] 菅保霞,姜强,赵蔚,等.大数据背景下自适应学习个性特征模型研究——基于元分析视角[J].远程

教育杂志，2017(04)：87－96.
[35] 余鹏，李艳. 基于教育大数据生态体系的高校智慧校园建设研究[J]. 中国电化教育，2018，377(06)：13－21.
[36] 魏顺平. 学习分析技术：挖掘大数据时代下教育数据的价值[J]. 现代教育技术，2013，23(02)：5－11.
[37] 杨现民，唐斯斯，李冀红. 教育大数据的技术体系框架与发展趋势——"教育大数据研究与实践专栏"之整体框架篇[J]. 现代教育技术，2016，26(01)：5－12.
[38] 邢蓓蓓，杨现民，李勤生. 教育大数据的来源与采集技术[J]. 现代教育技术，2016，26(8)：14－21.
[39] 丁继红，刘华中. 大数据环境下基于多维关联分析的学习资源精准推荐[J]. 电化教育研究，2018(02)：53－59.
[40] 于长虹，王运武. 大数据背景下数字校园建设的目标、内容与策略[J]. 中国电化教育，2013(10)：35－40＋46.
[41] 胡水星. 大数据及其关键技术的教育应用实证分析[J]. 远程教育杂志，2015，33(05)：46－53.
[42] 杨现民，王榴卉，唐斯斯. 教育大数据的应用模式与政策建议[J]. 电化教育研究，2015(09)：54－61.
[43] 王博，魏顺平. 基于大数据的教育决策支持研究[J]. 现代教育技术，2016，26(04)：7－13.
[44] 刘清堂，王洋，雷诗捷，等. 教育大数据视角下的学习分析应用研究与思考[J]. 远程教育杂志，2017(03)：71－77.
[45] 刘邦奇，李鑫. 基于智慧课堂的教育大数据分析与应用研究[J]. 远程教育杂志，2018，246(03)：86－95.
[46] 孙志伟，李小平. 系统整合视角下教育大数据应用研究[J]. 中国电化教育，2018，382(11)：116－122.
[47] 张燕南. 大数据的教育领域应用之研究[D]. 上海：华东师范大学，2016.
[48] U. S. Department of Education, Office of Educational Technology. Expanding evidence approaches for learning in a digital world [R]. Washington: U. S. Department of Education, 2013.
[49] Executive Office of the President BIG DATA: SEIZING OPPORTUNITIES, PRESERVING VALUES [R]. Washington: Executive Office of the President, 2014.
[50] Office of Science and Technology Policy Executive Office of the President. OBAMA ADMINISTRATION UNVEILS "BIG DATA" INITIATIVE: ANNOUNCES ¥200 MILLION IN NEW R&D INVESTMENTS [R]. Washington: Office of Science and Technology Policy Executive Office of the President, 2012.
[51] GOVAJK. Open Data Charter [EB/OL]. (2014－06－11) [2019－01－23]. https://www.gov.Uk/government/publications/open-data-charter.
[52] 闵琳芝，李明珠. 新加坡大数据变革经验对我国教育变革的启示[J]. 湖北社会科学，2018，379(07)：175－180.
[53] 张海，孙帙，李哲，等. 日本教育大数据的应用现状、特点及启示[J]. 现代教育技术，2017(07)：6－12.
[54] Ministry of Internal Affairs and Communications. Smart Japan ICT strategy — Achieving Economic Growth and Solving Social Issues with ICT [R]. Japan: Ministry of Internal Affairs and Communications, 2014.
[55] 陈骞. 韩国发展大数据的计划与行动[J]. 上海信息化，2015(10)：82－84.

第2章

教育大数据的技术

大数据的技术往往被限定为以 Hadoop 为代表的分布式数据处理技术，但是在教育大数据领域却不应拘泥于此，原因如下。

一是，教育大数据与大家日常所熟悉的、发展较为成熟的电商大数据、搜索大数据相比，有一些独特特性。教育大数据的体量尚无法达到零售业、电信业等领域的规模，也不像交易数据、搜索数据或通信数据具有快速流转的特点，但是却具有强周期性、高复杂性的独特特性。

二是，不同教育机构的学生数量、信息化程度、研发能力有较大的差异，既有上亿学员、拥有成熟 IT 基础设施和强大研发团队的互联网教育巨头，也有学员量不足一百、缺乏信息化平台和专职技术人员的小型教育机构，不可能使用一套技术架构解决所有的问题。

综上，对教育大数据而言，并不一定要拘泥于“海量”，也并不一定要采用为了处理“海量”数据的复杂技术。如何根据自身的数据规模和技术实力，选择合适的技术，采集、处理和应用好相关数据，为学生、家长、教师、管理者产生价值，才是教育大数据从业者应该关注的焦点。因此，本章内容将较全面介绍各种数据处理相关的技术，而不拘泥于以 Hadoop 为代表的分布式大数据存储和处理技术。

本章分为 3 部分。首先，以数据的处理流程为基础，从全局的视角对教育大数据的技术进行总体介绍；其次，针对流程的每个阶段，对其相关的技术原理进行详细介绍，并针对不同教育机构提出技术选型建议；最后，分析了 2 个实际技术架构的案例，方便读者理解。

2.1 教育大数据的处理流程与技术架构

2.1.1 教育大数据的处理流程

教育大数据的处理流程和其他领域大数据基本一致，一般都包含了“数据采集—数据预处理—数据存储—数据处理—数据分析与挖掘—数据可视化”六步，如图 2-1 所示。

每一步流程所实现的功能如下。

数据采集：根据需要，将所需的数据从数据源收集汇总。

数据预处理：发现并纠正数据文件中可识别的问题，并将数据格式转换为大数据平台所规定的格式。

数据存储：将数据存储在可靠的介质上，防止数据丢失，并提供可靠的访问性能。

数据处理：将存储的原始数据进行加工和计算，生成所需要的数据。

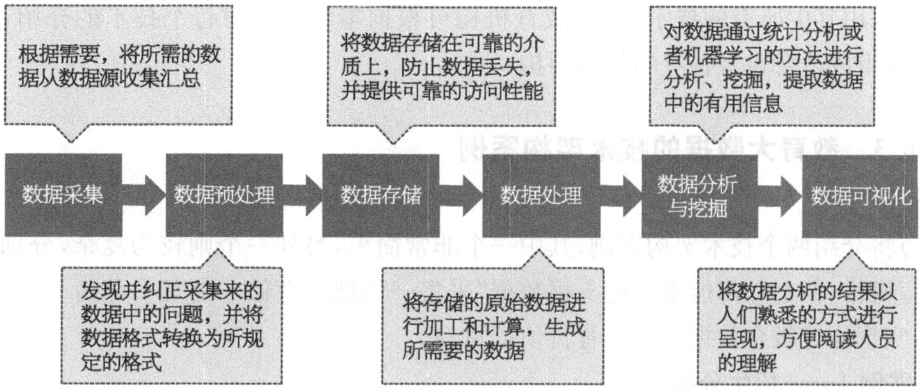

图 2-1　数据的处理流程

数据分析与挖掘：对数据通过统计分析或者机器学习的方法进行分析挖掘，提取数据中的有用信息。

数据可视化：将数据分析的结果以人们熟悉的方式进行呈现，方便阅读人员的理解。

2.1.2　教育大数据的技术架构

基于教育大数据的处理流程，可构建对应的技术架构如图 2-2 所示。

需要说明的是，图 2-2 所示的技术架构是一个较为全面、完整的架构，并不意味着每个

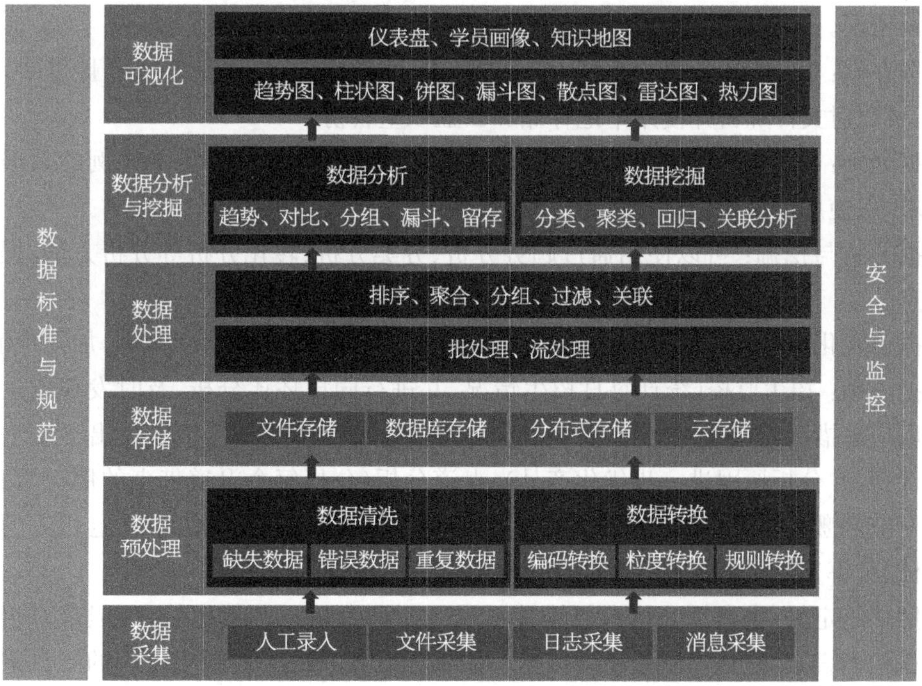

图 2-2　教育大数据的技术架构

机构都要采用其中所有的技术，各个教育机构可根据本章后续对每个技术的介绍，选择合适的技术，组成适合自身特点的技术架构。

2.1.3 教育大数据的技术架构案例

本节将介绍两个技术架构案例，其中一个非常简单，另外一个则较为复杂，分别对应不同的教育机构，但是却都能很好地支撑数据“采集—清洗—存储—处理—分析—可视化”六个步骤，实现通过教育数据产生教育价值的目标。

1）案例1——招生分析

案例1的教育机构假设为一个传统的小型K-12英语培训机构，有不同的课程产品可以选择，每年招生500人左右，会在本地媒体及发传单方式投放一些广告，没有任何信息化设施，只有几台办公电脑，机构负责人希望能够通过数据来优化产品和营销方案。

案例1的技术架构非常简单，其整个流程都通过微软的办公软件Excel实现，没有使用任何复杂技术和专业工具，也不需要专门的技术人员。

对应到数据处理的步骤如下。

数据采集：通过人工录入的方式，每当一个学生报名完成，就将报名表中的相关信息录入到Excel文件中；收集的数据包括学生姓名、学生年龄、报名时间、新/老用户、报名课程、报名来源、联系方式、家庭住址等。

数据预处理：对于人工录入可能产生错误，可以通过使用Excel“有效性”功能，及时发现和修正错误。

数据存储：数据以xlsx的文件形式存放与办公电脑上，由于数据敏感且重要，为了安全起见，可以对文件加密并使用本地存储和云盘双重备份。

数据处理：Excel所附带的丰富函数及数据透视表可以充分满足本案例的数据处理和分析需求，且使用门槛很低，一般的办公人员经过短时间培训即可掌握。

数据分析与挖掘：可以使用通过趋势分析、分类分析、转化分析等分析方法，提取数据中的信息。

数据可视化：可以通过折线图、饼图、柱状图等可视化图形来展示数据，加强理解。

数据应用：招生监控（统计每日招生情况，并进行同比环比分析，及时发现招生数据波动并采取应对措施）、产品优化（统计各个产品的选课人数和收入占比，找出学生欢迎和不欢迎的课程，并分析原因进一步优化产品）、渠道分析（分析每个渠道带来的用户数和收入，并采取对应的激励措施）、续读分析（分析各个产品报名的新老生占比，制定相应的营销措施，提升续读率）。

按照传统定义，本案例的技术架构并不属于所谓海量“大”数据技术，但是对很多中小型教育机构而言，即使是不够海量的数据，只要能够用心收集，并利用可用的工具进行分析处理，依然能够产生巨大的价值。这一切并不需要很高的成本和很复杂的技术，更重要的是具备使用数据的思维和意识。

2）案例2——个性化督学

案例2的教育机构为一个互联网教育公司，用户通过大型在线开放课程(MOOC)平台进行课程学习，由于用户大多数为在职人员，学习时间少，积极度较低，能够完成课程学习和作业的用户占比很少。该公司希望能够通过数据来实现个性化的督学，对落后的学员通过学习平台页面展示及短信提醒等方式进行督促。

该项目的总体思路是：从平台登录、通过对课程学习时长、课程完成度等数据进行分析，找出落后的学生，并根据不同情况进行督学提醒。

对应到数据处理的步骤如下。

数据采集：本案例的数据源较多，对于学生基本数据(如年龄、性别、学历、职业等)，课程学习时长都是存储在业务系统的MySQL数据库中，可通过数据库采集的方式将这些数据导入到大数据平台；平台登录信息可通过JS插码形式，将登录行为数据直接从浏览器页面采集到大数据平台。

数据预处理：无论是数据库采集的方式还是插码采集方式，均可能在采集和传输过程中出现错误，包括非法字符、数据异常等，需要通过清洗程序来识别并处理这些异常数据。

数据存储：数据采集并清洗完成后，存储在大数据Hadoop平台的HDFS文件系统上，并导入到HIVE数据仓库中，方便后续的处理与分析。

数据处理：技术人员可以编写Map-Reduce程序来处理存储在HDFS上的数据，也可以使用HiveQL来处理HIVE中的数据。

数据分析与挖掘：可以使用通过趋势分析、分类分析、条件筛选等方法，来进行数据分析与挖掘。

数据可视化：对于教师和运营人员，可以在运营平台通过折线图、饼图、柱状图等可视化图形来展示数据；同时，可以在学习平台上增加学习进度等可视化图形，直观的督促学生积极学习。

数据应用：

(1) 数据监控。运营人员通过各种Dashboard监控关键数据，发现异常后及时进行处理。

(2) 学习平台展示。通过在学习平台展示学生个人的课业学习情况、同学的学习情况、排名等，督促学生加快完成课程学习。

(3) 短信提醒。对于长时间不登录的学生，通过短信下发的方式，提醒学生登录平台完成学习。

这是一个典型的互联网教育大数据技术架构及应用案例，通过多种技术手段，采集多个数据源的数据进行整合，使用分布式大数据架构进行数据的存储和处理，面对海量的数据也游刃有余，应用了多种方法和模型对数据进行分析与挖掘，可充分发挥数据的融合价值，通过数据实现了用户的个性化服务，极大提升用户体验。

2.2 教育大数据的采集

数据采集是整个大数据处理流程的起点，是将数据从各个数据源采集汇聚到大数据存储和处理平台的过程。与其他领域相比，教育大数据的数据来源更加广泛，所需要的采集技术也更加多样化。

1) 人工采集

人工采集是指将传统纸质载体(如纸质报名表、排课表等)中的数据通过人工录入的方式，存储到计算机(通常是 Excel 格式文件或者单机版的数据库)中。这种采集方式比较初级，主要适用于没有建立信息化平台的中小教育机构。但是即便如此，将数据人工采集至计算机中也较纸质载体有更多优势，例如节省空间、安全、易管理，尤其是可以利用计算机软件进行初步的数据分析和可视化展示，充分发挥数据的价值，这是纸质载体无法做到的。

2) 文件采集

文件采集是指通过读取含有数据的文件(如 csv 格式、xml 格式等)，将文件中的数据抽取出来，并导入到大数据平台的一种采集方式。文件采集一般由技术人员编写脚本程序来实现。

文件采集有常见的两种应用场景。

一是对于有很多下属分支机构的教育集团，各下属机构拥有不同架构的信息化平台，集团难以对下属机构的全部信息化平台进行对接，因此制定好数据格式规范后，要求各下属机构将自己的数据按照规范定期导出为文件(多为 csv 格式)，再采集到总部的大数据平台。

二是对于不同机构之间需要交流或者共享数据，也可以约定数据格式，将数据导出为文件，再发送给对方，对方收到文件后将文件中的数据抽取采集入库。

文件采集的好处是简单方便、通用性强，缺点是时效性差(文件的导出、传输和导入都需要一定的时间)，主要用于数据交换，在机构内部则较少使用。

3) 日志采集

网站日志最初是给开发人员和网站管理人员解决网站问题所用，后来发现网站日志数据包含了大量业务和用户行为的数据，成为大数据分析的重要数据源。

日志采集来源可以是网站后台日志、网页会话跟踪技术、手机 APP 中的软件开发工具包(Software Development Kit, SDK)插码，它们采集的内容主要包括用户 ID、访问 IP、停留时间、鼠标事件、页面行为、访问来源等。典型采集架构如图 2-3 所示。

日志分析作为最早的互联网大数据应用，到现在已经发展较为成熟，对于有网站或手

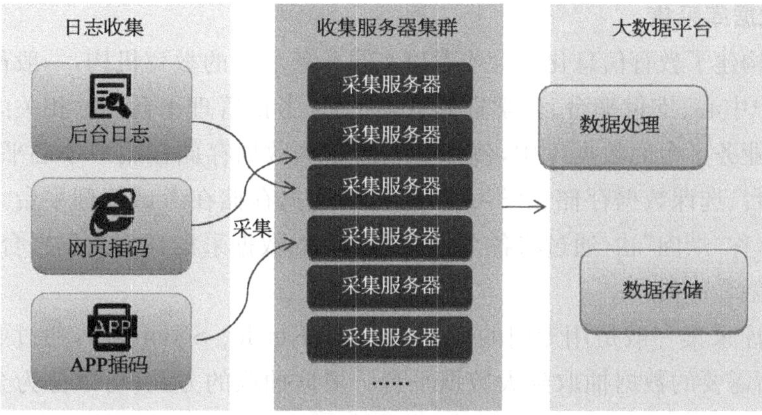

图 2－3 日志采集的典型技术架构

机 APP(无论是完整的在线教学平台，还是仅仅是招生宣传网站)的教育机构而言，都可以通过日志分析学员或潜在学员在网页及 APP 上的行为，来优化页面设计和产品功能。

除了搭建自己的日志采集技术平台，也可以直接应用现有的日志采集及分析平台(有免费版，也有功能更加强大的商业收费版)，如 Google Analysis、百度统计等，这些平台除了数据采集外，还集成了数据分析和可视化工具，如图 2－4 所示，只需将其提供的代码嵌入自己的网页和 APP 即可直接使用，对于尚未自建大数据平台的教育机构也是一种不错的选择。

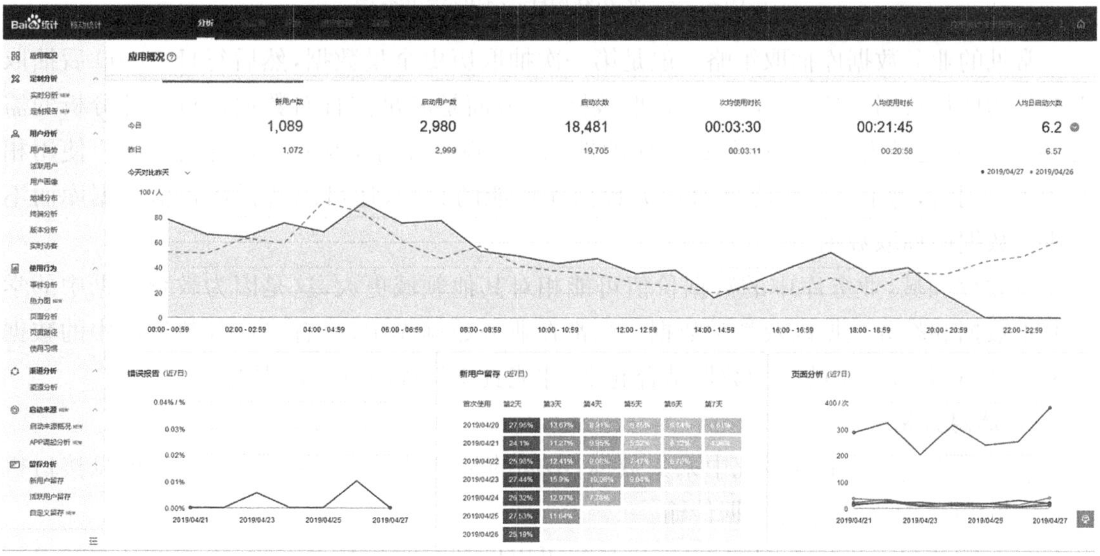

图 2－4 百度统计的日志分析页面

虽然日志采集和分析已经发展的较为成熟，也有各种成熟的工具和平台可用，但是对教育大数据而言，日志分析仅仅是一部分，要发挥教育大数据更大的价值，还需要融合大量业务平台中的数据(如教务管理数据、学生基本信息、教学资源数据等)才能实现。

4）业务数据库采集

对于已经构建了教育信息化平台或者以在线业务为主的教育机构，一般都有很多业务平台，例如用户中心、支付平台、教学资源管理平台、考试管理平台等。相关的业务数据都会存储在各个业务平台的数据库中，例如学生的基本数据存储在用户中心平台、缴费数据存储在支付平台、选课数据存储在学习平台、考试数据存储在考试管理平台。各个平台的数据相对分散，称“烟囱”状，通过将各个业务数据库的数据采集到大数据平台后，就可充分的发挥数据的融合价值。

业务数据库采集一般是用专门的采集工具（如 Kettle、Sqoop 等），通过业务数据库的接口，将其中所需要的数据抽取到大数据平台。根据抽取的方式，可以分为全量抽取和增量抽取，全量抽取将历史数据一次性抽取，增量抽取则只抽取该时间段内变化的部分数据。图 2-5 所示为业务数据库采集的典型架构。

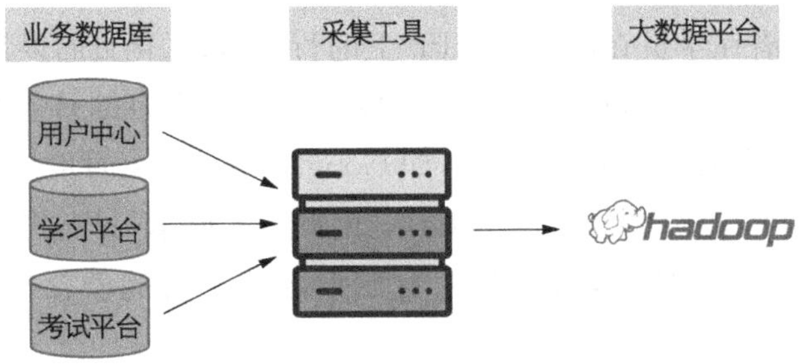

图 2-5　业务数据库采集的典型架构

常见的业务数据库抽取策略一般是第一次抽取历史全量数据，然后每日 24:00 后抽取上一日的增量数据。选择 24:00 后抽取数据，一方面是满足按日对数据进行统计分析的需要，另一方面也是为了将对业务数据库的性能压力降至最小，因为一般凌晨后用户使用相对较少。同时，为了进一步降低对业务数据库性能的影响，还可以选择从备份数据库而不是生产数据库抽取数据。

对教育领域，业务库中的数据价值可能相对其他领域更大，这是因为教育数据中的学生基本数据和教务数据以及教学数据一般都在业务数据库中，只有将业务数据库中的数据和网页及 APP 日志中的行为数据结合起来，才能真正发挥教育大数据的价值。

5）消息采集

消息采集也是从业务系统中采集数据，不同的是它是通过 Web Service 等消息接口机制，并基于消息队列来进行数据传输。

与业务数据库采集不同的是，消息采集可以做到实时的数据采集，因此在某些场景下（如考试完成后就马上对考试分数进行分析）能够发挥巨大价值，这是数据库采集无法做到的。

但是接口采集对业务系统压力较大，而且业务系统的数据采集接口也需要单独的开发，因此难以大规模的全面使用。建议可以和业务数据库采集搭配使用，对实时性要求高的场景采用接口采集，而日常的分析需求则采用数据库采集。

6）物联网设备采集

传统的线下教学仍然是当前教育领域的主要教学方式，这些线下的行为无法以前述的互联网方式采集。但是，随着物联网技术的发展和物联网设备的普及，线下数据也有了采集的途径。

物联网（Internet of Things，IoT）将互联网连接扩展到物理设备，这些设备一方面嵌入了传感器可以采集数据，另一方面连接了互联网能够进行数据交互，并且可以进行远程监控和控制。教育领域常用的物联网设备有智能摄像头、智能校园卡、智慧白板等。它们可以实时采集学生的课堂行为（如签到、听讲、回答问题等）、校园活动（如借书、刷饭卡、进出校园等）、教师的讲解行为（在智慧白板上的书写内容等），并将采集的数据传输到服务器上进行存储与处理。

对于物联网设备采集数据，有两个问题需要关注：一是部分物联网设备如摄像头采集的数据是非结构化的数据（如视频、图像和音频），因此还需要通过 AI 算法先对其进行处理为结构化数据后，才能进行后续的分析和应用；二是物联网设备采集容易让被采集者感觉到被监控和隐私被侵犯，如何做到采集需要的数据，又尽量不要侵犯被采集者的隐私，是一个值得深入考虑的问题。

7）xAPI

严格意义上讲，xAPI（Experience API）并不是一种采集技术，而是一种数据采集标准。从上面对各种采集技术的介绍可以看出，各种数据采集方式并没有的采集标准和格式，因此采集的数据难以直接使用，需要做大量的清洗工作，也会加大数据处理、管理和交换的复杂度。

xAPI 是高级分布式学习（Advanced Distributed Learning，ADL）组织针对教育领域，参考 Google 和 Facebook 等领先互联网公司的活动流概念，制定的对学习行为数据的记录规范，其基本格式为："主语"+"动词"+"对象"，并可选"结果""语境"等参数，如表 2-1 所示。

表 2-1 xAPI 的基本格式参数

属　性	名　称	描　　述	是否必选项
ID	标识符	系统自动分配，保证 statement 的整个声明中唯一性	否
Actor	执行者/学习者	用于区分不同的学习者，以保证整个系统运行的准确性	是
Verb	动词	描述学习者的动作状态	是
Object	对象	描述学习者的学习目标	是
Result	结果	表示整个证明的测试结果，比如学习的进度、测验得分情况	否
Context	前后情景	为声明提供具体上下文情景，使数据分析更细致化	否

（续表）

属 性	名 称	描 述	是否必选项
Timestamp	时间戳	记录学习发生的时间	否
Stored	存储时间	记载 LRS 机制存储学习记录的时间	否
Authority	授权	区分系统中那些人可以使用分辨该声明，保证系统的安全性	否
Voided	无效标记	当 Statement 的格式或其他要素发生错误时，将标记为无效	否

例如在一次考试中，需要采集包含“小明完成了语文期中测验，测验分数为 89 分，共花了 2 个小时”这条信息的数据，可以按照 xAPI 做如下数据记录，如表 2－2 所示。

表 2－2 xAPI 应用实例

属性要素	实际属性	数据举例
Actor	用户名	小明
Verb	完成	Finish
Object	测验名	语文期中测验
Result	测验分数	89
Context	完成时间	2 小时

遵循 xAPI 协议，在采集时就按照规范的格式记录数据，可以大大降低后期数据处理和治理的难度，同时也方便与其他机构交换和贡献数据，建议在涉及教育大数据的采集系统时可采用。本章对 xAPI 仅做简单介绍，关于 xAPI 的具体内容，将在本书第 3 章详细描述。

2.3 教育大数据的预处理

从上一节可以看出，教育大数据的来源广泛，采集技术和方式也有多种，不仅数量庞大、格式不一，而且质量良莠不齐。因此，必须规范数据格式并进行初步预处理，以便于后续的储存、管理与应用。

数据的预处理一般包含两个步骤：数据清洗和数据转换。

数据清洗是指对不符合要求的缺失数据、错误数据和重复数据进行处理，使其质量符合后续存储和分析的要求。

数据转换则是为了后续处理和分析的方便，将来源不同、格式不一的数据按照既定的规则进行规整。具体包括了数据编码转换、数据粒度转换、数据规整转换。

预处理具体实现一般有两种：一是技术人员编写清洗脚本程序来完成，二是数据采集工具一般也自带预处理功能，可以直接使用。

2.3.1 数据清洗

(1) 处理缺失数据。数据出现缺失的情况并不少见，有的是因为信息收集不全，有的是因为在人工录入时漏录，有的则是计算机在存储时出现问题等。对于缺失数据的处理，一般可以使用默认值填充、删除具有缺失值的数据对象、使用算法进行填充、忽略缺失等方法。

(2) 处理错误数据。常见的错误的数据有数值越界(例如年龄数据为负)例如和逻辑错误(例如打开课件时间在关闭课件时间之后)等，一般需提前制定好各种错误类型检测的逻辑依据和处理方法，针对每类错误执行不同处理(例如删除数据、用默认值替换等)。

(3) 处理重复数据。采集来的数据出现重复也非常常见，它们可能来自一个数据源，也有可能来自多个数据源，对于重复数据常见的处理是识别出它们，并将多余的数据删除，只保留一条。

2.3.2 数据转换

(1) 数据编码转换。大数据平台编码规则和数据源平台不一致，需要将数据源平台的编码转化为数据平台的编码。

(2) 数据粒度转换。大数据平台数据粒度和数据源平台不一致，需要将数据源平台的粒度转化为数据平台的粒度。

(3) 数据规则转换。大数据平台数据规则和数据源平台不一致，需要将数据源平台的规则转化为数据平台的规则。

2.3.3 具体示例

一份通过网页插码采集来的原始用户行为日志数据记录，需将它清洗并转换后生成的目标数据，其源数据如表 2-3 所示。

表 2-3 源数据

学生 ID	报名来源	学生类型	账号注册时间	今日累计学习时长(s)	今日登录 IP
22013060	2	1	201502250005150031	10 800	219.147.98.66
22013061		1	201502260005160921	5 316	211.137.78.17

（续表）

学生 ID	报名来源	学生类型	账号注册时间	今日累计学习时长(s)	今日登录 IP
22013062	1	2	201502270005172414	92 100	219.156.6.13
22013063	2	2	201502280005184532	1 841	219.136.7.12
22013063	2	2	201502280005184532	1 841	219.136.7.12

存储在大数据平台之前，需要做如下的数据预处理：

处理缺失数据：第 2 行“报名来源”为空，处理为默认值“0(代表未知)”；

处理错误数据：第 3 行“当日累计学习时长”超过 24 小时，用其他同学的平均值替代；

处理重复数据：第 4 行和第 5 行数据重复，删除第 5 行数据；

数据编码转换：将数据源系统的“学生类型”由“1”加上数据源平台类型“20”而转化为“201”；

数据粒度转换：数据源系统账号注册时间的粒度精确到毫秒，数据平台要求到秒即可；

数据格式转换：将“登录 IP”(网际协议地址，每个设备连接网络时分配的地址)，通过 IP 库，转化为“省”及“地市”。

经过预处理后的数据如表 2-4 所示。

表 2-4 预处理后的数据

学生 ID	报名来源	学生类型	账号注册时间	今日累计学习时长(s)	今日登录所在省	今日登录所在市
22013060	2	201	20190225000515	10 800	内蒙古自治区	包头市
22013061	0	201	20190226000516	5 316	湖北省	武汉市
22013062	1	202	20190227000517	7 741	河南省	郑州市
22013063	2	202	20190228000518	1 841	广东省	广州市

2.4 教育大数据的存储

2.4.1 单机文件存储

在互联网和大数据时代，单独用文件来存储数据(没有数据管理系统)已经很少见了。但是在教育领域，仍有大量的缺乏信息化平台的中小型教育机构，对这些机构而言，将线下数据录入个人计算机，并使用文件来存储数据（一般存储到 Excel 文件中），相比传统纸质文件也是一大进步，毕竟数据存储在计算机文件中后，就能够利用计算机的计算性能进行数据分析并为业务产生价值，而在未来构建了专门的大数据平台后，文件里存储的数据也能够方便地被导入大数据平台。

使用文件存储时要注意做好重要数据文件的管理、备份和安全。毕竟文件存储较数据库存储落后，而办公电脑的可靠性也远不如专用服务器，很容易发生文件的丢失和数据的泄露。可以定期将重要数据加密后备份到网络云盘，这样既保证了安全，又增加了一份备份。

2.4.2 关系型数据库存储

关系型数据库指采用了关系模型来组织数据的数据库，通过关系型数据库管理软件，可以很方便地存储和处理数据。常用的关系型数据库有 Access、Oracle、MySQL、SQL Server 等。

关系型数据库的一个重要作用是构建 OLTP 系统，我们常见的信息化系统背后大多都是由关系型数据库在支撑。但是除了 OLTP 外，关系型数据库也可以用作构建 OLAP 即数据分析平台，采集并汇总存储各种来源的数据，并实现分析挖掘功能。

技术成熟、广泛使用的关系型数据库多为单机版（最近也诞生了一些分布式的关系型数据库如 TiDB，但应用范围和技术成熟度尚有待提升），受到单个计算机 CPU、内存和硬盘的限制，在存储和计算上难以满足海量数据的需求（如互联网业务海量行为日志分析），但是对于那些构建了信息化平台（如教务管理平台、教学管理平台），还没有线上教学业务或者线上业务规模较小（意味着行为日志的数据量没有那么大）的机构来说，使用关系型数据库打造数据平台也不失为一个好的选择，因为相较最新的分布式存储技术，关系型数据库发展已经非常成熟，系统运维也相对容易，可以大大降低整个系统的成本。

2.4.3 分布式存储

随着互联网业务的发展，尤其是用户行为数据的爆发式增长，传统的单机版数据库已经难以满足数据存储和处理的需要。因此，分布式存储技术应运而生。

分布式存储系统是将数据分散存储在多台独立的设备上。分布式网络存储系统采用可扩展的系统结构，利用多台存储服务器分担存储负荷，利用位置服务器定位存储信息，它不但提高了系统的可靠性、可用性和存取效率，还易于扩展。

典型的、应用最为广泛的分布式存储系统就是 HDFS。HDFS 是 Apache 基金项目 Hadoop 中提供的一个分布式存储系统，它提供了高效的海量数据存储解决方案。HDFS 借鉴了 Google 的 GFS 文件系统，是设计运行在通用硬件上的分布式文件系统，适合于大数据的读写，且在设计上考虑了系统的容错性。HDFS 和分布式数据处理框架 Map-Reduce 共同构成了 Hadoop 体系的核心。

HDFS 的架构如图 2－6 所示，其包含了 3 个基本组成部分。客户端(Client)：访问 HDFS 系统的客户端。名称节点(NameNode)：HDFS 系统的管理者，保存了元数据。数据节点(DataNode)：数据的实际存储者，执行数据的读/写操作；一份数据默认会备份在 3 个数据节点上，防止机器故障时数据丢失。

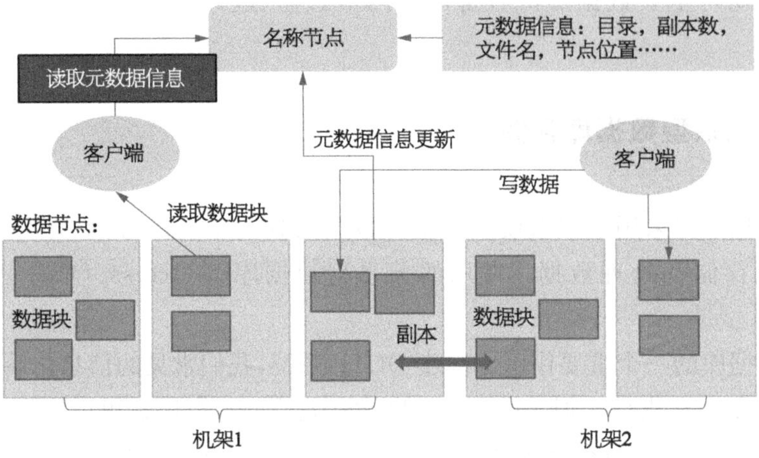

图 2－6 HDFS 的架构

当客户端需要读取数据时，首先访问名称节点，读取元数据，获取所需的数据在哪些数据节点上(一份数据一般有多个节点备份)，再访问最近的一个数据节点读取数据。

当客户端需要写数据时，首先向名称节点发送请求，名称节点检查是否可写，然后将分配的数据节点返回客户端，客户端将数据按 128 MB 切块后写入数据节点。

2.4.4 云存储

云存储是用过网络提供可配置的虚拟化存储及相关数据的服务。它是云计算的存储部分，通过多种云存储技术的融合，将存储设备虚拟化为易扩展、弹性、透明、具有伸缩性的存储资源池，并将存储资源池按需分配给授权用户，授权用户通过网络对存储资源池进行任意的访问和管理，并按用付费。云存储的架构如图 2－7 所示。

云存储可分为公有云、私有云和混合云。私有云和混合云成本较高，一般只有大型的企业和政府机构才可以承担，对于绝大多数教育机构而言，采用公有云存储是最经济的做法。

前述介绍的传统存储方式，无论是单机数据库存储，还是分布式存储，都需要大量的前期投入成本，如租用 IDC 机房、购买高性能服务器、聘用专业的运维人员等，对很多中小型教育机构而言是一个巨大的负担。采用云存储的方法，变“买”为“租”，不仅大大降低了前

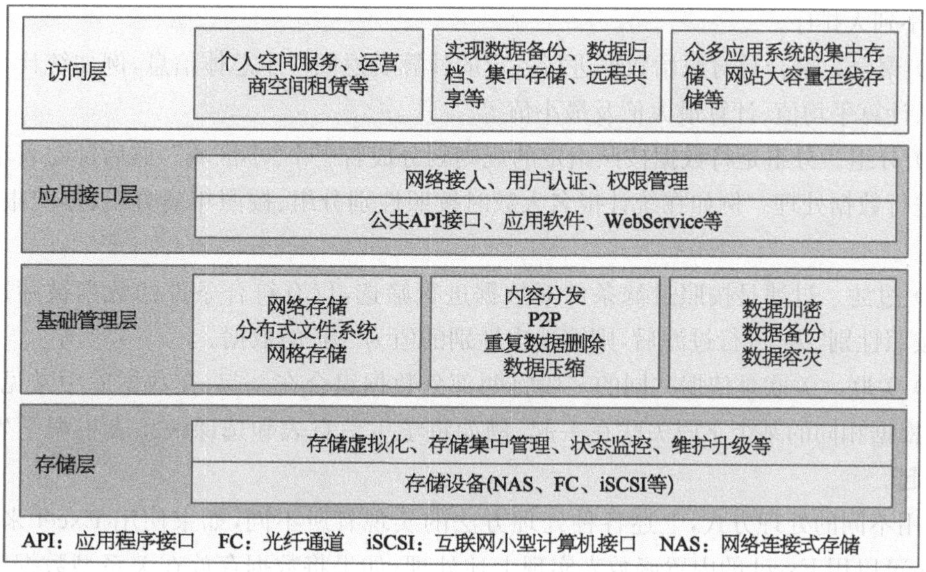

图 2-7 云存储的架构

期的固定投入，还可以直接使用云上的各种工具和服务。因此，中小型教育机构租用公有云的云存储和云计算技术来构建自己的大数据平台，是一个性价比较高的选择。常见的公有云有亚马逊的 AWS、阿里云、腾讯云、华为云、青云等，各教育机构可根据自己的需要选择合适的公有云产品。

在通用的云平台基础上，一些企业又根据教育行业的特点，搭建了专门适配教育行业需求的云平台，即教育云。教育云除了具有前述云平台的功能和特点，还内置了教育行业特殊的一些功能模块，如学生管理、教务管理、在线课程、资源管理、教育大数据模型等。相信随着教育云的发展与成熟，教育云将成为中小教育机构的首要选择。

2.5 教育大数据的处理

当完成了对数据的收集、预处理和存储后，就能够调用计算机的计算能力对数据进行处理了，数据处理是指对数据进行各种算术和逻辑运算，以便得到进一步数据的过程。下面先介绍常用的数据处理方法，再介绍典型的处理架构：批处理和实时流处理。

2.5.1 常用的数据处理方法

常用的数据处理方法有排序、聚合、分组、过滤、关联，每种方法含义如下。

(1) 排序。排序是将一组无序的数据序列调整为有序的数据序列，例如从大到小排序，或者从小到大排序。

（2）聚合。聚合是对原始数据进行一定的计算后返回一个总体信息，例如统计个数、计算总和、计算平均值、计算最大值及最小值等。

（3）分组。分组是将数据按照指定的规则划分成若干个“小区域”，然后针对若干个“小区域”进行数据处理。例如在统计报名人数时按照性别分组、按照年龄分组、按照报名时间分组等。

（4）过滤。过滤是按照过滤条件对数据进行筛选，仅有符合条件的数据被筛选出来。例如，按照性别“男”进行过滤后，则筛选出性别的值为“男”的数据。

（5）关联。关联是依据共同的字段将两部分数据组合在一起，在数据库中常见场景是两张表根据相同的某个字段关联在一起，例如将学生信息表和选课信息表根据学生 ID 关联在一起。

使用不同的处理方式，上述各种处理方法的实现有所不同，如果使用 Excel 来处理数据，那么可以用 Excel 的内置函数来实现上述处理；如果将数据存放在关系型数据库中，则可以使用 SQL 语言来实现上述处理；而对于 Map-Reduce 等分布式处理架构，则需要定制程序来实现，相对较为复杂。

2.5.2 处理架构

1）批处理

批处理是一种非常成熟的数据处理架构，它主要处理大容量静态数据集（在批处理过程中数据不能新增数据），并在计算过程完成后返回结果。批处理在应对大量持久数据方面的表现极为出色，因此经常被用于对历史数据进行分析，但是大量数据的处理需要付出大量时间，因此批处理不适合对处理时间要求较高的场合。

批处理的历史久远，传统以关系型数据库来构建数据仓库，就是用的批处理。然而随着大数据时代来临，数据呈爆发式增长，单机的关系型数据库性能已经捉襟见肘，批处理所需的时间越来越长甚至无法完成，难以满足业务的需要，因此需要引入新分布式批处理架构来提升批处理的性能。最常见的分布式批处理架构就是 Hadoop 中的 Map-Reduce。

与 HDFS 类似，Map-Reduce 也是 Apache 基金项目 Hadoop 中提供的一个分布式数据处理框架，其提供了高效的海量数据处理解决方案，Hadoop Map-Reduce 也借鉴了 Google 的 Map-Reduce 文件系统。可以说 HDFS 解决了海量数据的存储问题，Map-Reduce 解决了海量数据的处理问题，由它们为基础的 Hadoop 真正开启了大数据时代的大门。

Map-Reduce 将所有的计算都抽象分解为 Map 和 Reduce 两个过程，用户只需实现 map()和 reduce()两个函数，即可实现分布式计算。其处理流程图如图 2－8 所示。

使用 Map-Reduce 处理数据时，首先读取 HDFS 上的数据文件，并将文件中的每行数据以“键值对”的方式传入 Map 任务，然后 Map 任务对这些键值对进行处理，再将处理后的数

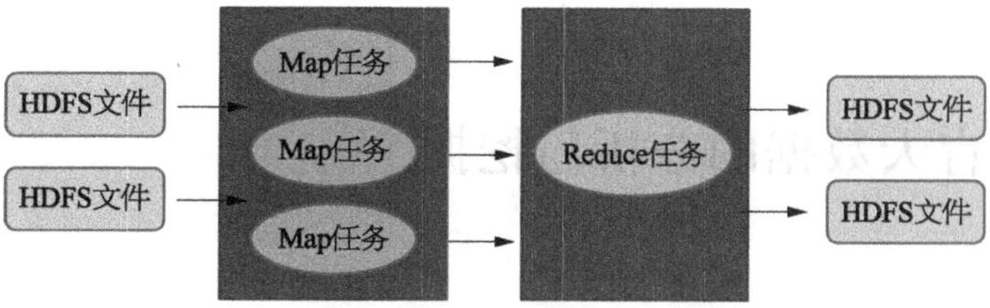

图 2-8 处理流程图

据传入到 Reduce 任务，Reduce 任务将多个 Map 任务分散的数据合并成一个大的数据，再对合并后的数据进行处理，生成最终的结果并存入到 HDFS 中。

以求最大值为例，数据分布在多个服务器上，每个服务器先运行 Map 任务，找出本地的最大值，然后将找出的最大值传入到 Reduce 任务，Reduce 任务找出其中的最大值后得出结果。可以看出，比起传统的单机处理，Map-Reduce 的处理架构充分利用了多台服务器的计算性能进行并行计算，大大降低了处理时间。

2）流处理

与批处理不同，流处理系统会随时对进入系统的数据进行计算。流处理方式无须针对整个数据集执行操作，而是对通过系统传输的每个数据项执行操作。比如天猫双 11 的销量数据是实时更新的就是流处理的典型应用，其他的典型应用如金融交易的实时欺诈检测、股票的高频算法交易等，这些都是需要超低延时处理的场景，传统的批处理无法满足。

对教育领域而言，流处理的应用在现阶段刚刚起步，但是有着很广泛的应用场景，例如形成性考核、在线考试风险控制等，都是值得研究和落地的方向。

常见的实时计算框架有 Apache Storm，其基本流程从一端读取实时数据的原始流(Spout)，并将其以元组流(Tuple Stream)传递通过一系列小处理单元(Bolt)，并在另一端输出处理/有用的信息。流处理的流程如图 2-9 所示。

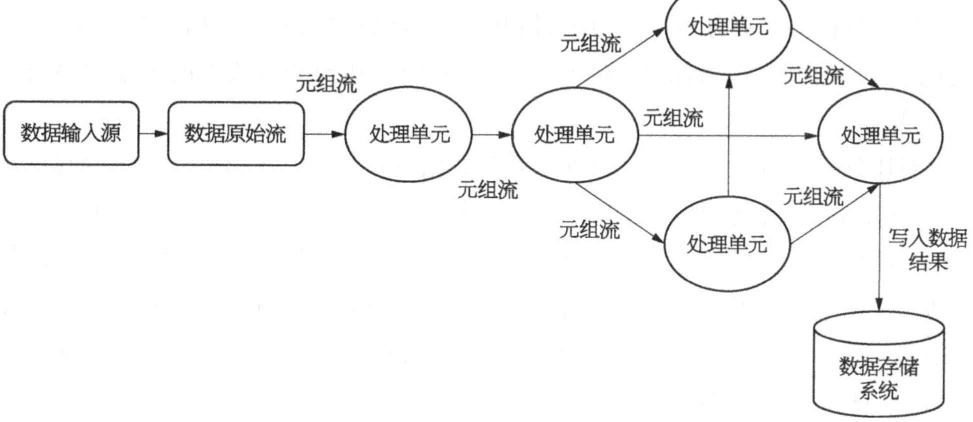

图 2-9 流处理的处理流程

2.6 教育大数据的分析与挖掘

在完成了数据的采集、预处理、存储,并有了数据处理平台或软件的计算能力基础之后,就可以开始分析与挖掘数据了,数据分析与挖掘都是用适当的算法对数据进行处理,提取有用信息和形成结论的过程,如图 2-10 所示。

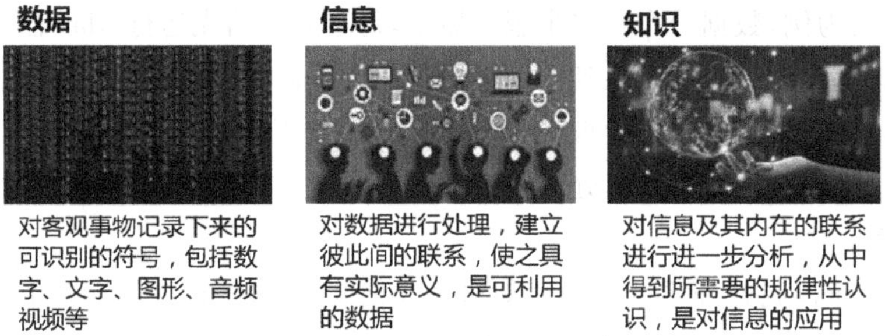

图 2-10 数据分析与挖掘的流程

数据分析与数据挖掘的区别在于前者主要使用统计分析和业务理解的方法,而后者更多是利用机器学习算法和计算机编程来实现。

2.6.1 数据分析

常用的数据分析方法包括趋势分析、对比分析、分组分析、漏斗分析、留存分析等。实际应用时,常常结合多种分析方法,从各个角度进行全面的分析,一般数据分析的结果都会以各种图形或者图表进行可视化展示,来方便分析人员理解和应用。

(1) 趋势分析。趋势分析是最简单、最基础,也是最常见的数据监测与数据分析方法,通常是观察一段时间某一指标数据的变化历史,并分析和预测该数据的未来趋势及监测数据的异常变化。

(2) 对比分析。对比分析是将数据与对照数据(可以是同一指标不同时期数据、竞品数据、同类数据、目标数据等)加以比较,以发现数据之间的差距并寻找原因的分析方法。

(3) 分组分析。分组分析法是将总体数据按照某一维度划分成若干个部分,再加以分析的一种方法。分组分析一般是应用在总体分析的趋势和对比之后,更加深入的分析过程,其关键是选择合适的分组维度。分析人员需要对业务有深入的了解和丰富的分析经验才能够快速地找到合适的分组维度。

(4) 漏斗分析。漏斗分析是针对转化的分析,在实际的业务过程中,经常能将一些关键流程拆解为多个关键步骤，而每一步都会有一定的流失和损耗，通过漏斗分析，计算每一步的转化率，可以及时的发现是哪一步出现了问题，进而去更加深入的分析原因。

（5）留存分析。留存分析是一种用来分析用户参与情况/活跃程度的分析方法，考察进行初始行为的用户中，有多少人会进行后续行为。这是用来衡量产品对用户价值高低的重要方法。衡量留存的常见指标有：次日留存率、7日留存率、30日留存率等。

2.6.2 数据挖掘

1）常用的数据挖掘算法

常用的数据挖掘算法有分类分析、聚类分析、预测分析、关联分析、决策树等。与数据分析相比，数据挖掘的门槛要高一些，不过现在各种相关的挖掘工具和算法库已经越来越完善，相信未来能够有更多的教育机构能够利用各种挖掘算法来深度挖掘数据中的巨大价值。

（1）分类分析。分类就是确定对象属于哪个预定义的目标类。分类问题是一个普遍存在的问题，有许多不同的应用。例如：根据电子邮件的标题和内容检查出垃圾邮件，根据核磁共振的结果区分肿瘤是恶性的还是良性的等。

在教育领域，分类算法也有非常多的应用场景。一是将学员分类后，按照不同类别提供个性化的教学服务（例如对于自主学习能力低的学员，加大督学服务的力度，而对于学习热情高的学员提供更多的选修课程）。二是用分类算法预测学员的流失、无法完成学业等，并提前进行干预。三是用分类算法来检测一些违规行为如在线教育平台的代挂机学习、代做作业等并及时阻止。

分类算法大多数是“有监督”的机器学习算法（也有无监督的分类算法，但是常用的分类算法一般是有监督的），所谓“有监督”的含义是指必须预先准备一定量的打上分类标签的训练数据（称为“训练集”）让算法模型进行学习后，才能够将未知的数据（称为“测试集”）输入模型进行分类和预测。例如，要构建一个学员流失的分类预测模型，首先需要准备已经流失的学员数据及正常毕业学员数据，输入模型进行训练，再将需要预测的在读的学员数据输入模型进行分类预测其将流失还是正常毕业。

常用的分类算法有基于规则、决策树、最近邻、随机森林、朴素贝叶斯、支持向量机、人工神经网络等。

（2）聚类分析。聚类算法的目的也是将样本分类，但是和分类算法不同的是，聚类算法是一种“无监督”的机器学习算法，也就是说并没有打好标签的训练数据供算法模型进行学习，而是直接对目标数据按照一定规则进行分组，使得组内的对象之间是相似的，而不同组的对象是不同的。组内相似性越大，组间差别越大，聚类的效果就越好。

聚类算法常常用在分类规则尚未清晰的新业务上，对数据进行探索，在聚类完成后，业务人员再去分析并进行理解数据，解释每一组的特点和与其他组的不同，并为后续的分析奠定基础。

例如，某教育机构上线了一个新的混合式培训项目，既有线上视频课程，又有直播课程，还有线下实践课程，而参加的学员也和以往的项目完全不同。对于这样的新项目，到底学员的学习行为有什么特点，大概可以分成几类学员，并没有历史经验可以参考，这时就可以用聚类算法，将学员的相关基本信息、行为信息等输入到算法模型中，让算法模型产生不同学员分组，再分析每一组学员有什么典型特征，并针对性优化产品和教学服务。

常用的聚类算法有 K 均值、凝聚层次聚类、DBSCAN 等。

（3）预测分析。预测分析从某种意义上讲可以理解为回归分析，即对自变量和因变量之间的关系进行建模，之后利用所建模型对某种结果进行预测。在教育数据挖掘中，自变量通常是学生的自身信息，如出勤率、上课的态度、每天学习的时间、家庭年收入等，因变量是我们要预测的变量，如学生的期末考试成绩及学生的表现。由于现实问题都较为复杂，使得通过简单的回归分析不能获得良好的预测结果，因此，引入更加复杂的预测技术，如决策树和神经网络，则显得十分必要。此类技术既可用于回归分析，又可用于分类分析

（4）关联分析。关联分析是用于发现隐藏在大型数据集中的有意义的联系的一种算法，所发现的联系可以用关联规则或频繁项集的形式表示。

最有名的关联分析应用就是“啤酒与尿布”了，这个案例指某大型超市的分析人员对商品的购买数据进行分析后，发现啤酒和尿布这样看似毫不相关的商品却经常被一起购买，再深入研究发现原来是年轻的爸爸往往给小孩买尿布时会随手买自己喜欢的啤酒，于是该商场将啤酒和尿布摆放在相同区域，让年轻的父亲可以同时找到这两件商品，并很快地完成购物，从而极大提升商品销售收入。

和上述案例类似，关联分析已经在电子商务领域大量应用，典型的就是个性化推荐，现在几乎所有购物网站都有个性化推荐栏目，极大地提升了商品销量。类似的，关联分析在教育领域的最大应用也是推荐，但是教育领域有一些比较特别的地方，就是现在的教育体系，学员所学的课程基本都是由教学大纲所确定的，因此在课程一级推荐意义不大，而在知识点一级推荐才能产生更大的价值，但是这又涉及知识点的标记和知识地图的构建，需要做大量的前置工作。

常用的关联分析算法有 Apriori 算法、FP 增长算法。

（5）决策树。在教育数据挖掘中，决策树既是一种分类模型又是一种预测模型，它代表一组决定的树型结构，且每一棵树均代表自变量与因变量之间的一种对应关系。其主要由决策点、状态节点和结果节点三部分组成，具体的决策树方法主要包括分类与回归树和卡方自动交互检测。

2.7 教育大数据的可视化

数据可视化旨在借助于图形化手段，将数据的特点清晰有效地表现出来，方便分析人

员的理解。不同特点的数据适用不同的可视化展示，数据可视化既是一门科学，又是一门艺术。

教育大数据常用的可视化展示图形有折线图、柱状图、饼图、漏斗图、散点图、雷达图、热力图、仪表盘、学生画像、知识地图等。

1）折线图

折线图展示随时间而变化的数据，其横坐标为时间轴，纵坐标为具体数据的值，非常适用于随时间变化的趋势分析。

图 2－11 展示了某教育机构今年以来的招生趋势，并与去年同期情况进行对比。

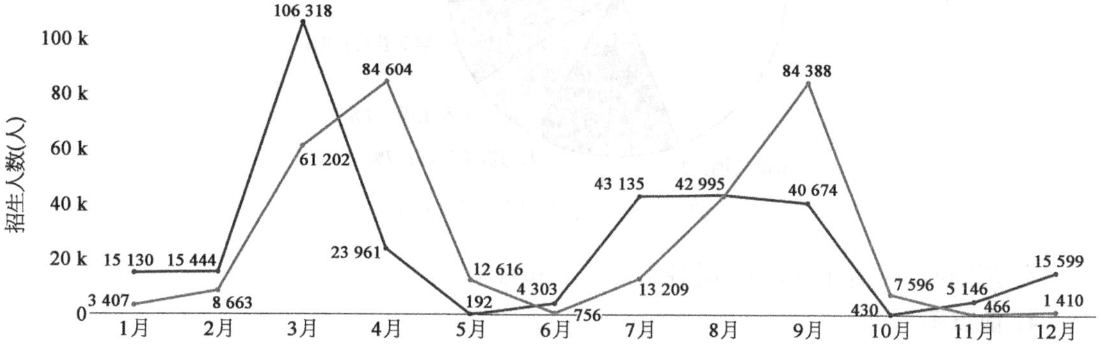

图 2－11　招生趋势对比折线图

2）柱状图

柱状图用途较广，既可以用于数据的对比，又可以用于观察数据的组成，其横坐标可以是分类，也可以是时间，纵坐标即柱子的高度为数据的具体值，在柱子内部还可以表现出数据的组成。

图 2－12 同样为某教育机构的招生数展示，不同的是通过使用柱状图，既展示了每月招生数据，又展示了和去年同期的对比，还展示了每月招生的组成。

在使用柱状图时需注意几点：一是用不同颜色来标注不同类别的柱子，方便理解；二是

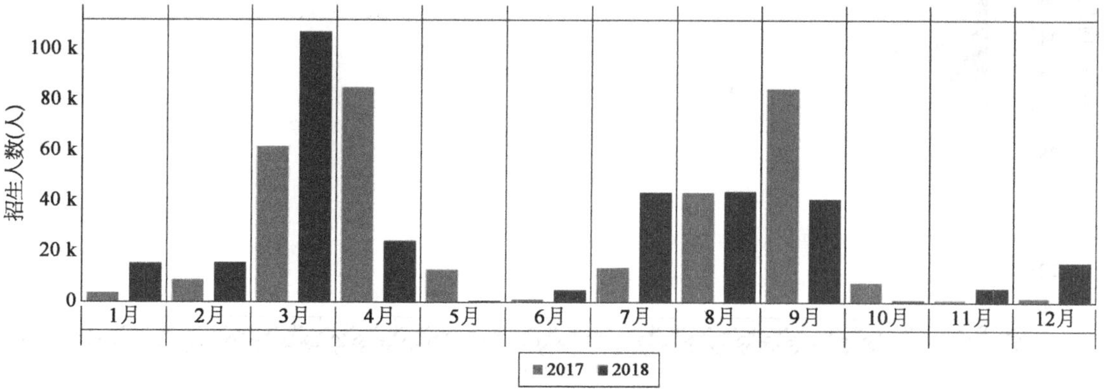

图 2－12　招生趋势对比柱状图

如果用柱状图来展示趋势则横轴数据(即柱子数)不宜太多,一般显示每月数据趋势可以用柱状图(一年12根柱子),显示每日数据时建议使用折线图。

3) 饼图

饼图通过弧度大小来显示不同分组的占比情况,如图2-13所示。

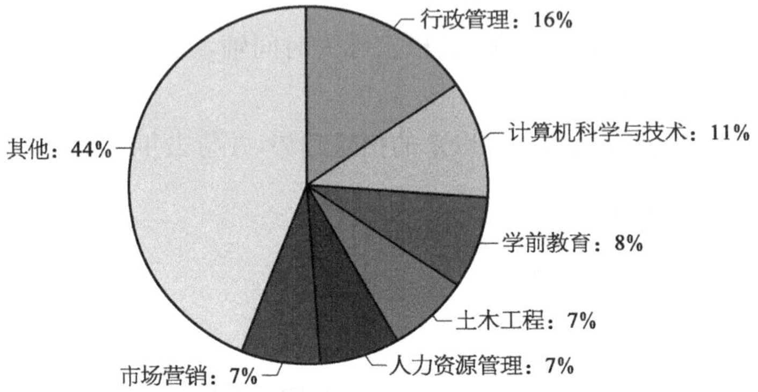

图2-13 专业招生人数饼图

在使用饼图时需注意,分组时各组占比之和必须为100%。

4) 散点图

散点图是使用一系列的散点在直角坐标系中展示变量的数值分布,发现两者的关系与相关性。

图2-14展示了各专业招生人数与年龄的数据分布情况。

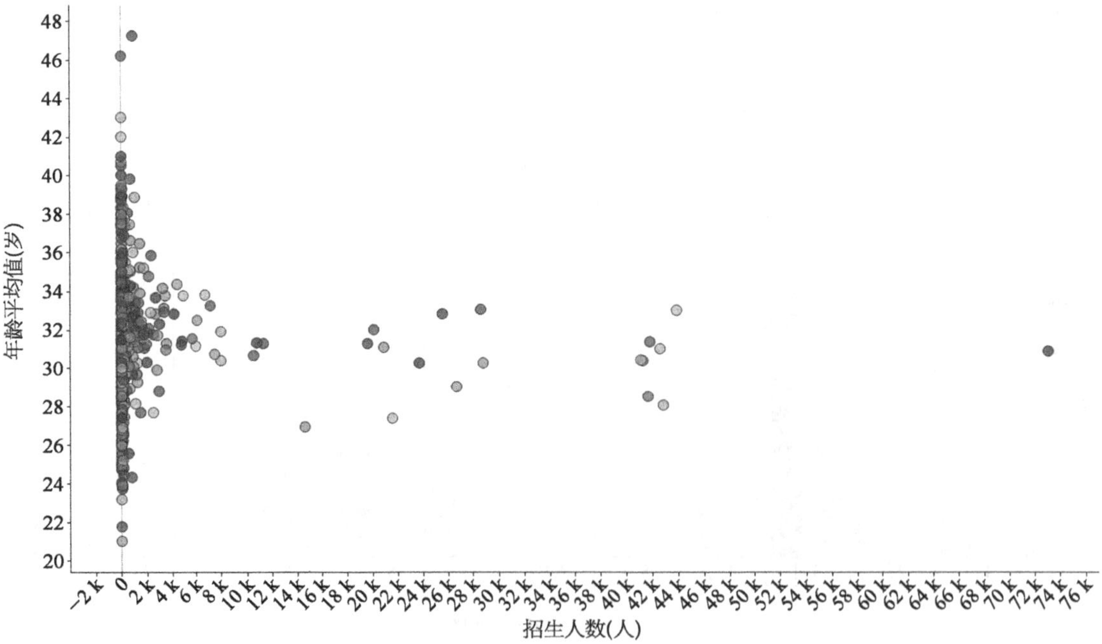

图2-14 专业招生人数与年龄分布散点图

5）雷达图

雷达图适用于多维数据（一般四维以上），且每个维度必须是同一分数标准，可以相互比较。雷达图可以方便地观察多个维度指标的得分，并分析出每个指标的相对强弱。

图 2－15 展示了某学生在一些关键思维能力上的得分，可以清晰地看出其各项能力的优劣。

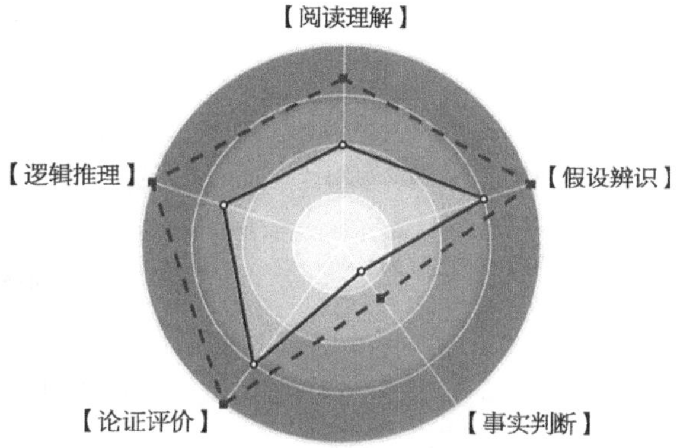

图 2－15 某学生关键思维能力得分雷达图

6）热力图

热力图是以不同颜色和亮度来显示数据分布的可视化图形，热力图通常与位置信息紧密联系。

图 2－16 是某学校学生聚集情况的热力图，学生聚集人数越多的地方颜色越深。

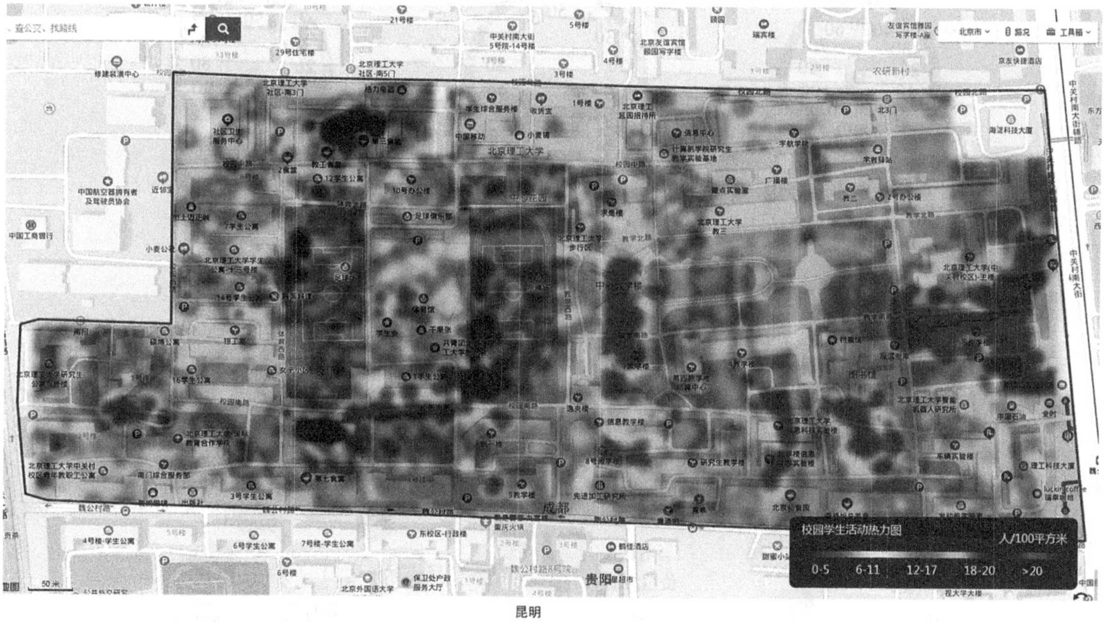

图 2－16 学生聚集热力图

7）仪表盘

仪表盘（图 2－17）是综合展示关键数据的数据可视化产品，它应用前述介绍的各种化图表，将关键数据展示到一个页面中，通常以大屏幕来进行展示，方便管理者和运营者监控和分析数据变化及走向。

8）学员画像

学员画像是根据学员的基本信息、学习行为、学习成果等数据对学员进行的综合情况

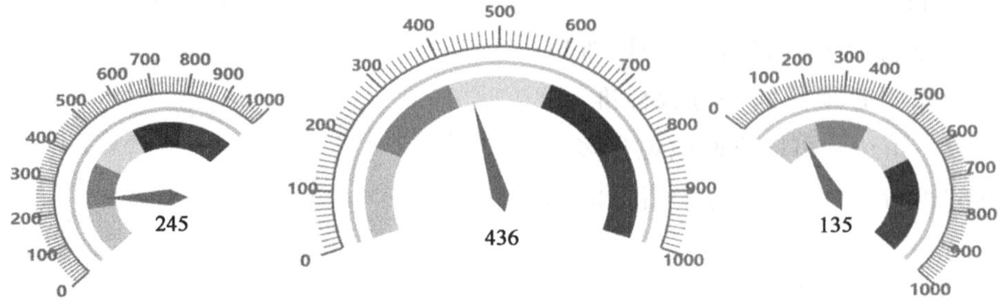

图 2-17 仪表盘

的展示。应用学员画像，可以有效勾画学员特点、进行产品定位、联系用户诉求与设计方向。

图 2-18 所示的学员画像中，直观展示了学员在学习情况、行为特点、关系网络的数据，方便运营人员进行个性化的服务。

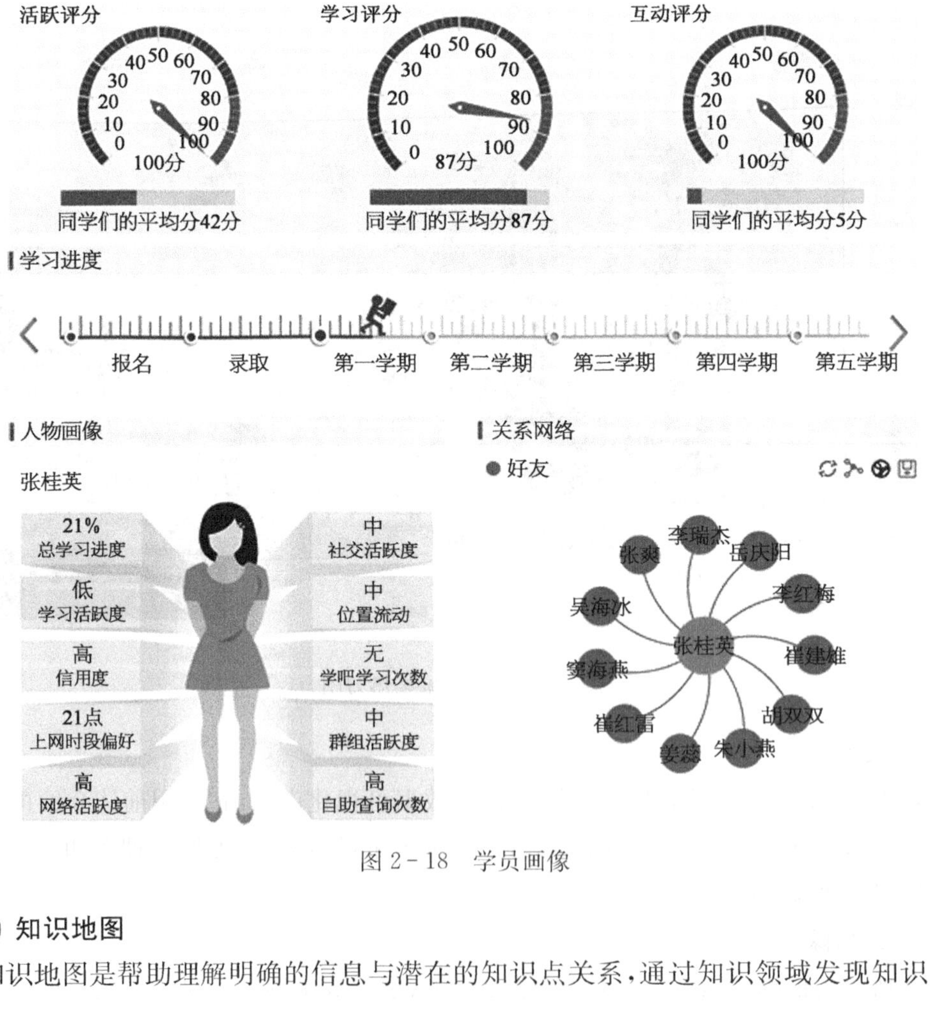

图 2-18 学员画像

9）知识地图

知识地图是帮助理解明确的信息与潜在的知识点关系，通过知识领域发现知识的流动方向。其核心是发现和展示知识点间的关系，并据此来优化课程的设计及实现个性化的学习路径。学科知识地图的研究目前处于起步阶段，但是可以预见未来将成为教育大数据的热门研究和应用方向。

图 2-19 展示了一个典型的学科知识地图可视化，其包含了知识点及知识点之间的相关性，与其他知识点关联越多，该知识点的图形就越大，这样可以轻易地分析出那些较为关键的知识点，为后续的产品优化和课程设计提供决策依据。

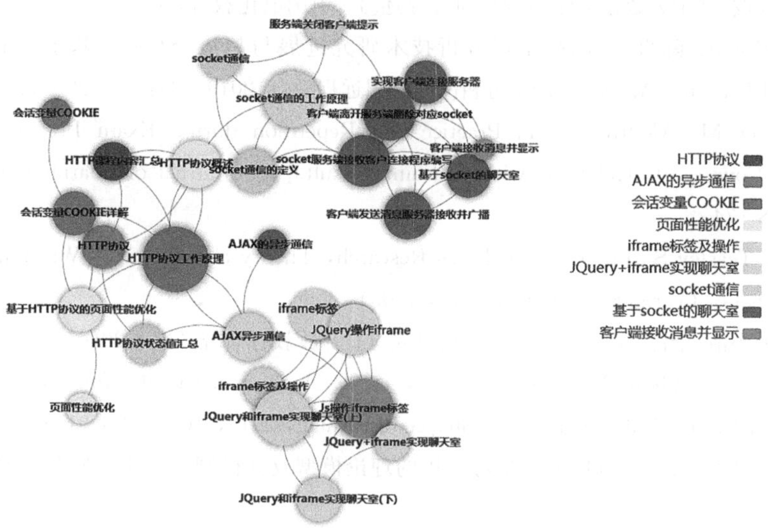

图 2-19　Web 前后端数据交互技术知识地图

◇参◇考◇文◇献◇

[1] 孙洪涛，郑勤华. 教育大数据的核心技术、应用现状与发展趋势[J]. 远程教育杂志，2016(9)：41-49.

[2] 唐烨伟，赵桐，王伟. xAPI——新一代学习技术规范引领智慧教育新标准[J]. 现代教育技术，2015，25(1)：107-113.

[3] 杨现民，唐斯斯，李翼红. 教育大数据的技术体系框架与发展趋势[J]. 现代教育技术，2016，26(1)：5-12.

[4] 胡文波，徐造林. 分布式存储方案的设计与研究[J]. 计算机技术与发展，2010，20(4)：65-68.

[5] 薛一波，易成岐. 云存储[J]. 中兴通讯技术，2012，18(1)：57-60.

[6] Pang-Ning Tan, Michael Steinbach, Vipin Kumar. 数据挖掘导论[M]. 范明，范宏建，等，译. 北京：人民邮电出版社，2011.

[7] Martin T, Sherin B. Learning Analytics and Computational Techniques for Detecting and Evaluating Patterns in Learning: An Introduction to the Special Issue[J]. Journal of the Learning Sciences, 2013, 22(04): 511 - 520.

[8] Slade S, Prinsloo P. Learning Analytics: Ethical Issues and Dilemmas[J]. American Behavioral Scientist, 2013, 57(10SI): 1510 - 1529.

[9] 郭炯，郑晓俊. 基于大数据的学习分析研究综述[J]. 中国电化教育，2017(01)：121 - 130.

[10] 潘青青，杨现民，陈世超. 国际学习分析技术研究进展与趋势分析——基于 2014 年至 2016 年 Journal of Learning Analytics 论文分析[J]. 中国远程教育，2019(03)：14 - 22+92.

[11] Andergassen M, Mödritscher F. Practice and Repetition during Exam Preparation in Blended Learning Courses: Correlations with Learning Results[J]. Journal of Learning Analytics, 2014, 1(01): 48 - 74.

[12] Pardo A, Teasley S. Learning Analytics Research, Theory and Practice: Widening the Discipline [J]. Journal of Learning Analytics, 2014, 1(03): 4 - 6.

[13] 孟玲玲，顾小清，李泽. 学习分析工具比较研究[J]. 开放教育研究，2014，20(04)：66 - 75.

[14] Chatti M A, Dyckhoff A L, Schroeder U, et al. A reference model for learning analytics[J]. International Journal of Technology Enhanced Learning, 2012, 4(05/06): 318 - 331.

[15] 林秀瑜，李梦杰. 智慧学习环境下学习分析的理论模型及其机制[J]. 现代教育技术，2019，29(04)：19 - 25.

[16] 胡水星. 教育数据挖掘及其教学应用实证分析[J]. 现代远距离教育，2017(04)：29 - 37.

[17] 彭涛，丁凌云. 基于教育数据挖掘学生表现预测模型构建研究[J]. 黑龙江高教研究，2015(11)：55 - 58.

第3章

教育大数据技术标准

教育大数据技术标准是大数据驱动教育信息化建设和发展的实施准则和有效保障，是教育信息化建设的重要环节，对于促进优质教育资源共享，提升教育管理信息化水平，促进教育公平和提高教育质量，乃至推动教育教学改革发展都具有重要作用。

国务院《促进大数据发展行动纲要》体现了对大数据发展的系统化和体系化建设思路，指出“推进大数据产业标准体系建设，建立标准规范体系”。工信部《大数据产业发展规划（2016—2020年）》部署了“推进大数据标准体系建设，加强大数据标准化顶层设计，逐步完善标准体系，发挥标准化对产业发展的重要支撑作用”的重点任务。国务院《科学数据管理办法》明确要求“进一步加强和规范科学数据管理，保障科学数据安全，提高开放共享水平，更好地为国家科技创新、经济社会发展和国家安全提供支撑”。在工信部信软司和国标委工业二部的指导下，中国电子技术标准化研究院组织30家单位共同编制了《大数据标准白皮书》2016版和2018版（2016版的更新版），该更新版论述了最新的大数据标准化工作建议和成果推进。

教育大数据标准体系通常被认为是教育信息化标准体系中的一部分。国际上，ISO/IEC JTC1/SC36学习、教育、培训信息技术标准化分委员会，ADL高级分布式学习计划等活跃组织研制并发布了一系列教育信息化标准；在中国，华东师范大学、上海开放大学等也成立了相关标准研制工作组，结合《教育信息化标准体系构建及十三五标准规划研究》系列项目，为教育信息化标准的制定和发布贡献智慧和力量。教育大数据标准体系建设立足于《教育信息化“十三五”规划》，总体目标是落实《国家中长期教育改革和发展规划纲要（2010—2020年）》和《教育信息化十年发展规划（2011—2020年）》，完善中国教育信息化标准体系和框架，更新标准组谱，对教育大数据标准体系进行前瞻性需求分析，建立符合我国实际情况、结构完备、相互支持、面向服务、面向未来、面向现代化的中国教育大数据技术标准体系。

本章分别介绍了国内外关于教育大数据技术标准制定的组织现状、工作内容，以及技术标准内容。

3.1 教育大数据技术标准国际情况

国际标准化组织（International Organization for Standardization，IOS）、电气和电子工程师协会（Institute of Electrical and Electronics Engineers，IEEE）、全球学习联盟（Instructional Management System，IMS）、高级分布式学习组织（Advanced Distributed

Learning, ADL)、国际电信联盟远程通信标准化组织(ITU－T for ITU Telecommunication Standardization Sector, ITU－T)、美国国家标准与技术研究院(National Institute of Standards and Technology, NIST)和美国国家教育统计中心(National Center for Education Statistics, NCES)等都已经开展了大数据技术领域的标准化工作,下面介绍几个主要的国际标准化组织。

3.1.1 ISO/IEC JTC1(SC32、SC36：WG8、SG2：WG9)

国际标准化组织/国际电工委员会的第一联合技术委员会 ISO/IEC JTC1,是一个信息技术领域的国际标准化委员会,它下设多个分技术委员会,其中与大数据技术标准相关的委员会有数据管理和交换分技术委员会(ISO/IEC JTC1/SC32,简称 SC32)、学习、教育和培训领域信息技术标准征集、修订和批准工作组(ISO/IEC JTC1/SC36,简称 SC36)、大数据国际标准化研究组(ISO/IEC JTC1/SG2,简称 SG2)。

1) ISO/IEC JTC1/SC32 数据管理和交换分技术委员会

SC32 是一个与大数据关系最为密切的标准化组织,主要负责本地及分布式信息系统环境的数据管理标准的研制、发布和推广,为跨行业领域协调数据管理能力提供技术标准,其标准包括：现有和新兴标准的参考模型和本体框架;数据域、数据类型和数据结构以及相关的语义;用于持久存储、并发访问、并发更新和数据交换的语言、服务和协议;构造、组织和注册元数据及共享和互操作相关的其他信息资源(电子商务等)的方法、语言、服务和协议。SC32 现有的标准制定和研究工作是大数据良好发展的基础。

SC32 下设 4 个工作组,分别负责电子业务(WG1 电子业务工作组)、元数据(WG2 元数据工作组)、数据库语言(WG3 数据库语言工作组),以及 SQL 多媒体和应用领域(WG4 SQL 多媒体和应用包工作组)的标准的研发工作。

(1) WG1。WG1 工作组主要研究制定各组织的业务和信息技术两个角度的互操作通用标准。主要体现：建立业务场景及其相关的角色、信息包和语义等的组件识别和建模业务活动的方法和框架;识别和规范用于开发业务场景及其组件的标准技术描述,以及完成业务交易的信息技术服务和该服务接口等。

(2) WG2。WG2 工作组主要研究元数据的标准化,通过对元数据的规范和管理,加强数据、信息、流程等方面的理解和共享,从而支持互操作、电子商务以及基于模型、服务和构件的软件开发。具体研究范围包括：元数据规范、元模型和本体的管理框架;数据元、数据结构以及相关概念的规范和管理;基于分类方案、代码表等的值域的规范和管理;流程数据和行为数据的规范和管理;元数据管理工具(数据字典、数据仓库、信息资源字典系统、注册库等)的相关标准;元数据语义交换、基于互联网、局域网络交换等方面的相关标准。

(3) WG3。WG3 工作组主要研究和制定数据库技术及数据库管理系统的基础性国际标准,开发和维护多用户环境中数据库结构和内容的动态规范、维护和描述语言。工作范围包括：数据类型、行为以及对定义结构内容的任何完整性约束；创建和生成新数据类型和行为的机制，以支持其他国际标准的规范；通过事务提交、恢复和安全机制支持数据库系统的完整性；为多个并发用户在数据库结构中存储、访问和操作数据提供支持的语言的开发和维护；为其他标准编程语言提供开发接口；为用户提供访问描述数据类型、行为或数据库内容的其他标准的接口或为开发用户提供数据库组件。

(4) WG4。WG4 工作组主要负责规定各种应用领域使用的抽象数据类型包的定义，促进多媒体数据管理技术的发展，以及产品的研制、开发、测试和评估。每一个基于全文、空间、静态图像、静态图形、动画、视频、音频、地震和音乐等的抽象数据类型包都能够在 SQL 数据库中进行存储和维护。同时，为了能够支持用户根据应用 API 需求进行数据管理，特采用一种通用规范对多种数据类型进行定义和操作，以有利于这类数据的共享、交换和处理。

SC32 在数据管理与交换研究领域还建立了多个研究组，主要有：下一代分析技术与大数据研究组(SG Next Generation Analytics and Big Data)、云计算元数据研究组(SG Metadata for Cloud Computing)、基于事实基础的建模元模型研究组(SG Metamodel for Fact Based Modelling)等。

2) ISO/IEC JTC1/SC36 第 36 分技术委员会

SC36 第 36 分技术委员会，是专门从事学习、教育和培训领域信息技术(Information Technology for Learning, Education, Training, ITLET)标准的征集、修订和批准工作。该委员会以国家为参与单位，目前包括 23 个正式参与成员国和 21 个观察成员国。第 24 届学习、教育和培训中的信息技术国际标准化组织全会、工作组会议及开放论坛于 2011 年 9 月 9 日—17 日在中国上海成功举办。

SC36 下设 8 个工作组，分别是 WG1、WG2、WG3、WG4、WG5、WG6、WG7 和 WG8。其中 WG8 组的工作主要是制定学习分析互操作的多部分技术报告的 ISO/IEC 20748，该技术报告包括四个部分的内容：第一部分是参考模型，制定范围包括确定相关术语、用户需求、工作流程、学习分析服务/系统的参考架构；第二部分是系统要求，制定内容包括确定系统的作用、性能等，主要是为了提高系统/服务之间的通信、运行效率；第三部分是数据互操作指南，主要内容是制定学习分析数据间相互映射的指导方针，包括语法、语义的映射，包括使用案例的征集；第四部分是隐私和数据保护，即制定学习分析系统开发和设计时需做好的隐私和数据保护相关约束条件。后来，WG8 组扩展了学习分析互操作研究组的研究范围，增加了学习分析模型与框架的相关内容。

3) ISO/IEC JTC1/SG2 大数据国际标准化研究组

SG2 大数据国际标准化研究组，其工作重点包括：ISO、IEC、ISO/IEC JTC1 等在大数据领域的关键技术、参考模型以及用例等标准基础；确定大数据领域应用需要的术语与定义；评估分析当前大数据标准的具体需求，提出 ISO/IEC JTC1 大数据标准优先顺序。

SG2 于 2013 年 11 月成立，2014 年 11 月向 ISO/IEC JTC1 全会提交研究报告，该报告

建议标准化大数据技术点的研制需成立独立的 ISO/IEC JTC1 大数据工作组。于是，ISO/IEC JTC1/WG9 大数据工作组(以下简称 WG9)因此诞生。

为了推动大数据标准的研制工作，WG9 自 2014 年成立以来一共召开了八次会议。WG9 工作重点包括：制定大数据基础性标准，包括参考架构和术语；识别大数据标准化需求和研究缺失；同大数据相关的 JTC1 内的工作组保持联络关系，分析正在进行或探索新的标准项目，推动大数据标准化进程；同 JTC1 外的大数据相关标准组织保持联络关系，分析正在进行或探索新的标准项目，推动大数据标准化进程；在其他工作组不能兼顾的情况下，制定相关大数据国际标准。目前，WG9 正在研制 6 项国际标准和技术报告，相关标准和技术报告状态见表 3-1。

表 3-1 国际标准和技术报告在研情况

序号	标准号	标准/报告名称(中文)	标准/报告名称(英文)	阶段
1	ISO/IEC FDIS 20546	信息技术-大数据-概述和术语	Informationtechnology - Big Data - Overview and Vocabulary	FDIS
2	ISO/IEC AWI TR 20547 - 1	信息技术-大数据参考架构-第 1 部分：框架与应用过程	Information technology - Big Data Reference Architecture - Part1: Framework and Application Process	WD
3	ISO/IEC TR 20547 - 2	信息技术-大数据参考架构-第 2 部分：用例和派生需求	Information technology - Big Data Reference Architecture - Part2: Use Cases and Derived Requirements	IS
4	ISO/IEC DIS 20547 - 3	信息技术-大数据-参考架构-第 3 部分：参考架构	Information technology - Big Data Reference Architecture - Part3: Reference Architecture	DIS
5	ISO/IEC CD 20547 - 4	信息技术-大数据-参考架构-第 4 部分：安全和隐私	Information technology - Big Data Reference Architecture - Part4: Security and Privacy Fabric	CD
6	ISO/IEC TR 20547 - 5：2018	信息技术-大数据-参考架构-第 5 部分：标准路线图	Information technology - Big Data Reference Architecture - Part5: Standards Roadmap	IS

注：Work Draft(WD)指工作小组草案；Committee Draft(CD)指委员会草案；Draft International Standard(DIS)指国际标准草案；Final Draft International Standard(FDIS)指最终国际标准版草案；International Standard(IS)指国际标准版。

国际标准的制定过程要经过 WD、CD、DIS、FDIS 和 IS 这五个阶段，其中 FDIS 是第四个阶段，该阶段的标准经过投票通过后就可以正式发布，即 IS 阶段。

3.1.2 IEEE BDGMM

大数据治理和元数据管理组织(IEEE BDGMM)，主导大数据标准化工作(BDGMM)。

BDGMM由IEEE大数据计划和IEEE标准协会在2017年6月联合创建，其工作是开展大数据治理和大数据交换工作，以服务大数据消费者和大数据生产者。具体表现：一方面帮助大数据消费者更好地了解和访问可用数据；另一方面帮助大数据生产者正确设定期望值并确保按照期望值维护和共享数据集。为了更好地体现这两方面，BDGMM还要帮助拥有大数据的组织作出存储、策划、提供和治理大数据的决策。

BDGMM每两周召开一次远程会议，BDGMM的目标是能够整合来自不同领域异构数据集，通过可器读和可操作的规范基础设施，使数据可发现、可访问和可利用。

BDGMM期望的可交付成果包括：① 通过IEEE发起的研讨会和Hackathons或者其他会议收集、分析和识别相关用例、要求和解决方案，并形成文档；② 基于上述文档，更详细地框定问题、找出课题，形成白皮书；③ 来自大数据元数据管理相关最佳实践的参考架构概念和解决方案，用以规划数据互操作基础设施，使不同领域数据库之间的数据集成成为可能；④ 识别和启动大数据元数据管理相关的IEEE标准活动(包括建议的实践、指南)。

3.1.3 IMS GLC

IMS是专门从事教学系统技术标准制定工作的组织，着眼于分布式环境下技术规范和标准的制定，关注学习系统和学习内容互操作能力的构建，力求促进学习技术在全球的发展和影响。

IMS最开始是美国大学的校际交流委员会(EDUCOM)在1996年设立的教学管理系统研究项目，后来发展为非营利性的全球学习联合公司IMS，专门从事教学系统技术标准制定工作，并在促进和发展教育数据互用性标准上做出了大量贡献。IMS的愿景是将能够共同改善教育经历的这种全融合的集成的教育应用付诸现在和未来，IMS技术标准的范围已经扩大，以满足K-12教育、企业和政府教育培训的互操作性需求。

IMS发布的一些标准，如学习对象元数据、内容包装、企业服务能力、电子档案袋、学生信息、资源列表、共享状态持续性、词汇的定义和学习设计规范标准等，已经成为有国际影响力的规范标准，每个规范标准是公开的、均可用于任何组织或机构。IMS有些规范标准也被我国教育信息技术标准(CELTS)吸收和采纳。

IMS 40多个标准中有六个标准被广泛采用。他们分别是学习工具互操作性标准(Learning Tools Interoperability, LTI)、公共弹夹(Common Cartridge, CC)、学习信息服务(Learning Information Services, LIS)、问题与测试互操作性(Question & Test, QTI)、可访问便携式项目协议(Accessible Protable Item Portocol, APIP)和卡尺分析(Caliper Analytics, CA)，以下是这六个标准的简要介绍。

(1) 学习工具互操作性标准(LTI)。LTI是高等教育中应用最广泛的标准，在K-12教育中得到越来越广泛的应用。LTI建立一种标准的方式将丰富的学习应用程序与学习平台无缝整合在一起，应用于学习管理系统的集成，涵盖数字应用、内容、工具和教育，使得

LMS 与教育应用以及用于教学和学习的内容之间的等级和信息的交换和传递变得更容易。

(2) 公共弹夹(CC)。CC 是 IMS 于 2018 年发布的新一代数字化学习内容封装规范标准。该标准在内容封装(Content Packaging)、学习对象元数据(LOM)、IMS 授权 Web 服务(IMS Authorization Web Service)、问题和测试互操作性(Question and Test Interoperability)等一系列现有规范标准的基础上,构建并设计了一种标准化、高效率互操作的方式来轻松控制分布在不同平台上的富媒体网络资源之间数据交换或移动。

(3) 学习信息服务(LIS)。LIS 是全球范围内广泛被接受和采用的一种基于电子学习环境下的学习方式,它用于定义系统如何管理信息交换,这些信息指的是学习环境中的人、小组、会员、课程和结果的信息。LIS 是基于互操作性(Interoperability)、面向服务(Service-oriented)、基于组件(Component-based)、行为和数据模型(Behaviors and data models)、多重绑定(Multiple Bindings)5 个概念而形成。LIS 提供后台学生信息系统(ERP)和学习管理系统(LMS)之间的集成,这在高等教育中表现得尤其重要和普遍。采用 LIS 标准的供应商主要是高等教育的供应商,如 K－12 教育对采用 LIS 应用标准的兴趣与生俱来。此外,高等教育领域的大公司,如甲骨文、Ellucian 和 Jenzabar,也是采用和开发 LIS 的主要公司。

(4) 问题测试互操作性(QTI)。QTI 由系列的单个规范文本组成,主要解决问题/测试数据是否能够满足资源的互操作性,为用于远程学习的不同系统提供具有互操作性的标准格式的问题和测试数据。

(5) 可访问便携式项目协议(APIP)。APIP 为评估程序和问题项目开发人员提供了一个数据模型来规范数字测试项目的文件交换格式。只要恰当使用,APIP 标准就能够实现两个重要目标:使数字测试和项目在 APIP 兼容试题库中移植;为测试交付界面提供所有信息和所需资源。

(6) 卡尺分析(CA)。CA 常称 IMS－CA,是 IMS GLC 基于教育领域的需求,于 2015 年编制和发布的一项学习分析数据互操作规范。Capliper 本意“卡尺”,具有测量工具的功能,意指对跨平台收集到的数据用统一、标准的方式进行分析。制定 IMS－CA 规范的主要目的是降低从数字化教学工具中收集分析数据的成本,并且赋予这些数据具有一致性的呈现方式。IMS－CA 定义了一个支持学习分析数据互操作的开放框架,使得数据的生成和收集有了标准,其中 JSON－LD 格式的数据包,方便检索和存储(以分布式的方式存储或在非结构化数据库中存储)。

QTI 和 APIP 是 K－12 学区最积极参与的,这两个标准侧重于评估。K－12 教育推动了这两个规范标准的发展,以努力从纸质评估转变为数字评估,这是国家一级的“竞技至上倡议”和“共同核心倡议”的要求。

3.1.4 ADL(xAPI)

ADL 由美国国防部和白宫科技政策局于 1997 年成立,其目标是提供高质量的学习和绩效辅助来满足个性化需求。2000 年 ADL 发布了可共享内容对象参考模型(Sharable Content Object Reference Model, SCORM),该标准的学习资源具有高可访问性、适应性、可承受性、持久性、互操作性、可重用性等特点,迅速成为该领域的事实标准。随着信息技术和多媒体技术的发展,SCORM 标准逐渐显现出诸多局限性。为了跟踪更详细的学习行为,ADL 于 2010 年开始计划研究新一代学习技术规范,随后提出了培训和学习体系架构(Training & Learning Architecture, TLA)及其运行时应用程序接口规范——Tin Can API(后更名为 Experience API, xAPI)。2013 年正式发布的全新学习技术规范 xAPI,是 TLA 系列规范中的第一个也是其中最核心的部分。目前 xAPI 已发布 6 个版本,分别为 0.9、0.95、1.0、1.0.1、1.0.2 版本以及最新的 1.0.3 版本(ADL,2016)。

3.1.5 ITU-T(SG13、SG16、SG17、SG20)

ITU 在 2013 年 11 月发布了题为《大数据:今天巨大,明天平常》的技术观察报告,该技术观察报告分析了大数据相关的应用实例,指出基本特征和促进大数据发展的技术,在报告最后部分分析了大数据面临的挑战和 ITU-T 可能开展的标准化工作。

从 ITU-T 的角度来看,大数据发展面临的最大挑战包括:数据保护、隐私和网络安全,法律和法规的完善。根据 ITU-T 现有的工作基础,开展的标准化工作包括:高吞吐量、低延迟、安全、灵活和规模化的网络基础设施,汇聚数据机和匿名,网络数据分析,垂直行业平台的互操作,多媒体分析,开放数据标准等。目前,ITU-T 大数据标准化工作主要集中在 SG13(第 13 研究组)、SG16(第 16 研究组)、SG17(第 17 研究组)以及 SG20(第 20 研究组)等开展。

SG13 下设的 Q7/13(第 7 课题组)正在开展 Y. bDDN-fr"基于深度报文检测的大数据驱动网络框架"标准、Y. Sup-bDDN-usecase"大数据驱动网络的用例和应用方案"标准、Y. bDDN-req"大数据驱动网络的需求"标准、Y. bDDN-MNTMP"大数据驱动的移动网络流量管理及规划"标准、Y. bDPI-Mec"应用于网络大数据中的深度报文检测机制"标准等方面的研究工作。Q17/13(第 17 课题组)于 2015 年 11 月正式发布 ITU-TY. 3600(Y. Big Data-reqts)"基于云计算的大数据需求和能力"标准;2017 年 11 月完成 ITU-TY. 3601(Y. Big Data EX-reqts)"大数据交换框架和需求"标准;同年还开展了 Y. bdp-reqts"大数据溯源需求",Y. bdi-reqts"大数据集成概览和功能需求",Y. bdm-sch"大数据元数据框架和概念模型"等标准的申请研制工作。Q18/13(第 18 课题组)于 2018 年 7 月修订了 Y. BDaaS-arch"云计算-大数据即服务的参考架构"标准中第 7 条的功能描述;截至 2019 年,Y. BD-arch"大数据的功能架构"标准研究项目正在进行中;Q18/13 在 2018 年就将 Y. Big Data EX-arch"大数据交换功能架构"作为要开展的标准工作内容。Q19/13(第 19 课题组)于 2019 年开展了 Y. bddp-reqts"大数据-数据保存概述和需求"标准研制工作。

2019 年度,SG16 下设的 Q24/16(第 24 课题组)正在开展 F. VSBD"视频监控系统中大数据应用的需求”标准研制；SG17 下设的 Q7/17（第 7 课题组）开展了 X. srfb“移动互联网中大数据分析的安全需求和框架”以及 Q8/17（第 8 课题组）开展了 X. GSBDaaS“大数据即服务安全指南”等标准研制；SG20 下设的 Q2/20（第 2 课题组）于 2017 年 7 月正式发布 ITU - T Y. 4114（Y. IoT-Big Data-reqts）“针对大数据的物联网具体需求和能力要求”标准。

3.1.6 NIST NBD - PWD(NBD - PWG)

NIST 是最早进行大数据标准化研究的机构之一。该机构专门成立了大数据公共工作组(NBD - PWD)对大数据的发展、应用及标准化进行研究，工作组最重要的成果就是被广泛参考的大数据互操性框架(NBDIF)报告。大数据互操性框架的核心是面向各个角色（系统协调者、数据提供者、大数据应用提供者、大数据框架提供者、数据消费者等）定义一个由标准接口互联的、不绑定技术和厂商实现的、模块可替换大数据参考的架构(NBDRA)。这一报告目前有两个版本，一共有七卷内容，第一卷定义、第二卷分类、第三卷用例和总体需求、第四卷安全和隐私、第五卷架构白皮书调查、第六卷参考架构和第七卷标准路线图。NIST 的一系列报告，包括对大数据术语的定义、参考架构、应用案例、标准路线等的分析是大数据标准化工作的重要参考。

3.1.7 NCES(CEDS)

NCES 成立于 20 世纪，隶属于美国联邦教育部教育科学研究院，其职责是“负责收集美国国家教育统计数据并分析统计数据的意义，协助州、地方机构以及高等教育机构改进他们的统计系统”。为了预防那些机构可能在纵向教育数据系统方面形成数据孤岛，NCES 于 2009 年秋季面向州纵向数据系统分部门下设立技术工作组开展通用教育数据标准（Common Education Data Standards, CEDS)的研究计划，该计划制定了切实可行的教育数据核心数据规范，使得机构或部门产生的教育数据有条理性、机构或部门之间的数据交换和比较的过程简化、教育数据在纵向和横向层面均能共享，并为地区、学校和个人提供教育数据的相关研究工具以协助研究者们能够更好地利用数据促进教育教学质量的提升和教育问题的改善。CEDS 构建了纵向贯穿教育层级，横向贯通应用部门的数据体系，保障了数据治理对数据的一致性需求；建立了一个覆盖学前到就业阶段整个教育层次以及应用领域的教育数据模型，不仅满足州教育管理部门之间共享学生教育信息的需求，而且满足联邦政府由上至下开展教育评估工作和政府决策研究的任务，采用 CEDS 进行数据库建设和数据交换能够确保数据无障碍地跨系统互操作，整合多部门、多系统数据开展统计分析。

CEDS 主要内容包括：构建了 P - 20W 阶段的教育数据模型，统一规范了每个阶段和领域的每个数据元素的名称、定义、选项集和技术说明,形成了在教育层次上纵向贯通和不同业务领域相互引用的数据标准体系;提供了一系列的工具(Align、Connect 和 MyConnect)支持数据库的建立、数据转换集成和教育问题研究工作;促进高等教育领域的数据、区域资源数据共享。

3.1.8 国外具体标准

1) Experience API(xAPI)学习技术规范

(1) 范围。作为一种电子学习规范、学习体验的应用程序接口,可以跟踪和收集相关学习者在许多不同环境和系统中(包括在线和离线活动中)的各种体验的数据,xAPI 使用共享格式接收和发送数据。xAPI 主要以 JSON 格式进行数据传输。

图 3-1 表示学习者可以在任意的时间和地点通过电子书籍、移动设备、电脑和社交平台等进行学习,xAPI 技术标准可以收集、跟踪和记录由这些活动产生的学习事件的数据。

图 3-1 xAPI 技术表示图

xAPI 是一种技术规范,是 ADL 计划成果,旨在促进学习体验的记录和交流。它制定了一种描述学习经历的结构,并定义了如何以电子方式交换这些描述。xAPI 的目标是使人们更容易理解和比较各种环境,平台和技术中记录的学习经历和结果;最大化创建,收集,存储和处理有关学习体验的、信息的和服务的互操作性;为那些想要构建符合并实现此规范的应用程序的人提供指南;提供可以测试符合本规范的标准。

(2) 主要内容。该规范包含了 xAPI 模型和接口规范等,其中 xAPI 模型描述了数据流、活动数据和元数据。xAPI 中的数据流可以追踪显示对学习体验的跟踪,并由代表学习者受信任的学习记录提供者(LRP)跟踪该体验。学习记录提供者还可以负责经验和学习者之间的信任关系,创建学习记录并将其发送到一个或多个学习记录存储(LRS)中。LRS 存储学习记录可供任何授权客户使用。学习记录用户(LRC)是指使用他们的客户端访问自己发送到 LRS 中的学习记录的用户。图 3-2 显示了学习体验的跟踪流程。

图 3-2 学习体验跟踪流程

xAPI 活动数据和元数据是 xAPI 中的关键概念，xAPI 利用活动语句(Statement)描述学习经历，并以具有语义结构的三元组数据模型＜Actor(操作者)＋Verb(动词)＋Object(对象)＞呈现，语句是 xAPI 规范的核心特征。活动(作为 Statement 的一部分)具有可以在 Statement 内填充元数据属性，由 Statement 的活动定义(Activity Definition)完成。每个 Activity 的 ID 是一个 IRI，它也可以有位于 IRI 分辨率位置的元数据。IRI 解析的任何元数据都在元数据提供者的调控之下。元数据提供程序还负责确保 IRI 是永久性的并正确解析。

xAPI 主要是通过语句申明三元组模型记录线上线下的任何形式的学习活动，其中语句使用的所有属性都限于某些数据类型。具体要求：语句和其他对象不应该包含值为空对象的属性；声明每个属性不超过一次；声明必须使用“actor”“verb”和“object”；声明可以不分顺序使用其属性。xAPI 语句和元数据活动图如图 3-3 所示。

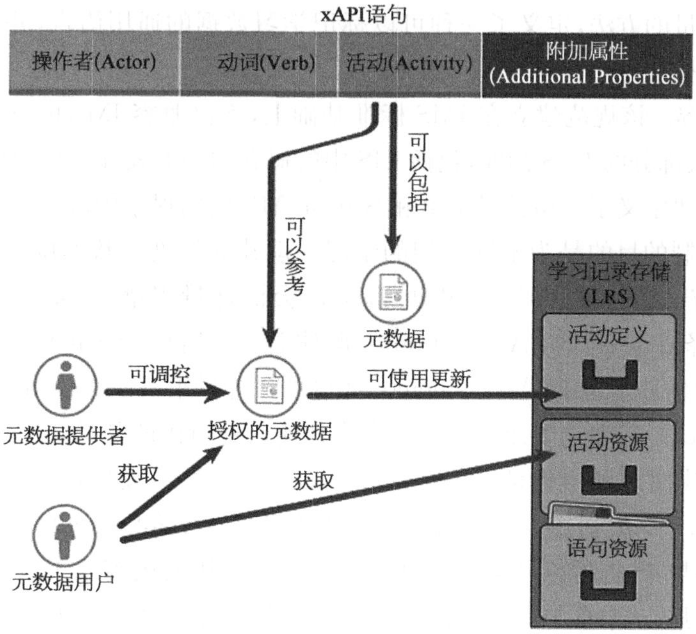

图 3-3 xAPI 语句和元数据活动图

除了数据形式中的三项为必须属性，语句还可以包含授权、结果等其他七项可选属性，以此对学习活动进行更详细的描述和记录。当一项学习活动用语句来描述和记录时，同时需要保存 LRS 用以追踪和记录学习经历，为学习和交流奠定基础。在 xAPI 工作流程中，语句和 LRS 是两个不可或缺的关键要素。一项学习活动或学习者行为被跟踪记录时，xAPI 就会以语句的形式记录和描述学习活动，然后传递到 LRS，由 LRS 记录和保存发生的所有行为状态。任意一个 LRS 可以与其他 LRS 分享这些学习记录，而 LRS 本身也可以独立存在或存在于学习管理系统中。

xAPI Web API 是专门用于 Web 数据接口设计规范，其允许的请求头包括 Accept、Accept-Encoding、Accept-Language、Authorization、Content-Type、Content-Length、Content-Transfer-Encoding、If-Match、If-None-Match 和 X-Experience-API-Version；允许的响应头包括 Content-Type、Content-Length、Last-Modified、ETag、Status、X-Experience-API-Version 和 X-Experience-API-Consistent-Through；Web API 包括 Statement：/xAPI/statements、Activities：/xAPI/activities、Activities state：/xAPI/activities/state、Activities Profile：/xAPI/activities/profile、Agents Resource：/xAPI/agents、Agent Profile：/xAPI/agents/profile、About Resource：/xAPI/about 等。

（3）应用。目前 xAPI 在学习管理系统、博物馆、飞行模拟器、射击场和急救医疗服务等系统已得到有效应用。

2）学习分析数据互操作规范（IMS Caliper Analytics，IMS - CA）

（1）范围。该规范通过“计量组谱”构建记录和存储分析数据的通用格式，并通过“Sensor API”捕获和传递散落在各个町台中的分析数据。该规范建立了一种稳定的捕捉和表征学习活动剂量的方法，定义了一种可以标记学习数据的通用语言，并为学习活动及其影响的度量设计标准等。

（2）主要内容。该规范建立在 IMS 标准基础上，不仅兼容 IMS 的学习工具互操作规范，而且使用了大部分的 IMS 标准，包括 LIS 中的概念和词汇表，以及 IMS《电子书规范》的整合。该规范主要定义了一组计量组谱和 Sensor API 应用程序接口。

计量组谱编制的目的是为不同类型的学习活动建立尺度一致的度量标准。计量组谱一共有九种，它们分别为基础计量组谱（Base）、会话计量组谱（Session）、阅读计量组谱（Reading）、注释计量组谱（Annotation）、媒体计量组谱（Media）、可分配计量组谱（Assignable）、评估计量组谱（Assessment）、评价项目计量组谱（Assessment Item）、成果计量组谱（Outcome）。其中基础计量组谱是构建其他八种组谱的基础，它定义了记录基本活动信息，可支持其他八种组谱活动，同时还定义了三种类型数据，即实体（Entity）、动作（Action）和事件（Event）可供其他组谱使用。“实体”指参与学习活动的实体对象，既可以是学习活动中的参与者，也可以是学习活动中被参与者使用的内容或工具，如人、试卷、视频等；“动作”是学习活动中参与者（主要是师生）的行为活动，是教学交互中产生的；“事件”是指在某个情境下被捕捉到的存在于学习活动中，并且是不可再分的且能被度量的最小单位,包含类型信息、情境信息以及表示唯一性的标识符。不同类型的活动或组合对应不同的事件,如会话对应"会话事件"、阅读对应"阅读事件"、评估对应"评估事件"等。九类组谱中对于实体、动作和事件这三种类型数据的属性和词汇表存在着差异性。

Sensor API 是为了将 IMS-CA 规范部署于不同的学习管理系统或学习平台时,能够兼容支持 Caliper 测量活动代码库且提供外介应用程序能够访问的接口。Sensor API 定义了 IMS-CA 规范中各部件的通信模型,支持学习分析工具能够从不同的学习工具/平台中通过 Sensor API 收集或交换数据,并通过计量组谱的定义获取和学习活动相关的信息。

(3) 应用。IMS-CA 标准可以助力教育技术解决方案的提供商、学习工具的开发商、教育内容的出版商等机构,利用跨时台的学习分析数据进行预测分析,为自适应学习策略、个性化学习服务、预警和认证等提供服务。目前 IMS-CA 在学习管理系统、在线视频管理和播放服务系统中已有较大市场的应用。

3.2 教育大数据技术标准国内情况

国内几个主要的标准化组织,全国信标委大数据标准工作组、全国信息技术标准化技术委员会教育技术分技术委员会(CELTSC)等,具体介绍如下。

3.2.1 全国信标委大数据标准工作组

工作组主要负责制定和完善我国大数据领域标准体系,组织开展大数据相关技术和标准的研究,申报国家、行业标准,承担国家、行业标准制定和修订计划任务,宣传、推广标准实施,组织推动国际标准化活动。

根据大数据产业发展现状和标准化需求,为更好地开展相关标准化工作,2017 年 7 月工作组在第二届组长会议上决议,下设七个专题组,包括:总体专题组、国际专题组、技术专题组、产品和平台专题组、工业大数据专题组、政务大数据专题组、服务大数据专题组,负责大数据领域不同方向的标准化工作。目前,工作组负责研制的国家标准如表 3-2 所示。

表 3-2 全国信标委大数据标准工作组负责研制的国家标准

序号	标 准 号	标 准 名 称
1	GB/T 35295—2017	信息技术 大数据 术语
2	GB/T 35589—2017	信息技术 大数据 技术参考模型
3	GB/T 34952—2017	多媒体数据语义描述要求

（续表）

序号	标 准 号	标 准 名 称
4	GB/T 34945—2017	信息技术 数据溯源描述模型
5	GB/T 35294—2017	信息技术科学数据引用
6	GB/T 36073—2018	数据管理能力成熟度评估模型
7	20141200-T-469	信息技术数据 交易服务平台 交易数据描述
8	20141201-T-469	信息技术数据 交易服务平台 通用功能要求
9	20141203-T-469	信息技术 数据质量评价指标
10	20141204-T-469	信息技术 通用数据导入接口规范
11	20160597-T-469	信息技术 大数据 分析系统基本功能要求
12	20160598-T-469	信息技术 大数据 存储与处理平台技术要求
13	20171083-T-469	信息技术 大数据 基于参考架构下的接口框架
14	20171082-T-469	信息技术 大数据 分类指南
15	20171082-T-469	信息技术 大数据 系统通用规范
16	20173818-T-469	信息技术 大数据 系统运维和管理功能要求
17	20171081-T-469	信息技术 大数据 存储与处理系统功能测试规范
18	20171065-T-469	信息技术 大数据 分析系统功能测试规范
19	20171066-T-469	信息技术 大数据 面向应用的基础计算平台基本性能要求
20	20171067-T-469	信息技术 大数据 开放共享第1部分：总则
21	20171068-T-469	信息技术 大数据 开放共享第2部分：政府数据开放共享基本要求
22	20171069-T-469	信息技术 大数据 开放共享第3部分：开放程度评价
23	20173820-T-469	信息技术 大数据 产品要素基本要求
24	20173819-T-469	信息技术 大数据 工业应用参考架构

工作组工作目标是建立“大数据”领域权威的标准化生态环境，包括技术、应用、服务、管理、安全结合，标准研制与研发、产业化、应用推广、政策实施结合，国内与国际结合。至2020年，发布20项以上技术先进、管理可行、产业急需、经过应用验证的大数据技术和管理类国家标准，提出两项以上国际标准提案。

3.2.2 CELTSC

2000年10月，中国教育部指令科技司组织力量研制现代远程教育技术标准，并于2001年初成立了现代远程教育技术标准化委员会，2002年初更名为教育部教育信息化技术标准委员会(Chinese E-Learning Technology Standardization Committee, CELTSC)，同年经国家标准化管理委员会批准成为“全国信息技术标准化技术委员会教育技术分技术委员会”，负责组织全国教育信息化、教育技术相关标准的研制、标准符合性测试认证和标准应用推广工作，以及对口承担我国教育信息化在国际标准化组织 ISO/IEC JTC1/SC36 的国际标准化工作。CELTSC 旨在制定各级各类教育信息化标准，其中教育信息化标准分为两大类：领域应用标准和共性基础标准。

截至 2017 年 12 月 31 日，CELTSC 已发布国家标准 21 项，教育行业标准 12 项；在研 33 项国家标准，在研 39 项教育信息化行业标准。国际标准已发布 4 项中国主导的国际标准，参与制定国际标准 10 项，完成 12 项国际标准向国内标准的转化，有 10 名专家担任国际标准职务。截至 2019 年 1 月 8 日，CELTSC 发布了一批更新的标准清单。

目前，CELTSC 包括 53 名专家委员，其中 1 名主任委员，3 名副主任委员，1 名秘书长，3 名副秘书长，秘书处设在清华大学。SC36 教育技术分技术委员会下设指导类、学习资源、学习者、学习环境、教育管理信息、多媒体教学环境、电子课本与电子书包、虚拟实验与学习工具、在线课程类、智慧校园、网络空间“人人通”、移动学习、学习分析、教育云、教育大数据等 14 个工作组/研究组，每个工作组/研究组设有指定召集人。其中与教育大数据标准相关的两个工作组是学习分析工作组和教育大数据工作组，其主要工作内容如下。

1) CELTSC 学习分析工作组

CELTSC 学习分析工作组主要目标是研制和发布中国学习分析系列标准，为推进学习分析技术的教育应用提供支撑。工作组的参与单位来自高校和企业。2018 年 11 月 20 日，工作组开展标准应用推广活动，在上海开放大学召开教育信息技术沙龙暨学习分析系列标准研讨会。2018 年 11 月 25 日，CELTSC 全体会议经过讨论，确定了日后对工作组进行管理、协调，以及对工作组成员工作进行分配、指导和督促等工作的召集人。工作组项目目前状态和进度计划如表 3-3 所示。

表 3-3 CELTSC 学习分析工作组项目目前状态(2019 年度)

标准项目	进度状态
CELTS-201506 学习分析可视化仪表盘规范	WD3.0
在线学习者画像参考模型	WD2.0
学习分析互操作的参考模型	WD1.0
学习分析互操作的系统要求	WD1.0
学习分析系统架构	正在起草

2) CELTSC 教育大数据标准工作组

CELTSC 教育大数据标准工作组成立于 2017 年，专门负责教育大数据标准体系设计和教育大数据系列标准研制工作，参与单位有十余家高校和企业，工作组主要目标是研制和发布中国教育大数据系列标准，为推进大数据技术的教育应用、促进产业繁荣提供支撑。

2018年9月23日，由CELTSC主办，教育大数据应用技术国家工程实验室和华中师范大学科学技术发展研究院承办的"教育大数据·技术与标准——第3届CELTSC教育信息技术高端沙龙暨学术研讨会"在华中师范大学科学会堂召开。来自华东师范大学、华中师范大学、天喻信息产业股份有限公司的专家首先报告了各自在教育大数据标准化方面的研究成果和对教育大数据标准的研制建议，随后与会代表详细讨论了CELTSC教育大数据标准工作组的后续工作推进思路，商定了主要分工。本次会议的成功召开，意味着教育大数据标准的研制工作迈出了实质性一步，对于推进后续的教育大数据标准体系研制具有里程碑意义。

2018年11月25日，CELTSC全体会议经过讨论，决议确定了工作组召集人，确认了教育大数据标准项目名称及其主办单位。

2019年3月，教育大数据标准组的13个标准全部立项通过，如表3-4所示。

表3-4 CELTSC教育大数据标准工作组标准第一批立项标准列表

项目号	标准名称	主办单位
CELTS-201910	信息技术 学习、教育和培训 课堂教学行为编码规范	华中科技大学
CELTS-201911	信息技术 学习、教育和培训 教育大数据标准框架	华中师范大学
CELTS-201912	信息技术 学习、教育和培训 教育大数据互操作接口服务规范	华中师范大学
CELTS-201913	信息技术 学习、教育和培训 学前儿童学习与发展数据采集	华中师范大学
CELTS-201914	信息技术 学习、教育和培训 中小学语文学习效果数据采集标准规范	华中师范大学
CELTS-201915	信息技术 学习、教育和培训 教师刻画/画像	华东师范大学
CELTS-201916	信息技术 学习、教育和培训 基础教育学习者刻画/画像	华东师范大学
CELTS-201917	信息技术 学习、教育和培训 教育行为数据框架、模型与元数据	华东师范大学
CELTS-201918	信息技术 学习、教育和培训 中小学数学学习效果数据采集	华中师范大学
CELTS-201919	信息技术 学习、教育和培训 学校刻画/画像	华中师范大学
CELTS-201920	信息技术 学习、教育和培训 教育大数据存储服务规范	华中师范大学
CELTS-201921	信息技术 学习、教育和培训 数字书写的数据采集、处理与应用	北京师范大学
CELTS-201922	信息技术 学习、教育和培训 中小学音乐学习效果数据采集与评价	华中师范大学

3.2.3 中国教育大数据标准体系框架构建

1）教育大数据标准体系

教育大数据标准体系的建设是在已有教育大数据相关标准的基础上不断完善的过

程。基于教育大数据的采集、处理、分析、应用与管理全周期角度，结合国内外教育大数据相关标准研制情况，将大数据融入教学、学习、管理、评价等教育全流程当中，从基础层、处理分析层、管理层、应用服务层四个层面构建了教育大数据标准体系框架。四个层面共包含八类标准，分别为：基础类标准、行为类标准、技术类标准、资源类标准、对象类标准、管理类标准、应用与服务类标准、安全与隐私类标准。教育大数据标准体系框架如图 3－4 所示。

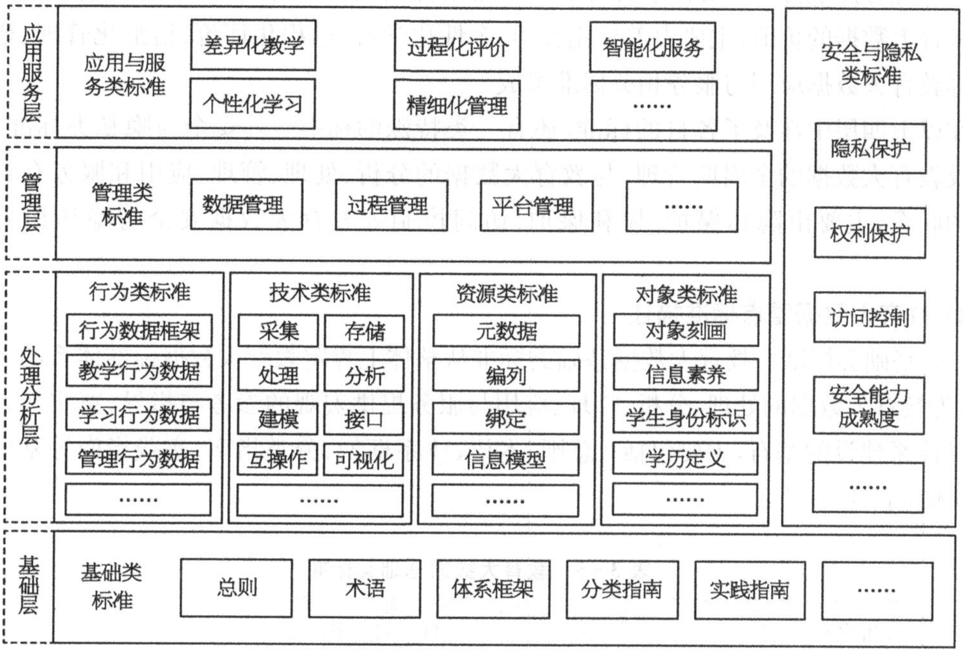

图 3－4 教育大数据标准体系框架

(1) 基础层。基础层是教育大数据标准体系框架的最底层，界定教育大数据标准体系建设的范围，为教育大数据标准体系的建设提供宏观层面的指导，主要包括教育大数据基础类标准，由总则、术语、体系框架、分类指南、实践指南等教育大数据基础性标准组成。

(2) 处理分析层。处理分析层解决教育大数据的采集、处理和分析等问题，主要包括行为类标准、技术类标准、资源类标准和对象类标准。

① 行为类标准用于规范产生教育大数据的数据来源，主要由教育行为数据框架、教学行为数据元素、学习行为数据元素、管理行为数据元素等行为数据相关标准组成。

② 技术类标准为教育大数据的处理与分析提供技术支持，主要由教育数据采集、教育数据存储、教育数据处理、教育数据分析、教育数据建模、教育数据接口、教育数据互操作、数据分析可视化等教育大数据技术相关标准组成。

③ 资源类标准是教育大数据的大资源基础，规范教育领域中所使用的各类教育资源，

主要由各类教育资源元数据、教育资源编列、教育资源绑定、教育资源信息模型等教育资源相关标准组成。

④ 对象类标准从教育大数据的角度规范教育利益相关者的描述方式，主要由对象刻画、信息素养、学生身份标识、学历定义等教育利益相关者相关标准组成。

(3) 管理层。管理层用于规范化教育大数据的管理过程，实现教育大数据的规范化管理，主要由数据管理、过程管理、平台管理等教育大数据管理相关标准组成。

(4) 应用服务层。应用服务层用于规范化教育大数据的应用与服务过程，从而最大化实现教育大数据的价值，主要由差异化教学、个性化学习、过程化评价、精细化管理、智能化服务等教育大数据应用与服务相关标准组成。

在以上四层中涉及了各自的标准，还有一类特殊的标准——安全与隐私类标准，该标准涉及教育大数据的全周期管理，与教育大数据的分析、处理、管理、应用和服务有着密不可分的联系，主要由隐私保护、权利保护、访问控制等教育大数据安全与隐私相关标准组成。

2）教育大数据重点标准描述

(1) 基础类标准。教育大数据基础类标准从整体上界定教育大数据标准体系的边界与范围，为教育大数据的处理、分析、管理、应用与服务提供宏观的参考与指导，奠定教育大数据标准体系建设的基石，主要包括：总则、术语、体系框架、分类指南、实践指南等基础类标准，具体如表 3-5 所示。

表 3-5 教育大数据基础类标准

序号	标准名称	标准描述
1	总则	用于说明教育大数据标准体系制定的目的、教育大数据标准体系的适用范围、教育大数据标准体系的制定原则，以及编制依据和其他需要说明的事项
2	术语	界定教育大数据领域中常用的术语和定义，适用于教育大数据领域的科研、教学和应用
3	体系框架	规定教育大数据的体系框架，用于描述教育大数据的组成部分、功能结构与管理过程
4	分类指南	给出教育大数据的分类依据，以及按照分类依据生成的教育大数据类别代码，相应的类别名称和类别内容
5	实践指南	给出教育大数据采集、处理、分析、管理、应用过程中的实施框架、实施环境、实施过程以及实施要求，并且提供相关实践案例

(2) 行为类标准。教育行为类标准，也称为教育过程类标准。教育行为数据是教育大数据的主要组成部分，清晰定义教育行为数据是充分发挥教育大数据潜能的前提。教育行为类标准主要从教学行为、学习行为和管理行为三个维度出发，构建教育行为数据元素，具体如表 3-6 所示。

表 3-6 教育行为类标准

序号	标准名称	标准描述
1	教育行为数据框架	从整体上构建教育行为数据框架，主要由教学行为数据、学习行为数据和管理行为数据，以及三者之前的相互关联组成，以覆盖教师、学习者、管理者与决策者等主要教育利益相关者的相关教育行为
2	教学行为数据元素	从教师角度出发，关注教师在不同场景下的教学行为，汇总并提炼教师教学行为数据
3	学习行为数据元素	从学习者角度出发，关注学习者在不同场景下的学习行为，汇总并提炼学习者学习行为数据
4	管理行为数据元素	从管理者与决策者角度出发，关注其在不同场景下的管理、决策行为，汇总并提炼管理与决策行为数据

(3) 应用与服务类标准(应用类标准)。教育大数据的价值在于为进一步实现教学差异化、学习个性化、管理与决策科学化提供了新的契机，拓展了教师、学习者、管理者与决策者的教学、学习、管理与决策能力。教育大数据应用与服务类标准主要包括差异化教学、个性化学习、过程化评价、精细化管理、智能化服务等标准，具体如表 3-7 所示。

表 3-7 教育大数据应用与服务类标准

序号	标准名称	标准描述
1	差异化教学	从教师角度给出教育大数据支持下的差异化教学所具备的功能、差异化教学的实现路径，以及差异化教学模式与实施策略
2	个性化学习	从学习者角度给出教育大数据支持下的个性化学习所具备的功能、个性化学习的实现路径，以及个性化学习模式与实施策略
3	过程化评价	给出教育大数据支持下的教学过程与学习过程的评价框架与指标体系，以及过程化评价的实施路径与实施策略
4	精细化管理	从管理者角度给出教育大数据支持下的精细化管理所具备的功能、精细化管理的实现路径，以及精细化管理模式与实施策略
5	智能化服务	构建教育大数据支持下的智能化教育服务体系，给出智能化教育的服务模式与实现路径

3.2.4 中国具体标准

1) 在线学习者画像技术标准

(1) 范围。该标准主要规定学习者画像模型的数据元素和用于定义关于学习者信息属性实例结构的概念数据模式。

对于该标准，通用学习者信息模型将会描述适用于学习对象的有关信息，包括在线学习者画像参考模型的各级标签体系(各级的级数由具体需求确定),从宏观到微观,逐层展现在线学习者学习行为与模式。源数据为在线学习平台通用数据,通过源数据会衍生得出各级标签内容,再依次向上汇聚,最终形成终极画像标签体系。

该标准所规定的概念数据模式允许学习对象和描述该学习对象的元数据实例的语言多样性。这种概念数据模式将会规定学习者画像信息模型实例的数据元素。

该标准预期由定义数据模式的实现描述的其他标准所引用,学习者画像信息模型实例可以被教学管理系统定位、评价、支持或预测学习对象;该标准不定义教学管理系统如何表示或使用学习对象的元数据实例。

(2) 主要内容。该标准主要内容是关于画像模型结构、元数据结构等的概述。

画像模型结构将在线学习者画像参考模型的标签体系进行层级划分,从宏观到微观,逐层展现在线学习者学习行为与模式。源数据为在线学习平台通用数据,通过源数据衍生得出不同级标签内容,再依次向上汇聚,最终形成终极画像标签体系。每一级画像标签体系根据需求设定对应本级别的不同的标签类、再在不同标签类的基础上细化衍生出新的属性元素、然后继续深化分析,直至不需再分的终极标签体系。

元数据结构主要介绍基本元数据结构和数据元素。基本元数据结构描述执教对象的数据元素,并将其划分成不同的类别。该类别对应在线学习者画像模型中的一级标签体系中设定的类别,该类别将会构成教师信息模型。由于任何分类系统都能被引用,因此分类类别为在线学习者画像模型提供了某些扩充类型。数据元素将依据类别分成不同的组,教师信息数据模型是数据元素的分层结构,包括聚合数据元素和简单数据元素(分层结构的叶结点)。在教师信息模型中,只有叶结点才有自己的值,并由与之相关联的值空间或数据类型进行定义。教师信息模型中的聚合数据元素没有自己的值,因此它们没有值空间或数据类型。对每个数据元素教师信息模型可定义"名称""解释""属性""大小"等内容。如,可利用数据元素的编号方式表示数据元素的层次结构及其组成成分。

2) 学习分析可视化仪表盘标准

(1) 范围。学习分析可视化仪表盘主要提供学习分析数据,可以有效支持学习过程、教学设计和教学管理等,具有巨大的教育价值。学习分析可视化仪表盘规范是为了更好地说明仪表盘的整体形式、结构以及设计原则等,更好地使仪表盘能够聚焦在最重要的信息,清晰准确地传达信息,为设计或使用仪表盘的用户提供相关指南。

(2) 主要内容。该标准主要内容是关于学习分析可视化仪表盘的特征、结构、设计和功能等的概述。

学习分析可视化仪表盘的特征主要包括可视化、个性化。可视化是将学习过程和学习结果的分析数据可视化。学习分析可视化仪表盘利用大量信息来集中衡量某一维度上的学习活动,并整合多个相关的图表数据,辅之以简洁的文本标注,有助于信息解读更为准确。经典的学习分析可视化仪表盘借助多种多样的图表呈现学习分析结果,最新的学习分析可视化仪表盘则融合了游戏化设计理念,将虚拟金币、能量积分、升级闯关等游戏元素引入可视化设计中，可大大提升学习分析可视化仪表盘的趣味性与生动性。个性化是通过对学习行为与活动的跟踪、分析及可视化显示，学习分析可视化仪表盘将学习过程中的认知与元认知相融合，促进学习者对个人学习的全过程负责并进行管理和调控，如根据自身的个性化需求拟定个性化的学习目标及路径、自主选择个性化的学习材料、确定个性化的学习方法与方式、进行个性化的课后练习和阶段性检测等，使得学习分析可视化仪表盘实现“真正的个性化”，即学习者自行定位价值观与标准，实现真正的自我调控与管理，真正增加学习的自主性，不断建构和更新自身对学习状态以及个人位置的思考模式。

学习分析可视化仪表盘结构决定了如何去理解全局以及信息碎片如何组合。结构成为学习分析可视化仪表盘用户的导航机制，引导仪表盘从哪里开始，紧接着该看什么。优秀的学习分析可视化仪表盘结构需要深入理解被度量系统是如何运转的。学习分析可视化仪表盘主要有三种类别：流程型、关系型和分组型。其中，流程型是基于流程的结构强调随着时间发生的一系列事件或行动；关系型是依据学习分析可视化仪表盘的结构能突出实体或是度量之间的关系，这些关系或联系可能是数学上的、地理上的、组成上的或是功能上联系的可视化仪表盘；分组型是将相关的信息分类组合成类别或局次体系，将类似的东西放在一起，这样能让学习分析可视化仪表盘有逻辑。

学习分析可视化仪表盘设计原则要体现出“简洁/模块化”“逐步细化”“引导注意力”“引发行动”“可定制”和“信息可解释”的特点。“简洁/模块化”可解决学习分析可视化仪表盘会变得很大而难以控制的问题——通过将学习分析可视化仪表盘划分成较小的模块，每一块对应一个关键问题；“逐步细化”是层层增加信息的详细度，逐步揭示出相应信息；“引导注意力”需要用规视指引和功能吸引用户注意最重要的东西，例如警示、页面位置和颜色字体的合理使用；“引发行动”能够让用户快速完成任务，让用户理解根据结果下一步应该干什么，能根据指标的变化给出明确的指引，或者告知应该联系谁去解决学习分析可视化仪表盘中高亮显示的问题；“可定制”让学习分析可视化仪表盘能灵活地适应不同的用户，允许用户通过过滤器定义数据范围来定制学习分析可视化仪表盘；“信息要解释”在提供数据前解释结果和提供一个概况总结，做到让数据自己说话通常会让人理解错误和迷惑。

学习分析可视化仪表盘功能包括基本功能和高级功能。基本功能包括“钻取”“筛选”“比较”“警报”和“导出/打印”。其中，“钻取”能够从概要指标或规图中进入细节，进一步提供背景或/和展开信息；“筛选”允许用户根据需要定义学习分析可视化仪表盘数据的范围，筛选可以是全局性的（在整个学习分析可视化仪表盘的范围内选择），也可以是局部的（在特定图表或是视图范围内选择）；“比较”能够比较两个或多个数据子集，例如一个线状图，能让用户用不同的线比较两个不同地区的数据；“警报”根据预设的条件高亮显示出信息，当指标超出特定界限时就触发警报；“导出/打印”为用户提供从学习分析可视化仪表盘中导出信息的功能，输出格式除了 PDF，还要支持 excel 和 csv，这样用户就可以按需进一步加工数据。高级功能包括“文本型汇总”“标记/注名”“注解”和“保存/追踪变化”。其中，“文本型汇总”自动生成学习分析可视化仪表盘关键信息的文本型汇总；“标记/注名”能够让用户在学习分析可视化仪表盘中标注重点，相当于用红笔在数字上画圈；"注解"可允许用户能够对特定数字或图表进行注释；"保存/追踪变化"解决用户定制学习分析可视化仪表盘的情况越来越多时，提供保存定制的功能；"高级可规化"通过很多高级可规化方法可以让复杂更容易理解；如，可以使用地理图、树状图、网络图、标签云、散点图和泡泡图等。

3）学习分析互操作性 第1部分：框架与参考模型标准

（1）范围。该标准指定了一个可用于识别学习分析互操作性的各种IT系统需求的参考模型，该模型可识别相关的术语、用户需求、工作流程和用于学习分析的参考体系结构。

（2）主要内容。

① 用例与实践。本标准中涉及的用例与实践包括学习分析、评定、数据流和数据交换、辅助功能首选项这四个主要领域。学习分析主要是通过工作流反映特定需求，并说明与学习分析相关的关键功能，其用例有LMS/VLE上的分析仪表板、利用轨迹数据进行预测分析、具有数字资源的个性化学习环境、社交网络分析和话语分析；评定用例有通过学习分析改变评估、基于学习分析的发展评估；数据流和数据交换用例有学习活动数据流和数据交换、Kennisnet学生数据控制、使用分析的ePortfolio管理、学习数据利用研究活动/隐私问题和研究伦理、身份保护和识别；辅助功能首选项用例有学习分析支持辅助功能增强功能、早期检测和可访问性需要支持适应这些需求、存储在云中的辅助功能首选项。

② 学习分析互操作的参考模型。该模型包括学习分析的初步参考模型、通用数据分析工作流和基于工作流的参考体系结构及用例。

学习分析的初步参考模型来源于以上的"用例与实践"中收集的公式化的过程集和它们之间的关系。

通用数据分析工作流紧密匹配学习分析的目标和任务，即在理解和改善学习及其环境的目标之下，实现测量、收集、分析和报告关于学习者的数据以及学习、教育和培训（LET）情境的任务。

基于工作流的参考体系结构及用例中提出了学习分析的抽象工作流和学习分析的参考工作流、学习与教学活动过程、数据采集过程、数据存储和处理过程、分析过程、可视化过程以及反馈过程。其中学习分析的抽象工作流考虑了学习工作流的六个过程的反馈循环，这六个过程指学习和教学活动、数据收集、数据处理和存储、分析、可视化、反馈和建议；学习分析的参考工作流考虑从各种学习和教学活动中为学习分析获得输入数据项，经过数据处理和分析，对学习分析的结果进行个性化干预与决策等，以便及时按新的利益相关者的需求调整和增加行动，而这些具体过程不会成为完全指示性或规定性的过程；学习与教学活动过程设定学习分析的起点是"让上下文"中的学习和教学活动，学习活动是数据收集过程的源头，是在异构环境中通过不同的学习工具产生的，并通过调节数据发布以及数据建模或分析生成学习活动数据，其中数据建模建议学习应该关注学习成果、学习进度和态度、学生保留和发展特定的认知技能，数据发布要考虑隐私和数据保护要求中描述的问题；数据采集过程是收集和测量关于学习和教学活动中感兴趣的变量的信息的过程，该过程可能的数据流主要涉及：由学习设备、软件应用和社交网络等相关数据源产生的各种学习和教学活动的数据，由活动中收集的有关学习者信息的数据受到隐私保护的要求，由数据收集API可能通过安全数据传输产生数据收集实例，由数据收集过程可能需要在临时数据存储中存储数据之前进行的一致性测试或转换；数据存储和处理过程是通过标准化数据模型（如图3-5所示）表示来自不同异构数据源数据的准备和存储，以用于互操作数据分析的过程，该过程中可能的数据流包括：通过数据翻译器和过滤器处理在临时数据存储中的学习数据、使用统一的数据翻译器并应用显示的翻译规则将异构表示中的各种数据翻译成统一的表示形式、使用可应用于由过滤条件驱动的翻译过程的数据过滤器清理和转换数据、需通过自然语言处理来处理数据并将结果转换为统一的表示、通过标准化数据查询接口访问存储在临时数据存储中的数据，并通过标准化数据迁移将处理后的数据存储到分析数据存储中；分析过程是检查学习数据并对学习数据进行建模来系统地调查学习数据的过程，其目标是产生描述性的和可能的预测性知识，该过程中可能的数据流包括：存储在分析数据存储中的微数据、任何收集和存储的关于学习者的信息、通过分析接口应用各种外部分析算法、分析处理包括统计分析、主题分析、网络分析和作为低级前端分析的社会分析，以及可通过数据操作界面细化分析结果，并存储到分析数据存储中，用于可视化过程的后续处理；可视化过程是创建包括文本和地理信息在内的抽象数据表示的过程，允许用户查看、探索、交互和理解大量的信息，并对数据和证据进行分析和推理，该过程的目标是通过所选择的统计图形、图表、信息图形、表格和图表向用户清晰有效地传达信息，从而使复杂数据更易于访问、理解和使用，其可能的数据流包括：数据查询接口可以通过可视化过程访问分析数据存储中的数据、通过仪表板信息、ePortfolio、社交图、学习路径和资源用于学习分析的可视化、用于显示比较或进展、建议和实时评估、基于主题的评估以及社交网络图等的仪表盘信息、可以为外部仪表板和报告系统提供开放的数据接口，以便为各个用户提供个性化干预或预测反馈信息；反馈过程是将学习分析周期的结果提供给学习者及其上下文，以便采取纠正措施，该过程的数据流包括：使用所分析的数据集向学习者或其他利益攸关者反馈行动、用作反馈行动的统计信息、应用于学习者或教师或其他利益相关者的基于预测的

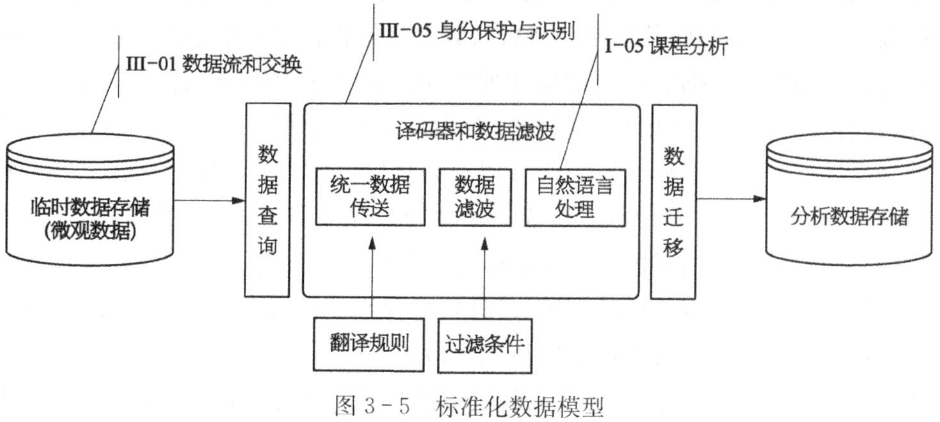

图3-5 标准化数据模型

反馈动作、提供与个性化数字资源、内容或自我评估有关的非线性路径的自适应学习环境成为可能的反馈行动。

4）学习分析互操作性 第2部分：系统要求

（1）范围。该标准规定了具有不同目的的独立过程和应用程序组成的学习分析系统和服务，通过确定每个系统或者服务的角色、功能和推荐性能，提高系统或服务之间的通信和操作效率。

（2）主要内容。本标准规定了由若干进程、功能和系统接口组成的系统要求。这包括对隐私政策、数据保护、学习和教学活动、数据收集、数据处理与存储、分析、可视化和反馈行为这八个方面的具体要求。

① 隐私政策。本标准规定在学习分析系统开发之前应建立与隐私和数据保护要求相关的隐私政策，该政策应贯穿整个系统和服务工作流程的设计和应用中。这包括在学习分析环境中，个人可识别信息（PII）委托人（例如学习者、教师、支持人员）可以进行与教学目标、参与学习社区的社会或文化方面相关的隐私风险评估等；由用户在学习分析系统/服务上自己控制是否允许在系统之间收集和共享数据。

② 数据保护。本标准建议数据保护在考虑个人的情况下，优先考虑数据在社会中的作用，并与其他权力相平衡。这包括学习者对个人数据处理的表示、学习者对自己的私有数据使用的便利性以及可以自由地将该数据交接不同的服务提供商、可以在线自主管理自己的数据以规避风险，并提出数据主体无法确定的匿名信息不适用数据保护原则，同时强调如何更好地平衡隐私保护与匿名数据可用性之间的问题。

③ 学习和教学活动。本标准指出学习和教学活动是在不同的环境和工具上执行的，是学习分析的起点和数据收集的来源。需要明确建模或分析学习活动数据，以便可以在后续步骤中以可互操作的方式存储和处理关于不同活动的数据，前面章节提到的 xAPI 和 IMS Caliper 度量标准配置文件是促进互操作性的学习活动数据模型的示例。

④ 数据收集。本标准指出数据收集是衡量和收集学习和教学活动中感兴趣事项的信息的过程，其跟踪学习者的数据来自各种各样的平台（包括可穿戴技术和物联网），并提出此过程中涉及的与数据权限、数据源控制、数据互操作性以及高效流和数据交换相关的要求。数据收集涉及可访问性、数据聚合/整合、数据互操作性、数据流和交换六个方面内容，其中可访问性指的是在数据收集之前应注册可访问的需求；数据聚合/整合指异构学习系统或工具若能访问，需要支持用户访问的聚合配置文件；数据互操作性关注应该将标准化信息模型和受控词表应用于数据收集 API 以提高收集数据的准确性、数据信息模型应该涵盖各种数据类型、数据信息模型不应该依赖于主导产品或服务、收集的数据在存储之前需要验证是否符合要求和数据互操作性应该具有语义匹配的能力；数据流和交换关注冗余数据或空记录地消除有利于有效传输收集的数据、组合或交换来自不同数据源的数据时应该维护数据来源，传输收集的数据应该采用安全的方式。

⑤ 数据处理与存储。本标准指出数据存储和处理是利用标准化的数据模型和表示，从

各种异构数据源中准备和存储数据进行数据分析的过程。该过程包括数据存储和数据转换/过滤两个方面：数据存储强调收集的数据可临时存储，并支持各种存储类型和持续更新性，为数据转换/过滤准备数据支持；数据转换/过滤要求数据在存储和转换/过滤之间应该提供数据查询接口的支持、使用统一的格式对收集到的用于过滤或翻译的数据进行存储、对转换/过滤完成后的数据可以使用迁移接口进行存储。

⑥ 分析。本标准指出分析是对学习数据进行系统调查的过程，在这个过程中通过对学习数据进行检查和建模后，从而产生描述性、规范性和预测性知识。该分析过程包括数据存储、分析界面和数据输入的可伸缩性三个方面内容，其中数据存储要求根据隐私政策，在数据分析之前首先应假名化或匿名化用户标识；分析界面是指在分析的过程中，可以使分析模型的设计模块化，同时要求在分析过程中能够通过可视化技术生成输出数据集以具备导出功能；数据输入的可伸缩性强调学习活动数据的分析至少应该具备一个或多个收集的数据集，强调可以为学习资源生成个性化的学习路径或学习分析应该可以支持与第三方存储库的连接。

⑦ 可视化。本标准指出可视化是创建抽象数据（包括文本、社会图和地理信息）表示的过程，允许用户在分析和推理数据和证据时查看、探索、交互和理解大量信息。该过程主要包括可访问性、隐私和数据接口三个方面内容，其中可访问性要求仪表盘或报告系统在可视化之前应该符合用户的首选项和需求、在默认的可视化表单与用户的首选项和需求不匹配时应该提供其他格式；隐私强调分析结果传递给用户时，通过合理的努力可以识别假名的 PII（见隐私策略）；要求提供数据接口以支持可视化。

⑧ 反馈行为。本标准指出反馈行为将学习分析的结果反馈给学习者及其环境，以便采取纠正措施。学习分析的反馈过程与从数据中收集知识的中介有关。除学习者是学习分析的接收方之外，课程设计人员、学习材料的开发人员、教师和管理人员等都是学习分析的参与者。该过程包括分析查询接口和数据解释与响应两方面内容：针对反馈行为模块的分析查询接口，允许学习者询问分析结果，重点关注学习任务的不同方面、允许教师询问个别学习者和一组学习者的有关教学目标的分析结果、允许管理员查询有关预定业绩指标的综合分析结果、允许系统及内容发展商查询有关学习活动所使用的系统、工具及内容的表现分析结果；数据解释与响应应该记录作为系统与其用户之间的交互所采取的部分行为，以便对学习分析过程周期进行元分析。

◇参◇考◇文◇献◇

[1] 国务院办公厅.国务院关于印发促进大数据发展行动纲要的通知[EB/OL].(2015-08-31)[2019-

08－15]. http://www.zyczs.gov.cn/html/xzfg/2018/9/1536891571437.html.

[2] 中华人民共和国工业和信息化部.工业和信息化部关于印发大数据产业发展规划(2016—2020年)的通知[EB/OL].(2017－01－17)[2019－08－15]. http://www.miit.gov.cn/n1146295/n1652858/n1652930/n3757016/c5464999/content.html.

[3] 国务院办公厅.国务院办公厅关于印发科学数据管理办法的通知[EB/OL].(2018－04－02)[2019－08－15]. http://www.gov.cn/zhengce/content/2018-04/02/content_5279272.htm.

[4] 中国电子技术标准化研究院.大数据标准化白皮书(2018版)[EB/OL].(2018－03－29)[2019－08－15]. http://www.cesi.cn/201803/3709.html.

[5] 吴永和,陈丹,刘雪,祝智庭.学习、教育和培训领域的新技术与标准化——SC36国际标准组织第二十四届全会及开放论坛综述[J].开放教育研究,2012,18(01):68－74.

[6] 王紫琴,彭娴,吴砥.学习分析技术规范比较研究[J].开放教育研究,2017,23(01):93－101.

[7] 吴永和,曹盼,余云涛. IMS全球学习联盟对学习技术的发展与影响[J].信息技术与标准,2015(06):50－53+73.

[8] 李青,赵越.学习分析数据互操作规范IMS Caliper Analytics解读[J].现代远程教育研究,2016,2:98－106.

[9] 吴旻瑜,郭海骏,卢蓓蓉,严文蕃,任友群.美国国家教育统计中心对我国教育管理信息化建设的启示[J].世界教育信息,2014,3:13－19.

[10] 许晓东,彭娴,周可.美国通用教育数据标准对我国高等教育数据治理的启示[J].高等工程教育研究,2019,1:103－108.

[11] 张洪阳.全国信标委大数据标准工作组成立[J].信息技术与标准化,2014(12):25.

[12] CELTSC机构组成[EB/OL].(2017－12－31)[2019－08－15]. http://www.celtsc.org/channel/jgzc.html.

[13] CELTSC发布的标准清单[EB/OL].(2019－01－08)[2019－08－15]. http://www.celtsc.org/content/ywjb/26ef87d956c61ecc015728197d210881.html.

[14] 教育大数据标准化研讨会在华中师范大学召开[EB/OL].(2018－09－25)[2019－08－15]. http://nercel.ccnu.edu.cn/info/1009/4357.htm.

[15] Hoel T, Cooper A. Standards to Support Learning Analytics[EB/OL].(2015－12－23)[2019－08－15]. http://www.laceproject.eu/wp-content/uploads/2014/12/LACE-Standards-Bodies-Roundup-2014.pdf.

[16] IMSGLC. Learning Measurement for Analytics Whitepaper[EB/OL].(2015－12－23)[2019－08－15]. http://www.imsglobal.org/sites/default/files/caliper/IMSLearningAnalyticsWP.pdf.

第4章

教育大数据的治理与开放

大数据在教育领域内有着广泛的应用前景和不可替代的作用,成为一项重要的资产。随着教育信息化的推进和数字校园的建设,高校、中小学和其他教育机构积累了海量的数据,但这些宝贵的资源没有得到有效地开发和利用。其中很重要的一点就是数据质量问题导致许多预期需求无法实现,而数据治理正是保证数据质量的必要手段。

另一方面,在大数据时代,开放教育数据对数据驱动教学以及教育改革有极其重大的意义。

在本章中,我们辨析了开放数据和开放教育数据的概念,阐述了开放教育数据的分类和特征,分析了国外开放教育数据的研究和实践现状,较为详细地分析了美国、英国和印尼三个开放教育数据的典型案例。

4.1 教育大数据的治理

"数据治理"自从提出以来,引起了各行各业的普遍关注和实践,在通信、金融、银行、医疗和电子政务等领域取得了较大进展,形成了一些行之有效的方法和工具。同其他行业一样,大数据技术在教育行业的应用也产生了数据治理的问题。近几年来,各种教育信息化平台中积累的数据成指数倍增长,对有效地获取、存储、分析和利用数据的需求越来越强烈。

然而,教育机构和从业人员并没有做好准备,对数据的管理没有规范的治理准则;无论是机构内、机构间还是区域层级,均未能够对数据进行有效应用。数据质量管理一直是教育信息化领域数据应用的薄弱环节。如何科学地使用数据,盘活数据资产,发挥数据的关键价值,数据治理或许是一剂良方。目前,无论是国内还是国际,关于教育数据治理的研究还很少,主要集中在单个高校对校内信息管理系统的数据治理,或者是图书馆的数据治理,而全局层面或更高层次的研究和实践仍然较少开展。

4.1.1 数据治理概述

1) 数据治理的概念

数据治理是特定的组织机构用来管理数据的过程和方法,以及与之对应的依托于特定

本章的主要内容来源于《数据治理:提升教育数据质量的方法和途径》《开放教育数据国外研究与实践现状述评》两篇文章,发表于中国远程教育,获期刊授权使用。

工具和平台的实践。数据治理并非一个全新概念,关于它的理论和实践是随着大型数据库的广泛应用而产生的,已经有较长的历史。只是在大数据时代,数据量和复杂度均有了很大的变化,对数据质量的要求也被提升到了新的高度。美国的全球数据管理协会(DAMA)认为数据治理是对数据资产管理行使权利和控制的活动集合。桑尼尔提出:数据治理是广义信息治理计划的一部分,即制定与大数据有关的数据优化、隐私保护与数据变现的政策。沈建苗将数据治理看作是企业的责任,需要统一的解决方案和治理模型来保护及共享在不同层面的数据。张一鸣从标准体系、业务范围、控制范围、技术支持范围等角度对数据治理概念进行分析。数据治理不同维度的概念参见表 4-1。

表 4-1 数据治理的不同维度

维 度	概 念
标准体系	数据治理是一种标准体系,通过数据组织、数据管控实现数据标准化
业务范围	数据治理就是要对数据的产生、处理、使用进行监督管理,以满足数据和业务的结合
控制范围	数据治理必须对治理人员、治理流程以及治理系统进行整体设计
技术支持范围	数据治理需要前端、后端以及终端等各个环节的技术支撑

综上,数据治理是一项关于数据管理的综合实践,涵盖了管理体系、标准体系和技术体系三大业务领域。从管理角度来看,数据治理必须建设完善的数据管理组织机构,制定科学合理的章程,确保数据的产生、处理、使用和销毁都有专业人员监管;从标准化的角度来看,数据治理必须制定规范化的标准体系,数据的存储、使用、生命周期管理都应做到统一和规范,避免机构内和机构间的差异;从技术角度来看,数据治理必须以信息技术为基础,通过数据库、信息系统的完善使得数据价值得以充分发掘。

2) 先发领域的数据治理研究和实践

国内不同行业在数据治理方面的研究和实践水平参差不齐。起步较早的行业已经取得了显著进展。

电子政务领域在如何进行数据治理以强化服务管理、推动社会发展方面有较多的研究。对于政府而言,数据是公共服务创新和策略优化的客观依据。数据治理工作可以帮助政府挖掘大数据中隐含的深层次信息,形成基于大数据的产业链和价值链。陈真勇等提出了一种数据治理的分层互联框架,将治理层次划分为数据存储层、数据转换层、数据互联层和数据共享层,用于解决智慧城市大数据的共享和融合问题。国外的一些政府部门在局部领域也部署了一些数据治理工具。例如,新加坡政府通过 OneService 一站式治理平台汇聚信息,提升社区服务质量。

现代金融业是严重依赖数据支撑业务运行的行业之一。虽然经历了多年的发展和完善,仍存在数据基础薄弱、数据不完整、一致性较差、管理体制不健全等问题。国外银行业较早认识到了这个问题，并采取了相应的措施。例如，美洲银行建立了较为完善的数据治理框架，明确了信息技术部门、业务部门以及管理部门的分工，规定了数据管理、数据访问、数据质量、元数据等数据治理对象。在国内，中信银行在数据治理中提出了数据标准化、提高数据基础质量、构建数据治理管理体系等措施。许文等建议银行在治理数据时，应明确数据来源、划分信息系统、找到数据流向、确定数据治理关键节点、依据数据生命周期划定治理职责。通过数据治理，银行可以实现精准化客户营销，强化、精细化内部管理，保障数据口径标准基本一致，方便业内统计和国家监管。

医疗领域中也存在海量的数据应用。医疗行业的数据分布广而无序，数据利用率低，大量累积的数据未能发挥真正的价值，因此而提出了包含原则、核心指标、关键组件、技术及大数据治理评估的"医疗健康大数据治理体系框架"。高汉松和桑梓勤构建了"医疗大数据生命周期模型"，提出要精确化医疗数据治理目标，落实医疗数据治理主题，包括数据标准制定、数据质量管理及数据生命周期管理等。医疗健康数据的治理，可以帮助医疗机构节约医疗成本，提高医疗质量等目标，达到医院和病患双赢。

通过对以上三个产业领域的观察，可以看出数据治理在一些产业中已经开始从研究阶段进入到实践阶段。集中治理工作有利于发挥大数据在日常管理和业务创新上的推动作用，但也暴露出更多的问题。一是缺乏完善全面的数据管理体系：当前数据治理工作在管理机制上存在较多的漏洞，各部门自成管理体系，自定标准，遇到数据问题时自行解决，这种机制只能解决临时问题，无法从根源上断绝数据问题。二是数据治理的方法和技术有待深入研究：数据治理涉及数据标准化、数据融合共享、数据质量管理及数据隐私管理等领域的专业知识，如若不能从根本上解决这些问题，数据治理也将收效甚微。三是缺少统一的数据治理的技术支撑平台：平台的开发与建设是数据治理关键环节，目前数据治理平台过于分散，无论是结构上或者是功能上，都不能满足大数据时代对数据治理的需要。

3）数据治理的管理机制

专业化的团队是项目开展的有力保障。在数据治理工作正式开展之前，应成立专门的工作小组，并对其工作职责制定详细的规划。从已有的行业实践来看，可自上而下建立如图4-1的数据治理组织架构。首先，建立由高层领导组成的数据治理委员会。这些高层领导应对业务的发展和实施有充分了解，对数据管理也有一定的认识。数据治理委员会的主要职责是从战略角度来统筹规划，制定治理的规章制度，提出一系列管控方法，协调各部门

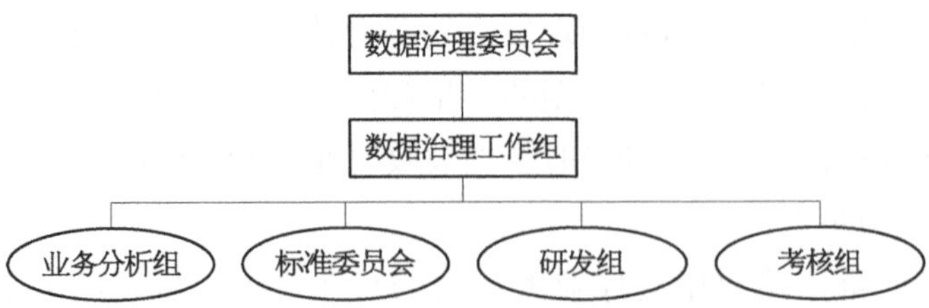

图4-1 数据治理组织架构

有序有效工作。治理委员会也是最高决策机构，对于治理工作承担最终审查和监督的职能。治理工作组是治理委员会的常设办事机构，按照具体的业务分别设置多个专项小组，包括业务分析组、标准委员会、研发小组和考核小组等，每个专项小组具有不同的职责。专项小组的成员不需要是全才，但是在自己负责的工作领域应非常专业。

4）数据治理的体系和过程

作为一个综合实践领域，数据治理包括标准化、融合共享、质量管理及隐私保护等具体业务主题，这些主题的治理水平从某种程度上决定了整个数据治理的效果。虽然数据的使用在不同领域内存在差异性，但是数据生命周期基本相同，可分为数据收集、数据处理、数据分析和数据发现等阶段。数据治理的工作贯穿了数据生命周期的整个过程，只有在每个环节保持高效和高质量，整个数据治理才能取得优良的成绩。

（1）数据的标准化。大数据的基本特征就是数据量大且差异明显。若缺乏统一的标准，海量的数据在存储、使用时会成为一团乱麻，难以对数据进行加工分析。数据标准化是一种按照预定规程对数据实施规范化管理的过程，分为业务建模、数据规范化和文档规范化三个阶段。业务模型是数据标准化的基础，数据规范化是数据标准化的关键，文档规范化是数据规范化成果应用的关键。在此过程中涉及的数据标准有数据定义与分类标准、数据模型标准、管理与技术标准、质量评估标准等。标准化是数据融合应用的前提，也是保证数据质量的重要条件。

（2）数据的融合共享。传统的数据管理方式下，数据繁杂而分散，既浪费了软硬件资源，也不利于关联各种局部数据得到完整的信息。实现数据共享和融合，不仅可以提高大数据的处理性能，加深数据处理的深度，还扩展了数据分析的广度，使数据分析和处理不再局限于少量孤立数据集，将关联数据有机整合，极大地提高数据的利用率。

（3）数据的质量管理。高质量的数据是大数据发挥效能的前提和基础。大数据的多样性及快速变化会造成数据冲突、不一致或者“过期”的问题更加尖锐。从技术层面看，可以通过数据库技术、数据检测识别技术、数据分析技术保证数据质量。从管理层面看，企业高层、专业管理和技术分析人员应对数据质量高度重视，贯彻和落实数据质量管理的各项规章制度。

（4）用户数据的隐私保护。大数据时代，每个人自带数据属性。姓名、电话、身份证等个人信息涉及数据隐私，医疗信息、金融信息及任职情况等也可能是隐私数据。若这些数据被非法获取和使用，则有可能造成巨大损失。为应对隐私保护风险，数据治理一要加强业务规范与监管；二要利用信息技术手段隔离和保护个人敏感信息；三要建立隐私监控体系、隐私评估体系、隐私问责机制等主动的隐私保护机制。

5）数据治理平台的建设

治理平台是数据治理活动开展和实施的技术基础和支撑环境。技术先进、功能完善的治理平台能提高数据治理的效率，强化治理效果。在搭建数据治理平台时，技术管理者应考虑如何将大数据的需求和管理融入已有的技术架构。美国知名的数据治理专家桑尼

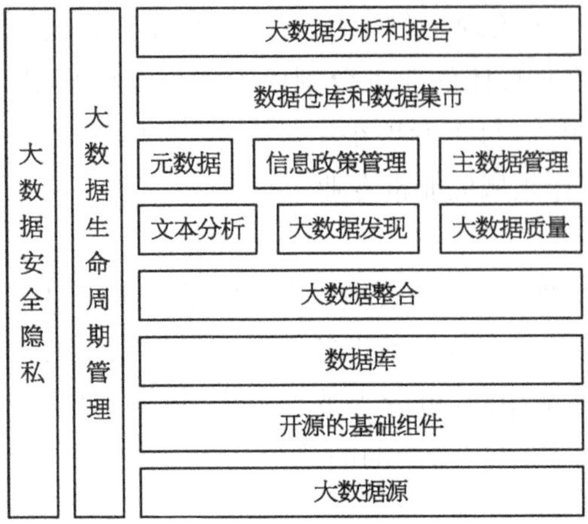

图 4-2 一种数据治理的参考架构

尔·索雷斯给出一个较为完整的大数据治理参考架构，见图 4-2。在这个架构中，系统基础层包括数据源、开源基础组件、数据库、大数据整合等几个层次。数据治理业务模块包括元数据、信息政策管理和主数据管理、文本分析、大数据发现、大数据质量等业务。系统应用层包括数据仓库和数据集市以及分析和报告工具。数据的生命周期管理和隐私安全则贯穿平台的各个层次。

针对数据管理的需求，各大数据软件和企业级应用开发商也推出了相应的平台和解决方案。例如，甲骨文公司的数据治理技术方案采用 Oracle Database 11g 关系型数据库和 Oracle NoSQL 非关系型数据库配合，以实现不同种类数据的存储及查询，并保证了数据的安全性。同时，Oracle Data Integrator 和 Oracle Golden Gate 两个工具整合和转换 Hadoop 中的数据；Oracle Endeca Information Discovery 实现结构化数据和非结构化数据的搜索和发现；Oracle Enterprise Data Quality 系列产品保障大数据质量。SAP 公司也发布了类似的解决方案，将 SAP HANA（内存数据库）和 SAP Sybase IQ（针对商业智能和分析优化的纵列数据库）相结合，实现对本地的非结构化和准结构化数据集的文本操作，以及与 Hadoop 的互操作；利用 SAP Business Objects Data Services 实现数据剖析、元数据和文本分析以及与 Hadoop 数据整合的功能。这些成熟的技术解决方案可供我们在数据治理平台建设工作中借鉴。

4.1.2 教育大数据治理现状

随着教育信息化工作逐步推进，各级教育主管部门以及学校都在致力于数字化、智慧化校园的建设，各种信息化管理系统以及在线学习平台的部署、应用使得教育行业积累了多元的海量数据。教育行业也正在经历大数据带来的机遇和挑战。除了大数据的一般特征，教育大数据具有自身的一些特点，如泛在性、持续性、互联性和多元性等。这就使得教育大数据的治理有自己的需求。目前，对教育数据治理的研究刚刚起步，成果和经验不足，无法有效支撑数据驱动的教学和教育管理。即便有一些统计数据可用，其真实性和有效性也有待验证，对动态教育信息的掌握也非常困难，更谈不上利用数据科学决策了。

教育研究者、探索者和管理部门已经认识到数据驱动教育的重要性，并开始了有益的尝试。目前，教育数据治理研究集中在高校校内。上海海洋大学在数字化校园建设中根据大数据治理准则，将原本分散在不同信息系统中的数据与业务流程进行整合，集中存储在统一的公共数据库中。包冬梅等提出了 CALib 数据治理框架，分析了高校图书馆数据治理领域所包含的基本组件及其关系，从促成因素、范围、实施与评估三个维度讨论了高校图书馆数据治理原则。但是，尚未有人站在县市以上的层面和整个行业的层面，从更全局的视野去探讨在大数据时代教育数据应该如何治理的问题。

参考其他领域数据治理的经验，以及实践中遇到的问题，教育数据应用存在以下一些典型困难。

首先是标准缺失，数据杂乱无章。大多数学校在信息管理系统建设中只考虑本单位的应用，未考虑共享和交换数据的需要。区县一级主管部门又缺少对信息数据的统筹规划以及统一的数据标准，集中表现为数据名称、数据长度、数据规格不一致，以及关键数据缺失。

其二，数据融合困难。学校是教育数据的主要生产者和使用者，也是数据价值链的源头。由于管理层级的限制，以及各校信息化系统建设水平的差异，每个学校只掌握校内的部分数据；各区县教育局也只掌握了自己本区需要上报的部分数据，对于本区域的其他数据或是其他区域具有共性的教育数据难以获取。即便是本区的教育数据也只是海量数据中的极少部分，主要为学籍、升学率、毕业率、考试成绩等管理数据，未形成对教育数据的全局把控。大量的教学过程数据无法获取，成为数据孤岛，无法进行深度加工。

其三，数据质量存在挑战。由于数据体量急剧扩大，非结构化数据猛增，教育大数据的存储、分析、使用都面临全新的挑战。数据来源的复杂性导致数据定义的一致性和元数据定义的统一性无法保证。变化速度较快使得数据很容易过期。数据存储方式的不合理，也会产生错误、无效的数据。动态数据处理不及时，降低了数据价值。

此外，数据隐私也是教育数据治理要关注的主题。教育与公民各项自身权利密切相关，隐私问题必须得到高度重视。数据在存储、传输、处理和销毁各个环节都有可能存在隐私侵权风险。随着各种教育信息系统的应用，越来越多的学生及教师的个人数据被记录和存储，甚至可随时联网获取，必然会存在数据泄露的可能。加上教育部门在技术研发和管理上要落后于行业平均水平，教育数据隐私保护现状堪忧。目前已经出现不法分子利用这些数据和学生缺乏社会阅历的弱点来进行诈骗的案例，造成了不好的社会影响。因此，在数据治理工作中要把隐私保护放在较高的优先级。

4.1.3 教育大数据治理案例

教育大数据治理是一个复杂系统领域，目前仍处在研究和实践的早期阶段，并未有成熟的思路和方法可以复制。在此，我们以几个简单案例从不同角度介绍目前教育大数据治理的进展情况和优秀实践。

1）新南威尔士大学的数据治理项目

新南威尔士大学是澳大利亚名校联盟“八大名校”之一。为了改善对学校数据资产的管理，降低运营和管理风险，该校于 2017 年发起了“数据治理”项目。这个项目对该校的数据政策和治理组织进行了改革和创新，制定了包括人员分配、职责规定、数据整合规范、数据分类和数据隐私保护方法等一系列数据治理政策，确立了该校实现数据整合、保护数据安全、改善数据质量以及提高数据使用效率的指导原则，并建立了数据治理的角色和职责模型（见图4-3）。

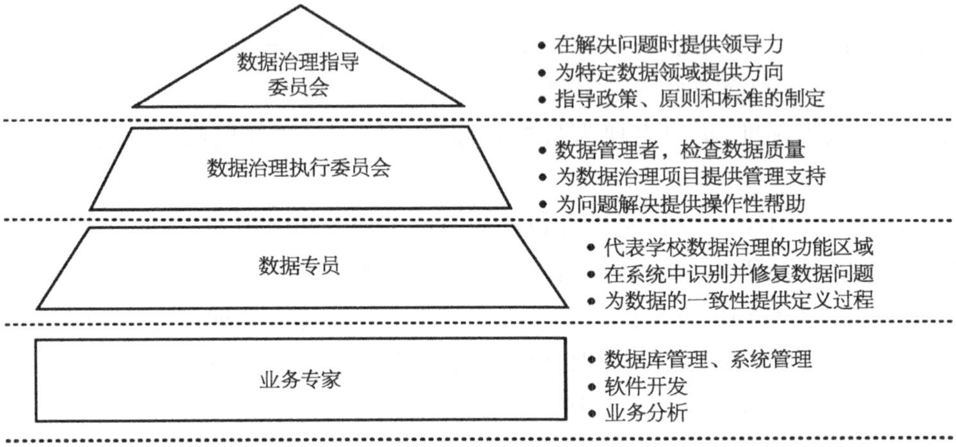

图4-3 数据治理角色和职责

数据治理指导委员会是数据业务的最高管理者，指导项目决策，制定原则和标准。数据治理执行委员会是指导委员会的执行人，监督各项政策和规则的贯彻实施，并保证项目执行过程和数据管理生命周期的一致性，同时负责检查数据质量，为问题解决提供操作性指导。各部门数据专员负责管理各自部门的数据质量、数据整合及数据管理的实施执行，监督数据使用者的身份，识别和修复各自部门的数据问题。业务专家包括数据库管理员、系统管理员、业务领域专家、软件开发人员和业务分析师等角色，为数据信息治理的各项业务提供支持和帮助。

该大学数据治理实践有两点经验值得我们借鉴。一是确立了数据治理的制度和流程，将过程和规则制度化，设定了清晰的边界，使得各项和数据相关的业务有了清晰的依据，并且优化了治理的各项环节。二是明确了各类人员的职能和责任，在组织架构层面较好地支持了数据治理工作，使得各类数据项目能够有序执行；同时，在出现数据问题时也可以精确定位责任人，改善了原来数据管理工作中岗位职责不清的问题。

2）美国堪萨斯州的数据治理项目

教育数据交换网络（EDEN）是美国学校、州教育部门及联邦教育部门进行数据报送和交换的信息系统。长期以来，美国堪萨斯州教育部门在向EDEN提交数据时饱受各种问题困扰，涉及数据不连续、数据质量差、数据缺乏一致性、数据格式多样等多种问题。解决这些问题需要花费大量资源，且效果不理想。为了改善这种情况，他们意识到数据治理的重要性，因此发起了一项数据治理项目，制定了州内教育数据治理的流程和业务规范，用于保障教育数据的质量。

数据汇总和上报的主要业务流程和关键节点如图 4-4 所示。整个过程分为两步：第一步从数据源采集原始数据，根据元数据仓库定义的转换规则换为满足 EDEN 格式的数据后存储到数据仓库；第二步从数据仓库提取数据，生成需向 EDEN 提交的数据文件并提交。在这个过程中，数据治理工作涉及以下人员或角色：① EDEN 协调员，从 EDEN 数据库下载文件规范，并依据文件规范建立元数据库；② 数据管理员，根据元数据仓库制定数据从数据源仓库下载存储到数据仓库时的转换规则，检查数据质量；③ 数据仓库技术（ETL）程序员，根据数据转换规则将数据从数据源系统抽取出来，并以 EDEN 存储格式存储到数据仓库；④ XML 程序员，将加工后的数据转换为 EDEN 要求的文件格式，并提交到 EDEN 数据库。

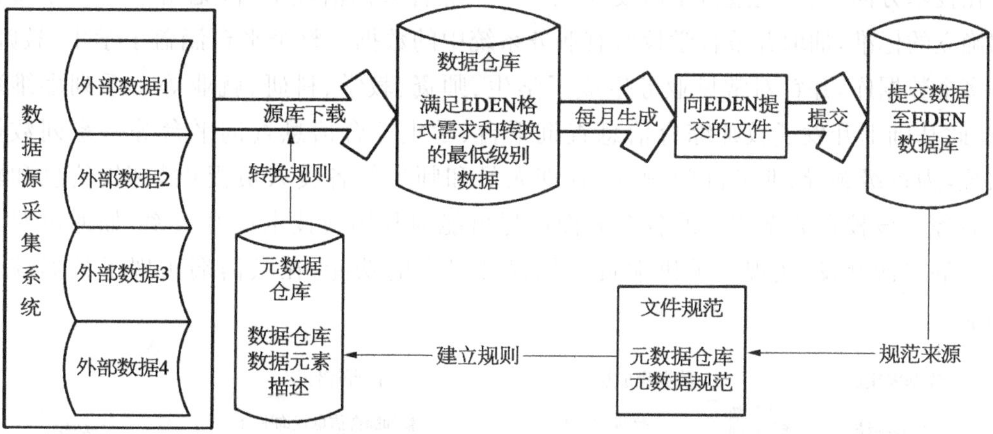

图 4-4 堪萨斯州教育部门数据治理流程

在整个过程中，堪萨斯州的教育数据管理部门依据 EDEN 的数据文件规范，制定了统一的数据采集和转换规则，保障数据的一致性和标准化。治理工作要求各部门建立和维护项目文档，包括 EDEN 提交计划文档、项目分解计划文档、通信文档、角色职责分配文档等。为了保证良好的工作沟通，还要开展工作交流会，如数据治理委员会会议、数据管理会议及 EDEN 现状核心小组会议等。此外，教育部门的数据委员还定期评估数据质量。

该项目从制度规范、基础设施和人员培训三个方面着手进行数据治理，较好地保证了数据的一致性，实现了数据共享。通过持续的数据治理，堪萨斯州教育部门的数据管理水平有显著提升，整个工作有序进展。通过数据治理，该部门在提高了工作效率的同时减轻了工作人员的负担，数据质量有极大的提升，数据安全性也得到了极大保障。

3）常熟理工学院的数据治理实践①

当前，以大数据驱动为技术基础的学校管理现代化日益受到重视，国内高校在数据治理方面还处于初期实践阶段。常熟理工学院是一所江苏省省属普通本科院校，学校的数字

① 本案例主要来源于 http://www.edu.cn/xxh/xy/xytp/201508/t20150817_1304094.shtml，根据相关资料编写。

化校园建设位于同类院校前列。由于前期积累了大量的教育数据,而且使用数据进行科学决策的需求也日益增加,该校认识到数据治理工作的重要性,并进行了相应的探索和实践。

在数据治理的过程中,该校着重从管理和技术两个方面推进数据治理工作。首先是规范数据管理和数据标准的建设。为了提高数据质量、加强数据治理,常熟理工学院制定了一系列数据治理工作规范,具体包括:① 数据编码标准建设,参考国家标准和学院实际情况,建立了学院自用的编码标准;② 数据子集标准建设,制定了各个业务对象的数据子集标准,明确了数据治理的目标;③ 数据治理工作规范建设,出台了和数据相关的各种业务管理规范;④ 组织机构建设,围绕数据治理工作的需要建立了立体的数据责任体系,落实到部门和个人,并对数据质量实时监控。

在技术方面,该校通过自主研发建立了一个综合数据治理平台,见图4-5。学院按照前期确立的标准,抽取并整合学校所有业务系统中的数据。整个平台涵盖了学生、教师、资产等多个数据库,并针对常见业务生成了学生、师资、教学、科研、就业等一系列多维数据集,在此基础上开发了教师综合信息查询平台、学生综合信息查询平台等一系列数据服务系统,为校级领导、业务部门领导、管理人员和师生等各类人员提供数据、信息和辅助决策服务。该校在数据相关的各个方面都尽可能地利用新技术提升效率,如通过对微信企业号的二次开发,实现了手机端资产扫描和盘点的功能,在微信端实现了数据综合查询功能。

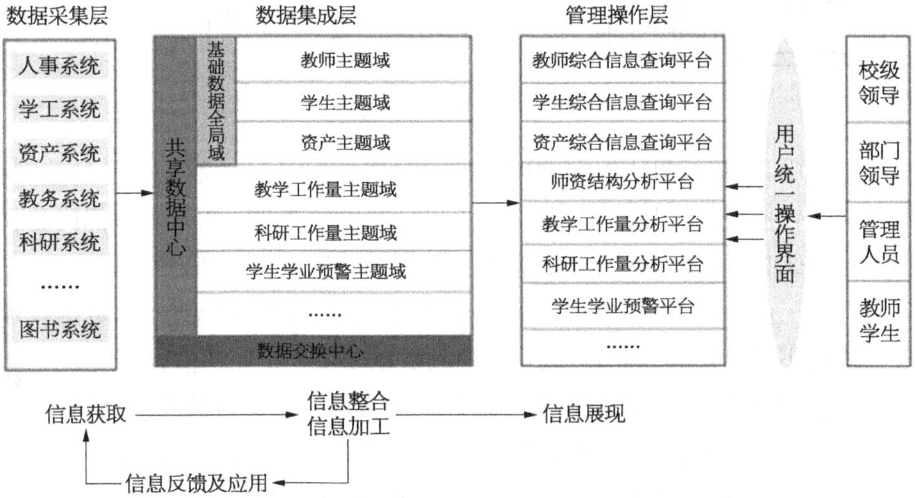

图4-5 常熟理工学院综合数据治理平台

在数据治理业务中,数据安全管理也是一项重要内容。学院除了在技术手段上部署了一系列的数据安全与防范措施外,还在数据建设与使用过程中制定了相应的数据安全工作规范,以推进数据安全管理。此外,学院还注重学校的数据文化建设,在校园内培养凡事用数据说话的良好习惯,同时通过和同行的交流与合作,向其他院校宣传和推广数据文化,以及数据治理的经验。

4.1.4 教育大数据治理方法

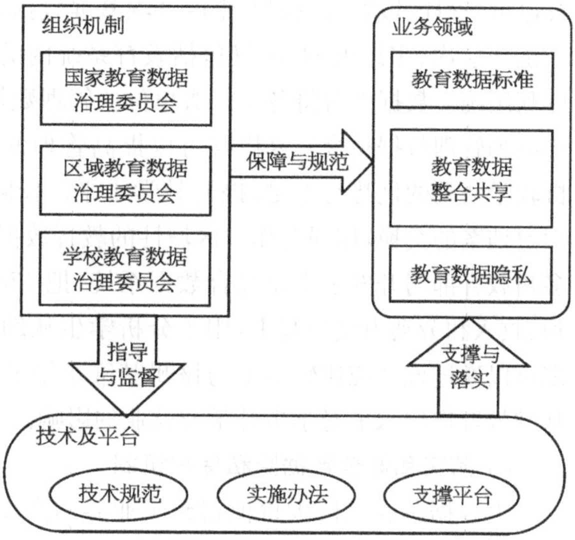

图 4-6 教育数据治理框架

通过对中国教育数据治理现实状态以和存在问题进行分析，结合领先行业在数据治理方面先进经验，本书作者提出一个可用于教育数据治理的框架，见图 4-6。教育数据治理工作应从组织机制、业务领域及关键技术三个方面推进，其核心业务是教育数据标准化，教育数据的融合共享，以及教育数据隐私保护。完善这三个业务领域需要两个基础条件：建立数据治理的组织架构，科学的组织机构设计和明确的职责分工是数据治理的制度基础；依据技术规范和实施办法建立数据治理平台、通过技术手段实现数据治理是治理工作的技术基础。

1）设置教育数据治理的组织机构

从组织机构来说，可以根据业务需要设置教育数据治理委员会及其执行机构——教育数据治理小组。按层级和管辖范围来看，可设置国家级、区域级和学校级的教育数据治理委员会；从数据来源看，还可对课程教学数据、学生数据、教师数据治理、基础设施数据等建立专门的业务小组。数据治理委员会的职责如下：① 制定教育数据治理的规章制度，对现存数据管理规章制度整合分析，建立并及时更细规章制度；② 以数据支撑管理决策，提高管理决策的科学性。数据治理小组由负责具体业务的专业人员组成，可包括数据系统管理员、系统开发和维护人员、业务专家和数据分析员等角色。小组成员需要鉴别和解决各自业务领域内的数据问题，并相互配合协作。例如，数据分析师可以和业务专家合作使用大数据分析学生成长情况，及时监控学生的心理健康和生理健康状况，提出相应的决策建议。再如，教学专家和数据分析师合作，通过对学生个体数据，对学生画像和聚类，设计个性化教学方案。

2）制定、完善数据标准和使用规范

数据标准化是教育行政主管部门进行数据治理时首先需要解决的问题。统一的数据标准使得教育机构的信息系统建设有据可依，不再出现因为供应商不同造成数据无法读取、共享和交换的问题。数据治理委员会应从教育业务实际需求出发，组织完成各类标准的编制和更新，包括技术标准、业务标准、管理标准、数据质量标准等。标准化工作既要满足上级部门的管理与统计需求，也要为校内外的信息交流与信息共享服务，这是一个长期、持续的过程。在编制新标准时应注意已有国家标准、行业标准，和已发布的标准保持一致。

3）推进不同层次和不同维度的数据共享

通过数据的共享和融合，教育主管部门可以建立起对教育数据的全局把控。而各个学校也可获得区域教育发展水平的各项基准数据，作为组织教学的依据之一。教育数据的共享是多层次、多维度的，不仅包括教育系统内的共享，还涉及对外信息公开。在学校内部，可利用统一数据平台将各个二级单位的管理数据、学生基本信息和行为数据、教学数据，甚至后勤管理数据整合。这样既可以提高管理的便捷性和有效性，强化管理；也可以用于分析教学活动的优势与不足，提升教学水平。校际则可以通过数据整合如课程数据的共享、学习档案的交换，加强合作。区域性的教育数据共享是教育发展的趋势之一。美国科罗拉多州教育部门开发了全州综合数据系统，把178个学区和28所公立高校的学生数据与福利、收入和劳动力整合起来，用于分析学生从幼儿园到大学的成绩。行政官员和任课教师都可以通过该系统比较学生与该州基准水平的差距，并且能够分析家庭收入、学前教育和基础教育供给水平对学生升学或就业的影响。

4）落实和健全数据隐私保护机制

大数据蕴含的巨大价值得到了业界的高度关注，挖掘大数据给我们带来了巨大价值。然而，大数据在带来便利的同时，也对个人隐私造成了巨大的风险，有新闻爆出：由于学生个人的信息被泄露，不法分子利用这些信息骗取学生的学费、生活费，这便是数据隐私泄露带来的危害。教育领域中，传统的数据保护措施已经落后于实践的需要，数据隐私尚未得到广泛重视，缺乏合理、可行的措施和惩处机制。结合其他行业的成熟经验，可在教育行业内采取适当的隐私保护机制：① 隐私风险主动监测，在处理大数据时，要主动监测那些不正当的或者有恶意的操作；② 隐私风险主动评估，能够主动分析出隐私风险大小，并选择合理的隐私保护技术；③ 问责机制，当某个实体的行为违反了策略和规则时应当受到规定的惩罚。

5）建设数据治理的技术平台

数据治理工作的落实依赖于信息技术平台。教育部门的数据治理平台建设应以已有信息系统为基础，并引入业界先进技术和经验，从满足应用功能出发，以数据架构为基础；加强数据库设计，建立主数据中心，搭建数据质量监控平台，实施数据安全工作。数据治理平台应能够直接与各单位自有数据平台无缝连接，直接汇总各单位的原始数据；应能够集聚零散数据形成数据资源，然后利用分析软件深度挖掘；还应包括分析及决策管理功能，依据数据分析结果支撑决策，并通过对长期数据的分析辅助教育现状评估。

综上，对教育数据进行合理、有效的治理对于教育的发展和推动教育改革有重大意义。首先，数据能够帮助教育管理者做出更智能化、更综合的教育管理决策，实现教育实践和教育战略的统一。其次，通过教育数据治理体系的建设，可以将所有的教育资源整合再分配，减少不必要的教育设施配置和减少教育财政支出，优化教育资源配置，在某种程度上改善教育资源分配不公平的情况。再次，通过教育数据治理体系的建设，可以提升教育质量，促进教育个性化，现在的教育更注重人本主义，更尊重每个学生的性格特点，关注学生内心情感的发展，通过优化教育数据治理，可以更好地分析学生的情感变化。最后，通过教育数据治理体系的建设，可以从繁杂的教育数据中发现相关关系，诊断现存问题，预测教育发展趋势，发挥教育数据更深层次的力量。

4.2 教育大数据的开放

随着互联网、云计算为代表的新兴技术的不断发展，以及大数据时代的到来，数据成为推动社会发展的新动力。数据的开放和共享有利于数据发挥作用，各国政府开始将此列入大数据实施战略，促进更多的数据开放。2011 年 11 月，欧盟提出开放数据战略。2013 年，美国、英国、法国、德国、日本、意大利、加拿大和俄罗斯八国签署了《开放数据宪章》(*Open Data Charter*)，确定了各国的开放数据行动方案。同年，万维网基金会 W3C 开始发布《开放数据全球报告》(*Open Data Barometer Global Report*)，调查和公布各国政府公共数据开放程度。

开放数据运动也逐渐获得教育界的积极响应。自 2010 年起，美国教育部开始发布教育开放计划报告，向公众汇报各种教育项目和教育开发计划的具体实施情况。美国政府通过 Data. gov、国家教育统计中心(National Center for Education Statistics, NCES)等网站发布教育数据集，同时提供相应的数据发布和共享技术，以便全社会获取优质的教育数据集。英国教育部在其发布的《教育部开放数据战略》(*Open Data Strategy*)中提到了开放教育数据的目标、价值、所取得的成绩以及未来教育数据开放计划。澳大利亚的《国家政府信息共享策略》(*National government information sharing strategy*)中规定，每所学校的简介、规模等基本数据应向社会开放。日本的《开放数据宪章行动计划》(*Japan Open Data Charter Action Plan*)承诺将开放选举数据、犯罪数据、教育数据等关键数据集，以及其他高价值数据集。2014 年起，联合国发布的《电子政务调查报告》将开放政府数据列为重要评估内容，而教育开放数据是重要参考指标。除了政府以外，各种地区或民间机构也致力于教育数据的开放。像英国开放大学、摩尔多瓦的学校门户网站等都开始对外开放机构所拥有的教育数据。通过教育数据开放，利益相关者的地位和作用发生了明显变化，从服务接受者转变为服务参与者，从信息消费者变成了信息生产者，这种转变有利于社会的发展和创新。

4.2.1 开放教育数据的概念和分类

开放数据既涉及“数据”的定义，又需要界定什么是“开放”。不同的人群和业务领域内对于“开放数据”概念有不同理解。在知识开放领域有较大影响力的国际项目“开放定义”

提出:"任何人都可以以任何目的自由使用、修改和共享开放数据和内容。"由于数据的开放使用,相关方不仅可以单方面获取数据,还可以分享数据、重用数据,在数据再利用的过程中实现数据价值最大化。也有人把开放教育数据称为教育领域内的开放数据,是开放数据在教育领域中的具体体现,是指来自教育机构或在教育活动中产生的开放数据。

从数据类型看,开放数据包含:文化制品(作品)的文化数据、科学研究的科学数据、金融市场的财务数据、政府的统计数据、气候和环境的天气数据、空气污染指数,以及交通路线等地理数据等,当然也包括教育领域内的教育数据。获取不同领域的数据,并通过分析工具进行数据挖掘和混搭,可以解决很多实际问题。比如:police. uk 公布了地区犯罪信息,可按需筛选和使用;wheredoesmymoneygo. org 网站提供了英国政府公共开支的流向分析。

开放教育数据可分为两大类:一类是可用于教育目的的公开数据,如 PubMed、OpenLibrary 这样的出版物和文献,或是 Europeana、OpenStreetMap 这样特定领域的知识和资源,以及维基百科这样的跨领域公共知识体系等,甚至还包括开放教育资源(OER);另一类是教育机构公布的开放数据,比如教育机构产生的行政数据,主要包括院校、教师以及学生个人的基本数据等。无论是哪种教育数据,都在为教育的利益相关者所服务,有助于促进教学决策的科学化和教育资源的合理配置。

开放教育数据涉及的范围大到国际、国家、地区,小到机构、班级、个体,以及单个教学活动;涉及的角色包括政策制定者、研究人员、教学人员、软件商、纳税人、学生及家长。以角色分类:学生数据包含出勤率、成绩、技能等;教师数据包含教学技能、成果、个人信息等;课程数据包含教学大纲、教科书目录等;机构数据包含基础设施、学生注册情况、学校预算等;政府数据包含预算、支出、各类项目数据等。

4.2.2 教育大数据的开放和使用

教育大数据开放和使用主要涉及以下四个方面的问题:谁来发布数据,从何处获得数据,如何加工处理数据,如何用数据驱动决策。

首先是建立发布开放数据的公共服务。由政府或第三方权威机设立有公信力的开放数据门户网站以及开放云服务。在条件具备的前提下,网站还可以提供自动发布数据的功能,以帮助数据使用者自动抓取或更新数据。由于开放数据本身的独立性,网站的创建者和数据的发布者可以不一致,而且网站一般不对数据的真伪和质量负责。

其次是创建开放数据集并发布。网站应基于一定的开放标准,发布机器可读、可批量获取、免费的数据集。网站根据开放教育数据的特征,可以提取文档、表格、图片、视频等格式的数据文件中包含的元数据,并添加到 Web 内容中,以便访问、管理、发现、集成和重用。例如在 DavaReal. org 数据库项目将视频文件与相关元数据同时提供在页面中,并附有版权许可信息,有助于教育开放数据的共享。

再次是分析、理解教育数据。借助信息技术媒介和数据分析工具，以表格、图表或其他非叙事形式呈现结果。教育数据中关于学生和学校的数据最常见。利用教育数据，可以了解学习者行为的一般特征，以便理解和优化学习及其发生的环境；可以设立学生的表现常模，确定学习者的学习和智力平均水平；监控学校招生情况，了解区域教育资源的分配情况。

最后是用教育数据指导行动。教学活动产生了教育数据，反过来，教育数据最终服务于教育教学。学生可以利用新工具、新方法去分析和访问数据，探索各个领域内的数据资源，将数据作为学习决策的依据；教师可以利用数据了解学科的基准水平，将自己学生的评估和基准水平对比，以调整和改善教学；学校可以利用数据降低学生的辍学率，通过建设成绩预测和学生成功系统，提高学生保留率，还可以提高业务运行的效率等；政府等决策机构使用数据来提高透明度和效率，解决教育公平、教育资源合理配置等问题。

4.2.3 全球教育大数据开放概况

在教育领域，政务数据的开放能够提高公共教育的获得性，改善教育机构的政策与管理水平，提高教育质量。美国是政府开放数据开始最早、发展最成熟的国家。美国教育部积极响应开放政府运动，针对幼儿、小学、中学、高等教育、职业教育以及成人教育等多个学段，启动了一系列开放数据计划，增加了数据开放的透明度、参与度和协作性。美国的教育数据开放由多个政府部门及民间机构参与，主要有：国家开放数据战略小组、国家教育统计中心(NCES)数据战略小组、教育部披露审查委员会(ED-DRB)、联邦学生援助(FSA)数据中心等。这些部门既有分工也有合作，共同促进了教育数据的开放。英国政府的开放数据网站于2010年正式对外开放服务，提供有关经济、环境、政府、教育和社会等12个领域的开放数据。截至2018年10月，该平台已公开了1 385个教育数据集，涵盖了学习、培训、国家课程等多个方面。澳大利亚政府的开放数据网站汇聚了956个机构的70 658个数据集，涉及金融、生物、交通等多个领域，有关教育的数据集为1 756个。日本政府的开放数据网站共发布了22 441个数据集，有关教育的数据集为1 086个。

除了各国政府以外，国际组织在数据开放运动中也承担了重要的作用。自2001年起，联合国陆续发布了10个版本的《电子政务调查报告》(*E-Government Survey*)，最新为2018版。2018年和2016年的报告中都提到了教育领域开放数据的实施情况。2016年，193个成员中以机器语言可读模式发布教育数据集的国家数量有127个，以开放标准发布教育数据集的国家数有92个。欧洲国家的数据开放最全面，占比84.09%，其次是亚洲(43.75%)和大洋洲(42.86%)。2018年相比于2016年，以机器语言可读模式发布的教育数据集的国家和地区由39上升到了69，表现出日益增长的趋势。

万维网基金会W3C编制的《开放数据全球报告》基于各国政府公布的基础教育和中等教育学业数据，汇总了各国教育数据开放情况。2016年和2017年报告(如表4-2所示)显示：2015 年 87%的国家在线提供教育数据，主要以文本的形式呈现，开放数据占比为 11%；2016 年在线提供教育数据的国家为 88%，开放数据占比为 8%。大多数国家的政府对教育数据的开放是临时性的，许多国家发布的数据集价值并不高。再加上新增了一些在线提供数据的国家，造成教育数据开放的比例反而下降了。2018 年 9 月发布的报告调查了 30 个国家，其中提供开放教育数据的国家占比为 13%，略有上升。这 30 国均加入了开放数据宪章，或者是签署 G20 开放数据原则，对政府开放数据的进程作出了明确的承诺。

表 4－2 全球教育数据开放情况

年 份	参与国数量(个)	在线提供数据比率(%)	开放数据比率(%)
2015 年	92	87	11
2016 年	115	88	8
2018 年	30	—	13

该报告还从机器可读、可批量获取、免费、开放许可、更新、可持续、可被发现以及关联数据指标对开放教育数据进行调查(见表 4－3)。相比 2015 年，2016 年教育数据的免费、更新和可被发现指标的百分比呈上升的趋势，而机器可读、可批量获取、可持续指标呈下降趋势。2017 年与 2016 年相比，教育数据在机器可读、可批量获取、免费、具有开放许可、更新指标上，呈上升趋势，而可持续与可被发现指标处于不变和下降的趋势。随着开放数据政策的推进，各个国家和地区开放的教育数据集的数量取得一定进展，但是开放程度上几乎没有显著进展。

表 4－3 教育数据的开放程度分项指标 (%)

年份	机器可读	批量获取	免费	开放许可	更新	可持续	可发现
2015 年	63	34	96	23	59	64	68
2016 年	60	24	99	23	63	59	70
2017 年	82	26	100	44	67	59	59

4.2.4 教育大数据开放案例

1) 美国国家教育统计中心的开放数据服务

以美国为代表的一些发达国家，对教育数据开放进行了大量的探索，取得了不错的效果。国家教育统计中心(NCES)是隶属于美国教育部的教育科学研究机构，负责收集、汇报、分析和传播美国及其他国家有关教育统计数据。自 20 世纪 60 年代起，NCES 开始为美国国会的教育立法提供建议，在美国教育决策体系中具有重要地位。NCES 设有评估部、样本调查部和行政数据部等部门，并通过“国家教育统计论坛”来促进各州教育部门之间的数据业务交流。为了确保各州数据的统一性，NCES还专门开发了联邦教育项目绩效和标准整合系统（IPBS）。同时开发了相应的统计标准。

目前，NCES提供评估、抽样调查和行政管理三类数据，涉及学前教育、中小学教育、高等教育、成人教育、职业教育以及图书馆等主要领域。NCES向社会开放各种教育数据，如国家评估（国家教育进步评估和国家成人识字评估）、国际评估（国家活动项目）、中小学校评估（中学纵向研究计划）等，有助于公众全面了解美国的教育水平、教学中存在的问题以及政府的教育规划等。对于基础教育，NCES收集和发布了学前儿童纵览、国家教育纵览等多个教育数据集，通过在线分析、调查问卷等工具，以表格、图表、地图的形式呈现多个学科的教学情况。对于高等教育领域，则通过中学后教育综合数据系统和学术图书馆调查等项目提供院校、学生、图书馆资源等一系列基础开放数据。

数据在美国教育行政管理体系中有非常重要的作用。自21世纪初，美国政府建立了完善的问责制度，希望通过数据发现更多教育问题，实现教育公平，提高教学质量。作为官方的教育数据发布平台，NCES提供的开放数据体系成熟、机制稳定、机构完善、服务质量较高。它广泛服务于美国联邦政府、决策机构、媒体、企业、公众各方，帮助教育决策机构制定教育计划、解决教育问题、分配教育资金等，推动了教育管理和教育决策的科学化、民主化。

2）英国高等教育统计社的开放数据服务

英国高等教育统计社（Higher Education Statistics Agency，HESA）成立于1993年，是一个拥有140多名员工的非营利组织，是英国高等教育的主要数据源，负责收集、分析和传播有关高等教育的统计信息。该机构从大学、学院和其他高等教育机构收集数据，包括牛津大学、曼彻斯特大学、伯克贝克学院在内的英国主要的高等教育机构都是HESA的合作方、数据源及客户。HESA所采集的数据涵盖在校生、毕业生、学术和非学术人员、高等教育机构等信息，并对这些数据进行了深度加工。虽然是一个非官方机构，HESA的统计数据已达到严格的质量标准，被政府采纳为官方统计数据。HESA也依法为立法机构提供高等教育相关的政策咨询。

目前，HESA主要提供收集数据、分析和发布数据以及咨询和定制数据三类开放数据服务。HESA基于其自身的数据仓库，发布了大量共享数据和基于这些数据的分析报告，为英国的高等教育研究提供了数据基础，影响了教育政策的制定，也有助于公众了解高等教育发展情况。很多学者利用HESA发布的数据进行研究。例如，Cebolla-Boado等在英国高等教育统计局和年度调查中获取了2014年有关中国留学生的数据，探究中国学生在国外读书的流动因素，提出了大学声望、大学的社会和文化产品、成本以及营销策略等影响指标。Sherer等利用大学网站和收集大学人口统计数据的高等教育统计局，分析了2014年英国高等教育机构中管理和领导的女性比例及各大学之间的差异性。

HESA提供了大量免费数据和分析服务，还可以根据实际需要，与个人和组织合作，制作特定的数据集和分析服务，以具体翔实的数据，解决实际教学问题。近年来，越来越多的高等教育机构将加入到共享和使用教育数据行动中。2017年发布的HESA影响报告显示，共有261个高等教育机构为它提供了数据，包含280多万学生的完整数据，为近3 500名利益相关者提供了全面而有针对性的支持，完成了566个定制数据请求。针对缺少数据应用经验的人群，HESA还经常组织各种收集和分析数据的培训和咨询活动，帮助公众学会分析数据和使用数据，很好地体现了教育数据开放过程中的公众参与性。

3) 印度尼西亚通过开放教育数据增加行政透明度

印度尼西亚统计局(Badan Pusat Statistik，BPS)是直接向印尼总统报告的政府部门，负责印度尼西亚各产业领域的统计工作，涵盖经济、人口、劳动力、教育等领域的数据。BPS收集的数据向政府和公众开放，来满足各级政府、社会各界对统计信息的全方位需求。教育数据在BPS中属于社会与人口数据部分。

目前，BPS公布的教育数据大部分是2017年之前的，包含52个基本统计数据集和15个部门数据记录集，涵盖人口的识字率、儿童早期教育的参与率和平均年龄、学校的级别和排名、教师和学生的数量、教师的合格率等基础数据。用户还可以获取教育预算数据、国家考试诚信指数和初高中、职业学校全国考试数据。公众通过这些开放数据能够了解各年龄阶段、地区、不同性别的受教育水平，以及在校人数的基本情况，提供更多入学和选择机会。开放基本教育数据实现了政府行政情况的公开透明。

但是，由于数字鸿沟和公众信息能力差异，发展中国家对于开放政府数据的内生需求(信息技术基础、网络普及率、法律法规体系、公民参与度等)薄弱且不均衡。和发达国家的开放数据机构对比，PBS的教育数据开放缺乏持续性、网络基础设施差、开放力度有限、覆盖范围小，仅提供少量基础数据。与发达国家强调数据支持教育决策依据相比，发展中国家更加着眼于教育数据所带来的行政透明。但是，在国际化大潮中，发展中国家必须紧跟时代步伐，加强政府政策和法律法规的制定，重视网络的普及、信息技术的使用等层面的举措，扩大数据的开放力度。

4) 青岛教育数据开放服务①

在中国，青岛市是政府数据开放水平较高的城市，在《2018年的全国地方政府数据开放报告》中名列第三。青岛的教育数据开放依托“青岛公共数据开放网”实施，该网站也是“山东公共数据开放网”的子站点。作为青岛市政府设立的官方数据开放网站，其致力于提供青岛市各类公共开放数据的下载与服务，为企业和个人开展政务信息资源的社会化开发利用提供数据支撑，推动信息增值服务业的发展以及相关数据分析与研究工作的开展(图4-7)。截至2019年4月，该网站提供开放数据集2 805个，教育类目下的开放数据集有207个，涵盖了学前教育、中小学教育、高等教育、成人教育、职业教育以及图书馆的相关数据。

① 本案例主要来源于 http://data.qingdao.gov.cn/odweb/catalog/index.htm?subjectId=sub-9，根据相关资料编写。

图 4-7 青岛公共数据开放网截图

该网站中的开放数据既可根据领域、部门和主题检索，也可按标题搜索。查找得到的数据集，可以通过表格、地图等多种的形式呈现。平台中还提供了简单的数据分析服务，将数据按照一定的条件过滤，并以多种可视化图表的形式绘制分析结果。所有的表格都可以通过文件下载的形式获取到本地，支持 xls、json、csv、xml 四种常见的数据格式。平台还为第三方开放者提供了通过 API 调用开放数据的服务，开发者提交数据使用申请，获得授权后凭 token 调用。

截至 2019 年 4 月，访问最多的教育数据是由青岛市教育局提供的“青岛市高等学校信息”，提供了青岛市 22 所高等学校的地理位置信息，发布时间为 2018 年 3 月。该数据集包含名称、地址、经度、纬度、电话 5 个字段。此数据集还和其他 5 个数据集存在关联关系，如“市政工程施工许可办理信息”“疫苗接种名单”等。数据量最大的教育数据集是“市南区群众健身设施”，共有 4 105 条数据，包含了数量、名称、社区、详细地址、序号和街道共 6 个字段。该数据和“教育学习培训信息”等其他 5 个数据集相互关联。由于数据中没有经纬度信息，该表格不提供地图视图。下载最多的教育数据集是青岛市公共图书馆信息、青岛市学前教育机构一览表、青岛市高等学校信息、青岛市幼儿园名录及保教费收费标准等。

青岛公共数据开放网以开放技术服务为基础，采用“平台＋应用”的开放模式，为各类数据使用者提供了全方位的数据服务。平台可为青岛市教育信息化发展提供标准数据接口，为教育管理工作提供基础数据和数据分析服务，实现各平台数据的互联互通。在面向公众服务方面，平台还面向社会上的开发者针对各种数据集提供了开放接口，有利于数据的混搭和重用。但该平台仍旧存在不足，如数据应用比较简单和原始，对于数据的分析和处理仅提供单个数据表的简单操作，无法关联多个数据源进行交叉分析。在这个场景下，需要第三方软件商通过 API 接口调用数据，并进一步处理。

4.2.5 教育大数据开放的问题和启示

1）教育大数据开放领域内存在的问题

从已有的实践看，教育数据开放的过程中，大部分数据提供方还未达到《开放数据宪章》规定的准则，数据质量也欠佳，无法有效地使用开放教育数据支撑教学和教育管理。分析其现状，主要存在以下几个问题：

（1）开放教育数据以统计数据居多，不够具体和详细。目前，各方发布的开放教育数据集主要为教育相关群体（教师和学生）、教学结果以及教学资源的统计数据，而关于教学过程、教学设备和环境、教学投资和产出比、科研成果等数据较少。这些数据难以直接用于某个具体的教学机构解决具体的教育问题。尤其是发展中国家，教育数据的开放程度远远不够。例如，印尼的教育数据集主要是对识字率、入学率等基础统计数据，其实用程度不高。为了扩大教育数据开放范围，政府应与多个机构（如学校、研究机构等）合作，收集较为详细的数据，并建立基准数据，通过数据的分析和对比解决当地的教育问题。

（2）数据的完整性、真实性和准确性有待提高。教育机构在响应政府号召，开放教育数据的过程中，常常会忽视数据质量。数据发布机构在收集并发布数据时，也往往不审核数据的完整性、真实性及准确性。英国数据服务中心（UKDS）在一份报告中指出，政府在发布数据时缺乏质量控制机制。Jetzek 对丹麦基础数据计划进行深入研究，认为政府数据质量以及数据平台的可访问性存在严重不足。因此，以政府为主的开放数据提供方尚需要大量的工作，采用一致的数据录入标准，建立开放数据质量保障机制，以确保开放数据的质量、实时性和可用性。

（3）数据披露以传统的书面报告为主，机器可读性差。随着信息技术的发展，计算机程序可以自动化地对数据进行挖掘与处理。所以“机器可读”对于商业、创新、研究等尤为重要，能否被机器读取直接影响数据的可用性。根据前面提到的多个调查报告，大部分教育数据不具有机器可读、可批量获取和开放许可特性，大大降低了数据的使用价值。为推进教育数据开放，政府持有的教育数据应首先符合开放标准，遵循《开放数据宪章》规定的原则，以机器可读格式提供，基于开放许发布，并允许数据重用。

（4）公众参与开放数据的能力不足。数据来源于公众，最终也应分享给公众，所以公众在数据开放中起着重要作用。美国的开放教育数据计划以透明、参与、合作为指导原则，强调公众的参与。英国政府成立了开放数据研究院，与各个部门合作，实现数据的社会价值。然而，受网络条件、政策、文化等因素影响，低收入、社会底层或者弱势群体往往被排除在开放教育数据的决策过程之外。2017 年 W3C 发布的调查报告显示，69%的教育数据存在性别分类不全。从另一个角度来看，由于宣传和培训不足，社会公众缺乏使用开放数据和参与数据开放的能力。因此，教育数据提供者在收集数据，提供数据供访问和使用时，应避免忽视弱势群体;同时也要普及公众数据意识,提升参与能力。

(5) 政策和法律阻碍了数据开放和共享。目前,部分国家就教育数据开放的目标、计划、实施情况归纳总结,比如像美国教育部的《开放数据行动计划》。但从全球范围来看,大部分国家对教育数据开放缺少专门规划、政策不明、法律存在空白。再加上,若针对教育数据采取 GDPR 等一般性法规,在一定程度上会过度约束数据的开放和共享。如何将教育数据在符合法律要求的前提下实现最大程度的开放,主要依托于具有强制性和约束性的法律和政策。国家及相关部门应当给予重视,结合各国的教育数据开放情况,完善法律法规和政策,明晰教育数据开放的过程、角色和责任。

2) 对中国教育大数据开放工作的启示

2017 年,中国的数据开放综合程度全球排名为 71/115,政府对开放数据的准备程度为 46 分,实施过程为 10 分,影响力为 11 分。和发达国家相比,我国开放数据程度和范围远远不够。近年来,各级政府开始关注这一问题,并逐渐有所改善。国家有关部门每年定期公开发布有关教育的数据,包括《教育事业统计公报》《教育经费执行情况统计公报》《中国教育年鉴》《教育事业统计公报》等。《教育信息化 2.0 行动计划》也提出要构建一体化的"互联网+教育"大平台,促进教育数据有效共享。

教育界的学术机构和有识之士也开始呼吁和推动教育数据开放。2015 年 10 月,全国首届教育实证研究论坛在上海召开。与会代表一致认为教育数据开放是加强实证研究的必要前提,为此向各级政府和教育行政部门发出大力开放教育数据的倡议书。但是,教育数据开放的过程中仍然存在很多问题,如国家和地方教育数据开放不平衡,新类型数据、专项数据开放严重不足等。借鉴在开放教育数据领域领先国家的经验,结合中国现状,我们可从以下几个方面推进教育数据开放。

(1) 设定教育数据开放的时间表。中国的教育数据开放尚处于起步阶段,应做好顶层设计,实现整体布局,确定时间表和进度安排。以此作为政府机构的行动指南,明确开放教育数据的重要性,以及如何达到教育数据开放目标的方法。可参照美国的《开放数据行动计划》、英国的《开放数据路线图 2015》等教育数据开放计划,对开放数据的范围、路径以及组织形式充分布局。

(2) 确立教育数据开放的组织机制,制定配套政策。从国家、地区、机构到个人自上而下,能够更加全面、细致地指导教育数据开放工作,引导各方共同参与,促进教育数据的开放。教育主管部门应建立、健全国家层面的教育数据开放法规,从宏观层面明确教育数据开放的必要性,推动区域、地方的开放进程。对于政府掌握的教育数据,可设立数据治理委员会,成员包括国家政府部门的代表、数据提供方代表、数据使用方代表以及公民权益代表,负责制定开放教育数据政策,指导和监督地方政府的数据开放,加强社会群体、政府部门之间的协同与交流,吸纳不同社会群体的意见,在开放数据平台建设和数据整合方面聚集各方力量。

(3) 建立教育数据开放的业务平台和开放标准。目前,中国政府中尚未设置推进数据开放的专门机构，相关政策法律也处于空白，政府数据开放平台建设从地方（省级、地级、区级）开始，还没有中央统一平台。因此，需要在国家层面加强对政府数据开放平台的构建，进一步确定数据来源、数据质量、数据格式等标准，收集、整理、分析、发布具有开放许可的高价值教育数据集。基于"试点先行，以点带面，逐步推广"的原则，探索教育数据开放的新模式。

（4）加强宣传和引导，推动教育数据的利用。数据开放的目的是应用，提升公民的数据素养，使其具备数据应用的能力是推动数据应用的长远目标；同时，也应加强宣传和引导，让公众了解如何获取开放教育数据，以及如何利用这些数据帮助他们理解教育现状和政府的政策；还应增加开放教育数据门户网站的互动功能，征集社会群体的意见，根据他们的实际教育需求，发布相关数据集，以解决教育数据的实用化问题，提高数据应用的质量。

◇参◇考◇文◇献◇

[1] 申孟宜，谷彬. 论大数据时代的政府监管[J]. 中国市场，2014(36)：32-40.
[2] H J Watson. Business analytics insight：hype or here to stay [J]. Business Intelligence Journal，2011，16(1)：4-8.
[3] 许晓东，王锦华，卞良，孟倩. 高等教育的数据治理研究[J]. 高等工程教育研究，2015，(05)：25-30.
[4] EDUCASE. Data governance [EB/OL]. (2017-11-14)[2019-08-15]. https：//library.educause.edu/topics/information-systems-and-services/data-governance.
[5] DAMA International. The DAMA guide to the data management body of knowledge [M]. Technics Publications，LLC，2012.
[6] 桑尼尔·索雷斯. 大数据治理[M]. 北京：清华大学出版社，2014.
[7] 沈建苗. 数据治理成功的六个步骤[N]. 计算机世界，2007-07-16(B07).
[8] 张一鸣. 数据治理过程浅析[J]. 中国信息界，2012(09)：15-17.
[9] 范灵俊，洪学海，黄晁，华岗，李国杰. 政府大数据治理的挑战及对策[J]. 大数据，2016，2(03)：27-38.
[10] 李文彬，陈醉. 大数据时代的地方政府数据应用[J]. 行政论坛，2016，23(06)：13-19.
[11] 陈真勇，徐州川，李清广，吕卫锋，熊璋. 一种新的智慧城市数据共享和融合框架——SCLDF[J]. 计算机研究与发展，2014，51(02)：290-301.
[12] 中信银行股份有限公司数据治理工作组. 商业银行数据治理体系构建思考[J]. 中国金融电脑，2012(02)：23-27.
[13] 许文，潘明道，徐明圣，王昭. 结合银行业务特点开展数据治理工作[J]. 银行家，2012(12)：125-

128.

[14] 常朝娣,陈敏.大数据时代医疗健康数据治理方法研究[J].中国数字医学,2016,11(09):2-5.

[15] 高汉松,桑梓勤.医疗行业大数据生命周期及治理[J].医学信息学杂,2013,34(09):7-11.

[16] 丁宁,马浩琴.国外高校科学数据生命周期管理模型比较研究及借鉴[J].图书情报工作,2013,57(06):18-22.

[17] 吴志刚,林宁.信息共享、业务协同的前提——数据标准化[J].信息技术与标准化,2003(Z1):43-44.

[18] 孙广芝,朱会彦,张立芬,孙兆洋.数据标准在税务数据治理中的应用初探[J].中国标准化,2015(09):73-76.

[19] 宗威,吴锋.大数据时代下数据质量的挑战[J].西安交通大学学报(社会科学版),2013,33(05):38-43.

[20] 孟小峰,张啸剑.大数据隐私管理[J].计算机研究与发展,2015,52(02):265-281.

[21] 王帆.从智慧教育视角论教育数据的变迁与潜能[J].中国电化教育,2015(08):10-15.

[22] 严智雄,马和民.政府教育问责与治理对策[J].南京社会科学,2011(05):113-118+156.

[23] 李勇军,彭琳,林成,陆秋玉,夏月芳.大数据治理在高校信息化管理中的探究[J].中国管理信息化,2016,19(03):185-187.

[24] 包冬梅,范颖捷,李鸣.高校图书馆数据治理及其框架[J].图书情报工作,2015,59(18):134-141.

[25] 陈火全.大数据背景下数据治理的网络安全策略[J].宏观经济研究,2015(08):76-84+142.

[26] 覃炯聪.大数据背景下的数据治理模式[J].信息与电脑,2016(16):155-156.

[27] 李勇军,彭琳,林成,等.大数据治理在高校信息化管理中的探究[J].中国管理信息化,2016(03):185-187.

[28] 王薇娜.大数据时代的教育管理变革[J].教师,2016(32):109-110.

[29] 沈建苗.大数据应用:理想照进现实[N].计算机世界,2012-08-06(020).

[30] 黄刘生,田苗苗,黄河.大数据隐私保护密码技术研究综述[J].软件学报,2015,26(04):945-959.

[31] 高亮.数据治理:让数据质量更好[J].中国教育网络,2014(12):64-66.

[32] UNSW. Data governance policy [EB/OL]. (2017-02-20)[2019-08-15]. https://www.gs.unsw.edu.au/policy/documents/datagovernancepolicy.pdf.

[33] Kathy Gosa. Data governance: the Kansas approach [EB/OL]. (2007-05)[2019-08-15]. https://www.slideshare.net/Aamir97/data-governance-the-kansas-approach-ppt.

[34] 苏福根.基于大数据分析的学校教育治理现代化——访常熟理工学院院长朱士中[J].中国教育信息化,2015(10):3-5.

[35] EU. Open data — An engine for innovation, growth and transparent governance [EB/OL]. (2018-07-29)[2019-08-15]. https://ec.europa.eu/digital-single-market/en/news/communication-commission-european-parliament-council-european-economic-and-social-committee-and.

[36] Open Knowledge. Open Data Charter released at the G8 Summit [EB/OL]. (2018-07-29)[2019-08-15]. https://opensource.com/government/13/7/open-data-charter-g8.

[37] U.S. Department for Education. Open Government Initiative at ED [EB/OL]. (2018-07-30)[2019-08-15]. http://www2.ed.gov/about/open.html.

[38] U. K. Department for Education. Open data Strategy [EB/OL]. (2018-07-30) [2019-08-15]. https://assets. publishing. service. gov. uk/government/uploads/system/uploads/attachment_data/file/320216/DfE_Open_Data_Strategy_0_10. pdf.

[39] Australian Government Department of Finance and Deregulation. National Government Information Sharing Strategy [EB/OL]. (2018-07-30) [2019-08-15]. https://www. finance. gov. au/sites/default/files/ngiss. pdf.

[40] Japan Open Data Charter Action Plan [EB/OL]. (2018-07-30) [2019-08-15]. http://www. kantei. go. jp/jp/singi/it2/cio/dai53/plan_en. pdf.

[41] 联合国. 联合国 2014 年电子政务调查报告 [EB/OL]. (2018-07-31) [2019-08-15]. https://publicadministration. un. org/egovkb/Portals/egovkb/Documents/un/2014-Survey/Complete-Survey-Chinese-2014. pdf.

[42] 《开放教育手册》中的 Open Education Data 词条. https://en. wikibooks. org/wiki/Open_Education_Handbook/Open_Education_Data.

[43] Marieke Guy. Open data in Education [EB/OL]. (2018-08-03) [2019-08-15]. https://www. slideshare. net/MariekeGuy/edtalk2.

[44] Piedra N, Chicaiza J A, Jorge López, et al. An Architecture based on Linked Data technologies for the Integration and reuse of OER in MOOCs Context [J]. Open Praxis, 2014, 6(2): 171-187.

[45] Gilmore R O, Adolph K E, Millman D S, Gordon A. Transforming Education Research Through Open Video Data Sharing [J/OL]. Advances in engineering education, 2016, 5(2). http://advances. asee. org/wp-content/uploads/vol05/issue02/Papers/AEE-18-Gilmore. pdf.

[46] W3C. Research Handbook [EB/OL]. (2018-08-03) [2019-08-15]. http://opendatabarometer. org/doc/3rdEdition/ODB-3rdEdition-ResearchHandbook. pdf.

[47] W3C. Open Data Barometer [EB/OL]. (2018-08-05) [2019-08-15]. http://opendatabarometer. org/.

[48] NCES. About US [EB/OL]. (2018-08-10) [2019-08-15]. http://nces. ed. gov/about/.

[49] Thomas D. Snyder. 120 Years of American Education: A Statistical Portrait [M]. Washiong D C: National Centre for Education Statistics, 1993.

[50] HESA. IMPACT REPORT 2017 [EB /OL]. (2018-09-12) [2019-08-15]. https://www. hesa. ac. uk/files/Impact-Report_2017. pdf.

[51] Cebolla-Boado, Héctor, Yang Hu, Yasemin Nuhog-lu Soysal. Why study abroad? Sorting of Chinese students across British universities [J]. British Journal of Sociology of Education, 2018, 39(3): 365-380.

[52] Sherer, Michael J, Idlan Zakaria. Mind that gap! An investigation of gender imbalance on the governing bodies of UK universities [J]. Studies in Higher Education, 2018, 43(4): 719-736.

[53] Gigler S, Custer S, Rahemtulla H. Open Government Data: Opportunities, Challenges and Pitfalls [R]// World Bank. Open Development Technology Alliance Working Paper(Series No. 3), 2011.

[54] 贾一苇,刘鹭鸶. 英国完善数据开放提升政府服务质量经验借鉴[J]. 电子政务,2015(12): 105-116.

[55] Jetzek T. Managing complexity across multiple dimensions of liquid open data：The case of the Danish basic data program [J]. Government Information Quarterly，2016，33(1)：89 - 104.

[56] US. Government. Executive Order 13642 — Making Open and Machine Readable the New Default for Government Information [EB/OL].（2016 - 06 - 10）[2019 - 08 - 15]. https：//www.whitehouse.gov/the-press-office/2013/05/09/.

[57] W3C. ODB 4th Edition Global Report [EB/OL].（2018 - 08 - 10）[2019 - 08 - 15]. http：//opendatabarometer.org/doc/4thEdition/ODB-4thEdition-GlobalReport.pdf.

[58] 陈美. 日本开放政府数据分析及对我国的启示[J]. 图书馆，2018(06)：8 - 14.

第5章

教育大数据风险管理与法律政策

近年来，随着互联网、云计算、物联网等信息技术的迅猛发展，数据正以前所未有的速度不断增长和积累。这些数据预计每两年翻一番，从2013年的4.4泽字节(zb)增加到2020年的44泽字节。大数据时代的到来引起了全球各界的广泛关注。一方面，数据驱动的创新激发了全球新一轮经济增长。另一方面，大数据环境下的安全威胁愈发突出，对风险管理提出新的要求。

在教育领域，大数据引发的安全风险较为突出，特别是涉及学生隐私的数据治理问题，成了该领域大数据应用争论的焦点。因而，教育大数据风险管理既有与其他领域大数据风险管理的共通之处，也有自身的侧重点。首先，教育大数据的风险管理需要一种不同于传统信息管理的新安全观，这种安全观既要推动教育大数据的研究创新，又要防范化解教育大数据在共享使用中所产生的安全威胁。其次，教育大数据风险管理的核心问题是个人隐私保护，教育始终贯穿人的一生，教育大数据中的隐私问题也将与个人终身为伴。最后，教育大数据的法律政策是对教育信息化相关法律政策的延续和改进，教育大数据并非凭空而起，它是教育领域与信息技术长期融合的产物，原有的经验和实践是教育大数据风险管理与法律政策探索的基础。

本章将着眼于教育大数据面临的现实风险，将各类纷繁复杂且交错融合的数据安全现象、问题和领域等进行系统梳理和科学界定，在借鉴国内外的法律法规与实践案例的基础上，提出法律政策体系建设建议与风险防控对策。

5.1 教育大数据风险管理

教育大数据是大数据的一个子集。当前，各界对大数据安全风险的讨论十分热烈，形成了较为成熟的分析框架，这一框架也适用于教育大数据的安全风险分析。但是，教育大数据有其领域特征，并随着教育大数据的开发和使用导致数据安全风险机理的变化，这种变化的显著特点是对个人隐私关注度的陡然上升。除此之外，各利益主体围绕教育大数据应用产生的竞合关系(例如在知识产权、开放共享等方面的各方利益博弈)也是教育大数据安全风险领域关注的焦点。

5.1.1 大数据安全风险概述

大数据概念的起源可以追溯到20世纪40年代。当时，图书情报学界、自然科学界、计算机学界、统计学界对“信息爆炸”现象讨论较多。20 世纪 70 年代，随着计算机技术日益革新，信息大多以数字形式被存储和处理，大量数据成为当时的热点问题之一，针对大量数据处理分析的研究也快速升温。20 世纪 90 年代开始，大数据作为专有名词出现在学术论文中，基础理论出现了重大突破，相关技术也不断创新。21 世纪初，大数据价值逐渐被业界发现。当前，大数据创新重点从理论创新、技术创新转移到了应用创新上，而应用创新的落地又要与具体行业领域的需求特点相结合。尤其是在信息化程度较高的服务行业，如零售、金融、医疗、教育等，大量数据的出现不得不让人们花费巨大成本来解决大数据问题，而对大数据的开发利用又会在这些行业领域中创造出新的市场需求和新的商业模式，从而推动行业自身的转型与发展。

在展望大数据创新的同时，也需要注意到：安全和隐私问题因数据规模、种类和速度的增加而放大。大数据的种种特性，如基于大规模云基础设施部署、数据源和格式的多样性、数据采集采用流媒体方式以及大量的数据跨地域流动都会造成安全漏洞。因此，大量数据的存在正在产生新的安全挑战。当前，大数据应用的开放式创新使得大量数据获取渠道及方式有了重大的变化。原先，大量数据仅存在于政府、大型企业和重要科研单位等组织中，这些组织能够负担得起存储和处理这些大量数据的基础设施，并且这些基础设施通常是独占的，与公共网络隔离。如今，通过公有云基础架构，大数据可以随时随地被大中小组织方便获取。例如 Hadoop 等软件基础架构使开发人员能够轻松利用数千个计算节点来执行数据并行计算。结合从公有云提供商处按需购买计算能力，此类开发大大提高了大数据挖掘方法的采用率。因此，大数据与公有云环境的耦合产生了新的安全挑战，其特征在于商用硬件与商用操作系统的异构组合，以及用于存储和计算数据的商用软件的基础架构。随着大数据通过流媒体云技术的扩展，为防火墙和半隔离网络上的小规模静态数据量身定制的传统安全机制已不能满足需求。例如，异常检测的分析会产生太多的异常值。同样，目前还不清楚如何对现有的云基础设施进行改造，以满足流数据超快响应时间的安全需要和隐私解决方案。

2013 年，云安全联盟(Cloud Security Alliance)提出了大数据安全和隐私的十大挑战，涉及大数据生态系统的四个方面：基础设施安全、个人数据隐私、数据管理以及数据完整性和安全响应，见图 5-1。

在基础设施安全中，涉及分布式编程框架和非关系型数据存储的安全保护；在个人数据隐私方面，包括可扩展和可组合的隐私保护分析，并且必须通过使用加密和细粒度访问控制来保护敏感数据；大规模数据管理需要可扩展的分布式解决方案，以确保数据存储和事务日志的安全，并实现细粒度审计和数据溯源；在数据完整性和安全响应方面，包括终端输入验证/过滤和安全/合规性实时监控，以确保大数据系统的健康。此外，大数据风险不仅涉及技术性问题，还涉及伦理、制度等。随着数据的流动、新数据的产生以及数据结构的重新设计，原本涉及一种类型的风险也会变为涉及多种类型的风险或转为其他类型的风险。

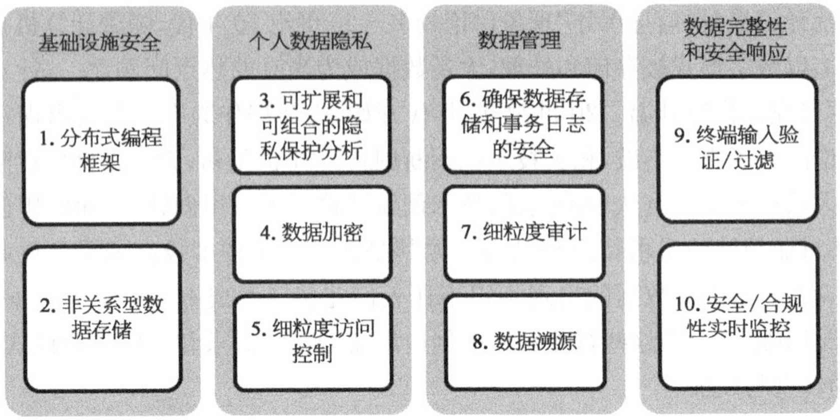

图 5-1 大数据安全风险

5.1.2 教育大数据风险问题

教育大数据是教育领域的数据“大爆炸”，随之也会产生教育大数据的风险问题。同样参照云安全联盟提出的模型，教育大数据风险包括基础设施安全、个人隐私安全、教育数据管理以及教育数据完整性和安全响应。结合教育领域的具体情况，教育大数据风险管理的对象是数据风险，风险管理的主体是政府教育部门、学校、企业和学生，主要存在的风险问题包括行政数据和学习过程数据两种数据集合的风险；数据在采集、存储、开发、共享和使用中的风险；数据在政府教育部门、学校、企业和学生之间流动中的风险；数据在各利益相关方行使权利和承担责任中的风险。教育大数据的流动如图 5-2 所示。

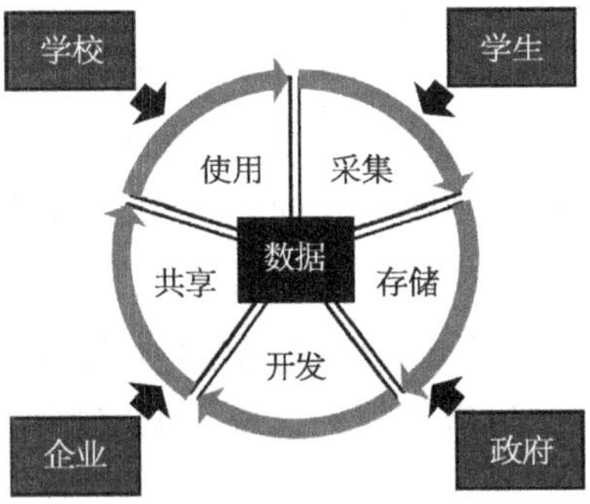

图 5-2 教育大数据的流动

美国国家教育科学院（United States National Academy of Sciences）将教育大数据分为行政数据和学习过程数据两种集合。行政数据是通过学校、政府机构及其承包商收集的人口统计、行为和成果数据。行政数据可能包括出勤记录、测验分数、成绩单和调研问卷。被视为教育“大数据”的行政数据来自多方，通常按规定定期（例如半年或一年）纵向采集，包括人口普查数据、国家教育评估数据、国际考试成绩、地方标准化考试成绩以及需要政府教育部门维护和收集的行为数据。学习过程数据是“大数据”，因为数据来自众多学生，每个学生又包含大量变量，数据呈现短周期内细粒度的特点，并以有意义的方式进行编码。学习过程数据是连续或接近连续的细粒度记录，通常是展现学生学习过程行为的数字化交互。较为典型的学习过程数据示例为在线评估和课程（如大规模开放在线课程 MOOCs）收集的数据。

这两种数据集都在教育大数据开发应用中发挥了自身的优势，但也带来了隐私问题。

国家纵向数据系统可以跟踪从幼儿园到大学和工作的学生信息，学校保存有关个人学习成绩、行为和教育需求的详细数据，家长利用互联网教育技术以检查学生的作业和成绩，软件开发人员和研究人员从用于教学的应用程序中收集分析数据辅助教育决策等。同时，教育大数据也正成为公众关注的焦点问题，人们担心学生信息落入危险分子手中或被用于犯罪，这些担忧集中在隐私泄露、黑客攻击、数据滥用以及敏感信息（例如关于学习障碍、行为问题或测验分数）对学生未来的限制。特别是在行政数据与学习过程数据融合形成的潜在价值被发现后，教育大数据的风险就会变得更加不确定。

5.1.3 教育大数据风险机理

教育大数据涉及政府教育部门、学校、企业、学生，以及参与数据流动过程的任何人如教师、家长等。这些主体都是教育大数据的利益相关方，但各自对教育大数据的关注点又有所不同，从而形成了不同利益主体之间的风险，主要包括以下三个方面。

（1）学校—学生风险。学校—学生风险来源于对教学情境数据的操作，主要是学生在学校指定的系统平台上访问，以及学生生成内容，例如完成网上作业、测验等或在论坛上发布帖子。较为典型的教学数据操作平台是课程管理系统（Course Management System，CMS），该系统旨在提供完全数字化连接的学习环境。CMS 的最大特点是学校或教师可以看到学生所看到的所有内容，并让他们保持在学习任务中。CMS 的功能包括监控每个学生的屏幕，检查学生的学习活动（例如是否活跃，或存在不适当的行为），过滤网站访问，单独启动应用程序等。CMS 为学校整合相关信息：学生在系统上的活动都留下“电子线索”，有时间戳且易于审查，这些内容可以由学校保留并分析，与传统的练习册等物理档案或书面作业有很大区别。

随着技术的发展，除了访问“电子线索”外，学校还在试用各种新的技术，如利用摄像头捕捉学生的面部表情和身体姿势，利用传感器收集学生的心率、血压等生理指数，通过在学生手机上安装应用程序追踪他们的社交、娱乐、锻炼和睡眠时间。因此，学校—学生的数据风险可存在于教育技术圈中，也可脱离教育技术圈。在教育技术圈中，教学情境数据一般会与学校行政数据融合，但其规模和深度要远远大于传统的数据。“电子线索”和新技术能够提供比传统观察更精细的动态数据。脱离教育技术圈的例子是学生在第三方社交媒体上（如推特、脸书、微博、人人网等）完成部分作业，或将作业在其上发布。这些数据通常用于小规模的数据分析，教师有时用它们来布置作业或对学生进行评分。这类情况是在传统学校学习之外的数据存储和使用，使得数据的安全性和不确定性上升，风险变得难以控制。

（2）政府—学校/学生风险。政府—学校/学生风险来自决策、管理和研究需求的数据分析。过去学生的成绩、出勤、学生对教师的反馈、教师的考核都用人工的方法记录在纸质档案中，而如今这些几乎都已电子化，一般称之为学校管理系统（School Management System，SMS）。该系统将数据从课堂环境扩展到整个学校，以及使用相同系统的政府教育部门管理的学校机构群。系统数据涵盖行政数据(如教育计划行动日程、教育资源分配、跨教师、学生群体的报告)、财务数据、物流数据(如设备、教材等的仓储、调度、运输)、学生考勤数据、学生简历(包含父母、监护人等联系方式)、健康数据(如免疫接种情况、禁忌证)、课程管理数据(如作业数据、学习评估跟踪、学生反馈)、通信数据(如公告板、电子邮件、紧急事件预警)、分析报告(从学生到学校各层面的数据可视化和定期报告)。

此外,这类风险还来自教育监管的数据分析上。这些数据分析不在个人层面,而是以班级、学校、地区为单位,甚至汇总到国家(例如留学生比例、国际学生评估项目 PISA 考试成绩)。这里就出现了在其他领域也会发生的大数据现象:为新用途重新设计数据,但从一开始就缺乏明确的目标,例如学校的运营数据可能会变成国家档案,这些数据形成了国家教育档案平台的基础,并且将永久存档,永远不会被删除。目前,在一些欧洲国家,早期教育数据不仅用于统计目的,而且还用于跟踪学生情况。上述数据可用性的增加正进一步表明它们将越来越多地被重复用于教育监管,因为在大数据环境下,产生这些数据无需额外的收集成本和工作量。这种开放性和重复使用常常被支持者誉为大数据的潜力,但是他们也与传统的数据收集和数据保护原则不一致,并构成新的威胁。

(3) 企业—学校/学生风险。在教育大数据复杂的环境中,企业—学校/学生之间的风险问题特别突出。这里的企业主要是指提供教育技术服务的第三方供应商。随着教育信息化的逐步扩大和深入,越来越多的企业参与了教育数据的采集、存储、开发、共享和使用,新的风险就发生在企业与学校/学生之间对隐私问题的处理中。国外一项研究初步调查了一些提供教育技术服务的企业网站,结果显示企业主要向学校和学生营销其产品,突出强调技术和数据驱动教育的好处,但在宣传材料中很少突出隐私问题。企业的隐私声明通常也需要进行多次鼠标点击后才能找到。虽然一些企业的隐私声明包含了众多隐私协议,如美国欧盟安全港框架、TRUSTe 隐私保密、《家庭教育权和隐私权法案》(FERPA)等,但这并不能保证企业在处理隐私问题上的合规性。2014 年,美国政治新闻网站 Politico 调查发现,提供教育技术服务的企业在描述自己的政策和实践时,特别用了模糊的法律术语,如“保留随时更改政策的权利”,而且一旦该创业型的企业被出售,则会受到全新隐私问题的挑战。

企业似乎并未做好处理隐私问题的准备,很少有企业将个人隐私和安全性作为其产品的可销售组件,或者提出相关解决方案,使学校、教师、家长和学生能够轻松地对数据使用权和所有权做出明智的决策。因而,企业和学校/学生之间的风险相较于前两者来说面临的形势更为严峻。

5.1.4 教育大数据风险特点

全球知名咨询机构麦肯锡早在 2011 年发布的《大数据:下一个创新、竞争和生产力的前沿》中就预见大数据能够提高教育服务的效率。教育大数据应用的价值在于了解并最终改善教学和学习,但由此带来的风险却鲜为人知,并且应用与风险之间还存在着不可避免的矛盾。例如，为了确保不泄露个人数据，可以对数据进行反识别操作，删除个人识别符或将个人数据进行聚合后删除群体特性的内容。但即使这样做，数据点的独特组合或与其他数据组合也可以达到识别个人的目的。如果严格按照隐私要求对原始数据进行"脱敏"，对于需要利用这些数据进行分析挖掘的人来说，这些"脱敏"的数据通常无法展现原始数据的精准结果，而且无法讨论数据的背景情况。另外，"脱敏"数据还不能用于将行政数据与学习过程数据关联的研究，从而丧失了教育大数据应有的分析价值。教育大数据的优势和风险逐渐陷入一种博弈状态。一方面，需要推动教育大数据的开放利用创造价值；另一方面，又需要保护教育大数据不受安全威胁。美国教育科学院有一种观点是：教育大数据在分析研究环节中所产生的额外隐私风险要超过数据的收集和使用。这并不是说教育大数据的应用风险微乎其微，没有迹象表明，即使风险很小，教育大数据的研究人员也不应承担倡导教育大数据隐私保护的道德责任。尽管充满矛盾，但教育大数据的隐私风险不应被混淆。

有两个案例可以说明教育大数据风险，特别是隐私风险的特点。一个是数据系统性披露与个人伤害的案例，反映了教育大数据开放利用与个人安全之间的风险关系；另一个是个人信息去标识的案例，以此表明大数据环境下个人信息隐私保护的特征。

(1) 数据系统性披露与个人伤害——盖登案。盖登(Gayden)是美国明尼苏达州公立学校七年级学生，他的同学在学校停车场的垃圾箱附近发现了他的学校记录。该记录包含有关盖登的学历和家庭情况，以及关于他智力和能力的描述。此后，盖登在学校里经常受到同学的歧视和欺负。最后，陪审团裁定学区违反了《明尼苏达州政府数据实践法案》，该法案要求学区为包含个人数据的所有记录建立适当的安全保障。盖登案揭示一个披露委托记录的最明显的后果：其他人使用这些记录对个人造成了直接伤害。这个案例与学生和家长对未经授权使用其教育数据的担忧是相关的。盖登案中有5个特征对于区分混淆的风险问题很重要。

一是教育大数据的风险与教育大数据是否被公开和利用无关。在盖登案例中，数据是学生的教育记录，该记录用于教育目的，它既没有被公开发布，也没有计划用于数据的分析挖掘。这种区别有助于澄清教育大数据的风险问题与其被开发利用并没有关联性。除非教育大数据的公开本身带来额外的威胁，否则不应将隐私立法或政策解决方案扩展到教育大数据的开发利用中。如果存在来自开发利用的其他威胁，这些威胁应该通过其他解决方案进行。需要明确的是，确保学生数据安全至关重要，各国政策已经为数据安全建立了保障。

二是教育大数据的风险与数据载体无关。该案只涉及行政纸质记录而并非电子数字记录。这种区别有助于澄清教育大数据风险不仅仅关系到数字数据，还应考虑一般的教育记录。数字数据的存储往往是大量密集的，其可访问性、可扩展性和可搜索性的特征使得它们既推动了教育大数据的应用也带来了巨大的安全风险，但盖登案明确表明了纸质数据也并不能保证其不被泄露公开。

三是教育大数据的风险会造成直接和明显的伤害。在美国有另一个案例：牙医可能利用学生数据，针对有资格获得医疗补助的低收入学生进行不必要的牙科手术。该案例的解决方案是建议将部分牙医机构从医疗补助计划名单中撤出。由于对儿童不必要的牙科手术后果是严重的，这些行为在美国法律下可起诉，但要说与学生数据的开发利用有关则只是一种推测。这种区别有助于澄清教育大数据风险问题是否与先前有过危害的案例相关联。然而，很难直接将大规模数据泄露与多年后的个人身份盗窃联系起来，但这不应与没有任何后果相混淆。

四是教育大数据的风险可能是无意造成的。盖登案中的数据泄露是无意的，敏感文件被不经意间扔进垃圾箱，其结果是触发了该地区的民事案件，而不是针对黑客或者披露者的刑事案件。美国的非营利组织隐私权信息交流中心维护着一个数据泄露数据库，这个数据记录了根据美国大部分州的法律进行报告的威胁事件。该数据列出了从2005年起的862项由6 638万条记录组成的教育领域数据泄露事件，包括错放笔记本电脑、丢失快闪存储器、黑客攻击、恶意软件和意外泄露。在意外泄露事件中，大部分都是行政数据泄露，很少有学习过程数据泄露。在恶意行为事件中，没有报告大规模的入侵行为，一些恶意行为的意图似乎仅是获取学生成绩数据。在故意侵入行政数据的行为中，明显涉及了具有财务价值的数据，如社会保障号码。

五是教育大数据的风险管理与法律管辖有关。盖登案的数据泄露违反了美国州一级的法律，而不是联邦层面的《家庭教育权和隐私权法案》(FERPA)。FERPA是在美国国会的预算下立法的，其权力来源于其终止联邦政府资金的能力。FERPA适用于系统性的而非个人侵犯学生隐私的情况，将盖登案中的个人数据泄露的后果留给州法律来处理。

(2) 个人信息去标识——哈佛—麻省理工去标识数据集。2014年，美国哈佛大学和麻省理工学院联合发布了一份报告，描述了新兴在线学习环境的趋势，即MOOC。该报告包括参与者的人口统计特征，并定义了与不同类型的注册人及其异步交互相关的新技术和新变量。报告发布后，研究小组还公布了一个公共数据集，其中包含一些生成描述性统计数据的变量。这个数据集是可公开访问的参与级别的MOOC数据集。后来，研究小组成员证明，向公众发布数据所需的去标识过程增加了统计推断的难度，并排除了原始报告中直接复制和扩展结果的可能性。研究小组描述了使数据可用于广泛复制和保护数据集中个人身份之间的张力。研究小组在确保其中不包含任何个人身份信息后，发布了“哈佛—麻省理工去标识数据集”，特别强调了对于单独或组合连接或可连接到特定人的其他信息的个人身份信息保护，例如有些单独信息看上去是不可识别的，如邮政编码、出生日期和性别，但是一旦将它们组合起来，就可以识别某个个体。

因此，教育大数据的风险在于个人信息去标识策略的设定。例如数据预处理可以通过将数据四舍五入到更粗略的层级和类别直到不存在唯一的值组合来降低重新识别的可能性。这些技术性的隐私解决方案在向公众开放数据时具有巨大的价值，相比点击隐私协议来说既不需要激励措施也是切实可行的。这些去标识策略的动机是对FERPA规定的一种极端解释，即“学校社区中的合理人员”无法重新识别数据，其中合理人员是精通在线抓取大量数据并协同努力重新识别的人。但是,如果数据的接受者没有受到相关协议的约束,或在他们破坏、发布或重新识别数据时没有相关的民事和刑事法律处罚,在这样的情况下,这些技术隐私解决方案似乎也并不能保证数据的安全性。另一种办法是通过更直接的数据预处理实现去标识,其中姓名和社会安全号码等敏感标识符在数据发布和转移之前就被其他唯一标识符替换,再用备忘录的形式来描述如何管理存储和使用这些数据。

① FERPA 对个人身份信息的定义。包括但不限于:学生姓名;学生家长或其他家庭成员姓名;学生或学生家庭地址;个人识别号,例如学生的社会安全号码、学号或生物识别号;其他间接识别符,例如学生的出生日期、出生地和母亲婚前的姓;单独或组合连接或可连接到特定学生的其他信息,这些信息可以使学校社区中不了解相关情况的人员合理确定地识别学生;教育机构或机构合理地相信知道教育记录所关注学生身份的人所要求的资料。"记录"是指以任何方式记录的任何信息,包括但不限于手写、打印、计算机媒体、视频或录音带、电影、微缩胶片等。

② FERPA 的例外情况。教育机构或机构,或者根据本部分从教育记录中接收教育记录或信息的一方,可以在删除所有个人身份信息后,不需要家长或学生签署书面同意,发布记录或信息,前提是该教育机构或机构或其他方已合理地确定学生的身份不是通过单个或多个版本识别个人身份,并考虑到其他合理可用的信息。

5.1.5 教育大数据重点风险领域

结合教育大数据的风险问题、机理和特点,可以归纳出几个重点风险领域,主要包括个人隐私保护、数据所有权和使用权、数据被遗忘权、非专业指导风险、数据质量控制等。

(1) 个人隐私保护。传统意义上的隐私包括三种类型:一是物理隐私,指保护个人空间不受干扰,包括财产、身体和行为不被窥探和侵犯,许多国家都有隐私法防止对生活财产的非法搜查和充公;二是信息隐私,指个人信息以数字或其他形式被收集、存储和共享的合理使用,许多国家也有金融、医疗和网络信息隐私的相关法律;三是组织隐私,指政府机构、组织和企业希望能够使各项活动和秘密不被泄露,例如企业可能需要保护商业秘密,政府可能选择不公开安全政策以防止恐怖袭击。有学者根据来源的不同,将大数据隐私分为监视带来的隐私(通过技术手段收集跟踪个人信息)、披露带来的隐私(无意或故意向第三方透露数据),以及歧视带来的隐私(由于信息不透明的歧视而产生的隐私泄露)。

在教育领域,学生数据被广泛收集整合,导致对个人隐私保护有充分理由的担忧。2014 年,美国非营利性教育机构 inBloom 就因隐私问题,成立不到 15 个月就被迫关闭。该机构为了提供个性化服务,收集了学生各方面的信息,包括学生的考试成绩、课堂纪律、健康状况和家庭情况等,并且该机构还将这些信息数据分享给其他企业。这种对个人信息的收集、使用及分享的方式引起家长和隐私权维护组织的强烈反对，最后民众的抗议及舆论的压力导致公司被迫道歉关门。在中国，也有学生个人信息被黑客窃取的案件发生。2016年，山东女学生就因个人信息泄露被电信诈骗后出现忧伤、焦虑、情绪压抑等不良精神和心理因素，继而发生心源性休克而死亡。

一些新的学习平台涉及了对诸如学生社交习惯、注意力等的监控，也引起社会上的争论。2015年，国际非营利性数字版权和法律组织美国电子前沿基金会(Electronic Frontier Foundation，EFF)向美国联邦贸易委员会(Federal Trade Commission，FTC)提交申请，恳请FTC对谷歌的热门教育服务“G教育应用”展开调查。EFF声称谷歌的这项服务违反了其限制性使用学生数据的承诺，侵犯了学生们的隐私权。EFF的投诉主要集中在谷歌Chrome浏览器的账户同步，这项功能可以把用户的浏览、搜索、收藏等历史数据存储到企业服务器中。EFF认为谷歌将学生们的浏览历史和其他数据用到了教育以外的地方。在中国，直播平台的兴起也对学生个人隐私保护形成了冲击。2016年9月，天津市某中学的高三女生在他人不知情的情况下，在某直播平台上公开播出同班同学在学校学习、休息、活动等场景。这次直播过程同时在线观看人数一度达到数百人，观看者多以二十至三十岁男性为主，直播过程的互动留言有潜在的淫秽色情和暴力内容，已经涉及他人的名誉及隐私。2017年3月，国内某知名直播平台被曝出存在大量全国各地学校教室直播，该新闻一经爆出，更是将学生网络隐私保护推向了舆论的风口浪尖。该直播平台直播涵盖区域广、班级多、信息全、浏览量大，且存在少数教师从中获取利益的嫌疑。该事件不仅引起包括央视在内的各家媒体持续追踪报道，也引起了法律、教育领域专家学者的深切关注。事件曝光后，涉事公司道歉并宣布永久关闭相关直播平台。

此外，由于移动设备的广泛使用，教育数据收集延伸到越来越私密的空间。虽然教室已经是非公共空间，但移动电话上的教育软件可以轻松地在诸如家庭等高度私密的环境中收集数据。山东女学生的遭遇就是移动设备私密数据泄露对个人财产安全和人身安全造成损害的极端案例。学校和政府教育部门的信息化也会使得部分数据在网络空间中流动，这些数据在大数据环境下很可能形成敏感数据，给国家安全带来极高风险。

(2) 数据所有权和使用权。数据确权问题一直是大数据安全风险领域中的焦点。技术发展所形成的大数据在给人们创造价值的同时也带来了诸多挑战。尤其是在物联网和云计算技术成熟的条件下，大数据可以随时随地采集，可以跨地区、跨国界存储，可以毫无阻碍地在网络空间中传播。而且，伴随各种类型数据的整合，各行业数据的融合，以及政府、企业、个人数据的共享，无处不在的数据使得数据管理异常艰难。再者，数据一旦被竞争对手掌握，很有可能使自身的安全和利益受到损害。因此，利益相关方就产生了数据权纷争，将数据确权问题推进到人们的视野。当前，数据权挑战的核心是对数据有效控制和使用权利的保护。欧盟在2018年5月起开始实施《一般数据保护条例》(GDPR)，其精神不是关注谁拥有数据，而是关注数据如何受到保护。GDPR强化了数据主体对个人数据的控制，使得数据主体的权利兼具人格权和财产权两种属性。

如今,课程管理系统(CMS)和学校管理系统(SMS)越来越多地将大数据存储在学校物理边界之外。虽然系统有着直观易用的人机交互界面,如清晰的菜单和有效的用户培训,但是它们的软件设计和硬件配置极其复杂。学校和教师可以在不了解底层数据存储和安全功能的情况下,更多地将精力投入教学和学习功能应用上。此外,学校还可能使用第三方云服务存储学生的相关信息,这就会引发隐私风险,因为存储在云端的信息已经超出了学校有效控制和使用的限制,甚至超出了教育领域的管辖范围。

还有一种情况是学校允许或指导学生"自带设备"(Bring Your Own Device, BYOD),这也存在数据控制和使用的安全挑战。虽然,对于学校来说,自带设备可能在硬件采购方面节省资金,但却会增加未知的安全风险,例如系统负载会在毫无控制的情况下激增,自带设备具有不同或没有安全软件,同时也会增加系统防火墙等网络基础设施的开销、软件许可和技术支持。另外,自带设备还可能会产生包容性问题,因为并非所有学生都有条件自带设备。

(3) 数据被遗忘权。全球畅销书《大数据时代》的作者 Viktor Mayer-Schönberger 早在 2011 年就出版了另一本著作《删除:大数据取舍之道》,描述了互联网时代记忆常态化的隐私,以及常态化后会带来的影响。Schönberger 在书中提出了"数字化记忆发展四大驱动力"的观点:数字化、廉价的存储器、易于提取、全球性覆盖。其中的易于提取性使得个体在时间向度上留下的数据痕迹都将永久保留。2013 年 4 月,英国《卫报》发表了关于"我能删帖吗"的争论文章,文章描述了欧洲围绕"被遗忘权"掀起的网络数据保护运动。2014 年 5 月,欧盟法院通过"冈萨雷斯诉谷歌案"规定,个人可以要求谷歌这样的搜索引擎运营商删除涉及其个人信息的网络链接,正式以判例的形式确立了"被遗忘权"。

出于各种原因和目的,在教育大数据中也会出现关于个人的历史纵向数据收集和存储。例如现代学生电子档案,可以保存学生在学习中的行为和想法,获取他们的作业成果,分析他们的学习状况,设定和分享他们的学习目标,展示和反馈他们的学习成绩,似乎越来越详细的记录将跟随学生的一生。已经有不少机构从早期的幼儿教育开始收集大数据,例如达勒姆大学教育评估与监控中心(the Centre for Evaluation and Monitoring at Durham University, CEM)的 iPIPS 项目,其涵盖了以下儿童的方面:认知发展;个人、社会和情感发展;身体发育;行为;环境信息。虽然该项目不会提供国际比较数据,但会创建一个与国际学生能力评估计划(Programme for International Student Assessment, PISA)平行的国家级别的结果。这样的教育大数据比传统证书和学生档案信息更为丰富。这样做的好处是有很大的便利性,如可随时查询调取所有的个人证书,很容易在电子环境中为学习成果添加信息。而且这样做也与大数据分析环境中数据的丰富性有关,通常研究认为,随着更长时间收集更多数据,分析结果将变得更好。这很容易导致长期的监控。教育预测和决策的改进将来自更多的数据,这将导致更详细的个人终身数据档案。同时,以不同方式汇总的数据也形成了教师和参与学习过程的其他人的详细终身数据档案。这些数据集的历史纵向性带来了超出其详细程度的挑战。

在当前的学校系统中,学校和教师对学生记录的内容有自由裁量权。相对较差的档案内容仍然存在,即便如此也扼杀了许多个人的人生计划,例如按照档案将学生分成不同的层次,施行不同的教育,而不是按照学生当前真实的学习水平。然而,当前的学校系统仍有许多内在“被遗忘”机制,如转学、升学之后,有些记录将不会跟随个人档案,这使得学生得到了一个相对新的开始。因此,教育大数据为个人提供详细的终身学习档案,可能会剥夺因“遗忘”而产生的自由。

(4) 其他风险。大数据引发的安全威胁处于不可预测和迅速变化的过程中。欧盟统计局报告称,2015 年欧盟各地有 25%的互联网用户遇到安全问题,包括病毒、黑客攻击、财务问题或儿童访问不当网站。政府和企业 IT 部门不得不为了解决安全问题加大相关投入,但投资决策的速度却远远落后于安全威胁风险的生成速度。例如杀毒软件需要不断更新数据库才能查杀新出现的电脑病毒;一些电子设备的最新安全更新需要一定的时间才能上市使用,但这些更新通常只能解决现有的问题。

除了硬件和软件的风险外,教育大数据还使教育人员面临着知识能力不对称的风险——通常是信息技术专业知识能力的不足,其中包括学校管理者、教师、辅助人员等。比如网络犯罪分子有时会通过电话、电子邮件等方式实施一些诈骗活动。2016 年末,英国的部分学校校长和管理人员接到欺诈者打来电话,声称自己受教育部委托通知他们将向他们发送重要的邮件。邮件中的附件包含了勒索病毒,一旦下载就会加密本地的文件,并要求高达 8 000 英镑的费用来恢复文件。当使用大数据分析时,由于教育人员并非数据挖掘专家,所以对一些方法及其问题缺乏了解,而产生进一步的风险。

除此以外,完全用大数据来分析学习成果,预测未来的教育趋势,由算法和程序来确定教育资源的分配,是不是就是将教育责任和权力从拥有专业知识的教师和学校,转移到计算机工程师或者大数据分析机构甚至毫无生命的机器人身上了呢?这样的转变将带来一系列伦理风险,包括教育领域的去技能化,将公共责任和权力转移给不受控制的私人或机器人,从而扩大现有的机会不平等现象或加深现有的社会偏见。

5.2 教育大数据法律政策

5.2.1 国内外教育大数据法律政策与风险防控实践

近年来,以美国为首的发达国家通过国家战略和立法来保障大数据的健康发展,取得了一定的成效。在教育大数据方面,各国都十分重视对个人信息和隐私的保护。中国也在国家颁布《网络安全法》的基础上,从中央到地方建立起了教育数据管理的相关制度,但与发达国家相比仍存在一定差距。因此,中国应在借鉴国外治理经验的基础上,结合国情,制定和完善教育大数据的风险防控政策。

1）美国

美国是全球最早发布大数据发展战略的国家。早在2011年，美国总统科技顾问委员会提交报告指出：大数据蕴含着重要的战略价值，建议成立"大数据高级指导组织"。2012年3月发布了《大数据研究和发展战略》，将其上升到国家战略。同时，美国也十分重视大数据环境下的数据安全与隐私保护问题。美国前总统奥巴马在2014年1月17日联邦政府司法部举行的信号情报审议会上指出，网络安全非常重要，"我们不能轻信我们的数据不被别人滥用"，因此必须加强美国相关的监管。白宫在同年5月1日发布《大数据：抓住机会、保护价值》报告。报告认为，尽管大数据确有负面之处，但美国政府有信心让这种负面处于可控制的状态，而且美国人对大数据的正确态度应该是尽力增大大数据的机会、发挥其潜能，而不是相反。与此同时，奥巴马的总统科技顾问委员会也提交了一份独立报告《大数据与隐私：一种技术的视角》，提出原有的"'告知与同意'框架已经被大数据所带来的正面效益打败了"，应当根据大数据的时代特点予以调整。

其实，制定法律防止公权力和其他主体侵犯个人信息一直是美国立法的重点。美国采用分散式的立法模式，即在公共部门范畴下，通过制定《信息自由法》和《隐私法》限制公权力侵犯个人信息权利；在私人部门范畴下，在金融、电信、医疗、教育等行业领域的市场管理规则中针对不同情况嵌入了个人信息保护条款。其中，教育领域的联邦隐私法律包括：《家庭教育权利和隐私法案》(FERPA)、《儿童在线隐私保护法》(COPPA)、《保护学生权利修正案》(PPRA)。FERPA是美国联邦政府主要的法律，适用于所有接受联邦资助的学校，并且一般禁止从教育记录中披露个人身份信息，但代表学校进行某些研究的组织除外。COPPA通过在很大程度上让父母和监护人控制在线收集孩子的信息来保护儿童的在线隐私。PPRA管理对涉及八个保护区中的一个或多个的调查、分析或评估，包括政治背景或信仰、心理问题、性行为或态度、宗教习俗和收入。除其他事项外，它要求当地教育机构向家长提供有关此类调查的信息以及让孩子选择退出的机会。此外，为了帮助回答关于大数据的所有权和使用权的复杂问题，美国联邦政府教育部于2014年2月推出了"在线教育服务指导"。这个指导解释了只有在满足了FERPA和PPRA的要求之下，学校和学区才能与涉入学生数据的第三方达成协议。

美国的许多州都有州法律来处理学生数据隐私问题。最初，各州都根据FERPA编纂了一个类似的法律文本，但是后来各州都在此基础上扩展了适用于本州的学生数据隐私法。2014年美国加利福尼亚州颁布了《学生在线个人信息保护法》(SOPIPA)，这是第一部明确涉及在线教育提供商的教育隐私法。2015年，特拉华州颁布了《学生数据隐私保护法》(SDPPA)，该法禁止教育技术服务提供商和互联网网站运营商从用于K－12教学目的的云服务和移动服务中将收集到的学生数据用于非教育服务。康涅狄格州颁布了《学生数据隐私法》，该法案重点关注通过地方教育委员会提交的所有合同，并要求所有承包商实施和维护安全进程并采取措施保障学生数据安全。康涅狄格州的法律还要求互联网运营商必须采取一定的安全措施，包括在发生重大违规的情况下通知公共教育实体，并且还要求教育技术公司和互联网运营商提供收集的数据类型、收集数据的原因、使用方式和共享方式。除了这些要求以外，康涅狄格州还建立了一个工作组，负责研究与学生数据隐私密切相关的问题。科罗拉多州的《学生数据透明度和安全法》被认为是继加州学生隐私立法后最有效的法律，它明确了各方的责任，包括承包商和第三方服务提供者，以及州教育部门和本地教育机构等。科罗拉多州严格的学生数据隐私法旨在建立家长和学校之间的信任关系。该法案定义了“哪些数据可以被收集，谁可以收集，为什么目的被收集，如何被收集，如何得到保护，以及如何使用该信息”，以回应学生敏感信息被收集以及“可能外包给没有保护的第三方”的问题。它使科罗拉多州教育部门与教育技术公司签订合同变得更透明，也使本地教育机构和家长签订合同时获得同等的透明度。该法案阻止了“教育软件和应用程序制造商收集可以直接链到个别学生数据的任何内容”，并要求他们在有严重数据安全威胁的情况下通知地方教育机关(Local Education Authority, LEA)，并在限定的时间范围内调查问题或加强安全措施。科罗拉多法案还要求与学校签订合同的软件公司根据规定“销毁”学生信息，而不是“删除”(这仅仅意味着“切断链接”)学生信息。

2) 欧盟国家

欧盟是对网络隐私进行立法保护的创立者、倡导者和有力执行者，它对个人隐私的保护主要由指令——《欧盟数据保护指令》《隐私与电子通信指令》《欧盟数据留存指令》《关涉及个人数据处理的个人保护以及此类数据自由流动的规定》(1995)和其他一些补充指定的法律法规来实现。1995年《欧盟数据保护指令》是欧盟数据保护规章的核心，该法令明晰了个人数据、个人数据处理、数据处理者、第三方等概念，规定了传递个人资料合法性的一般性规则以及司法救济、责任与制裁的手段。

欧盟委员会对大数据的定义是“指大量不同类型不同来源以高速生成的大量不同类型的数据”。大数据背景下学生隐私的主题基本上是在学校、教育平台提供者和教育管理部门收集、保存和分享关于学生的广泛且高度集成的信息的情况下保护和赋权学生的问题。通过强大的统计分析处理，可以积极地利用由此产生的大量数据来改善教学、学习和教育监控，并防止学生和教师的滥用行为。欧盟委员会认识到，信息更大程度整合以及综合信息在线可用性的增加会带来风险，特别是在技术安全领域(以及通过黑客攻击对安全漏洞的威胁和犯罪)，滥用信息和通信(如欺诈性使用信息，或不道德地使用社交网络和电子邮件等数字通信工具)，组织和管理部门之间缺乏知识共享，以及数据保护和隐私受到威胁。委员会强烈支持隐私增强技术(privacy enhancing technologies, PETs)，这项技术一直在通过连接欧洲设施(CEF)开发集成和可互操作服务的安全和信任基础，为欧洲范围内的电子身份和签名、发票、公共管理部门之间的文件发送和自动化翻译提供“构建模块”。它促进了数据驱动型经济的发展，涉及“欧盟的行动，为大数据和云计算的单一市场提供正确的框架条件”。欧盟委员会已经开发了一个网络空间安全合作平台、一个特别针对儿童的安全互联网资源和欧盟机构如欧盟网络和信息安全局(ENISA)，或者 EUROPOL 欧洲网络犯罪中心(EC3)。有一个欧洲电话号码 116111，如果儿童有建议或需要帮助，可以拨打该号码。

2018 年 5 月 25 日，欧盟颁布的《通用数据保护条例》(GDPR)正式生效。该条例首先明确承诺保护基本权利，其目标包括消除欧盟内个人数据流动的障碍，促进实现欧盟经济领域的自由、安全和正义，促进经济和社会进步，促进内部市场的发展和融合。欧洲法律中规定的数据保护原则的核心是：公平、合法和透明；目的限制；数据最小化；数据质量；安全、诚信和保护。此外，个人赋权被视为欧洲数据保护法的中心目标。根据 GDPR，个人拥有以下权利：获得通知的权利、获取权、整改权、擦除权、限制处理权、数据可携带权、反对权、与自动决策和分析相关的权利。GDPR 认识到，不受限制的收集、处理和分享可能严重影响人们的私生活，并对其人格的发展施加不合理的限制，言论自由等其他权利也可能会受到影响。为了防止这些不利影响，法律以原则为基础，为个人提供相关权利并对数据控制和使用者施加义务。此外，GDPR 规定必须特别注意保护与不太可能完全了解其权利的儿童有关的个人数据，以及适用其个人成果的潜在后果。GDPR 指出了父母同意的必要性，在数据用于营销或生成概况时为儿童提供强有力的保护，但也理解在“直接向儿童提供预防或咨询服务”的情况下不应要求父母同意。对国家数据保护当局施加强有力的义务，开展强有力的宣传活动，提高公众对“与加工有关的风险、规则、保障和权利”的认识和了解，特别满足儿童的需求。

GDPR 有一个原则：“保护个人数据的权利不是绝对的权利，必须考虑到其在社会中的作用，并根据比例原则与其他基本权利相平衡。”然而，根据比例原则进行平衡不仅仅是对承诺风险的简单权衡。公共部门对追求合法目标基本权利的任何干涉必须由法律规定，通过“严格意义”比例性测试，其中包括权衡利益，根据所追求的目标(利益平衡)评估对基本权利的影响。需要注意隐私与安全之间的虚假权衡。在教育领域，GDPR 存在适用性问题，需要通过不断的实践来完善。这也是欧盟审视大数据发展与数据保护的核心主题，决策者需要仔细检查任何教育大数据违反条例的证据基础。以 GDPR 作为教育领域数据保护的法律依据也有其原因。首先，包括学习者、教师、管理者在内的人员都是教育链上的关键要素，在小学和中学教育环境下，家长也经常参与其中。因此，在教育过程中，每个个体的活动都会创建个人数据并引发个人数据的处理。反过来，每次收集和处理个人数据都可能干扰个人的权利和自由——数据保护和隐私权，还有其他权利如不受歧视或言论自由的权利。其次，GDPR 旨在保护在数据处理的影响范围内的所有这些权利和自由。第三，GDPR 是一个考虑全面的模型，它提供明确的行动框架，以便在未来几十年内能够有效开发教育领域大数据风险的系统性防控，同时尽可能提供强大的隐私保护技术中立，而不是施加对技术发展的影响。

3）日本

日本的大数据安全主要由《网络安全基本法》和《个人信息保护法》两部立法来提供法律保障。

2014 年 11 月，日本临时国会众议院表决通过《网络安全基本法》并于 2015 年 1 月起施行。该法律规定日本各级政府有义务针对日益频繁和严重的网络攻击采取应对措施，并强化了政府和私营部门之前在网络安全领域协同的作用。在该法律出台的同时，日本政府还新设立了"网络安全战略本部"，进一步加强对未经授权访问网络的监控，并协调政府各部门的网络安全策略。该部门将在发生网络攻击事件时，要求被攻击的部门提交详细的报告，并指导实施具体的应对。"网络安全战略本部"还将与日本国家安全保障会议、IT综合战略总部等其他相关机构紧密合作，制定应对网络攻击的重要政策方针。

在日本，主要处理数据隐私问题的是2005年实施的《个人信息保护法》(APPI)。APPI在2016年进行了大幅修正并自2017年5月30日起全面实施。有学者认为，该法形式上迎合了欧盟《个人数据保护指令》的要求，但实质上吸收了美国个人信息保护法的特点，同时又坚持了自己原有的一些立法理念。从内容上看，它并没有直接赋予国民个人特别的权利，而是在承认个人信息有效利用的前提下，确保国民的正当权力和利益不受损害；从结构上看，它是一部规范和限制所有个人信息持有者和处理者(政府部门和企业)相关行为的法律。

4）韩国

2007年，韩国颁布了《促进使用信息通信网络及信息保护关联法》，从个人信息、网络用户、产业和基础设施四部分对在该国的互联网使用和信息保护做出了严格规定。以此为基础，韩国行政安全部又在2011年颁布实施了《个人信息保护法》，对个人信息的基本原则与适用范围做了更为详细的规定。该法律禁止在未经本人同意的情况下收集和使用个人信息，特别对窃取个人信息和个人信息损害赔偿等行为做了更清晰的处理规定。

根据"韩国宪法"，隐私权被视为一项基本权利，控制个人信息的权利被视为主要来自隐私权。此外，韩国宪法法院将控制个人信息的权利确立为独立于隐私权或其他基本权利的单独基本权利，将控制个人信息的权利定义为个人控制其个人信息披露和使用的权利，与此控制个人信息的权利相关的特定权利被视为：① 在没有数据主体事先同意的情况下，有权阻止收集和使用个人信息；② 有权访问并要求更正收集的个人信息；③ 有权要求暂停收集和使用个人信息；④ 要求销毁存储的个人信息等的权利。

韩国是拥有世界上最严格的数据保护监管制度的国家之一。正因如此，相关行业和从业者对严格监管个人数据处理的批评正在增加，监管机构也正逐渐在考虑这些批评。2016年6月30日，韩国宣布了"个人信息去除识别指南"，以指南形式开展监管指导，促进大数据相关行业发展，立法者正试图改革监管体系，支撑大数据产业发展。

5）新加坡

近年来，新加坡继续快速发展其个人数据保护、网络犯罪和网络安全监管框架和执法举措。2016年10月，新加坡网络安全战略报告显示，政府将其在保护个人数据安全的努力视为综合网络安全计划的一部分，以保护国家免受网络安全的威胁，并加强新加坡作为国际领先的信息中心的地位。这一战略的主要法律组成部分包括2012年正式通过的《个人数据保护法案》(PDPA)，这是新加坡为确保个人数据保护而建立的第一个综合法律框架。所有新加坡实体(包括独资经营)都必须遵守PDPA。实体应至少委任一名数据保护主任负责来管制所收集信息的使用，避免信息外泄，力求达到法律要求。2013年，为了打击网络犯罪和其他网络安全威胁，新加坡又修订了《计算机滥用和网络安全法》(CMCA)。2018 年 2 月，新加坡通过《网络安全法案》，其重点是保护新加坡的关键信息基础设施和建立全面的国家网络安全框架。该法案还提出一个许可框架，它将适用于提供以下两种网络安全服务的提供商：渗透测试服务和管理网络安全营运中心。这些网络安全服务提供商可获取客户的敏感信息，它们提供的服务在市场上相对主流，因此会对整个网络安全格局产生重大影响。提供网络安全渗透测试服务或管理网络安全营运中心的企业必须申请执照。该许可框架相对宽松，因为作为一项新举措，有必要在行业发展和网络安全需求之间保持良好的平衡。法案制定者表示，该法案制定的措施主要是为了应对技术、操作和程序上的需求，“意不在侵犯隐私”，索取的资料“主要为技术性质而不是个人性质”，如网络记录、入侵指标及系统事件和审查记录等。

6) 中国

中国没有类似美国、欧盟成员国家和亚洲其他国家这样的个人数据保护法。早在 2003 年，中国政府已经关注到了个人信息保护的重要性，当时的国务院信息化办公室正式部署了立法研究工作。2005 年，相关学者完成了《个人信息保护法(专家建议稿)》。但是，该建议稿并没有进入正式的立法程序。之后，尽管在中央、国务院等文件中也偶见关于加快个人信息法律建设的部署，每年两会期间关于个人信息保护立法的人大建议、政协提案也屡见不鲜，但《个人信息保护法》在正式立法议程中却久久不见动静。

尽管缺乏法律支撑，但中国目前在保护个人信息方面仍有一套规则。2012 年，全国人大常委会发布了《关于加强网络信息保护的决定》，要求企业特别是互联网服务提供商在十条原则下保护中国公民、法人和其他组织的个人信息合法权益。在这一决定之后，中国逐步形成了分散的部门个人信息保护立法制度，国务院各部委如工业和信息化部、国家工商行政管理总局、原国家卫生和计划生育委员会和中国人民银行等，在过去几年中分别在自己的行政权力下发布个人保护规则，包括《电信和互联网用户个人信息保护规定》、《消费者权益保护法》(第十四条、第二十九条、第五十条、第五十六条)、《人口健康信息管理办法(试行)》、《征信业管理条例》等。在某些情况下，这些规则还存在一定的重叠。在没有统一法律定义的情况下，“个人信息”是根据各特定行业的规则定义的，通常是指与个人有关的信息，单独或与其他信息相结合可用于识别个人。所有这些法规和规则都确定了处理个人信息的一些基本原则，例如个人信息收集应遵循合法性、适当性和必要性的原则，并应取得相关个人的同意。由全国人大常委会 2016 年 11 月 7 日发布，自 2017 年 6 月 1 日起施行的《网络安全法》具有里程碑意义，补充了若干个人信息保护条款，例如如果个人的隐私权受到侵犯，个人可以提起民事诉讼，根据法律法规寻求救济，再如出售个人信息或非法获取个人信息可能构成刑事犯罪。

中国分散化的个人信息保护制度也体现在教育领域，特别是在教育大数据发展环境中，关注教育数据的安全和风险防范，成了政府教育部门的重要事项。2016 年 6 月，国家教育部发布《教育信息化“十三五”规划》，明确提到了网络安全与信息化协调发展的保障措施。2018年1月，教育部办公厅发布了《教育部机关及直属事业单位教育数据管理办法》。该办法对教育部机关及直属事业单位教育数据管理工作提出了具体的要求，对各类教育数据的管理、互联互通、共享公开、数据安全进行了规范。在数据采集与存储、数据共享、数据开放、教育政务信息资源目录、数据资源共享、公开平台、数据安全管理等方面进行了详细规定，但并未见针对个人信息保护的具体措施。2018年4月，教育部发布了《教育信息化2.0行动计划》，对网络安全与隐私保护亦有所涉及。2018年11月，教育部等六部门公布《关于做好家庭经济困难学生认定工作的指导意见》，明确学校要在适当范围内以适当方式公示认定名单和档次，公示时严禁涉及学生个人敏感信息及隐私。地方教育部门也出台了配套政策：2016年1月，安徽省教育厅发布了《安徽省教育数据管理办法(暂行)》；2017年3月，山西省教育厅发布了《山西省教育数据管理办法》；2018年9月，上海市教委发布了《上海市教育信息化2.0行动计划(2018—2022)》；2018年11月，宁夏回族自治区发布了《宁夏回族自治区“互联网＋教育”示范区建设规划(2018—2022年)》；2018年12月，湖南省发布了《湖南省“互联网＋教育”行动计划(2019—2022年)》。中国政府已经意识到教育大数据风险防控的重要性。

但与发达国家相比，中国在大数据环境下对个人数据或隐私保护的立法迟迟没有进入正式的立法程序，政府各部门分散性的政策层面只是原则性、宣誓性条款，并没有对实践产生直接影响。特别是在教育领域，虽然近几年有关教育信息化的政策大大促进了教育大数据的发展，但对于个人数据的利用和保护的规则，却在这些政策中未得到明确规范。

5.2.2 教育大数据法律政策体系建设与风险防控对策

当今适逢世界走向数据化、迈入大数据时代的关键时刻。一方面，各国政府纷纷把大数据的开放利用作为大数据战略愿景之一，并且多集中在公共领域；另一方面，发达国家又将个人数据和隐私保护作为大数据开放的一个重要议题，通过立法实践来协调开放与保护之间的平衡。教育关乎国家之大计，教育大数据的发展与教育本身的发展息息相关。在机遇和挑战并存的时代，如何制定适应新形势的法律政策，如何采取有效的风险防控对策防范大数据带来的风险，以及如何进一步对教育大数据进行有效治理，是摆在教育决策者面前紧迫而现实的重大问题。本节将尝试从顶层设计、具体方式与手段和政策建议三个方面提出教育大数据法律政策体系建设与风险防控的对策。

1) 顶层设计

教育大数据风险管理的顶层设计主要包括法律法规体系建设、技术能力培养、体制机制设计实现等几个方面。具体形式有出台教育大数据管理条例，制定教育大数据技术标准规范，研究教育大数据风险相应预案或管理办法等。这些顶层设计的根本就是要解决教育大数据中的核心问题——数据的开放与保护，并将个人隐私置于首要地位。以下三项个人数据保护原则应在顶层设计中予以考虑。

(1) 关于个人数据的收集应该在个人认知条件下进行，并且收集的信息量应最小化到收集它的特定目的所需的信息量。从政策角度来看，广为人知的公平信息实践法则(Fair Information Practice Principles, FIPPs)已经对个人信息权利在知晓、同意、选择和透明度等权利方面进行了归纳总结。这一法则是许多国家隐私和数据保护法的基石，其中也包括美国的《家庭教育权利和隐私法案》(FERPA)以及《儿童在线隐私保护法案》(COPPA)。但是，隐私权研究学者大多认为 FIPPs 在大数据环境中并不合适。对于大数据来说，需要收集更多的信息，包括个人生活的各方面和更多生活细节。而且，问题也不仅仅在于数据规模的变大，还在于大量数据的收集发生时个人是毫无意识的。

在教育大数据领域，FIPPs 的问题变得比其他领域更为复杂，因为教育中的关系有时是强制性的，而不是自主性的。教育技术提供商通常与学生和家长没有直接的合同关系，而是与学校、学校管理者或教师有直接合同关系。因此，对数据主体来说，要从数据控制和使用者手中取得相关权利有一定的难度。美国的一些组织如数据质量运动(Data Quality Campaign, DQC)、学生隐私资源中心(FERPA Sherpa)、未来隐私论坛(Future of Privacy Forum, FPF)、软件和信息产业协会(the Software and Information Industry Association, SIIA)等倡导在 K-12 教育应用教育大数据时正视隐私问题，他们建议通过"承诺"和"认证"来加强个人隐私的保护。例如教育技术公司和教育管理者可以通过承诺采用规定的隐私实践来签署协议。

(2) 如果个人选择保护隐私，应该需要对数据进行匿名或模糊处理。随着越来越多的社会关系和实践成为数据点，个人数据难以保持匿名的状态。现在，新的算法可以快速地消除查找有意义信息的高昂成本。大数据隐私和数据保护法律涵盖"个人信息"或"个人身份信息"，这意味着信息与特定个人直接相关。对于大数据，通过一些搜索和分析，越来越多的未识别信息可以实际上指向特定个体，有关个人信息的匿名化将更加困难，大数据使重新识别数据变得相当容易。

教育数据通常存储在大型纵向数据集中，从中删除了个人可识别变量。这些数据集常用于统计报告，从学校到地方再到中央。它们还可以用于研究，以确定一段时间内的发展趋势，并分析影响学生表现的因素。

(3) 每个人都应得到公平和平等对待，并且不因种族、性别、年龄或其他个人属性或基于他们不知道的因素而受到歧视。大数据使用数学算法和人工智能来根据他们的信息数据和其他人的信息数据集合对个人进行预测，这就会引发公平等问题。在教育环境中，由于认识到教育机会均等的重要性，人们一直关注微小的歧视迹象。但是对于大数据来说，这些微小的迹象可能难以辨别。在教育方面可能更令人不安的是，大数据有助于创建更精细交叉的类别，这些类别可能会以更加隐秘和更难以辨别的方式区分学生。

2) 行业自律

教育大数据风险防控的方式和手段有很多，比如建立教育大数据分级责任承担和审核机制，构建教育大数据风险评估体系，成立教育大数据行业自律组织等。这里主要论述教育大数据行业自律组织的国外案例与相关借鉴。

在国外，通过立法推动行业管理往往被认为是低效的行为。因为在推动经济自由发展时，法律通常是在最低标准上形成的一种妥协，而行业本身在市场竞争中形成的自我调节机制才是推动发展的主要手段。因此，为了在大数据环境下保护学生个人隐私、维护教育机构利益、推动教育产业的发展，行业自律应该发挥更大的作用。2014年10月，美国软件和信息业协会(SIIA)联合未来隐私论坛(PFP)发布了《学生隐私倡议书》(*Student Privacy Pledge*)，要求会员签字并遵守"不出售学生信息，或者用于广告目的使用信息。学生信息只在授权的教育目的内使用"的约定，包括微软公司在内的200多家互联网企业在倡议书上签字。这是典型的行业自律行为。

在中国，教育大数据行业的自律发展应借鉴国外和其他行业自律性建设的先进经验，结合自身的特点，制定出具体且具有可操作性的安全准则，为教育大数据的各利益相关方提供更为便利、充分和高效的保护。

建立强大的合作伙伴关系和模式以确保数据共享。研究团体与利益相关者，政府和私人实体合作，需要协作以确保数据能够以重要且有用的方式进行组合。通过管理和学习过程数据的共享和链接，可以最好地增强学习和教学效果。这些利益相关者必须聚集在一起，以确定提供访问链接此类数据集所需的个人身份数据的方法，同时确保数据不被破坏。

3）有效治理

随着教育信息化的不断扩展和深入，学习者经常会在电子设备上进行各种数据交换活动，这对传统的教育治理形成巨大的挑战。从学习者角度看，他们正在与一些软件进行交互，学习者可能不知道该计算机应用程序背后复杂的算法和程序设计。在许多情况下，教师、家长、学校管理者以及政府教育部门的决策者也可能不了解这些复杂的软件和基础设施。因此，关于教育技术安全和学生隐私保护的讨论不应仅限于对立法的需求，而是要考虑到各种技术性问题，利用行政手段开展有效治理。例如，设置政府教育大数据开放豁免清单，制定个人数据利用规则，提供全社会开发和应用教育大数据指导意见等。

在教育大数据开放与保护的治理过程中，可以考虑以下具体措施。

(1) 个人数据的分类。为实现教育大数据开发利用与保护的平衡发展，根据数据的开放共享程度，可将个人隐私数据列为不开放、部分开放和完全开放三种类型。严格控制不开放数据的使用，维护个人的核心利益；强化对部分开放和完全开放数据的利用，以满足其他利益群体的正当需求，为推动教育教学改革、实现个性化学习营造良好氛围。

(2) 限制个人数据的使用目的。政府、学校或企业在共享数据时应注意对其使用目的进行限制。数据使用者分析数据时只应用于既定目的，保证数据不被再次使用和分享，将数据掌握在可控范围内。

(3) 设定个人数据保存期限。为平衡数据二次利用造成的风险，应根据数据信息的种类、数据风险以及社会价值观的不同来设置数据保存时限，同时使用者必须承担保护数据安全的责任和到期删除数据的义务。

(4) 个人数据去标识化。虽然在大数据环境下，完全个人匿名的难度很大，个人隐私经常以单独形式或与相关数据关联而处于暴露的状态，通过匿名来隐藏个人隐私的效果逐渐变差。但是，如果必要，还是应该在大数据价值和隐私保护之间寻找到平衡点，对教育大数据来源做去标识化处理。即使在某些情况下不能获得精确的结果，对于大数据开发利用者来说，采用去标识化后的数据也具有一定的潜在价值。

(5) 明确教育大数据开放利用的职责和义务。政府、学校、企业采集学生个人数据，数据的主体反而处于被支配的地位。在很多情况下，数据采集的对象是未成年人，他们既不能主动拒绝，也无相关的知识和经验来进行许可，因此教育大数据的拥有者对数据具有最大的控制权，所以应将隐私保护的重心从让数据提供者许可使用转移到让教育数据使用者承担责任。这样一来，教育大数据的使用方就需要权衡其可能对个人所造成的影响，谨慎评估个人数据再利用的风险，降低个人隐私泄露带来的危害。

◇参◇考◇文◇献◇

[1] Vernon Turner. The Digital Universe of Opportunities: Rich Data and the Increasing Value of the Internet of Things [EB/OL]. (2014 - 04 - 01)[2019 - 02 - 11]. https://www.emc.com/leadership/digital-universe/2014iview/index.htm.

[2] 曹磊. 大数据环境下的金融服务与信息分析[J]. 竞争情报，2017，13(01)：4 - 5.

[3] Big Data Working Group. Expanded Top Ten Big Data Security and Privacy Challenges [EB/OL]. (2013 - 04 - 01)[2019 - 02 - 11]. https://downloads.cloudsecurityalliance.org/initiatives/bdwg/Expanded_Top_Ten_Big_Data_Security_and_Privacy_Challenges.pdf.

[4] Andrew Ho. Advancing Educational Research and Student Privacy in the "Big Data" Era[R]. National Academy of Education, 2017.

[5] Andrew Ho, Justin Reich, Sergiy Nesterko, et al. HarvardX and MITx: The first year of open online courses (HarvardX and MITx Working Paper No. 1)[J]. SSRN Electronic Journal, 2013(01): 1 - 33.

[6] 曹磊. 网络空间的数据权研究[J]. 国际观察，2013(01)：53 - 58.

[7] 孟小峰，张啸剑. 大数据隐私管理[J]. 计算机研究与发展，2015(02)：265 - 281.

[8] 唐亮. 隐私保护：教育数据硬币的另一面——互联网时代美国教育数据隐私保护的启示[J]. 中国信息安全，2016(02)：103 - 106.

[9] 徐玉玉案还原：黑客卖考生信息　骗子按剧本分工[EB/OL]. (2016 - 09 - 22)[2019 - 04 - 25]. http://js.people.com.cn/BIG5/n2/2016/0922/c360305-29045044.html.

[10] 林靖东. 谷歌教育服务被指侵犯隐私　EFF 请求 FTC 调查[EB/OL]. (2015 - 12 - 02)[2019 - 05 -

27]. http://tech. qq. com/a/20151202/042980. htm.

[11] 天津高三女生直播开学被约谈 身穿校服多次偷拍同学上课[EB/OL]. (2016-09-04)[2019-04-25]. https://www. sohu. com/a/113532148_161468.

[12] 学校教室监控画面“被直播” 谁来保护孩子的隐私?[EB/OL]. (2017-03-11)[2019-04-25]. http://news. 163. com/17/0311/01/CF781DQ90001875P. html.

[13] 维克托·迈尔-舍恩伯格. 删除:大数据取舍之道[M]. 浙江:浙江人民出版社,2013.

[14] Giles Tremlett, Angelique Chrisafis, Kate Connolly. Forget Me Not: Campaigners Fight for Control of Online Data [EB/OL]. (2013-04-04)[2019-02-11]. https://www. theguardian. com/technology/2013/apr/04/right-forgotten-internet-campaign.

[15] 周辉. 欧盟“被遗忘权”第一案概要[J]. 网络法律评论,2015,18(02):324-331.

[16] Barack Obama. Remarks on the Administration's Review of Signals Intelligence [EB/OL]. (2014-01-17)[2019-02-11]. https://obamawhitehouse. archives. gov/the-press-office/2014/01/17/remarks-president-review-signals-intelligence.

[17] Executive Office of the President. Big Data: Seizing Opportunities, Preserving Values [EB/OL]. (2014-05-01)[2019-02-11]. https://obamawhitehouse. archives. gov/sites/default/files/docs/big_data_privacy_report_may_1_2014. pdf.

[18] Executive Ofice of the President, President's Council of Advisors on Science and Technology. Big Data and Privacy: A Technological Perspective [EB/OL]. (2014-05-01)[2019-02-11]. https://bigdatawg. nist. gov/pdf/pcast_big_data_and_privacy_-_may_2014. pdf.

[19] Department of Education. Protecting Student Privacy While Using Online Educational Services: Requirement and Best Practices [EB/OL]. (2014-09-01)[2019-02-11]. https://tech. ed. gov/wp-content/uploads/2014/09/Student-Privacy-and-Online-Educational-Services-February-2014. pdf.

[20] 王正青. 大数据时代美国学生数据隐私保护立法与治理体系[J]. 比较教育研究,2016,38(11):28-33.

[21] 黄成鹏. 大数据时代的个人隐私[D]. 武汉:华中师范大学新闻传播学院,2015.

[22] 方正飞. 法律名义保护网络隐私[EB/OL]. (2011-04-02)[2019-02-11]. http://www. scio. gov. cn/cbw/qk/4/2011/03/Document/885258/885258. htm.

[23] 李丹丹. 日本个人信息保护举措及启示[J]. 人民论坛,2015(11):238-240.

[24] 蓝云舟. 新加坡三读通过《网络安全法案》[EB/OL]. (2018-02-12)[2019-05-27]. http://www. cnii. com. cn/internetnews/2018-02/12/content_2038256. htm.

[25] 王融. 我国《个人信息保护法》立法前路[J]. 信息安全与通信保密,2017(03):89-93.

[26] Melanie Bates. Student Privacy Pledge Reaches Milestone of 300 Signatories[EB/OL] (2016-09-12)[2019-02-11]. https://studentprivacypledge. org/student-privacy-pledge-reaches-milestone-of-300-signatories/.

[27] 张良. 从入学隐私声明看美国学生隐私保护[EB/OL]. (2018-12-01)[2019-05-27]. https://www. secrss. com/articles/6809.

[28] 侯富强. 大数据时代个人信息保护问题与法律对策[J]. 西南民族大学学报:人文社科版,2015(06):106-110.

第6章

教育大数据与课堂教学应用

本章基于教育大数据的思路，在课堂中的教学应用方面与相关实务的案例进行探讨。主要分为教育大数据背景下的课堂教学和基于教育大数据的教学应用模式，并通过剖析两个案例让读者对于教育大数据的发展方向与课堂教学应用有更深一层的认识。

6.1 教育大数据背景下的课堂教学

美国教育部在2012年10月发布的《通过教育数据挖掘和学习分析促进教与学》报告中提到，大数据在教育领域的应用，将主要围绕在教育数据挖掘以及学习分析两大方向。这两大方向为课堂教学带来了三个层面的改变：记录分析教学与学习过程、实现教师的个性化教学、支持学生的自适应学习。此外，美国高等教育信息化协会（EDUCAUSE）在2019年2月发布的《2019教学关键议题》中强调教学与学习经验设计、可取得的全体共同学习设计、能力学习成果的评估新方法等议题。4月发布的《地平线报告：2019高教版本》中，也提及了基于大数据的学习分析，将会是短期内在教学上的重要发展与课堂应用重点，教师在课堂中的良好教学设计能力技术以及适合学生的混合学习设计会是1～2年内所面对的挑战。

综合而言，在教育大数据技术与应用发展中，各方趋势与报告都共同点出了对课堂教学的直接或间接影响。从教师教学方面来看，至少面临了三方面的挑战。首先，在课堂教学设计中，在教学与学习数据的采集与分析支持下，教师需要更贴合实际学科教学，来设计与专业领域知识及能力有关的实践环节。其次，教师需要运用基于任务、能体现学生多元能力的教学策略，来激发学生学习兴趣，增进学习成效，影响正向的学习行为。第三，通过数据的记录与分析，教师应能够适时调整自己的教学内容与活动，以适应不断变化的学习者习惯及需求。基于这三方面挑战，我们可以进一步延伸思考在课堂教学应用中教师所面临的问题：如何选择海量多元的教学资源并应用于课堂教学与学生学习？学习的资源与机会已不限于教室中，如何设计有效、能延伸的课堂学习活动？学生们能力特质都不同，如何掌握学习进展、给予个性化的指导？

从课堂教学前的资源准备与教学设计，课堂教学过程中的师生互动与学生参与，到课堂教学后的学习追踪诊断与个性化引导，在妥善利用教育大数据的采集、汇整、分析、应用下，能够渐渐形成一个不断迭代演进的教学闭环：基于历史数据分析来调整、制订课堂教学设计→弹性开放且能灵活调整的教学、自主开放的学习模式→自适应的测试与个性化的学习诊断追踪→基于历史数据分析再次调整课堂教学设计……然而，在各种数据收集平台、工具和服务如雨后春笋般出现的信息化时代，身为数字原住民的学生在信息素养、学习习惯、成长需求上也与过去大相径庭。要想提升学生的学习感受与成效，推进教育教学的创新，核心仍然围绕在教师的教学模式与应用上。若缺乏完善的课堂教学思路与设计（包括课前、课中、课后），学生难以在课堂中实际体验到教育大数据带来的便捷与支持。那么，有哪些课堂教学模式是基于教育大数据的特性、且能够让教师参考、调整、应用到自己的课堂中呢？在下面一节，整理了五种具体可行的教学应用模式提供读者参考。

6.2 基于教育大数据的教学应用模式

6.2.1 个性化分组学习

从分组教学及组员特质来看，可以大致分为同质性分组与异质性分组两种类型。过去，教师在进行分组协作学习活动时，常常因为对每位学生的能力特征理解不足、面授课时间有限或课程人数规模较大等原因影响教学活动的进行与成果。通过对学生的教育大数据进行收集、汇整和分析，教师可依据自己的教学需求，引导或规定学生的分组规则及成员，运用问题型导向的讨论、共享、报告任务，并给予不同特性、能力的组别合适的学习资源与指导，达到个性化分组学习的目的。其中需要注意的是，教师应定时通过学习分析及诊断来了解学生的学习进展，适时调整组员与组别，进一步提升分组学习的实际应用效果。

以台北市政教育局于 2017 年底建设的酷课云 2.0 为例，平台上的酷课学园网路学校是以畅课（TronClass）互动教学管理平台为核心所打造的师生课堂互动教学环境，由台北市数位学习教育中心负责管理与运作。初期开放给全台北市的 K12 学校使用，随着教师对教学创新、数位原住民学生的需求，以及中心的推广运营，使用范围逐步扩大到全台湾的中小学。长年服务于中学资优教育的刘睿荷老师善用该教学平台的学习分析功能，实时掌握学生的学习进度，并在课堂中将学生按当下的学习进度进行同质性分组，给予适合不同组别能力的学习材料与指导方式。在课堂教学过程中，刘老师随时观察学生的学习反应并配合使用教学平台来追踪学生进展，定期地评估学生学习成果。这种个性化的分组教学模式，不仅让教师能更充分地掌握学生的学习，而且有效地激发了学生的学习动机，积极参与课堂活动，持续提升学习成效。

6.2.2 交错式自主开放学习

教师可以在课前将每个学习活动和教学资源开放，并通过合适地交错课程知识点与学习单元、每堂上课内容，让核心知识系统性地反复出现，除了让学生能有自行接触、探索课程内容的机会外，也随着教师的课堂教学进度逐步加深对知识体系的深化学习。此外，除了让学生自主学习，教师也可选择将所有知识点与学习活动作为个别关卡，设置每个关卡的基本达标要求，并基于知识体系将所有活动串联起来，形成能让学生自主闯关的教学应用模式。这种教学模式的设计核心在于教师以专家角度提供完整知识体系与个别知识点，并将学习自主权交还给学生，由学生自行掌控学习进度与挑战速度，教师则通过大数据汇整后的学习分析，实时掌握每位学生的学习进展，观察到不同学习者在不同关卡的完成度，以适时根据学生的卡关状况提供合适的指导与资源。

以台湾东海大学的SMILE(iServ，iMan，Info，iLearn，iEnv)智慧校园建设为例，该校考虑基于教育大数据的教学模式革新趋势及需求，以TronClass创新教学管理系统为根基，为教师教学、学生学习、课程管理、教学评价打造了iLearn爱学网平台。东海大学电子计算机中心主任杨朝栋教授在自己的课堂中开放了所有教材资源，设计了交错式的课程单元内容：课程开始前，杨教授让学生通过课堂预告与线上公告，让学生可自主上线或通过手机APP随时取得所需的课程资源进行预习或复习先前内容；教师则可在平台上观察行为记录，了解学生可能的关注点。在课堂中，按照单元内容安排，进行讲授、讨论互动、实时答疑，并搭配线上的课后作业让学生进行反思沉淀。这种交错式的自主开放学习模式，让学生有更多的学习自主权，且不必担心是否无法跟上教学进度，而教师则能依据教学资源的使用记录与学生学习行为分析，按照原有的交错教学方式，有的放矢、适时地补充课程材料及调整进度，提高教学与学习的效果。

6.2.3 游戏化翻转课堂教学

简单来说，游戏化是指在非游戏的领域应用游戏的核心要素，以强化参与动机，让参与者有更好的表现。因此，游戏化不等于游戏，也并非指特定电脑软件或模拟场景的工具，而是将游戏要素融入目标领域中，发挥游戏要素的特性，进而容易达到设定的目的。常见的教学游戏化是透过积分、徽章、排行榜(Points、Badges、Leaderboards，PBL)三大元素来融入课堂教学中，提高学生学习动机，激发主动学习行为，翻转原本的教师单向课堂讲授模式，由学生自发地先行接触课程内容。以课前、课中、课后的学习数据记录为基础，在课堂互动中运用实体或虚拟的点数积分作为积累的基本单元，随着分数的成长，用实体或虚拟徽章呈现学习进度与阶段性成就，并通过排行榜让学生实时了解自己与他人的相对成就，促进学生反思自己的学习，提高学生持续参与、提升学习表现的动机。

智园教育研究院(Wisdom Garden Educational Research Centre，WGERC)致力教育趋势、教育策略、教学实务的应用与研究，长期与高等教育、普通教育、职业教育等学校合作，开展教育科研以及教师信息化教学培训，截至2019年3月已累计超过2 700人次的教师参与过培训课程。WGRC在与各校的合作过程中，融合信息化培训科研的经验与教师学科教学方法，在一些高校课程与培训课程中应用游戏化的翻转教学模式。在课程一开始，教师运用校园生活经验结合课程主题为同学介绍课程，配合使用APP进行选人、抢答等活动进行课堂气氛的破冰，鼓励同学发言、参与讨论、进而分享自己对课程内容的学习经验。在学生个人或分组进行报告时，教师可依据学生的课堂表现实时打分，并同时使用互动教学APP或WEB版平台随时发起教学反馈收集活动，实时收集学生对同学表现的想法与反馈来进行投票，鼓励全班学生的投入参与。老师可选择当下公布投票结果，给予报告者或报告组来自全班的评价，并解读结果，给予补充信息，与学生一起做总结。这些课程前后的参与数据，都能形成学习者的积分记录，让学习者了解自己的学习进度，激发课堂参与的动力，让师生互动效果更佳，培养学生自发性的学习态度。

6.2.4 自适应测试应用

过往的测试通常是让所有学生回答同一份试题，在多元智能的观点中，此举容易造成无法准确评估、量测学生真正能力与特质的偏差，进而影响教师对学生学习状况与难点的判断，难以给予学生合适的教学资源和干预。自适应测试则是指由学生每次答题的选择（选项或回应内容）与结果（正确与否、偏差程度等），根据默认的初始知识体系，判断学生当下可能出现的误解或困惑，呈现更有挑战性或是略微简单的题目。自适应测试通过反复的验证与积累，除了让自适应体系更完善、能更准确判断学习者当下状态，以提供较合适的测试题目内容外，也能复盘初始默认的知识体系（通常会先结合专家意见、经验法则、既有体系等内容来制订），让学科或特定领域的专业内容能持续演进成长，自形成学习有机体。

关于自适应测试的实务应用，基于计算机自适应测评系统（Computerised Adaptive Testing, CAT）的GRE和TOEFL考试便是很好的案例，而CAT所依赖的测评理论"项目反应理论"（Item Response Theory, IRT）是心理测量学的重要根基，有逾40年的理论研究基础，发展已相当完善。自适应测评在测验过程中不单只是呈现题目，输入答案、自动评分、得出结果，而是根据学生对试题的不同回答，自动选择最合适的试题让学生接着回答，通过对每一题的调整，最终对应答者能力做出最接近的评估。简单来说，自适应测试是因人而异的测试。

虽然这样的测试方式与范围目前较局限于特定领域内容（例如数学、英语等），且形式仍偏向通过系统实现的试题型测试，而非从多维度、用多种方式来了解、评测学习者学习成就；但随着国内外对成功导向教育（Outcome-Based Education）与学习者多元智力理论的重视，在课堂教学中的学习成就评估，将不限于知识类的测试。通过测试记录与结果分析，配合教师在课堂教学现场的观察、互动、反思记录，让教师从多个维度去检测学生的能力，目的在于让学习者情感、课堂内外展现的技能方面都将有所成长与突破。

6.2.5 个性化学习诊断

个性化学习诊断系统在线上线下、课内课外的教育大数据采集与分析的条件下，可以形成每位学习者的学习者画像，并根据不同学科或课程要求，比对由教学目标所形成的能力指标图，产生个性化的学习诊断报告。学校管理决策者、教学者可有效得知学习者的阶段、总结性能力成长状况，适时采取必要的支持或干预行动，甚至可能需要调整院系课程的人才培养方案内容，以发展出适合该专业及该课程的知识能力体系。而学生则能随时审视自己的学习进展，了解自己与专业或课程要求的匹配程度，保持自己的强项，提升自己的弱项，并依据科学化的参考数据与分析，为自身的专业选择和职业生涯规划提供参考，及早调整自己的学习发展方向与节奏。

以西安欧亚学院为例，该校2012年11月被教育部选定为国家第一批教育信息化试点单位，2018年2月成为陕西省一流民办高校建设单位，其教育信息化工作成果案例入选《中国高校版地平线报告》中。欧亚学院与智园教育研究院及智园研发团队联手设计、发展的教务管理系统中，融合了学生在学校学习不同阶段的记录与数据，在人才培养方案的规划执行上，扮演了教育大数据应用的重要角色。西安欧亚学院每个专业都有对应的能力指标，而每个专业下的每门课程也都具备能力指标规范，学生在校选课学习时，可通过能力指标雷达图清楚了解、反思自己的学习计划方向、专业匹配程度和整体学习进度（图6-1）。很多学生会对现在的学习与未来的专业发展感到迷茫，而每位学习者所学专业和课程的能力指标数据可以帮助学生诊断自己的学习状况，适时做出需要的调整。对学校而言，该系统可以提供学校人才培养、课程设计、能力指标上的反思参考，进而根据学生和课程教学的需求进行调整，提升教学质量、学校教学本质竞争力。

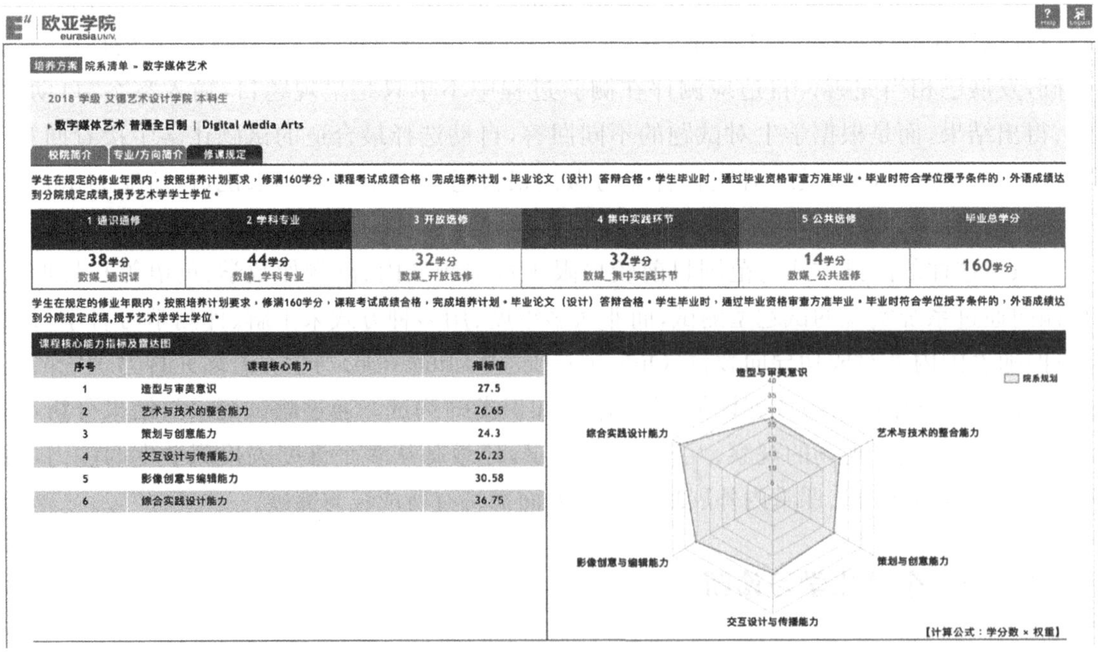

图6-1 学生通过学习雷达图了解自己的能力发展，及早调整学习规划与行动

6.3 案例1：上海开放大学智慧学习分析与评估系统

6.3.1 简要介绍

上海开放大学开放教学数字化实验室是一个以信息技术为支撑，集教学、体验、测试、分析、研究和创新于一体的开放教学研究服务平台。作为上海市科学技术委员会下达建设的上海开放远程教育工程技术研究中心主要研究成果之一，该实验室基于国际标准 ISO 9241－11 和学习分析方法设计了智慧学习分析与评估系统，能对在线课程、微课、学习平台、教学活动等教学产品开展用户体验综合评估，并通过使用效率、效能和用户满意度等方面的测试发现教学产品的用户体验问题。在用户体验方面，系统实时采集学习者学习过程中脑波、眼动、体态、在线学习行为等客观指标数据，生成可视化的大数据评估分析报告。

6.3.2 功能层面

该系统结构图如图 6－2 所示，能实时采集学习者学习过程中脑波、眼动、体态、在线学习行为等多源数据，快速生成综合的数据评估分析报告；具有较强的可视化功能，互动性高，数据可钻取、快速联动等。

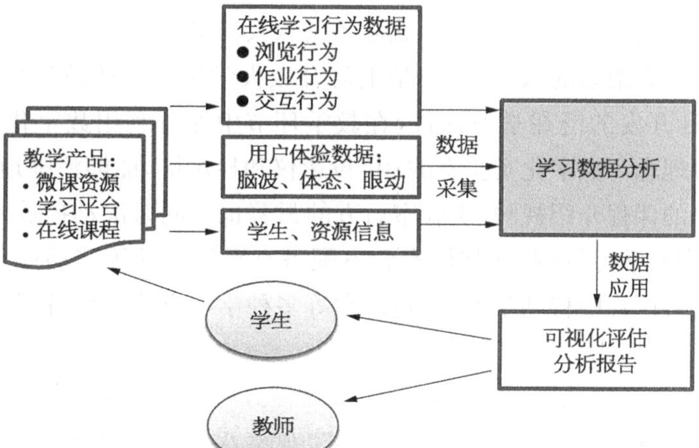

图 6－2　智慧学习分析与评估系统架构

该系统能对在线课程、微课、电子书包等教学产品进行用户体验测试，通过测试发现教学产品的使用效率、效能和用户满意度。结合眼动仪，追踪用户的视线轨迹、注视时间和兴趣区域等信息，提高用户体验数据的客观性。此外，可对学习者课堂学习和在线学习进行学习分析，从学习者行为体征、脑波、设备能耗等角度进行跨学科教学实验和评估分析。通过对各种数字化学习模式的学习行为进行数据采集与分析，将分析结果应用到课程优化、学习成效评估、学习质量保障、学习模式评价等方面。利用该系统评估实验对象和评估指标如图 6-3 所示。

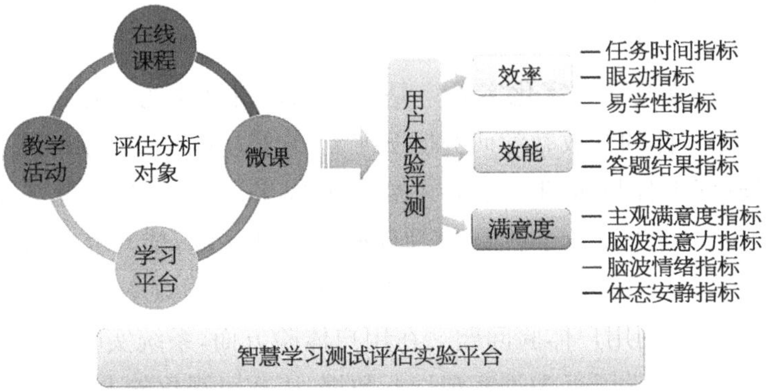

图 6-3 智慧学习测试评估实验对象和评估指标

6.3.3 应用层面

该系统已为多个典型在线学习产品的用户体验提升和课堂教学的学习行为分析做出了贡献，通过对教学数据的采集、建模、分析，为学习者、教师、管理者提供教学管理与决策、课程设计优化、潜在辍学者辨识等智能服务。

（1）翻转课堂教学：《星空探秘——太阳系的八大行星》课程。

《星空探秘——太阳系的八大行星》是上海开放大学依托开放教学数字化实验室的教学实验环境所设计开发的泛在学习课件，在教学环节中充分利用数字化实验室的技术支持，融入泛在学习理念。数字化实验室的 3D 投影仪和显示屏，能够清晰地呈现太阳系的八大行星，制作精美的课程介绍视频，实验室后方的弧幕也会同时滚动播放画面，为学习者营造置身于太阳系中的学习氛围。同时，实验室配备有平板电脑等移动设备，并安装了视频录播系统，可以支持课程中移动学习、翻转课堂等多种学习方式的设计，使学习者能够自行选择适合自己的学习模式进行学习。

教师在该课程教学中采用了混合式翻转教学模式（图 6-4），结合实验室的先进设备，形成“观看太阳系概况（影片）”“认识八大行星”“观察八大行星”“体验八大行星”“互动讨论”“制作概念图”“互动游戏”七个教学活动模块，完整课程时长为 90 分钟。其中，“观看太阳系概况（影片）”“认识八大行星”模块为学习者自主学习阶段，其他模块为课堂环境下重难点体验式学习和交流互动。“观察八大行星”模块为学习者提供了 AR 识别卡，学习者可以利用使用的移动终端通过扫描 AR 识别卡的形式观察八大行星的特点。“体验八大行星”

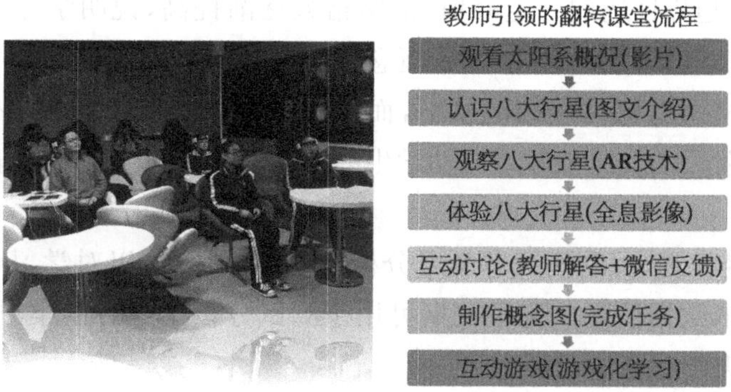

图6-4　翻转课堂教学活动设计

模块则利用实验室中的全息影像系统，为学习者呈现虚拟化的太阳系行星位置及运行特点，供学生观察。

在上课过程中，数字化实验室的大屏幕与弧幕适时呈现太阳系氛围图，为学习者营造沉浸式的学习环境。在“互动游戏”教学模块，学习者以答题的形式对此次课程学习的学习成效进行了检验。游戏化学习答题的正确率，客观反映出学习者的学习成效，以满分100分为评分机制，学生学习平均正确率为96.5。

除了对课程学习内容的学习成效评估之外，在课程结束后，研究团队组织学习者对此次的学习体验及课件设计进行以用户体验为核心的评价调查。调查结果显示，课程整体的满意度、易学性、美观度和学习效果都得到了较高的评价，满意度达85%，学习者普遍对利用新技术进行教学互动的学习模块显示出更浓厚的兴趣。

除了主观的用户体验调查数据之外，在现场教学的过程中，智慧学习分析与评估的脑波分析模块全程记录了学习者的脑电数据，作为学习体验的辅助数据支持。脑波分析通过EEG脑波测量仪可实时测量及评量出每位被测者的意识状态，如情绪、专注度、适应能力、反应能力等，以多元的评量方式，在没有其他主观因素接入的条件下，完成对被测者某种意识状态的评量。实验室的学习分析系统着重采集被测者的脑电数据，分析学习者的注意力和情绪指数，从客观数据角度呈现学习者的学习体验效果，学习者的平均注意力和情绪指数数据如图6-5所示。

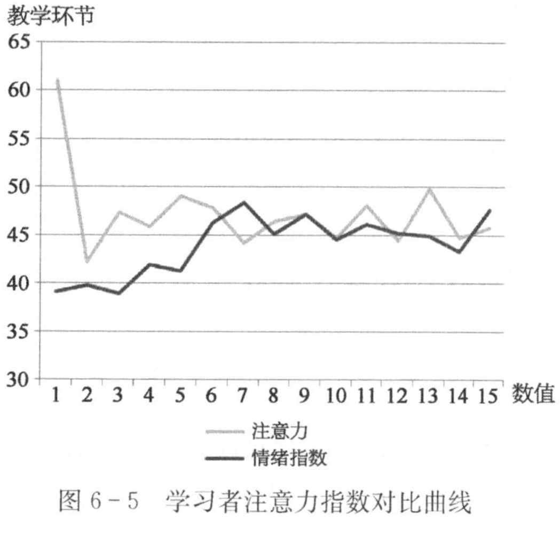

图6-5　学习者注意力指数对比曲线

通过分析学习者整体脑电数据变化趋势可以看出，在启动阶段时注意力较高，而注意力落下后有一个适应期。在课程开始的第一阶段自主学习中，初始阶段学习者注意力水平平均相对较低并逐步提升。随着课程教学的推进，在观察和体验八大行星阶段，学习者的注意力呈现上升趋势且达到一定峰值，情绪指数逐渐提高，说明学习过程引起了学习者的兴奋度提升。在随后的互动讨论、制作概念图、互动游戏等几个阶段，学习者各方面脑波数据都有波动，但注意力保持较高的水平，而情绪指数虽有波动，但整体处于相对稳定水平，说明课程各个阶段的安排能较好调动学生的积极性，注意力较高而情绪稳定，学习状态渐入佳境。

在整个学习过程之中，利用智慧学习分析与评估系统，可以对学习者的学习过程进行全程跟踪记录，获取数据信息。记录数据可用于测试分析学习者的学习行为，为其提供及时反馈，进一步提升学习者的学习效果。

(2) 眼动行为分析与学习：《汽车性能检测和故障诊断》课程。

该课程应用脑波仪器测试出学习者在观看PPT教学资源时的专注度以及放松度的变化曲线(图6-6、图6-7)，使用眼动仪则记录每个学生观看PPT教学资源的眼动热点图(图6-8)，了解学生在观看教学资源时的关注点。此外，还可以得出综合眼动热点图，对所有被试者的综合热点图进行整体分析(图6-9)。

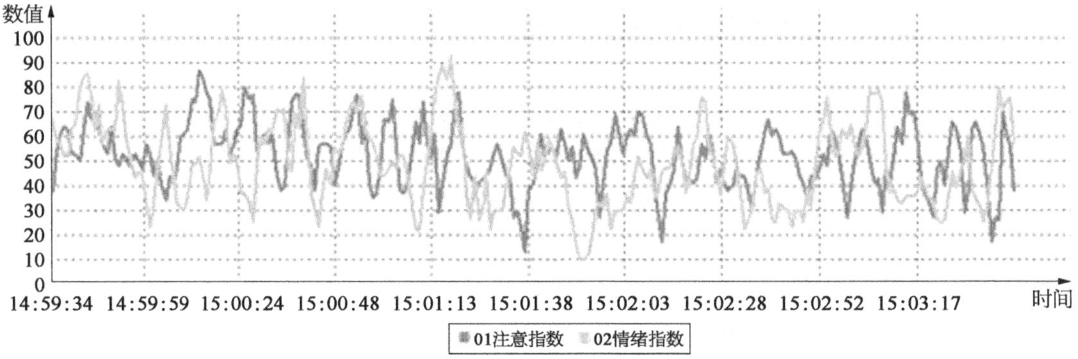

图6-6 某参与学生的专注度曲线

图6-7 某参与学生的放松度曲线

根据所有课程参与者的脑波测试数据、轨迹图和热点图显示，80%的学生注意力集中，PPT页面的所有要素都能被关注，且页面注视点较多，说明PPT整体设计达到使用要求，

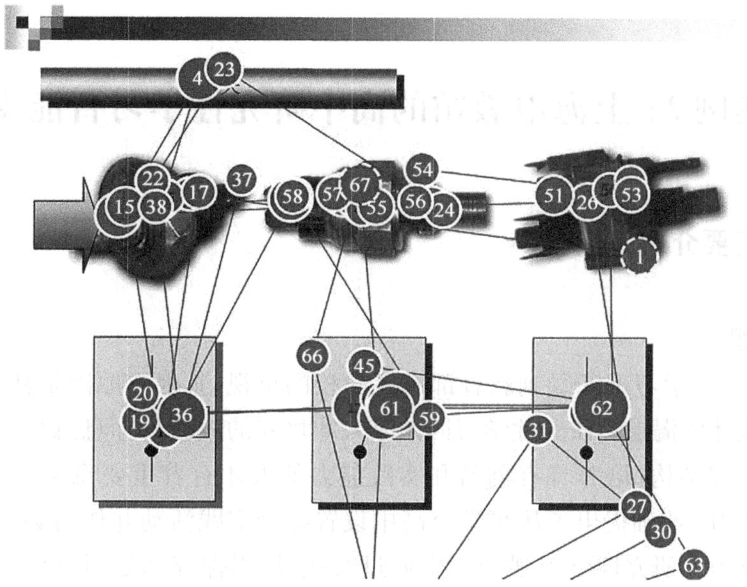

图 6－8　某参与学生的眼动轨迹图

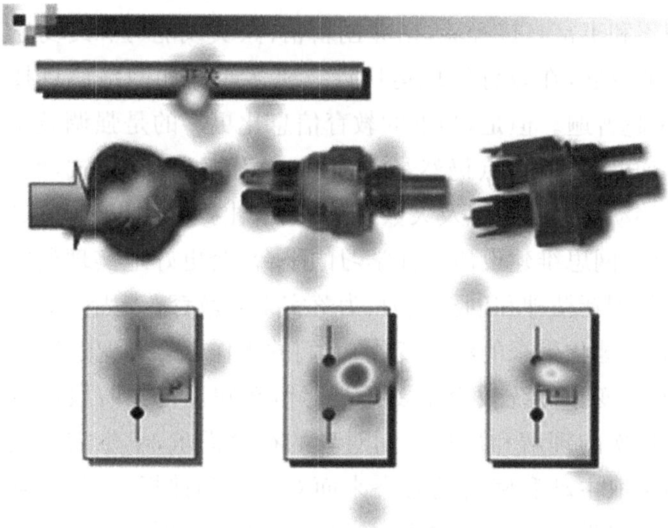

图 6－9　综合眼动热点图

可以有效吸引学生注意。若结合眼动仪加脑波测试，一方面验证了教学后的问卷调查结果，另一方面更为直观地显示学习者使用教学资源时的学习状态，作为评估教学资源可用性的参考依据。

该课程还根据脑波试验的专注度、放松度数据，可以看出 60％的学生注意力主要被视频吸引。同一场景不同被测学生的眼动热点图数据表明视频中的关键要素被 60％的学生眼睛集中注视。这从生理层面上反映出 PPT 教学资源的可用性较好，这与该课程的课后问卷调研结果一致。

6.4 案例2：上海电教馆的高中研究性学习智能支持系统

6.4.1 简要介绍

1) 发展背景

近年来，研究性学习不断受到教育部和各学校的重视，其根本原因是社会对于具备创新和实践能力人才的渴求。研究性学习同国家人才培养的战略目标息息相关，对于改变我国传统僵化的课程结构，培养具有创新和实践能力的人才有着重要意义。教育部在教基[2001]17号文件中，明确提出了从小学至高中设置综合实践活动并作为必修课程，其内容就包括研究性学习。研究性学习强调学生通过实践，增强探究和创新意识，学习科学研究的方法，发展综合运用知识的能力，增进学校与社会的密切联系，培养学生的社会责任感。在课程的实施过程中，加强信息技术教育，培养学生利用信息技术的意识和能力。通过亲身体验进行学习，积累和丰富直接经验，培养创新精神、实践能力和终身学习的能力。另一方面，随着信息技术的发展，在教育领域运用计算机多媒体和网络信息技术来解决教学中存在的问题变得越来越普遍。但是，当下的教育信息化更多的是强调教学过程中的教学设施、教学装备及教学辅助手段，重点仍然是在强调"教"的过程与方式，而没有真正从学生、学习入手。互联网、移动互联网技术及大数据的发展，让我们认识到互联网思维的力量；因此，基于信息技术、互联网思维建设研究性学习的平台，会更好地实现研究性学习的教学目标，更好地培养学生的创新精神和创新能力，为落实素质教育奠定坚实的基础。

随着信息技术和全球化带来的经济变化，人们的工作、学习和生活发生了变化，社会对人才的需求也在不断转变。传统教育主要还是停留在知识传授阶段而没有深入到内心世界，学生无法产生深层次的理解和反思。面对新的社会需求，学生需要发展新的思维模式来应对新挑战，同时采取主动和坚持的心态来面对困难和挫折。因此，基础教育需要改变传统教学模式，找到吸引学生学习的方式，重组课堂让学生更有动力地投入学习。研究性学习是一种情境学习方式，包括探究式学习、基于问题/项目的学习等，能够让学生在做中学并迁移所学知识，有效支持深度学习三大领域（即认知、自我、人际领域的高阶能力）的发展，有效的研究性学习不仅能改善学生的学习态度，还能让学生所学知识和技能保持时间更长；不仅有助于减少学生厌学，还能促进学生开展深度学习、培养高阶思维能力。鉴于此，研究型课程智能支持系统的研发旨在促进解决研究型课程实践中出现的问题，利用信息技术支持学校实施大规模研究型课程的教学、管理与评价，辅助学生开展个性化研究性学习，从而实现"互联网＋"和"人工智能＋"时代下研究型课程与信息技术的深度融合。

2）建设简述

2010 年以后，伴随着 MOOC 的快速发展，一些新在线教学模式出现，涌现出许多新术语，“MOOR”正是其中之一。MOOR（Massive Open Online Research）可翻译为大众开放在线研究课程。与 MOOC 相比，MOOR 实现了三个转变：由 MOOC 基于内容的向 MOOR 基于问题解决的一系列活动转变；由 MOOC 侧重于知识传播与复制向 MOOR 基于问题解决和知识建构转变；由 MOOC 强调视频、作业和测试等学习活动向 MOOR 强调创造、自治等转变。

经过多年的研究与实践，上海市电化教育馆研发了高中研究性学习智能支持系统（MOORS），辅助学生自主学习，为学生提供自适应的学习场，旨在解决学校开展研究性学习过程中所遇到的六个难题：① 管理困难，中学不是大学，由于缺乏专门的管理体系和信息化平台，如果所有学生都参与课题研究，如何有效组织和管理课程的实施，如何评价导师的工作，这些问题让中学深感困惑；② 导师不足，研究型课程要求教师具有较强的教学能力，而中学教师主要精力一般都在学科教学上，缺乏指导课题研究的经验和相关资源，容易在角色把握上造成缺位或越位，无论是研究型课程教师的数量还是质量，可能成为制约中学大规模开展研究型课程的因素；③ 资源匮乏，在研究型课程中，一名教师同时要指导几十名学生的课题学习，由于时间和精力有限，无法及时、准确地了解全班和个别学生的指导需求；同时，由于缺少教学实施参考，较少有典型研究报告范本可供借鉴，造成课程实施支持不足；④ 教法低效，部分教师对研究型课程的本质缺乏理解，在实施教学时无从下手，或是错误出手；大多数教师以“强调过程体验”为由来掩盖研究性课程实施不规范的现象，教师时常只重复讲授研究方法而忽略了对学生学习的深度引导和个性化支持，致使辅导水平不高、效率低下；⑤ 评价滞后，有的中学不知如何评价学生的课题研究活动，特别是评价学习过程，由于缺少过程性数据的记录、分析和呈现，教师无法及时准确地掌握研究型课程的开展情况，影响课程实施质量，造成时效滞后；⑥ 动力不足，学生不善于自己提出研究问题，大部分学生依赖教师提供课题或项目；同时，由于缺乏规范化的研究过程引导和专业指导，学生遇到挫折或获得成就时缺乏情感激励，容易降低学习积极性，从而对课题研究浅尝辄止或半途而废，造成研究水平不高。

MOORS 平台实现了“从以教为中心向以学为中心转变，从知识传授为主向能力培养为主转变，从课堂学习为主向多种学习方式转变”，有效引导学生学习，引导学生热爱学习，教会学生如何学习，在教的过程中最终达到“不教”的目的，最终提升教学效率，全面提升学生综合素质。

6.4.2 技术层面

1）系统设计

学习者通过交互界面进入 MOORS，平台根据学生的基本信息、多元智能测试和霍兰德职业兴趣测试来初始化学习者模型，根据预置程序性和方法类知识来构建初始的知识模型，从而为学习者推荐研究方向和学习资源，并提供研究流程引导和支持（图6-10）。智能信息感知与识别引擎能够主动感知学习者在MOORS上对文本、视频、图片等学习资源的操作数据和学生的社交数据，也能获取来自物联网技术（如传感器、摄像头等）提供的学习情境和学习者状态（如眼动跟踪、情绪感知等）来感知学习者的所处情境和研究进程等，一方面不断更新和完善学习者模型；另一方面，依赖智能推理引擎适时推送有效的学习资源（如系统预置的与方法论相关的微视频、动画、案例、文本等）和任务，从而辅助教师引导、激励和服务学生完成课题研究或项目设计。

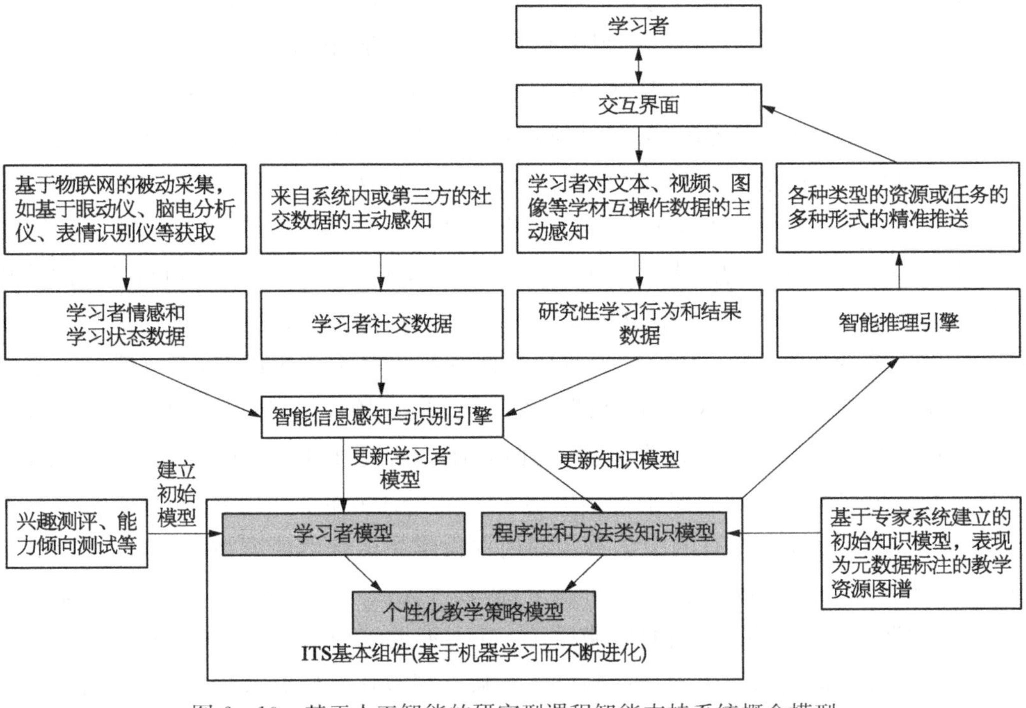

图6-10 基于人工智能的研究型课程智能支持系统概念模型

随着学习者在MOORS上不断深入地学习和研究，越来越多的学习者行为和结果数据被实时记录，不仅能够为大规模的研究性学习管理、服务和评估提供客观依据，还能基于智能技术（如机器学习算法）进行数据挖掘以实现学习者模型、程序性和方法类知识模型、个性化教学策略模型的重构和调优，促进系统不断进化，实现为学习者提供更精准的自适应学习服务。

（1）个性化学习者模型。学习者模型能够有效组织学习者的个性化信息，并基于这些信息进行数据挖掘以支持学习者建模和学习预测。目前，学习者模型研究多针对单一行为进行分析，而学习者在学习平台上表现出操作行为、协作行为、探究行为等多种行为，而且还存在认知和情感方面的表现。因此，在建构MOORS的学习者模型时，将学习者本征、学习情境特征、学习者偏好、学习行为特征和研学绩效等信息都描述其中，如图6-11所示，以

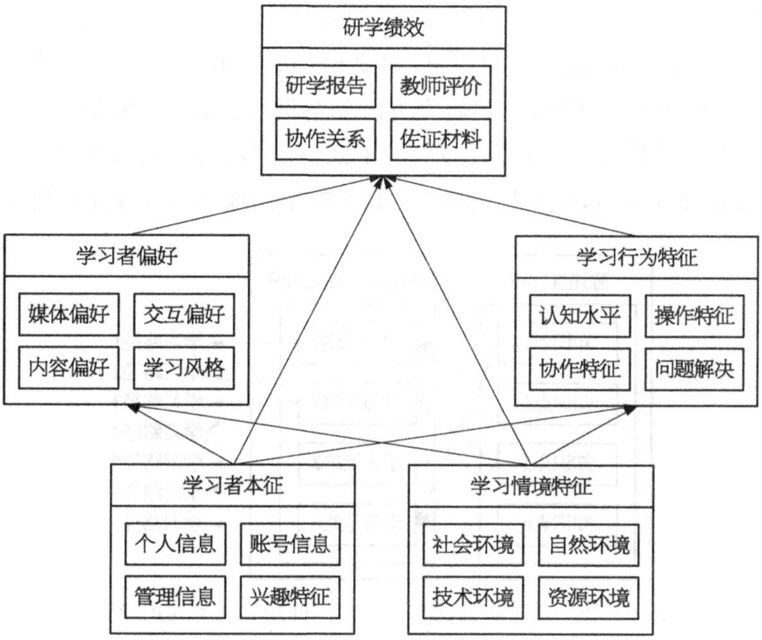

图 6-11　基于研究性学习的个性化学习者模型

便更全面地呈现学习者特征，从而更好地监督学习者学情和状态，为其进一步提供个性化学习服务和支持。

学习者本征是学习者的基本信息，其中兴趣特征的初始化来自学习者多元智能测试和霍德兰职业测试的结果数据，后面结合学习者的搜索和学习记录数据分析不断更新。学习情境特征是学习者所处环境的信息，这部分信息主要通过外面传感器感知和采集。学习者偏好是学习者的学习偏好，主要包括学习风格、内容主题、呈现形式等，通过分析学习者的学习行为获得。学习行为特征是开展研究性学习过程中的行为特征，主要包括学习者的认知水平、解决问题能力水平、操作行为和协作交流特征。研学绩效是学习者研究性学习的结果，主要包括教师的评价、报告及其材料、同伴关系。在具体设计过程中，个性化学习者模型主要参考国家教育部教育信息化技术标准委员会(E-learning Technology Standardization Committee,CELTSC)制定的 CELTS-11 学习者模型规范。

(2) 程序性和方法类知识模型。知识模型是解决现实问题时用到的知识类型和结构关系，包括知识的获取方法、表达模式、实现技术等方面，一般的知识模型重视学习者的显性知识。在研究性学习过程中，学习者的学习方式强调深度学习策略(如分析、综合和评价)，即实现知识的迁移。在传统课堂中，当教师把知识置于一定问题情境中，并要求运用知识解决问题时，学生就会变得不知所以然，这是因为学生只知道陈述性知识而缺少程序性知识。在研究性学习过程中，强调学习者能力的培养，程序性和方法类的知识对于学习者提出、解决问题和创新能力来说至关重要。因此，不同于一般的知识模型，MOORS 在构建知识模型时不再只关注具体科目的知识点(如陈述性知识)，而是针对高中开展研究性学习各阶段所需的各种方法性知识、研究背景知识和问题解决案例等资源进行征集和梳理，即强调为学习者提供程序性知识和方法类知识，如图 6-12 所示。程序性知识和方法类知识模型具有以下特点：资源内容多样，包括研究方法和案例，例如研究方法指导、微课、案例和电子课件等；形式多样，支持文字、视频、图片、电子课件等多媒体形式；质量高，课程资源均由专家和一线指导教师等编写，并严格遵守“三审三校”的编辑流程，确保其科学性和有效性。

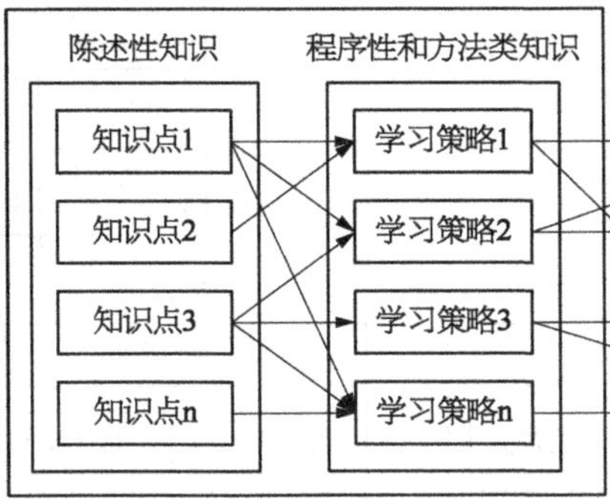

图 6-12　基于研究性学习的程序性和方法类知识模型

一般的知识数据库是按照知识点的线性关联，通过学习者对于陈述性知识点的掌握程度来推送相关资源。研究性学习强调程序性和方法类知识的数据库与其不同，强调的是技能类和方法类的知识，也就是每个知识点关联相应的学习策略和路径建议，是矩阵关联。因此，为了支持研究性学习个性化资源的匹配和推送，在构建 MOORS 的知识数据库时，通过对资源知识内容的细化与陈列，为每个知识点或资源分层、分类，构建为有层次结构和映射关系的知识谱图，针对每个资源标注学习策略和学习路径建议，通过学习行为分析和智能推理引擎，在资源推送时匹配相应的学习策略和学习路径，为学习者提供研究设计支架，及时给予研究过程中的引导支持。

（3）个性化教学策略模型。教学策略模型旨在通过预先设定的教学策略来为学习者提供学习引导和支持，MOORS 的教学策略主要是预置研究性学习规范化过程为学习者提供一般化的学习支架，并结合研究性学习行为分析模型，通过对学习者的学习行为进行分析，从而在研究性过程中匹配和推荐相应的学习资源、学习策略和学习路径建议（图 6-13）。

研究性学习活动内容主要包括一系列富有挑战性的复杂任务，涉及学生设计、调查活动、决策制定和问题解决等；让学生有机会在较长时间内相对自主地学习，并最终呈现真实成果（如报告、制品、论文等）。因此，通过对现有的研究性学习设计要素进行梳理，总结归纳出研究性学习的一般范式，其规范化流程，主要包括选择研究领域（可自选或系统推送）、问题产生、开始研究、文献调研、方案制定和实施、证实和证伪猜想、提交报告并上传相关材料。其中，在学习过程中，学习者可随时根据需求开展记笔记、讨论、分享等来支持学习的开展。

在研发过程中，研究性学习过程采用 JBPM 工作流控制，以便研究流程易于管理、逻辑流程更加清晰，覆盖了发起课题、课题研究方法指导、课题研究过程、课题审核、课题评价、

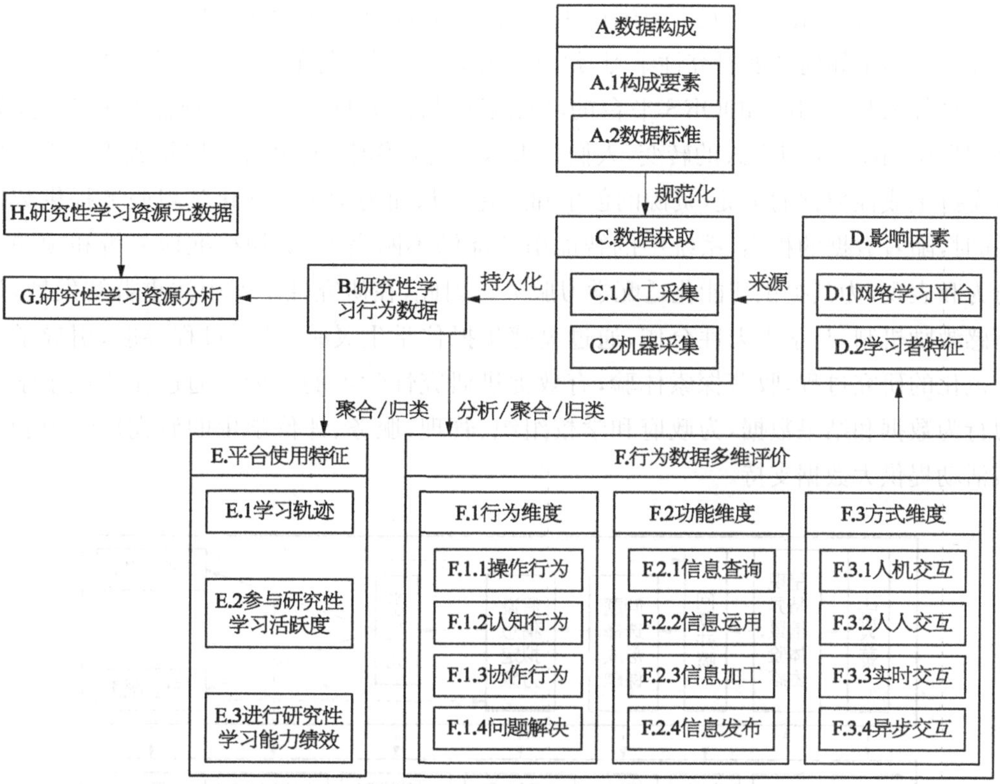

图 6-13　研究性学习行为数据分析模型

合作研究、课题研究进度等模块的设计，并采用 Lucene 技术将课题信息建立索引文件，结合学习行为分析技术，及时为学生推送个性化资源。基于规范化流程作为学习支架，学习者在学习过程中产生的一系列行为数据会被实时感知，这些行为数据经过抽象，形成了研究性学习行为数据分析模型，完成对问题空间的概念及其关系的准确表述。

研究性学习行为数据分析模型主要包括研究性学习行为数据构成、研究性学习行为影响因素、研究性学习行为数据获取方式、MOORS 使用特征、行为数据多维评价和研究性学习资源分析等模块。一方面，行为数据多维评价模型通过人工智能方法（如预测和聚类等）能够对研究性学习行为数据进行数据穿透，从行为、功能和方式等维度来为教育管理部门、学校、教师和学生等提供分析结果，并将结果反馈给学习者模型进行数据更新；通过对研究性学习行为数据进行聚合、归类和分析，支持发掘每个学生研究性学习行为的层次性和关联性，并且依托机器学习技术不断进化以发现更精准的研究性学习路径，完善个性化教学策略模型。另一方面，通过对研究性学习行为数据进行聚合和归类能够分析发现学习者的学习轨迹，用于行为预测，也可以支持学习者参与学习的活跃度和学习能力绩效的分析，为管理者和教师提供教学决策依据，为学习者的自主学习和自我监督提供服务支持。

2）架构设计

系统在实现过程中，充分利用互联网思维进行线上平台功能设计，线下整合各类教育资源，逐步建立智能化的研究学习辅助平台、优质的资源库、高素质的专家指导团队，有效引导并教会学生如何开展研究性学习，最终提升教学效率，全面提升学生综合素质。

经具体实践应用，MOORS平台的功能架构与研究性学习的常规流程相匹配，如图6-14所示。随着学习方式的转变，人们越来越重视合作学习，群智发展将成为常态。群智学习支持生成性数据的沉淀(资源的创生和进化)，从而为学生个性化学习服务提供数据来源；同时，随着数据的积累，系统中的智能引擎能够不断完善，更加精准地分析和预测学习者行为和表现，为其提供智能化适配学习服务。因此，在研究性学习中注重群智发展，设计了情感激励机制，与学生天性合作，通过灵感集抓住学生灵感；基于过程导航，引导学生经历规范化的研究过程，收获探索体验，有效促进研究性学习的开展。通过在线记录学生的学习行为数据和结果数据，为政府和学校组织、管理、服务、评价学生的研究性学习和创新实践活动提供大数据支持。

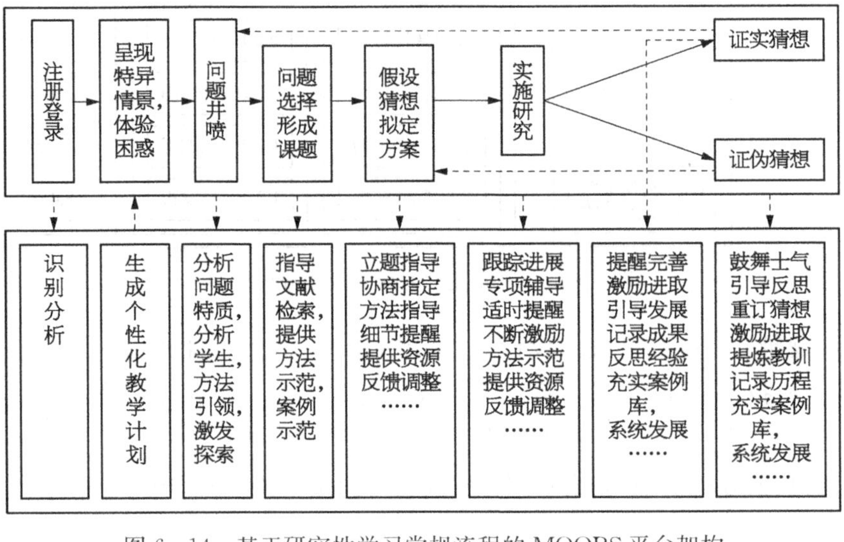

图6-14 基于研究性学习常规流程的MOORS平台架构

6.4.3 功能层面

基于网络的MOORS作为学校的教育教学平台，其主要作用就是给教师与学生提供一个开放式的研究性学习环境，利用互联网的高效、异步和分布式等特点，提高教师工作和学生学习的效率。MOORS是信息技术与教育理念的整合，完成对管理、组织、评价、教育教学等专门知识和经验的整合，形成规则化、形式化的知识工程。该过程使研究型课程的教育教学变成可以被计算机智能化模拟人类教育专家的工作过程成为可能，在系统开发的基础上通过大量的实践不断修改完善系统，不断扩展资源，积累案例，根据学生使用反馈，不断调整平台功能，促进平台本身的智能生长。

经过教育教学专家和知识工程的长期工作和大量的运用实现与修改，开发出能适应学生个性特征的、界面友好、资源丰富、运行智能、管理科学和操作方便的 MOORS 作为学生开展课题研究资料的来源、交流的媒介、认知的工具、管理的手段和组织的平台，促进了研究型课程的普及性开展，构筑了上海教育现代化的独具特色的“基础设施”，MOORS 功能结构如图 6－15 所示。

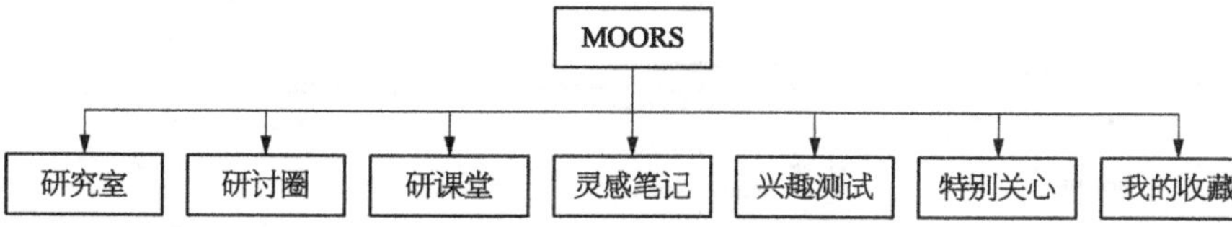

图 6－15　MOORS 功能结构图

（1）研究室。研究室是学生进行一系列研究性学习活动的场所（图 6－16），包括创建课题、选择组员、选择导师、课题管理、课题完成、分享到研讨圈和一键同步等，平台提供工程技术、自然科学和人文社会科学三个大领域的研究流程，包括工程学、生命科学、自然地理、物理、化学、数学、信息技术、自然其他、语言文学、历史学、人文地理、政治经济法律和人文其他 13 个小领域，通过科学的研究流程规范和引导学生的研究过程。指导教师在学生研究性学习的过程中不再是按部就班的加以传授，而是通过提供咨询、指导和引导等各种帮助，帮助学生自主寻找问题的答案，指导教师通过学生在研究性学习的过程中的表现，客观公正地对学生课题进行评价，并且上传佐证材料。校级管理员可实时查看学生和指导教师共同参与的研究性学习的进度和过程。

图 6－16　研究室页面图

（2）研讨圈。研讨圈是学生对自己研究性学习成果进行分享的场所（图 6－17），学生可在研讨圈中查看本校和本市学生分享的研究性学习报告，并可对研讨圈的研究性报告进行收藏、点赞和评论等操作，学生可通过研讨圈发现与自己有共同兴趣的同伴，进入更深层次的交流，以及通过研讨圈受到启发，确定想要研究的问题。

图 6-17 研讨圈页面图

(3) 研课堂。研课堂是为学生提供学习资源的场所(图 6-18)，“文本专区”提供文本资源，“微课专区”和“中国之最”提供视频资源，“校本资源”仅提供本校管理员上传的资源，学生可通过对资源的浏览、学习和观看对当前研究性学习进行整合，真正做到学以致用。

图 6-18 研课堂页面图

(4) 灵感笔记。灵感笔记是学生随时记录灵感的场所(图 6-19)，学生在学习资源和浏览研讨圈等时产生灵感后，可将灵感记录在灵感笔记里，随时查阅修改补充。灵感笔记提供笔记的分类及标签，同时可根据用户录入灵感笔记的标签进行匹配，进而进行同类资源的推荐，方便学生对比学习。设计实现搜索功能，可对自己的灵感笔记进行搜索，分为关键字搜索和标签搜索。

图6-19 灵感笔记页面图

（5）兴趣测试。MOORS采用加德纳的多元智能理论和相关评价量表为基础，结合霍兰德的职业能力倾向设计了两种测试霍兰德测试和多元智能测试（图6-20），学生可通过测试得到自己的职业兴趣评估结果，根据评估结果，学生可选择自己感兴趣的领域进行课题研究。

图6-20 兴趣测试页面图

（6）特别关心。学生可关注其他同学，可在"个人中心"的"特别关心"中查看自己特别关心的人员信息（图6-21），可向其他学生发送私信，并且可取消关心。

图 6-21　特别关心页面图

(7) 我的收藏。学生可在"我的收藏"中查看自己在"研讨圈"中收藏的研究性学习报告(图 6-22),可便捷地找到自己感兴趣的研究性学习报告,也可取消收藏,学生之间的收藏可起到一定的激励作用,并且提高学生对研究成果的分享兴趣。

图 6-22　我的收藏页面图

6.4.4　应用层面

每年 9 月左右上海市电化教育馆组织专家在上海各区开展培训,帮助各校教师了解该平台的使用,截至 2019 年 4 月 23 日,已为上海市 268 所中学开通服务,总计 58 219 个用户使用平台,其中学生用户 52 692 人,指导教师 5 259 人,学校管理员 268 人,平台总计 45 219

个课题，其中42 982个课题为团队合作，2 237个课题为学生独立完成，参与课题人数为30 399；平台总计3 612个灵感笔记，收到用户反馈311条，学生分享了2 509个课题至研讨圈，学生收藏课题459个。

（1）有效辅助学校管理研究型课程。教育管理者可以随时了解全校师生研究型课程的参与情况，包括谁和谁一起、在谁的指导下、在做哪类研究、进展情况如何、需要哪些支持和帮助等。同时，管理者也可以便捷掌握教师工作和学生学习的情况。通过调查表明，在使用该系统前，上大附中、吴淞中学等学校平均每年有30余人参与20余项课题，实施后，每年有600余人参与400多项课题研究，并逐年提升。课程开设率提高了80%以上，有效促进了研究型课程的开设率。

（2）有效辅助教师开展研究型课程教学。通过自适应推送学习资源和任务，减少教师的重复讲授，从而让教师有更多时间和精力指导学生的个性化和深度学习，促进学生研究水平的提升。通识、通法和通用技能的教学完全外包给信息系统完成，从而减少教师70%以上的备课时间；教师也可以使用该系统组织课堂教学，现在一个教师可以管理全校上千名学生的课题研究，也有更多教师参与进来，提供跨学科知识领域的学习指导和帮助。以吴淞中学的调研数据为例，系统的应用能够有效促进研究型课程的开展，具体如表6-1所示。

表6-1 研究型课程智能系统运用前后效果对比

研究型课程开展状况	使用MOORS前	使用MOORS后
学生投入时间（人均）	0.5小时/周	3.5小时/周
学校管理耗费的工作时间	较多	较少
学校管理的便捷性	烦琐	方便
学校对研究型课程的评价	不能及时完成，缺乏客观性	能及时完成，定性与定量相结合，过程与结果相结合
教师角色	课程组织、方法指导、情感激励、管理评价	情感激励、定性评价学生的课题研究，解答系统无法回答的具体问题为主
教学形式	班级授课、社团活动为主，共性教学为主	社团活动为主、个性化服务为主，基于系统分析的针对性教学
交流展示	不方便，难以组织	方便，随时展示
学生成就感	弱	强
信息来源及便利性	较少，不方便	多，方便
问题解决和反馈的及时性	不够及时，有时找到教师就忘记了要问什么	随时反馈，只是有一些更具体的问题需要现实中的教师解决
解答问题的方式	教师经常给出答案	不直接给出答案，而是提供资源或方法指导，让学生自己寻找答案
资源的整理	大量的记录资料，不便于保存	系统自动给予归类到相应的文件夹，便于随时整理和调用

(3) 变革资源共享新方式。该系统突破传统教育资源配置结构，推广了稀缺的专家教学资源，促进了优质教育资源的普惠推广。项目共开发了 2 680 分钟的研究型课程教学微视频或动画，方法指导案例 150 万字，优秀研究报告实例 106 个，这些资源经元数据标注后，构成了研究型课程教学资源知识图谱，通过智能推送，可以让金山区、崇明区的学生和七宝中学、交大附中的学生一样，随时得到教育专家提供的教学指导，从而抵消因为地域、经济水平带来的教育不公平，创造了全新的优质教育资源供给方式。

(4) 沉淀大量研究型课程过程性和结果数据。2017 年，该系统有 2 000 多个课题数据一键同步到上海综评系统，成为学生综合素质评价"创新精神与实践能力"模块信息的组成部分，为上海高校自主招生提供实证参考，支持"两依据一参考"的高考改革，促进教育治理现代化，并将在教育规律挖掘和人才发现等领域持续发挥效应。

◇参◇考◇文◇献◇

[1] U. S. Department of Education, Office of Educational Technology (2012). Enhancing teaching and learning through educational data mining and learning analytics: An issue brief. Washington D C. [EB/OL]. [2019-03-31]. https://tech.ed.gov/wp-content/uploads/2014/03/edm-la-brief.pdf.

[2] EDUCAUSE(2019). 2019 Key issues in teaching and learning. [EB/OL]. [2019-03-31]. https://www.educause.edu/~/media/files/educause/eli/eli2019keyissuesinfographic.pdf?la=en.

[3] EDUCAUSE(2019). Horizon Report: 2019 Higher Education Edition. [EB/OL]. [2019-04-25]. https://library.educause.edu/resources/2019/4/2019-horizon-report.

[4] 方海光(2016). 教育大数据：迈向共建、共享、开放、个性的未来教育[M]. 北京：机械工业出版社.

[5] 智园教育研究院(2017). 横看成岭侧成峰，教育数据分析的角度. [2019-04-26]. http://www.wisdomgarden.com/resource/news/303.

[6] 智园教育研究院(2017). 见树又见林，教育数据分析的框架. [2019-04-26]. http://www.wisdomgarden.com/resource/news/300.

[7] 曹培杰，余胜泉. 数字原住民的提出、研究现状及未来发展[J]. 理论探讨，2012(4). doi: 10.13811/j.cnki.eer.2012.04.012.

[8] 杨现民，田雪松(2016). 互联网+教育：中国基础教育大数据[M]. 北京：电子工业出版社，2016.

[9] 智园教育研究院(2017). 云平台来了，教学与科技谁才是主角? [2019-04-26]. http://www.wisdomgarden.com/resource/news/306.

[10] Brame C J, Biel R(2015). Setting up and facilitating group work: Using cooperative learning groups effectively. [2019-04-30]. http://cft.vanderbilt.edu/guides-sub-pages/setting-up-and-

facilitating-group-work-using-cooperative-learning-groups-effectively/.

[11] 上海教育博览会组委会(2018). 互联网+教育：教与学的变革[M]. 上海：华东师范大学出版社，2017.

[12] 孙林宏证(2017). 游戏与学习(Games and Learning)：常见用语与基本介绍. [EB/OL]. [2019-04-30]. https：//chinese. classroom-aid. com/2017/04/games-and-learning-terms-and-introduction. html/.

[13] Sun-Lin H-Z, Chiou G-F. Effects of gamified comparison on sixth graders' algebra word problem solving and learning attitude[J]. Educational Technology & Society, 2019, 22 (01): 120-130.

[14] Maureen T. Outcomes-based approach to quality assessment and curriculum improvement in higher education [J]. Quality Assurance in Education, 2014, 22(02): 158-168. doi: 10.1108/QAE-09-2011-0059.

[15] William S(1994). Outcome-Based Education: Critical issues and answers. Arlington Virginia: American Association of School Administrators.

[16] Gardner H(1999). Intelligence reframed: Multiple intelligences for the 21st Century. New York, NY, US: Basic Books.

[17] Richez Y(2018). Corporate talent detection and development (Innovation, Entrepreneurship and Management). Hoboken, NJ: Wiley Publishing.

第7章

教育大数据与校园管理应用

大数据作为一项颠覆性的技术革命，不仅成为影响政治、经济、社会和文化的重要因素，更对教育改革与创新产生直接而深远的促进作用。教育大数据给高等教育、基础教育、职业教育等领域的校园管理也带来了前所未有的发展机遇，有助于提高校园管理效率、提升校园管理质量、支持教育决策等，对于推进校园管理从经验型、粗放型、封闭型向精细化、智能化、个性化、可视化等转变，乃至校园管理的模式改革都具有重要意义。

本章以天津市和平区的中小学智慧校园建设与管理，以及上海大学基于大数据的决策支持系统为例，探讨教育大数据在校园管理中的应用。

7.1 教育大数据背景下的校园管理

校园是教育大数据生成、汇聚、融合的主要阵地，无论是高校、中小学，还是各类职业院校，都在不断生成、流动着海量的数据。这些数据有的来自学生，如学生的学籍信息、成绩单、图书借阅数据等；有的来自教师，如教师的薪酬、任教课程、教学资源、科研项目及经费应用等；还有一些诸如校园资产等数据。大量的数据离不开校园的管理，然而各级各类校园在多年的运行过程当中，虽然已经建立起了较为完善的校园网、信息系统管理模式，积累了大量教学、科研、生活、休闲、运行管理等方面的业务数据，但校园管理却依然面临着许多的困境。比如各类管理信息系统如办公自动化、资产管理、档案管理等之间缺乏有效整合、数据孤岛林立、缺少统一的数据标准与规范。

大数据是观察人类社会的“显微镜”“透视镜”和“望远镜”，可以跟踪处理学校管理与发展中不易被察觉的细节信息，可以通过数据融合发掘数据背后的本质信息，为科学决策提供支持。学校承担着对学生管理和培育的职责，通过大数据提升对于学生管理和教育的有效性，有利于更好地规范服务行为，更好地服务育人。在大数据时代背景下，如何以大数据为契机提升高校、中小学、职业院校等各级各类校园的管理水平，是当下亟待深入思考与践行的问题。我们应当及时更新发展理念，建立科学的基于教育大数据分析的校园管理模式，使我国的校园管理能够顺应时代发展潮流，真正实现教育大数据助力教育理念更新、管理模式变革、教育体系重构。

7.1.1 校园管理面临的挑战

随着技术日新月异地发展，高校、中小学、职业院校等各类校园的数据量呈爆炸式增长，而且数据信息的交互、共享与开放程度持续加快，在这样的背景下，校园管理面临着一些新的挑战。将大数据应用于校园管理，改善校园管理的现状，提升校园管理水平，将校园建设成为兼具泛在的智慧教学、创新的科研环境、高效的校务管理、方便周到的校园服务等特征的新型校园，是时代发展的趋势。

1）校园管理质量与效率有待提高

校园是个极为复杂的系统，包含很多要素，如学生、教师、教育管理人员、后勤服务人员等，还有教室、图书馆、实验室、办公室、校园广播台、校园电视台、各职能部门、各教学部门等。校园管理任务繁重，头绪繁杂。20 世纪 80 年代以来，信息技术开始应用于校园的各项管理工作中，各种信息系统逐步在各级各类校园中建立起来，在数字化校园的建设中发挥着积极的作用。然而，毋庸置疑的是，很多学校的数字化建设还刚刚起步，信息设备以及教育教学管理系统建设还相对薄弱与滞后，存在一些共性问题。比如一些校园管理的信息化体系仍然有待完善，仍需要投入大量的人力成本，如频繁的数据录入、导出、统计、更新、报表制作等大多数管理工作仍需要人工完成，工作任务繁重。很多学校的主要管理方式仍是纸质化与半信息化，管理工作过于程序化。比如某高校，大学生请假需要去办公室找辅导员当面写假条；社团审批活动需要交信息表、教室审批表等一系列纸质材料，并需要签字盖章；学校的通知流程是校级管理者传递给院级管理者，院级管理者传递给分团委，再传递给辅导员，然后是学生会，再者是班干部，最后才是学生。这些复杂烦琐的过程使信息传递的时间变长，效率也不高。此外，校园的管理者与学生之间的信息沟通渠道相对较少，不同层级之间的信息资源不能共享，这使得校园管理工作的效率降低。这些大量且低效的校园管理活动，显然已经不合时宜。另外，对教育数据的使用，大多停留在简单的统计分析阶段，未对教育数据做深度挖掘。

2）规划与设计缺乏系统思维

校园的发展离不开全局性、统筹性的顶层设计与规划决策。要实现校园管理的信息化，就必须做好整体设计，谋划好融合好教育教学管理的各项技术与内容，构建好涵盖校园方方面面的系统性平台。《国家中长期教育改革和发展规划纲要(2010—2020 年)》明确提出要“推进数字化校园建设”；《教育信息化十年发展规划(2011—2020 年)》也明确提出“大力推进职业院校数字校园建设”“加强高校数字校园建设与应用”“制订中小学校和中等职业学校数字校园建设基本标准”等。在国家政策的引导下，也在学校教育信息化深度发展的需求下，很多高校、中小学、职业院校都纷纷加快了数字校园的建设。然而，数字校园是一种典型的人造系统，其建设是一项极其复杂的系统工程。规划与设计在数字校园建设的整个过程中占有很重的分量，往往需要投入大量的时间和精力，探索适宜的校园管理方案，既能真正体现学生和教师的主体地位，又能较好地提升教育管理质量与水平，这样就能同时满足学生、教师、教育管理者等用户的需求。由于系统思维的缺失，在制订数字校园发展规划与建设实施方案时容易出现顾此失彼的现象。这方面的表现有：有的学校所采用的技术与使用的媒体很“炫”，但在提升教育管理质量与水平、支持教与学等方面的功能较弱；有的学校建设的管理应用系统，要么大而全，模仿其他学校的应用系统的建设方式，要么直接采用公司开发设计的应用系统，未结合学校的实际情况做本地化处理；有的学校只关注校园管理的当前水平，未考虑校园管理的长期可持续发展。这些做法，导致一系列的问题出现，如信息化工作缺少全局性、统筹性的指导方案及信息化专业人员梯队、缺少对各类数据源的有效整合等。

3）数据孤岛需要打通

我国的数字化校园建设虽已发展多年，形成了相当完备的管理体系，但由于顶层设计缺失与历史等原因，以功能划分的部门各自为政，学校各部门之间相对独立，数据各自保管存储，对数据的认知角度也可能存在不同，最终导致数据之间难以互通。还有些学校，由于业务及职能交叉管理的需要，内部业务系统存在着不同类型、不同版本的信息化管理系统，比如人事部门用OA系统，教务处用教学管理系统，财务处用财务管理系统，科研处用科研管理系统，使得数据来源的入口较多，造成各部门之间的数据始终缺乏有效整合，数据无法联通、不能共享。“我们拥有海量的数据，可这些数据之间却并没有连接”，这说的就是数据孤岛。数据孤岛又分为逻辑性数据孤岛和物理性数据孤岛。逻辑性数据孤岛指的是不同部门站在自己角度定义数据，使得相同数据被赋予不同含义，加大了跨部门数据合作的沟通成本。物理性数据孤岛则是数据在不同部门相互独立存储，独立维护，彼此间相互孤立。各组织各部门的“协调与合作”严重制约着数字校园的建设与功能效益的发挥，这是校园管理所面临的挑战之一。

4）数据标准有待统一

数据标准与数据规范是校园管理在顶层设计阶段的必要性步骤。在全局规划的环节中，应充分考虑各类业务需求，制定并规范合理化的数据标准，从而为后期流程化的业务建设奠定夯实的基础。然而事实情况却是，在很多学校的内部，不同业务部门所应用的管理系统不统一，加之管理过程和管理系统的规范标准缺失，使各个系统间的兼容性和集成性成为问题；学校为求快速发展，进行分散开发或引进的应用系统，往往也不会考虑统一数据标准或信息共享问题。所以，由于数据采集融合技术的缺失，往往依靠各软件原厂商研发数据接口才能实现数据互通，不仅需要投入大量的时间、精力与资金，还可能因为系统开发团队不在、源代码丢失等原因出现死局，数据采集融合实现难度极大。这些系统在开发之初所存在的设计目的和具体的支持流程，已经慢慢在工作当中被淘汰，同时这些老系统也丧失了原本的支撑作用，无法更好地服务于校园管理工作的开展。数据质量差、数据标准不统一、数据融合困难，严重地制约了校园管理数据的整合与共享。

7.1.2 教育大数据给校园管理带来的变革

大数据是技术发展到一定阶段的必然产物，教育大数据在教育现代化进程中发挥着不可替代的重要作用。大数据技术和校园管理的结合，成了打通数据孤岛、打破部门之间信息壁垒的利器，有助于优化教育资源配置，推动校园管理方式的更新变革，走向数据驱动的管理，提高校园管理效率，提升校园管理质量，能使师生体验到更加便捷、体贴的服务，支持教育决策，加速提升校园的信息化水平，实现校园管理智能化的转变。

1）走向数据驱动的管理

在信息技术革命的冲击下，传统的教育管理正逐渐向数据驱动的管理方向发展，过去以人工为主的管理操作，将转移到以信息技术为基础的管理平台上。随着大数据技术在教育领域应用探索的快速推进，数据驱动逐步成为大数据时代主流的范式，并呈现出科学化、精准化、智能化及个性化四大核心特征。为了提升教育管理的水平，使教育管理从“人管、电控”走向智能管控，需要建设统一的“数据管理平台”或者叫“数据中心”，通过一个平台连接所有系统的数据，打通系统间的孤立状态，最终效果是在一个平台上管理所有的数据，进行各项业务的分析。对校园各业务部门的需求进行智能处理，提供资源配置、数据集成、信息管理、运行状态监控、教育质量监测等业务支持，实现教育的智能决策、可视化管控、安全预警和远程督导。在大数据驱动的校园管理、决策过程中，数据更为充分，且可以通过更为深层次地挖掘出大数据的内涵，提取出更为深入和准确的洞察信息，以及对不同决策进行比较选择，降低了个体在决策过程中的介入和参与，从而减少个体因为经验、情绪以及信息不足而导致的偏差，使得决策更为客观。此外，更为客观、透明的决策也可能将得到更多人员的信任和支持，从而提升决策的效力和执行效果。

比如，李有增等构建了校园大数据平台，该平台具有如下功能：① 从不同异构数据源同步数据的能力，例如学校各部门系统的建设技术方案和技术路线不尽相同，需要有能力汇聚数据且方法简易可行；② 向异构数据源共享数据的能力，能适应学校各部门的不同需求，根据共享数据的分类用不同的方式共享数据；③ 易于在线扩容的能力，在建设初期的投入成本可控，随着项目后期需求的增加，容易扩展系统容量和处理能力；④ 处理海量数据分析的能力，例如能基于海量一卡通消费信息统计分析出学生的用餐、打水、洗澡等行为规律，从门禁数据中分析出行异常行为，以便更好地服务；⑤ 进行海量数据挖掘的能力，例如能挖掘出具有异常行为特征的学生之间的关联关系和关键重点人群的联系网络图；⑥ 海量数据查询检索的能力，例如提供基础数据给学校各部门查询检索，能支持同时几千人在线查询；⑦ 支持实时流数据接入与分析能力，例如根据门禁刷卡数据和人脸识别数据分析人流密度变化与预警等；⑧ 平台有开放性，能支持各种主流标准接口，例如标准 SQL2003 和 PL/SQL 便于应用开发和应用移植。该校园大数据分析平台见图 7-1 所示。

李国庆结合职业学校的特色，基于“两个体系”（ICO 组织体系保障、信息化制度体系保障）、“五个层面”（基础网络层、大数据层、融合服务层、终端设备层、智慧应用层），构建了职业学校的校园大数据平台，如图 7-2 所示。

2）提高校园管理效率

大数据在提升学校管理效率方面具有独特的优势。通过建设以全局数据为基础的数据平台，可以有效消除信息孤岛，各职能部门可以通过该平台方便地获取其他业务部门的数据信息，通过对数据的交换、共享、分析、挖掘，为学生、教师等提供更加完善的服务，为校

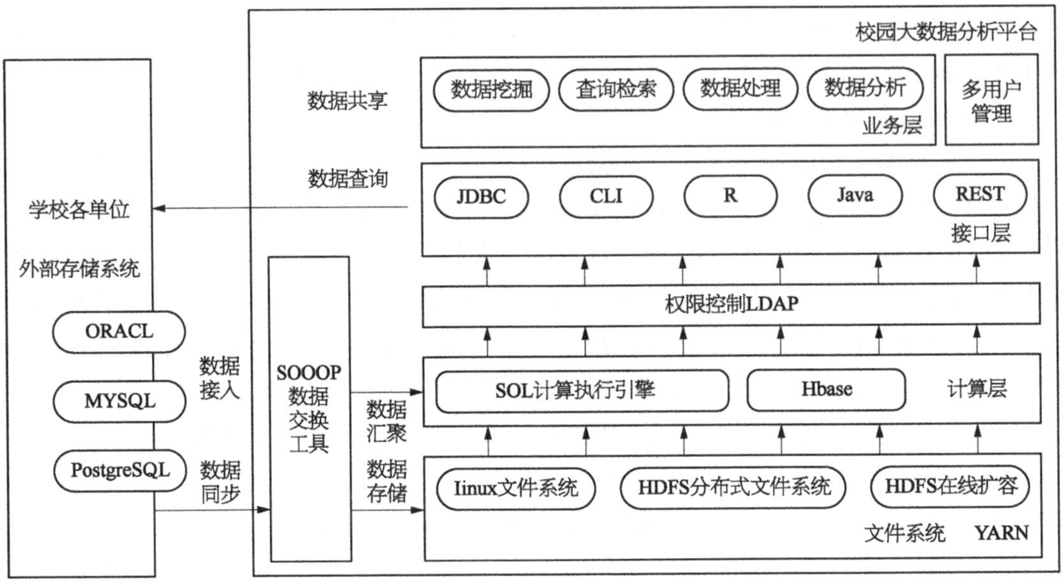

图 7-1　校园大数据分析平台

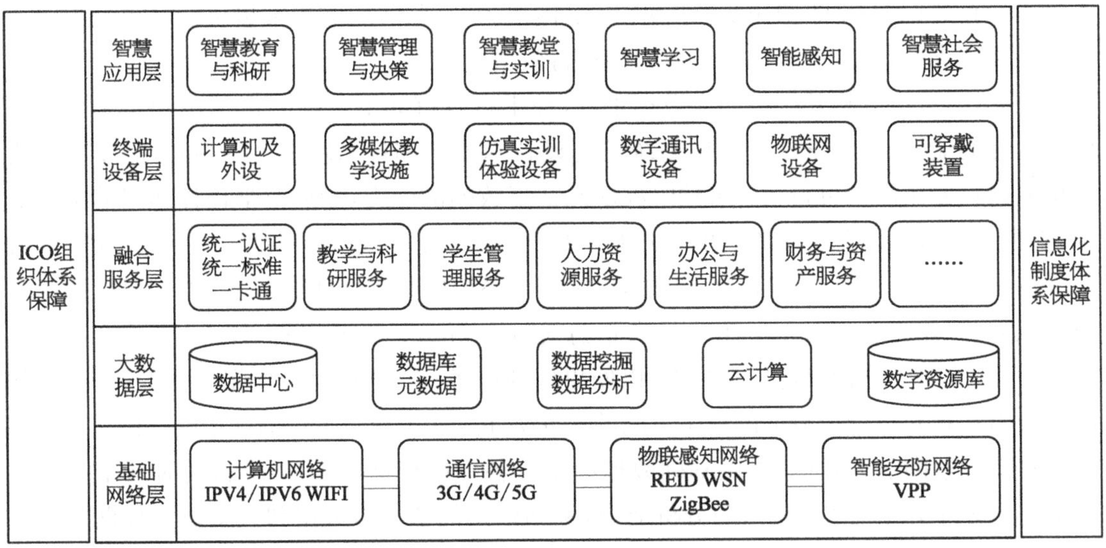

图 7-2　职业学校的校园大数据平台

园建设以及科学管理提供重要的依据。在管理的过程中，大数据管理系统会自动处理各种教育的数据，并得出相关结论和信息反馈，从而提高管理的自动化程度，节约人力、物力、财力。管理自动化的全面普及，将精简管理流程，节约管理成本，保证对突发事件的及时反馈，最大限度地提高教育管理效率。大数据在校园管理中的应用，一方面避免了由于人为因素所带来的管理漏洞与疏失；另一方面则将管理者等人员从繁重的重复性劳动中解放出来，能够更多地发挥人在管理中的创造力，提升教育管理的水平。比如浙江大学通过对资产的归纳、整理，最终形成权威、全面的资产数据，并基于资产数据提供数据查询和分析服务。再如统一的学籍信息系统包括学生的入学、转学、休学、退学等相关数据，可以实现对学生数据全面、实时地采集、监控、更新与分析处理。学籍信息系统还可以与家庭收入、户籍、医疗、保险、交通等数据系统进行关联分析，有助于及早发现与预测学困生、择校生等需要进行教育帮助和干预的学生，进而提供针对性的教育管理与支持服务，保障每位学生平等接受优质教育的机会。

3）提升校园管理质量

大数据在提升学校管理质量方面具有独特的优势。数字校园虽然解决了校园日常管理信息化问题，但因为信息系统相互孤立、数据不能互联互通，导致多部门管理流程的不协调、不通畅，校园管理质量不高。大数据在校园管理中的应用，与人工智能技术、增强现实技术等相结合，通过构建覆盖学校的数据平台，为学校各部门、院系开展教学、科研提供人、财、物管理的整合统一、深入广泛的信息化支撑和协同的校务管理支持，实现校系间、部门间业务协同；为师生个人的信息关联、学校各级管理部门间业务协作提供有力的信息技术支持；为全校师生提供个性集成、多维度、全方位的贴心信息服务；利用物联网、射频识别(RFID)、GPS全球定位等技术，能够将各种教育装备与互联网连接起来，进行智能化识别、定位以及实时监控管理与对比分析；对教育基础设施、教育信息系统、教学活动管理、资源配置以及一些教育热点和难点问题进行动态监测与分析，对各方面的安全运行状况进行实时监控与预警，预防教育危机；为各部门日常业务管理及对外数据上报提供统一的、分级分类授权的统计报表，提供科学的决策支持。总之，大数据在校园管理中的应用，为学校教育教学、高素质人才培养、高端人才引进、学术科研创新等战略管理决策提供科学的数据支持，有效提高教育管理质量。比如清华大学对学生成长类的数据进行分析，针对进校时成绩很优秀的一批学生，追踪其在大学四年的各种数据，观察其成长路径，或者对毕业时表现很优秀的学生进行追溯。再如，智能校园餐饮设备、人脸识别应用系统、节约型校园节能监管平台等，与大数据结合后大大提升了校园后勤管理的质量。

4）支持教育决策

美国著名管理学家赫伯特·西蒙道出了管理的真谛："管理就是决策"。传统教育管理者往往是根据自己本身的经验做出决策，缺乏科学的数据支持。虽然我国教育管理信息化建设初见成效，也积累了一些教学数据、师生个人信息数据，但在支持决策方面还需要大数据的帮助。大数据作为一种重要的信息资产，可望为人们提供全面的、精准的、实时的商业洞察和决策指导。杨善林院士指出，大数据的价值在于其"决策有用性"，通过分析、挖掘来发现其中蕴藏的知识，可以为各种实际应用提供其他资源难以提供的决策支持。在基于大数据的校园管理过程中，管理者可以尽可能多地获取与教育教学相关的信息(如学习者绩效、学生出勤率、入学/转学/辍学率、家长反馈、学区内的成绩分布以及资源分布、政策、人才供求、教育动态等)，整合各种数据资源，借助相应的数据挖掘工具从海量数据中获取核心关键信息，进行科学统计与分析，发现隐藏的关联规律，依据智能诊断和分析结果，为管理人员和决策者提供及时、全面、准确的数据支持，提高教育管理与决策的科学性，避免经验主义错误，从而推动教育事业持续、健康、和谐地发展。比如一些高校已经建立起了学生画像、学生行为预警、学生家庭经济状况分析、学生综合数据检索、学生群体分析等功能应用，由面向混杂群体变为面向特征群体管理，更好分辨学生在专业学习或就业方向上的潜能，为学生提供个性化的管理与培养方案。

7.2 基于教育大数据背景下的校园管理应用模式

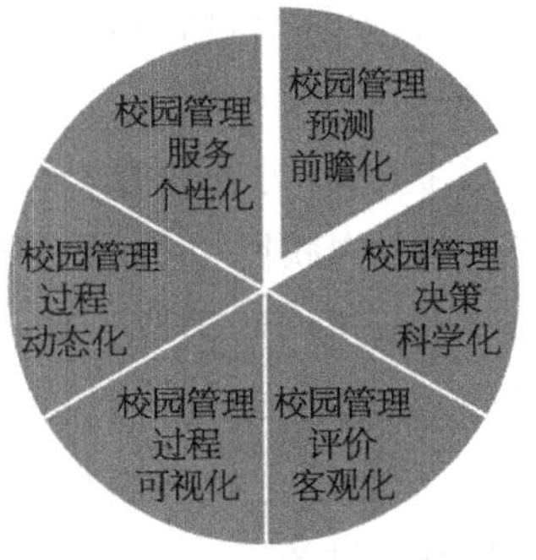

图7-3 大数据背景下校园管理的特征

大数据时代下的校园管理工作有着自身的特点，总结起来具有以下几个方面：校园管理预测前瞻化、校园管理服务个性化、校园管理过程动态化、校园管理过程可视化、校园管理评价客观化、校园管理决策科学化等，如图7-3所示。

1）校园管理预测前瞻化

大数据带来校园管理的特征之一，就是预测前瞻化。结合可穿戴设备、移动智能终端（手机、平板）、人工智能技术等，通过校园"一卡通"数据、校园网络监控数据、基础教务数据等数据源收集大数据，对学校的各类人员尤其是学生的互联网行为记录、学习行为记录、社会活动行为记录等进行分析，可以提前预测学生在学习、行为、生活等方面的可能发展趋势，以便提前采取相应预防措施，从而建立"信息收集、聚焦预测、科学评价、即时干预和及时反馈"的管理工作流程。美国个性化教育服务公司Desire2Learn利用其分析平台"学生成功系统"，可以提前几个月精确预测学生的期末考试成绩大数据让管理预测前瞻化。

邓逢光等采用主流的Hadoop开源平台架构，建构了学生校园行为大数据分析预警管理平台系统，对学生行为进行预警安全管控，实现了学生管理手段的信息化，提升学生教育管理科学化水平。该系统可以通过校园一卡通各个终端机收集到海量的数据，并且针对具体的教学应用场景进行分析建模。通过大数据技术分析一卡通系统中的上课考勤、实验室出入和宿舍门禁等刷卡记录情况，建立学生行为表现预警系统，记录所有在校学生的迟到、早退和旷课次数、体育训练、参加公益活动、课堂测试成绩等数字化信息，达到设定值系统就会自动预警，管理者和辅导员可以根据预警情况及时做出响应和判断。该平台采用"1+1+4+N"的总体功能架构设计：1个校园基础数据源；1个大数据基础运行平台；4大平台（数据采集存储平台、综合分析挖掘平台、智能预警平台、安全运行管控平台）；N大应用（智能预警、数据挖掘、多维分析、关键指标、专题分析等）。系统将校园大数据学生行为分析中心的4大平台体系分成"3+1"结构，即数据采集与存储平台、分析与挖掘平台、监测与决策平台，以及覆盖整个系统的安全管控平台。该平台功能架构参见图7-4。

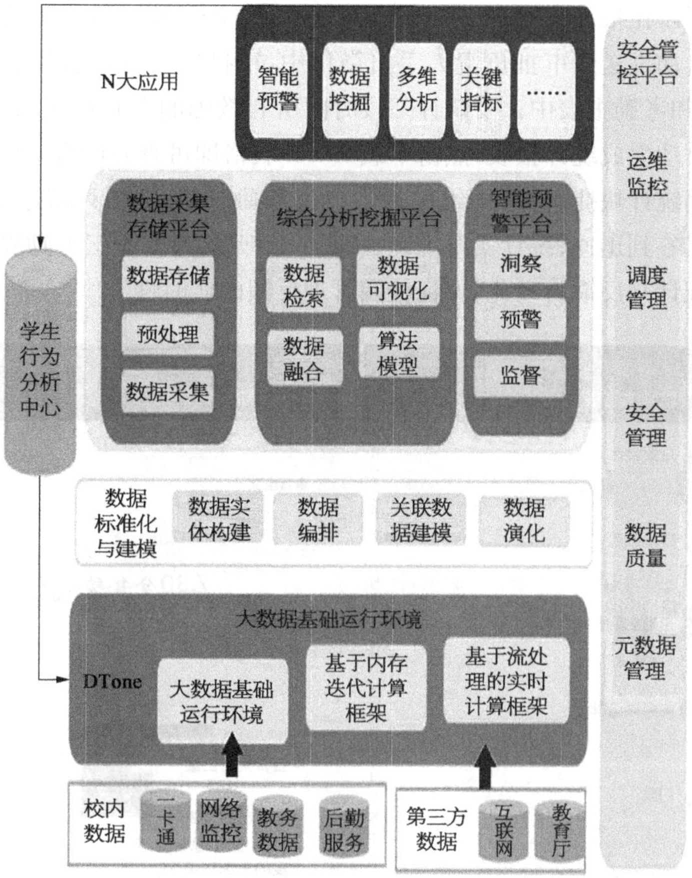

图 7-4　基于教育大数据的学生校园行为分析预警管理平台功能架构

2）校园管理反馈实时性

传统的校园管理模式以静态为主，一切按部就班，按照程序办事，而根据环境、学生、教师的变化随时动态调整的管理策略明显不足。学生的行为管理、学习管理、生活管理等基本上是考上大学填写学生登记表、期末考试填写成绩单、获得荣誉填写获奖证、大学毕业填写毕业登记表。没有对这些资料和他们的行为数据相结合进行动态的分析，事实上仅仅是起到一个记载功能，实质的管理功能发挥严重不足。大数据为学生教育管理的变化提供了现实可能性。校园管理反馈实时性是大数据带来校园管理的便捷之一，极大地提高了传统校园管理的效率和质量，也实现了校园管理的动态化。

比如哈尔滨师范大学附属中学，选用汉王人脸考勤机，通过二次开发与学校软件系统结合，服务器实时读取考勤机数据，全体教工可以在手机端实时查看全体考勤情况，做到考勤管理实时、透明。为了使考勤更加人性化，方便教师中午在办公室休息时不用到大厅考勤机考勤，特别开发了手机微信端考勤，手机只要连接到学校的办公无线 Wifi，就可以在办公室进行签到。服务器经过实时统计与计算，在距离考勤时段结束前 10 分钟及时提醒忘记签到的教工。系统根据每天考勤数据自动生成考勤报表，考勤报表在第二天自动推送到办公平台，教职工可以在报表中对自己的考勤情况进行申辩说明。教职工请假可以在手机中填写，请假信息自动推送到审批负责人手机微信中，审批成功的请假信息会自动显示在每天实时考勤记录和考勤报表中。要统计一段时间所有教师的考勤情况，只需在后台选择好时间段，系统会自动生成统计报表，点击下载 Excel 表格即可查看所有人员的出勤情况与请假情况，做到考勤统计快捷、记录详细规范。会议考勤，参会教师只需连接会议室 Wifi，就可在手机中进行，签到迅速、统计实时准确。图 7-5 所示为教职工考勤界面。学校考勤系统实现了考勤、统计与反馈自动化，保证校园管理反馈的实时性。

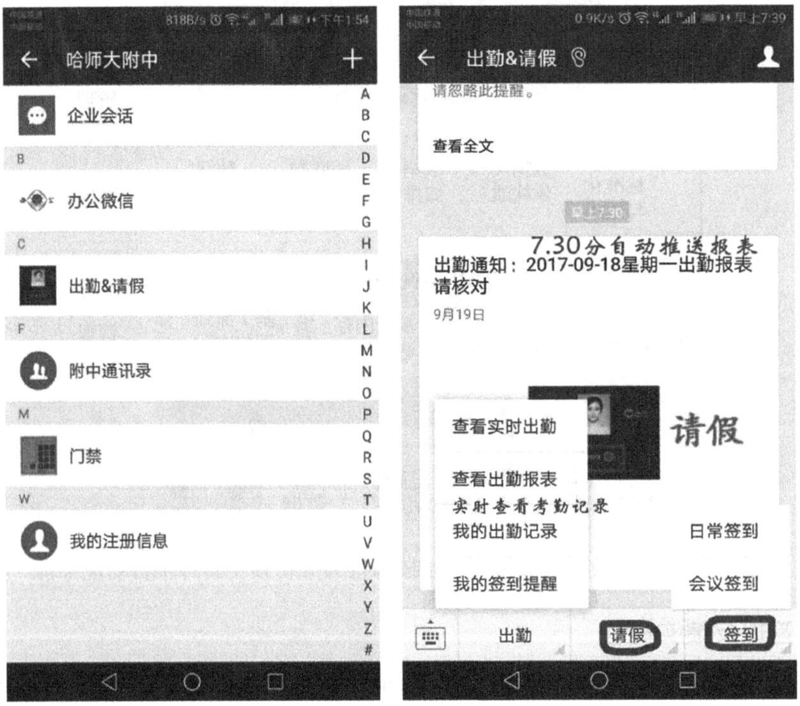

图 7-5 教职工出勤、请假与签到界面

3）校园管理服务个性化

尊重个体的独特性和差异性，发挥学生的自主性和积极性，是大数据时代校园管理的必然要求。通过运用数据挖掘方法对教育原始数据进行分析处理，构建管理数据模型，对学习者的学习结果与学习内容、学习资源和教学行为等变量进行相关关系分析，一方面全过程、全方位跟踪和掌握每一位学习者的发展动态，量身定制更合理的个性化教育管理策略；另一方面根据每一个个体的教育教学进程和效果反馈，提供更精细有效的个性化管理服务。比如李有增等通过对某校师生教学互动和学生学习过程的大数据进行数据挖掘和关联分析，挖掘分析出一个学生的学习、生活、行为等信息，勾勒出每一名学生的个性化画像（图 7-6），从而指导学校按照依据每一名学生的个性化画像，针对每一名学生提供个性化的教学和管理，不断优化完善教学方式和指导方法。

图 7-6 某学生的个性化画像

除此之外，郭水泉认为还可以对学习者的异常行为进行分析，并将异常行为总结为失联学生、晚归学生、舆情异常、学业异常、身心异常等几个方面。

① 失联学生。根据学生在校内的行为数据，与一卡通消费、门禁、上网、借阅等信息，完成与学生行为有关的数据建模，比如，几天无任何刷卡记录，可以认为该学生不在学校，由此判断学生非请假离校，产生失联异常信息，自定义设置预警阈值，并根据规则发出预警信息。

② 晚归与未归分析。门禁通道管理系统是控制和管理人员进出，并准确记录和统计住校学生数据的数字化出入控制系统。门禁通道管理系统与校园的身份识别认证相结合，方便内部人员出入，同时，杜绝外来人员随意进出。通过门禁数据形成当天晚归或未归学生信息，并将信息通过微信端及时推送给相应学生管理人员，及时了解学生异常行为。

③ 舆情分析。根据学校上网行为日志数据和学生基本信息，分析学生上网习惯、上网偏好、上网时长等，掌握学生上网行为动态。并通过分析学生上网日志，搜索提取敏感字段，获取敏感字段的分布、频率，获得学生思想状态，可有针对性地做好大学生思想工作。

④ 学业异常。根据学生课堂考勤、校内轨迹和课程安排结合分析，建立旷课预警模型，及时判断学生旷课的可能性，形成预警信息，推送给相应的管理人员。还可根据学生学分、挂科、旷课、学籍异动、违纪、缺考和心理问题等异常信息，产生相应等级预警。综合呈现学生学业信息，通过相应等级预警可进入学生画像页面，可查看相应的学生信息。

⑤ 身心异常。根据学生心理健康数据（包括心理健康测试异常信息、学生既往心理病史信息和心理健康咨询档案信息）、学生身体健康数据（包括身体体能达标测试信息和就医记录等信息）产生相应等级预警。

大数据在自动筛选受资助对象方面的应用也体现出了个性化。比如，华东师范大学利用预警系统跟踪学生的餐饮消费数据，发现低于警戒值就发出短信慰问，确定学生是否有经济困难需要帮助。再如，李有增等基于某校 61 961 名学生在 2017 年 3 月至 5 月的一卡通消费数据，依托两个关键参数（消费金额小于 10 元，消费次数大于 10 次）找寻受资助对象。通过数据分析，可以发现 3（图 7-7）、4、5 月刷卡消费的金额小于等于 10 元且消费总次数大于 10 次有 1 人，结合该生学籍信息，推测其为生命科学学院的一名专业硕士。以此为依据，通过学校学生工作处对该名学生的情况进行核实，开展诸如经济资助、心理疏导等关爱行动，提供勤工助学岗位，避免学生因生活费用不足引起的就读困难或心理问题的发生。通过以上措施，该名贫困生的学习生活状况得到了很大的改善。

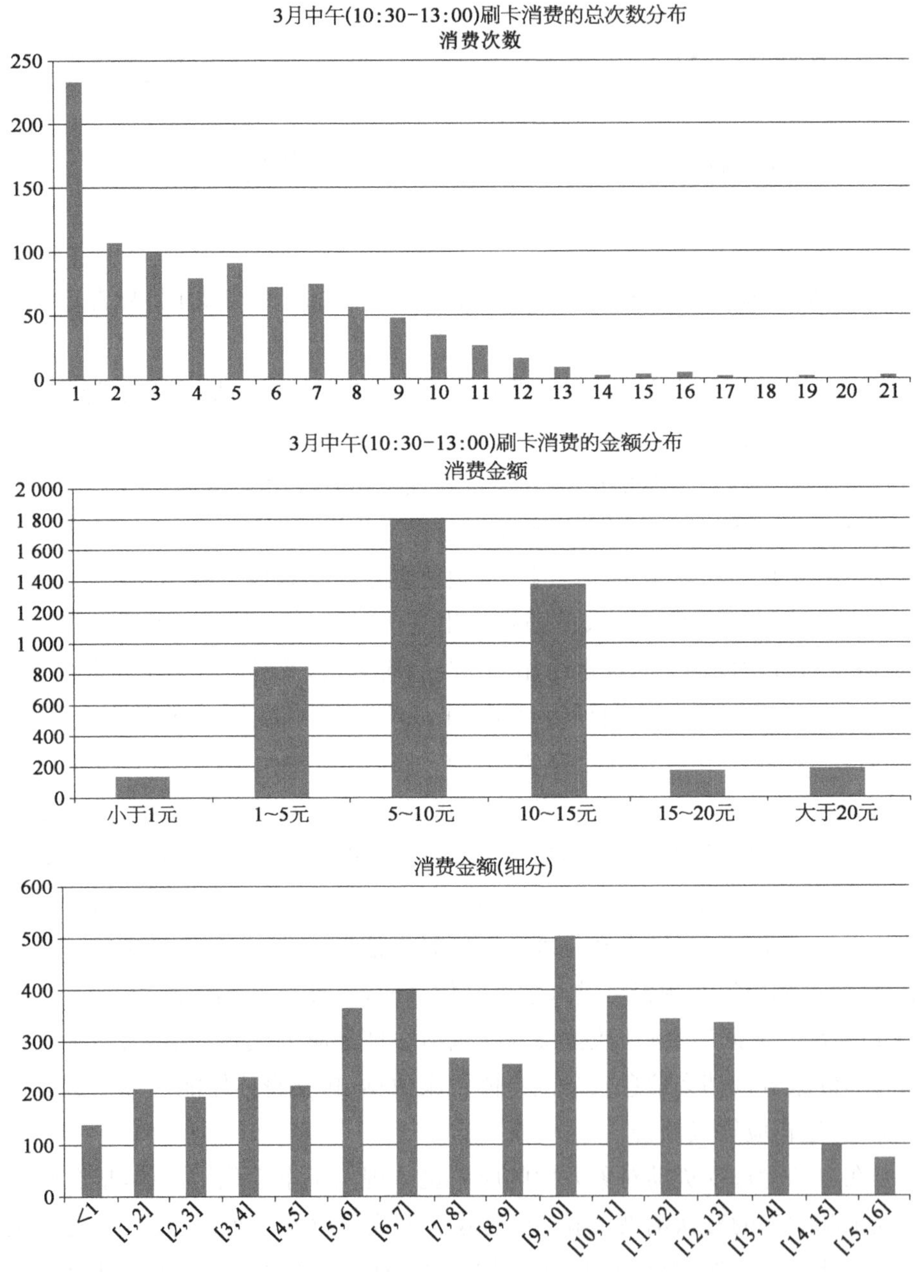

图7-7 某学生3月刷卡消费情况

4）校园管理过程可视化

利用可视化分析、数据分析法、预测性分析、语义引擎、数据质量和数据管理等方法进行数据挖掘，深度挖掘学生学习、成长轨迹并进行学生的学习、行为评价，使整个管理过程可视化。比如，学习分析仪表盘就是一种使学习管理过程可视化的工具。学习仪表盘将经过大量的后台计算与分析处理后的结果，以可视化的方式呈现出来，方便教师或学生掌握学习的总体情况并对其赋予教育意义，将学习过程和学习结果的分析数据可视化显示是学习仪表盘最典型的特征。一方面，可视化图表使得信息传递更为形象直观。学习仪表盘基于美学、传播学、心理学等原则和规律进行可视化设计，并常常把数字和图表等集成在一个界面内，使重要信息可以迅速被捕获。另一方面，可视化图表使得信息传递更加精准聚焦。学习仪表盘利用大量信息来集中衡量某一维度上的学习活动，并整合多个相关的图表数据，辅之以简洁的文本标注，有助于信息解读更为准确。

可汗学院 2013 年 9 月推出了数学课程的学习仪表盘(图 7－8)，它贯穿课程学习的整个过程，包括学习、练习、复习和测试等环节。在这一学习仪表盘中，要学的知识被精细切割为上百个知识点并可视化为由 549 个小格组成的“任务进度”图，其中每个小格代表并链接一个知识点要完成的学习任务，其颜色深浅表示了学习者对该知识点的掌握程度。学习者可以设计个性化的学习路径并自由选择想要学习的知识点，还可以通过练习或测试提升对某一知识点的掌握程度。可汗学院的学习仪表盘不仅可供学习者使用，教师、教学管理者、学习分析者都可以从中获得需要的信息。

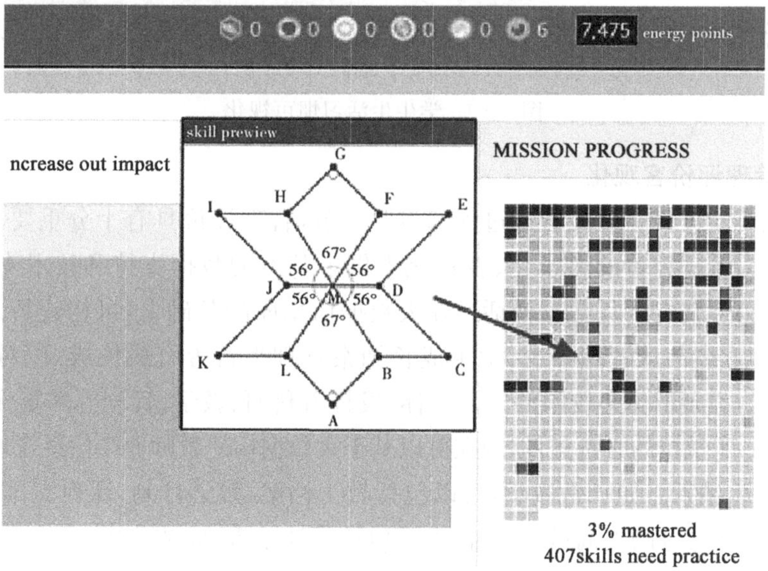

图 7－8 学习分析仪表盘：学习过程可视化

李有增等通过对某校 1 400 多万条一卡通消费流水数据进行数据挖掘和关联分析，从学生消费频次、图书馆刷卡次数、学生教室刷卡打水时间、宿舍门禁刷卡数据等一卡通的海量数据中挖掘分析出一个学生的在校和外出习惯、图书借阅、晚自习时间等有价值的行为信息，使学校对学生的学习生活情况有了更加理性、清晰的认识，引导高校形成健康科学的学生培养模式和教学生活管理方式。以该校学生生活习惯分析结果为例，学校可在学生早餐、中餐、晚餐和打水洗澡的高峰时段，通过增加窗口、延长营业时间、设立人流疏导屏等方式来减少人员聚集、等待时间过长等现象。此外，还能基于门禁数据对学生夜间未按时归校、长时间离校未归等异常情况进行预警；基于学生一卡通消费数据分析出受欢迎菜品、餐厅及窗口等学生就餐喜好情况，从而为相关食堂改进提供更加科学合理的建议。图7-9所示为学生生活习惯可视化。

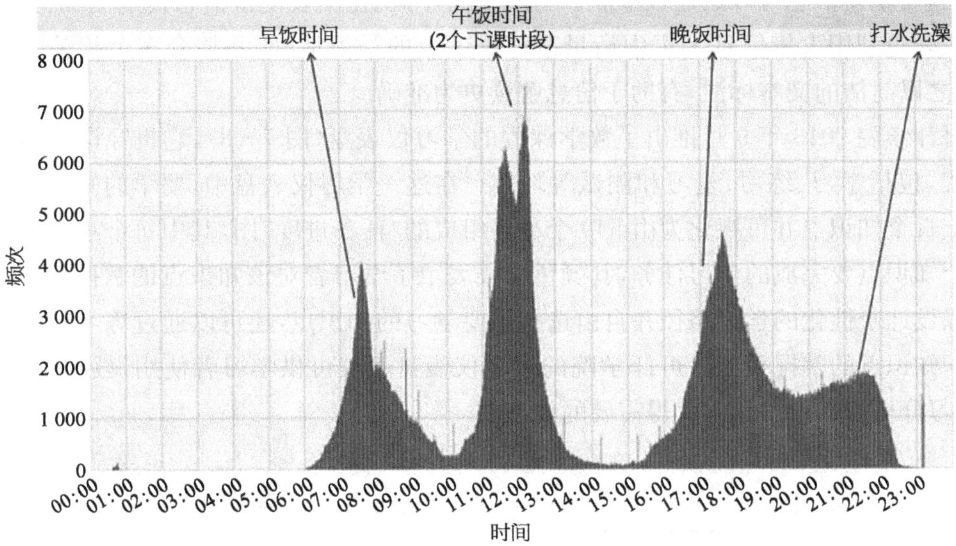

图7-9 学生生活习惯可视化

5）校园管理评价客观化

能否客观科学评价是校园管理过程的重要环节，管理评价具有十分重要的导向和激励功能。大数据为管理评价的科学化、客观化提供了基本的数据支持和技术支撑，把传统意义上的以经验为主转变为凭数据说话。在大数据信息库的基础上，可构建智慧校园综合管理系统，由教师业绩信息管理平台、学生成长档案管理平台等有机构成，以对教师、学生等进行客观评价。教师群体是校园的一大主体，发挥着科研、教学、管理等多重作用，一支优秀的教师队伍是一所学校的必备条件，现在可以基于大数据构建教师业绩信息管理平台，将日常教学、科研等内容纳入。如日常教学，可以包括教工档案、教学计划、课程安排、电子教案、课表、工作量、考勤及考务的查询；教学过程主要包括成绩录入、成绩分析等，然后根据数据分析的结果，任课老师找出自己在教学过程中的薄弱环节；科研主要指的是教师主持或参与的项目及科研课题的进展情况。以这些数据对教师业绩进行客观、综合评价。学生是校园的另一大主体，其成长成才是学校的首要培养目标。构建学生成长档案管理平台，记录学生的学习、生活、行为等信息，学生的相关信息在系统中得到全面反映，以此对学生进行综合、客观评价。

6）校园管理决策科学化

通过搭建共享的大数据平台，消除"数字鸿沟"和"信息孤岛"，做到资源共享；通过大数据信息渠道的有效连接，打破各自为政，实现多渠道的信息集成、跨部门的分工协作；基于大数据的大样本、全数据分析，克服了思维的简单化、分析的碎片化，形成整体思维，进而实现教育管理决策的系统化。李有增等通过对某高校的历年高等教育事业基层统计报表数据进行提取、清洗、去噪、整合等，形成能够支持高等教育事业基层统计报表数据分析应用的数据仓库，为学校领导日常管理及对外信息发布提供统一、规范、准确、及时的统计数据，为学校双一流学科建设、高层次人才培养、海外人才引进、专业课程设置、重大科研创新等战略管理决策提供数据支撑。以近 10 年教职工职称变化情况为例(图 7－10、图 7－11)，通过大数据分析可以发现，该校专任教师数量逐年增加，教辅人员及工勤人员逐年递减，这要求学校做出科学决策，就是加大对科研教育方面的投入，做好教师教育的保障工作。

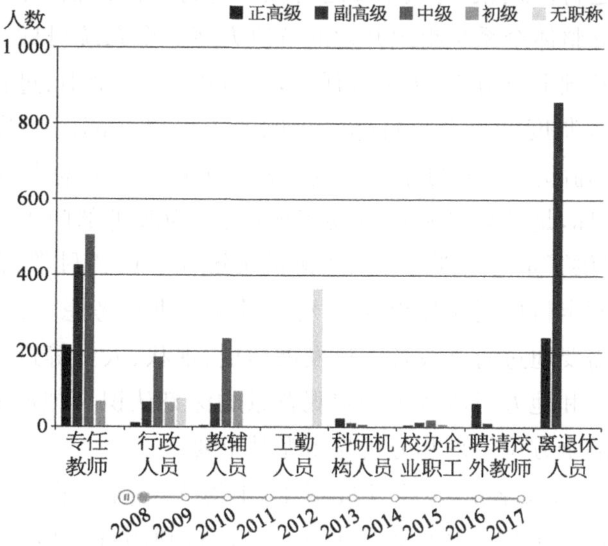

图 7－10　某校近 10 年教职工职称变化情况

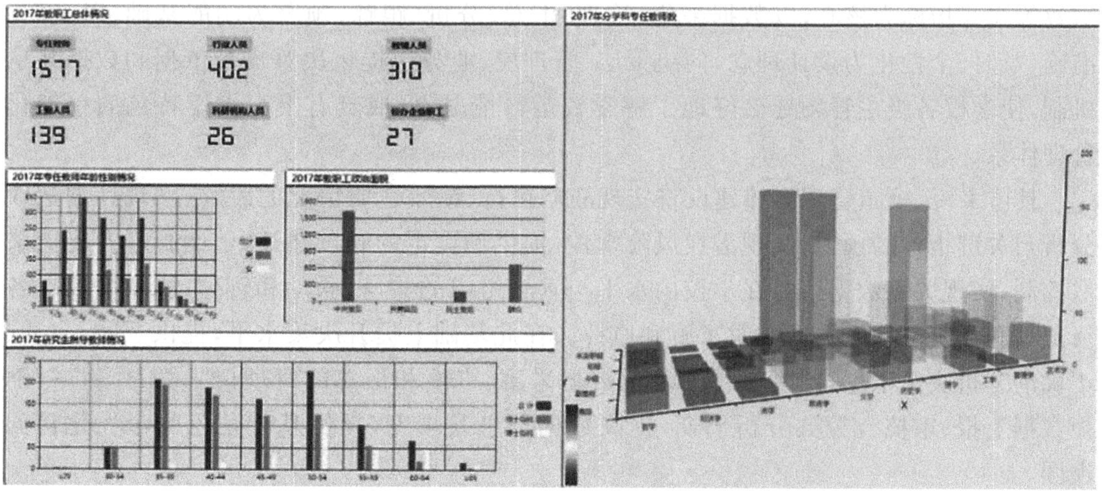

图 7－11　某校教职工数据

7.3 案例1：上海大学基于大数据的决策支持系统

7.3.1 项目背景

上海大学于2013年启动全系统质量管理。全系统管理也叫一体化整合优化系统管理，是以企业核心价值导向为核心，以整体价值最大化、提升核心竞争力和企业可持续发展为目标，对企业整体的运行模式、运行效率和运行效益进行全面评估，并对企业各个支系统进行整合优化，最后确立整体全系统组织开发的解决方案。全系统目标管理指借助质量管理理念，在发展规划的基础上，选择若干关键任务，推行以“目标牵引、过程控制、评价考核、多重激励”为核心的管理制度。全系统目标管理的实施可以使部门主管明确部门的主要责任，并以此为基础，明确部门人员的业绩衡量指标。关键绩效指标是用于衡量工作人员工作绩效表现的量化指标，是绩效计划的重要组成部分，为改进部门工作作风，改变习惯式、经验式的管理方法提供了重要机遇。目标管理的关键在于设置科学、合理的目标体系。因此，相关管理部门在制定目标时须围绕学校发展目标来进行考虑，关键在于对学校总体科研情况的深入调研，需要通过对学校各学科发展历史、现状、人员等进行大量准确的数据统计分析，并结合对国家和地方科研政策等宏观背景的深刻认识与把握来开展。在这一背景下，实现对全校数据的全方位管理和分析显得尤其重要。

基于这一背景，上海大学于2017年完成了《上海大学高水平大学建设信息化发展规划》，在规划中明确了智慧校园管理支撑建设。学校将利用现代信息化技术，提供一套全方位的信息化、智能化校园管理和决策支持服务体系。该体系将建立以学校经营、管理、绩效等主要指标为核心，以数据采集、管理、汇总、分析、跟踪、预警为功能基础，以全面、准确、及时、个性化为设计理念，向决策层、管理层、业务层提供决策支持依据和数据共享机制，使学校各级主管领导更好地了解学校运行情况，形成具有上海大学特色的精细化管理体系。

具体来说，校园管理支撑建设将实现战略执行、绩效达成情况的跟踪；实现计划达成分析与关键指标的预警；实现潜在风险掌控，提供预设定的管理建议，辅助管理者提前采取控制；实现关键数据信息在学校内水平与垂直组织的共享、联动和管理；实现学校对各级部处和学院各项工作的实时了解和监控。在此基础上提升决策水平，提供及时、主动、正确的分析决策依据，同时也将规范化数据采集、审核和汇总的管理，提高工作效率，缩短数据上报、审核、汇总、分析周期，提高数据信息共享度，提供基于角色的个性化访问视图。

根据规划的安排，上海大学于2018年启动了“上海大学高水平大学基于统一数据平台的决策支持系统”项目，开始建设上海大学管理决策驾驶舱系统。管理决策驾驶舱系统通过可视化数据驾驶舱为校务公开、校领导决策、干部考核等提供数据支持；通过数据配置分析决策、指标分析体系为决策部门提供数据挖掘、图表分析等信息服务；通过一站式数据管理查询服务平台为业务部门和师生个人提供数据查询、管理和提醒等数据服务，最终实现全方位的以人为本的智慧校园建设。

7.3.2 技术架构

上海大学管理决策驾驶舱系统围绕学校绩效管理分析目标，配合学校 KPI 考核开发并实现一套符合上海大学具体需要的考核和绩效管理系统，将满足学校管理水平提升方面的需求将对学校现代化管理和业务流程的变革，对大学文化和价值的提升，实现业务集成，智能管理至关重要。

管理决策驾驶舱的基础是数据平台。基于数据平台，可以有效接入学校现有的数据源，同时打通、引进和开发新的数据源。在数据平台的基础上，利用统一数据管理、大规模数据采集/分析/处理、数据可视化等技术和服务为学校发展提供管理工具和决策支持。为了更好地承载数据，同时能够高效、安全、稳定、可靠的对外提供服务，数据平台需要具备以下的特性。

区别于传统的数据仓库架构，数据平台不仅仅要能够存储结构化的数据，同时对于非结构化的数据，比如视频流、文本、日志等数据，也能够进行存储，真正做到数据的“来者不拒”，并且能够完成大量数据的持久化存储。

对于数据处理的规模要达到至少 PB 级的水平，同时支持离线的数据批处理计算以及在线的数据实时分析两种运算场景，打破传统数据仓库对于数据规模和数据类别的限制，并能够在此技术架构上灵活扩展。

对于同一个对象多个来源的数据，要能够方便地进行数据的综合查询和分析。比如结合学生的消费数据、图书馆借阅数据、考试成绩以及网络日志数据，来对学生做一个综合的画像，对其打上不同类型的标签，来做一个精准的分类。打通各个业务系统之间的壁垒，形成一个基于数据的标准数据模型。

对于数据集中后的数据访问权限，要做到严格的控制，并对于所有用户的数据访问的详情进行记录留痕，使得数据在高效使用的同时，确保数据在安全的管理范围之内。

基于上述考虑，整体系统架构如图 7－12 所示。

基础数据分为需在线数据处理的部分与离线处理数据部分，针对两种不同的数据类型需求，分别选取 ElasticSearch 集群及 Hadoop 集群来存储和管理对应数据。

ElasticSearch 是一种分布式的海量数据搜索与分析的技术，可以对海量数据进行实时的数据分析，其天然的分布式特性让其可以支持海量的、PB 级的大数据搜索，并且能保持在高数据通量情况下实现近实时（秒级）性能支持及聚合分析的语法支持，其技术骨架满足

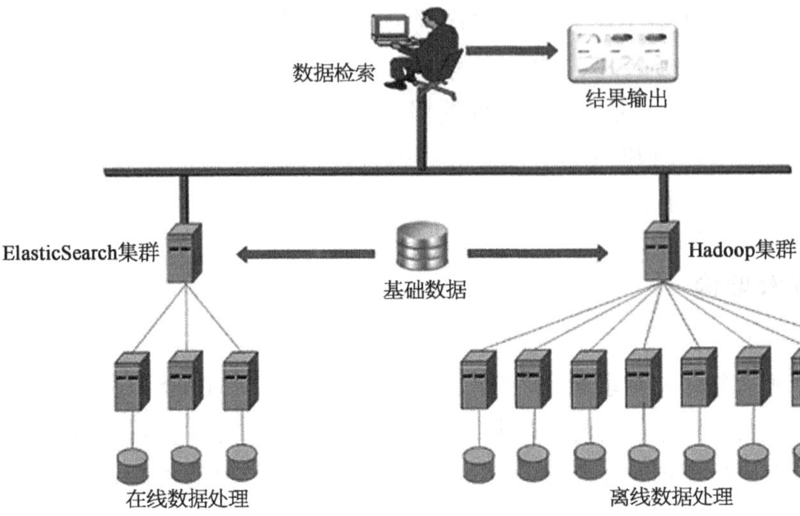

图 7-12 整体系统架构

在线数据处理的情景需求。

Hadoop 是目前使用程度最广的一种对大量数据进行分布式处理的软件框架，受到如 Yahoo、Facebook、Baidu 等互联网巨头的青睐。Hadoop 集群在保持高效性下仍拥有较高的稳定性及伸缩性。对于储存数据节点，集群会维护多个工作数据副本，确保能够针对失败的节点重新分部处理，保障集群运行稳定。Hadoop 的分布式架构，将大数据处理引擎尽可能地靠近储存，对统一平台的 ETL 批处理操作更合适，可以让操作结果可以直接走入储存。Hadoop 更加符合离线数据处理的情景需求。

两个并行的大数据集群能够共同保证上海大学内不同应用场景下的数据检索及后续数据分析，可视化结果产出等的支持。

图 7-13 是系统拓扑结构，总体上分为数据梳理存储、数据分析及管理、数据展示三部分。

(1) 数据梳理存储。系统从学工系统、研究生部门、教务系统、招生就业系统、一卡通系统、图书管理系统等现有业务系统数据，传输至数据中心平台进行数据抽取及数据清洗然后统一导入数据仓库，分别在宝山校区本地数据备份及延长校区异地备份。

(2) 数据分析及管理。系统将统一数据仓库中的数据，根据各个业务需求及真实情景筛选后传输至数据挖掘与决策分析平台与数据定义和管理平台，通过各部门数据管理系统及数据挖掘与分析系统得出分析结果。针对不同科研管理数据需求，开放不同数据接口，方便校内人员应用已有数据。使用记录，产生结果也同时传输回统一数据仓库保存。

(3) 数据展示。将数据分析系统得到的数据分析结果上传至数据智能决策系统与敏捷数据系统以供校领导及各部门管理用户使用。将数据定义与管理平台相应数据导入 PIM 流程与管理系统、个人数据门户系统、手机 APP 移动系统及事务部门一期建设项目等系统

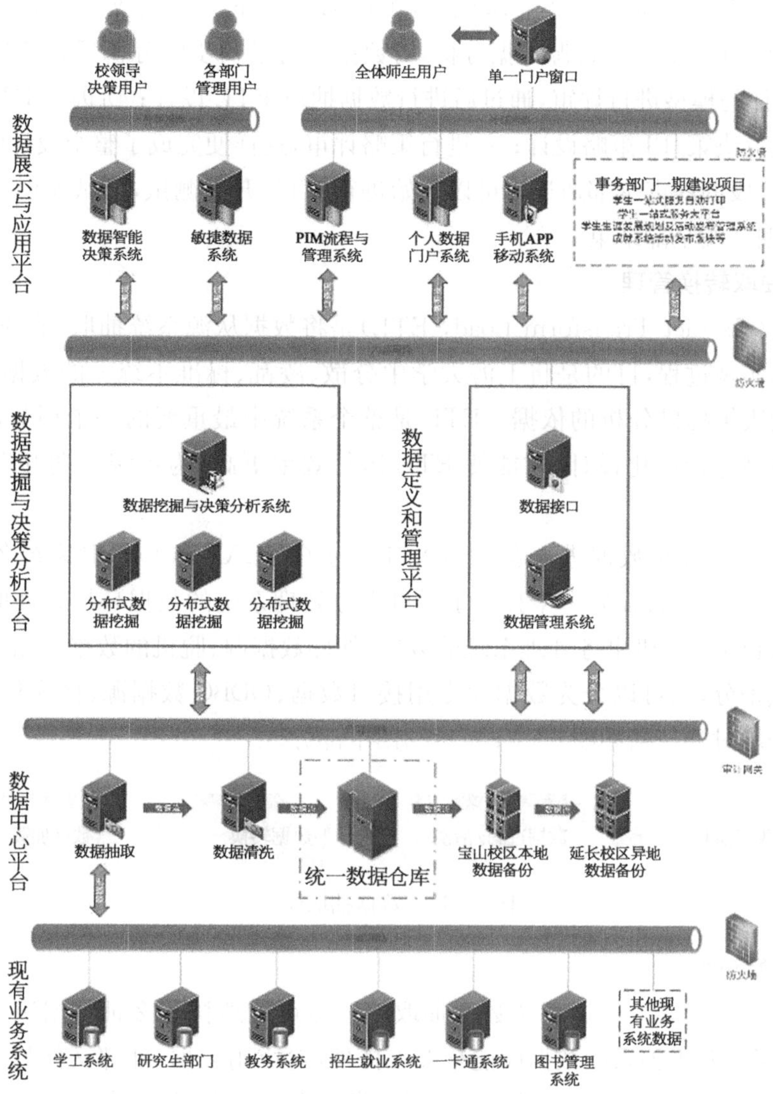

图 7-13　系统拓扑结构

中，共同输出到单一门户窗口，以供全校师生登录管理并办理各项业务。彻底连接数据孤岛，统一全校数据管理，实现一站式服务。

7.3.3　数据模型管理

1）数据模型建立

为了能够清晰归类各种业务数据并方便管理、查阅，数据仓库可包括人员、教学、科研、资产、财务、公共、事件等主题，基础数据层采用范式建模，数据集市层采用维度建模，同时采用分布式数据工具，充分考虑数据冗余、扩展性、可读性、易用性和访问效率等因素。

在决策或业务部门提出业务需求以后，可以通过以下流程完成模型的设计实施和部署：① 进行业务分析；② 进行源数据分析，对数据进行了初步的分析后开始进行数据模型设计；③ 对设计的模型进行评审，通过后进行数据抽取 ETL 设计；④ 进行 ETL 设计评审，评审通过后进行决策/BI 策略设计；⑤ 进行策略评审，这样便完成了整个设计阶段；⑥ 开发阶段，当设计阶段的评审全部通过后可以开始进行 ETL 开发测试，测试无误后便进行策略实施，整个模型开发全部结束。

2）数据抽取转换管理

抽取转换（Extract Transform Load，ETL）是将数据从源系统抽取、清洗转换、并加载到数据仓库的实现过程，目的是将上海大学中分散、凌乱、标准不统一的数据整合到一起，为上海大学的决策提供分析的依据。ETL 是整个系统中最重要的一个环节，只有对 ETL 总体架构和模型进行优化设计，才能使 ETL 运行效率更高，为系统后期开发提供准确的数据。

数据的抽取过程是数据进入仓库的入口。为了 OLAP 和 OLTP 系统各自的执行效率，数据仓库绝大多数都需要一个独立于联机事务处理系统的数据环境。抽取过程所涉及的数据源一般包括：联机事务处理系统的数据、外部数据源、脱机的数据存储介质等。从数据接口的方式来分，又可以分为数据库专用接口数据、ODBC 数据源、格式化平台文件等。实际的数据抽取过程包括如图 7-14 所示的四个部分。

图 7-14 数据抽取流程

3）数据源管理

为适应上海大学各类应用系统数据抽取能够尽可能地接受多种数据源以及异构数据源，该系统除了对基本关系型数据库能全部支持外，对应用数据、外部文件数据等也能很好地处理。通用数据访问数据接口能够跨平台、跨网络访问数据，能支持不同类型数据源间的连接，通过屏蔽各种数据源之间的差异，为后续提供一个统一的数据视图，目前已有多种可选的通用数据接口，如 ODBC、OEDB、JDBC 等。

4）元数据管理

随着数据仓库技术的不断成熟，学校的数据逐渐变成了决策的主要依据。数据仓库中的数据是从许多业务处理系统中抽取、转换而来，对于这样一个复杂的数据环境，如何以安全、高效的方式来对它们进行管理和访问就变得尤为重要。为解决这一问题，该系统非常注重对元数据进行科学有效的管理。

按照传统的定义，元数据是关于数据的数据。在数据仓库系统中，元数据可以帮助数据仓库管理员和数据仓库的开发人员非常方便地找到他们所关心的数据；元数据是描述数据仓库内数据的结构和建立方法的数据，可将其按用途的不同分为两类：技术元数据和业务元数据。

技术元数据是存储关于数据仓库系统技术细节的数据，是用于开发和管理数据仓库使用的数据，它主要包括以下信息：

① 数据仓库结构的描述，包括仓库模式、视图、维、层次结构和导出数据的定义，以及数据集市的位置和内容；

② 业务系统、数据仓库和数据集市的体系结构和模式；

③ 汇总用的算法，包括度量和维定义算法，数据粒度、主题领域、聚集、汇总、预定义的查询与报告；

④ 由操作环境到数据仓库环境的映射，包括源数据和它们的内容、数据分割、数据提取、清理、转换规则和数据刷新规则、安全(用户授权和存取控制)。

业务元数据从业务角度描述了数据仓库中的数据，它提供了介于使用者和实际系统之间的语义层，使得不懂计算机技术的业务人员也能够读懂数据仓库中的数据。业务元数据主要包括以下信息：

① 使用者的业务术语所表达的数据模型、对象名和属性名；

② 访问数据的原则和数据的来源；

③ 系统所提供的分析方法以及公式和报表的信息。

5）分析主题管理

分析决策主题的配置，通过集中式的统一部署，分级授权的方式，不仅使上海大学大数据中心的开发人员可以配置决策展示数据，也使各个决策或业务部门能够根据部门实际情况，登录到平台中配置本部门数据模型，从而提高资源效率，减少维护工作量，同时也避免各个业务部门独立开发，各自为政地建立信息孤岛的局面。

7.3.4 功能模块

系统共分为五大模块：数据采集模块、数据主题模块、数据应用模块、数据决策模块(学科决策分析系统)、干部考核系统。

1）数据采集模块

数据采集模块具备多业务、多技术接口的数据采集和转换能力，具备按照应用场景进行业务数据采集，互联网数据抓取，机器数据采集能力，可分布式部署，具备灵活的扩展能力，是数据平台的基础，参见图7-15。

2）数据主题模块

数据主题模块实现海量业务数据的集中清洗、存储、管理，并形成统一的主题集市模型，支撑决策层集中掌握校园整体运行情况，参见图7-16。可管理数据类型包括：学生类数据，教师类数据，学科类数据，资源类数据，服务类数据，科研类数据，就业类数据，舆情类数据。

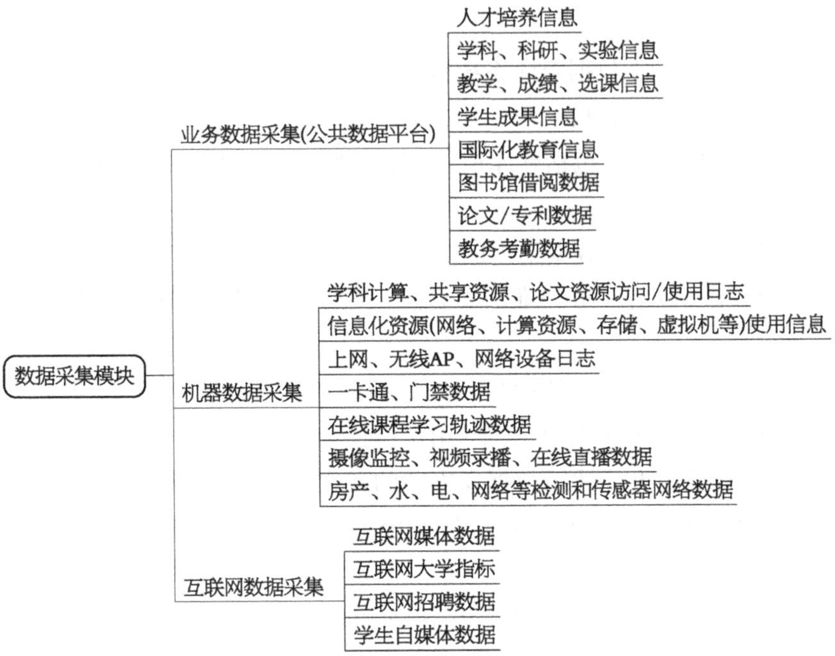

图 7-15 数据采集模块

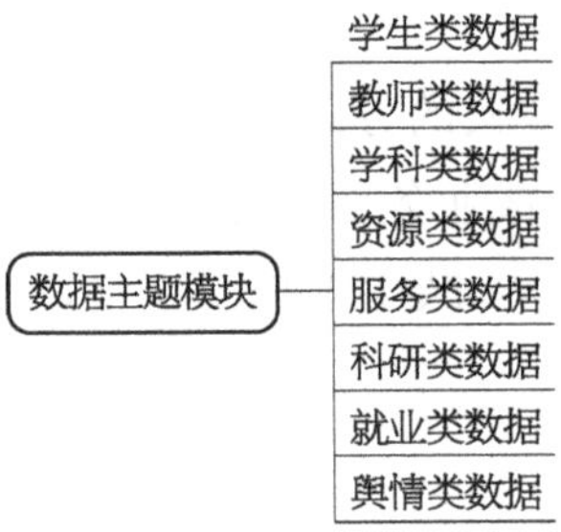

图 7-16 数据主题模块

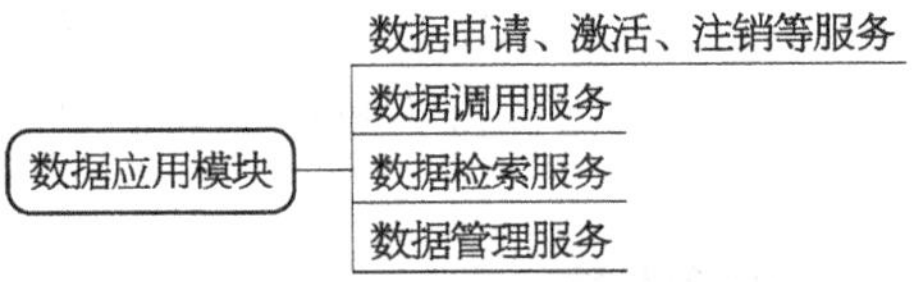

图 7-17 数据应用模块

3) 数据应用模块

数据应用模块具有丰富的原子能力和组装能力，供场景/应用层灵活调用，是数据基础平台的核心的业务数据处理模块，包括数据申请、激活、注销服务，数据调用服务，数据检索服务，数据管理服务等，参见图 7-17。

4) 数据决策模块(学科决策分析系统)

数据决策模块具有直接与用户交互的所有功能，是系统的使用界面和视图，可快速灵活定制，满足各种校园使用场景和人员的需要，并和我校前期统一门户，数据展示系统，管理驾驶舱等深度融合。主要分为学科质量服务系统，学科指标服务系统，学科资源服务系统，学科学生服务系统，参见图 7-18。

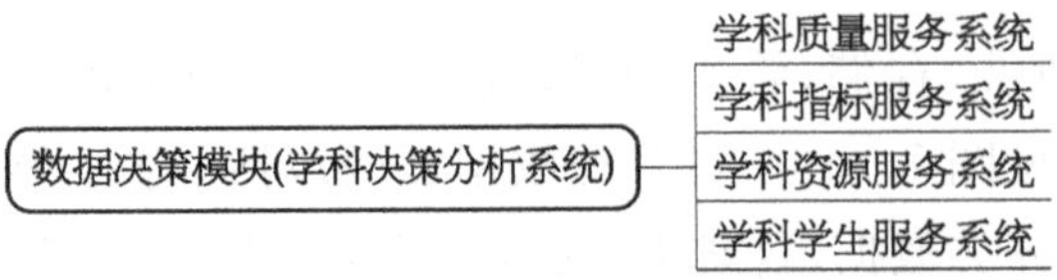

图 7-18 数据决策模块

5）干部考核系统

干部考核系统作为应用模块，是按学校对正职领导干部考核办法，采用信息化手段，对正职领导干部的个人考核、单位互评、全系统管理绩效评价等进行动态管理，实时掌握领导干部的考核动态，对干部的评价进行可视化分析，得出干部的综合评价和分析结果，见图7-19。

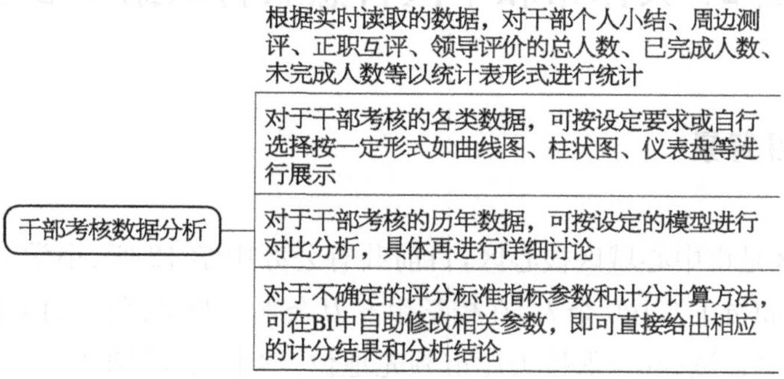

图7-19　干部考核系统

在数据初步累积后，平台可以自动整合往年数据，呈现一个周期内各项数据的变动情况，以便领导进行分析工作。如有异常数据或指标参数变动幅度很大，系统会向相对应负责人员发送警示邮件。

对于条目极多、维度高的原始数据，平台可以自定义搭建数据分析模型，将繁复的大数据转化为清晰易懂的可视化结果，既保全了大数据的综合性，又化繁为简优化了用户使用体验。各部门可根据各部门数据特性修改模型得出最精确的结果。

6）干部考核系统应用效果

上海大学高水平大学基于统一数据平台的决策支持系统投入使用后，与各个学院、部门、中心的现有流程高效结合，得到了广泛的应用。

目前已经使用干部考核系统对上海大学正职领导的考评采用信息化手段。当所有相关人员不记名填好对该正职干部的评价且干部完成自评小结后，系统将自动对干部个人小结、周边测评、正职互评、领导评价的总人数、已完成人数、未完成人数等以统计表形式汇总和整理。

得到所有所需评测数据后，该部分数据将被上传至数据分析平台，平台根据数据本身特性自动制作相应的可视化结果，如曲线图、柱状图及仪表盘等并转发至相应部门及领导部门的群体邮箱地址，方便各方及时知晓评测结果并开展后续活动。

截至2018年年底，系统已连续使用8个月，为教务处、人事处、校长办公室等近40个部门，提供近250项数据查询统计项目。共收录超过80个大类共计20 000余条个人或集体评测信息，产生超过400份人员或群体分析统计报告，节约人力时间超过10 000人小时。

在未来积累了多年测评数据后，该平台还可以自动综合历年所有评测结果，制作历年各项评测数据几年内变化情况的曲线图，以便相关单位进行对比分析，了解各个指标的变动趋势；也可由各部门根据各自情况自建模型，分析现状与过往的对比。如出现超过30%以上的数值变动，系统将自行发送提醒邮件到相关负责人的邮箱。

结合该系统自带的指标体系管理，对于不确定的评分标准指标参数和积分计算方法，用户可以直接在平台上自助修改相关系数，以获得相应的定制的积分结果和分析结论。

7.4 案例2：天津市和平区智慧教育数据中心建设

7.4.1 项目背景

天津市和平区是市中心城区核心区，目前共有公办中学12所、小学16所、各类型幼儿园20所。在岗教职员工5 100余人，在校学生5万余人。和平区教育体系完备、内涵丰富、底蕴深厚，教育质量连续39年保持天津市领先地位。“十三五”期间，天津市和平区教育局信息化建设从基础建设发展阶段逐步向融合创新阶段迈进。随着教育信息化2.0时代的来临，天津市和平区教育信息化迎来了新的发展机遇，但同时也面临着很多急需解决的问题。信息化建设顶层设计能力较弱、专业人员短缺、建设规范不统一等，尤其是信息孤岛问题比较严重，导致业务数据无法很好地完成数据流转与共享，束缚了和平区教育的发展。为此，和平区教育局以“信息技术与教育教学深度融合”为核心理念，以“互联互通、信息共享、业务协同”为目标，坚持“应用导向、机制创新”的基本思路，确定了以业内领先的腾讯云技术为支撑，以有线、无线“双网全覆盖”为主要目标的信息化基础设施建设任务、以搭建“应用生态圈”为主要目标的信息化应用系统建设任务、以打通“数据孤岛”为主要目标的数据治理任务，以提升数据素养为核心的信息化素养提升任务等多项工作。通过建设大数据精准驱动的校园管理系统，以构建教育信息化生态系统为旨向，实现基础教育各类业务流程优化和高效便捷的数据采集与分析利用，推动全区教育高位均衡发展。

7.4.2 设计思路

1）现状分析

(1) 数据孤岛。从天津市和平区的区域层面来看，一些学校推进信息化发展过程中缺乏顶层设计，一些系统于不同时期完成建设，主要以解决单一业务功能的应用系统建设为主，如：学生学籍管理系统、教师人事管理系统、资产管理系统等，功能单一且分散，底层数据没有进行打通，从而形成学校部分系统的数据孤岛，数据无法共享使用，这种现象较为普遍。

(2) 身份认证不统一。在上级管理单位或学校的不同业务系统中，未进行用户身份认证的统一，没有做到为用户使用各应用系统提供一个方便的统一入口，需要不同系统多次登录，无法实现用户一次登录多系统多次使用。

(3) 数据结构非标准化。软件供应商开发的软件系统数据不规范，接入各个系统的数据未按照国家教育部或区域管理单位的数据标准进行规范要求，使得部分系统接入的数据结构非标准化，数据很难共享，很难用综合分析来支持科学决策，数据的价值很难体现。

(4) 缺乏全量数据维度分析。接入系统的数据由于数据底层未打通，数据标准不一致，部分系统数据可以单独进行分析呈现，但是没有进行全量数据的打通共享，无法通过全量数据来进行多维度的分析呈现。

2）设计原则

该方案建设融合"互联网＋"思维，利用云计算、大数据、人工智能等先进技术，建设统一的、标准化的数据共享、交换、存储、挖掘中心，拓宽区域内各中小学校园的时空，改变学校、老师、学生、家长和校园资源交互的方式，为区域内各中小学提供智能化、个性化的现代育人环境，构建智慧教育生态圈。

方案的总体规划遵循如下原则。

(1) 基础支撑，高效服务。以业内领先的腾讯云技术为支撑，建设区域"互联网＋"智慧教育大数据中心，统一数据规范、实现海量数据处理和数据价值挖掘、促进教育高位均衡发展、实现学校因材施教的智慧人才培养。统一的全市基础数据中心，统一身份认证、统一门户，进一步整合现有系统。全区基础数据中心的建设意义在于可以实现后续拓展业务系统的无缝整合，打破信息孤岛，实现数据共建共享。提供教育大数据采集、存储、分析平台，用户可在该平台上对教育基础数据及应用业务数据进行统一管理，对数据标准进行统一规范，并对海量数据进行多维度的、高效的分析挖掘。统一身份认证和基础数据同步服务实现统一的系统登录、安全认证和基础数据共享。统一登录为用户使用各应用系统提供一个方便的统一入口。通过腾讯智慧校园开放平台的 API 接口，可以接入教育局和学校现有系统，以及后续购置的软硬件系统，可以改善教育信息资源共建共享的有效机制建立还不完善的现状，避免重复开发。

(2) 需求驱动，融合创新。以满足实际教育数据需求为基本前提，围绕区域教学和管理的核心需求展开，基于先进信息技术的发展和新型教育理念进行创新设计。智慧教育数据中心建设关键在于推动信息技术大数据挖掘与教育教学核心业务的深度融合，要遵循教育规律，以深入实施个性化素质教育和培养学生核心素养为目的，充分发挥智慧校园和智慧教育数据中心对高素质人才培养和教育领域综合改革的支撑和引领作用，实现教育服务供给方式、教学和管理模式的变革，提高师生的获得感和教育教学质量。

(3) 上下联通，开放扩展。国家已经规划并实施了一系列的重大教育信息化工程，包括三通两平台、校校通、班班通等，省市和区县也在逐步部署区县教育云服务平台和数据中心，智慧校园平台预留区县云平台接口并完善兼容区县平台业务。同时，数据中心必须考虑智慧校园平台可能接入各项软件应用＋智能硬件，并考虑到智慧物联网设备的差异性，数据中心平台应具备良好的开放性。

(4) 统筹规划，分步实施。为保障区域智慧校园落地效果具备先进性和示范性，瞄准区域数据中心未来3～5年的发展需求，对智慧校园＋数据中心进行前瞻性统一规划，避免"建成就落后"和"推倒重来，全部更新"，所选取软硬件设施均为当前领域前沿技术方案。同时，对智慧校园+数据中心的分阶段任务进行梳理，制订阶段性目标和方案。

3）设计要求

（1）用数据平台实现区域数据共享。要构建区域教育信息化生态系统，必须建立统一的数据标准和基础数据库。通过构建区级教育共享数据中心，建立统一的教育信息标准，才能实现各类接入服务的统一授权、安全认证、单点登录、集中管控。要厘清业务服务流程、梳理业务生命周期、规范数据字典类型及数据标准，建立数据交换与共享标准，并在此基础上逐步构建业务流程的数据服务模型和数据对应关系，建立数据服务的基础架构，保证数据的真实、完整、准确、安全及可用，提供开放的教育数据服务。和平区教育局引入“应用生态圈”的管理机制，主要体现在和平区教育局为各业务部门引进使用便捷、类型多样的软件产品，同时负责制定各种软件产品的应用接入标准和应用授权机制、应用授权接入等，应用生态圈内的各种软件产品必须通过底层数据平台实现统一身份认证和数据交换。应用生态圈的应用接入标准，包括要基于数据平台的统一数据规范、通过数据平台接口进行数据交换、符合应用平台的数据安全、运行维护的基本要求等。确认软件产品符合接入标准，并经过数据平台授权认证，就可以将其纳入和平区教育应用生态圈范围，供学校和师生选用。

（2）用应用群实现软件产品的多样性。应用生态圈中的软件产品，按照区级统一应用和学校特色应用两大层级进行引进，基本的原则是凡是需求趋同的产品由区级统一应用，学校特色应用也须与区级数据平台进行数据交换。这些软件产品可以覆盖学校活动组织、家校互动、教务管理、课堂教学、校园生活、数字资源等不同领域。

（3）用统一入口实现便捷操作。应用生态圈中的软件产品，在电脑端均通过“和平教育信息化应用平台”并以微信扫码的方式登录，移动端均通过教育局微信企业号“和平智慧校园”和学校的微信企业号“＊＊学校智慧校园”进行访问，有效解决了多个网址和用户名密码难以记忆的问题。同时，由于微信的普及率和触达率非常高，还能有效解决应用培训推广的难题。

（4）数据安全保障。数据安全问题也是非常重要的问题，要坚持技术措施与管理手段并举。由于应用生态圈覆盖面较广、应用场景复杂、服务功能多，涉及敏感的身份信息、消费数据等，用户包括校内、校外多种类型，还有内部局域网和公网、其他业务系统的接入，所以可以采用安全分级、授权管理、安全审计、扩展接口等多种安全技术手段，建立整体性的安全体系。从数据安全、运行安全、认证安全和权限安全四个方面入手，通过云数据中心向第三方平台发送ID号等键值数据，其他敏感信息用经过处理的映射编码表以确保安全。

4）设计思路

智慧教育数据中心平台和智慧校园平台可以数据互通，智慧教育数据中心可以作为智慧校园应用平台的底层数据中心，将智慧校园接入应用或者物联网设备数据统一管理并存储在数据中心。

（1）统一身份认证。通过用户统一身份认证套件，实现新、老用户在教育应用体系内的账号统一采集、存储、认证，让用户体验到“一点注册，全体系无缝登录”。不仅帮助教育管理者更方便的统一管理用户的身份信息，还能帮助各个第三方厂商和开发者实现已有系统的用户账号打通。

(2) 数据交换与共享。数据中心作为各应用的数据枢纽，可通过数据接口API、数据采集机器人等方式实现用户数据、资源数据、应用数据、教育政务数据等各类型教育数据的采集与交换；并可通过接口网关权限配置，实现对数据请求方权限的精准控制。

(3) 数据标准化。教育管理者可通过数据中心平台进行数据表、接口、字段的规范制定，并可基于数据中心输出数据规范文件，帮助各应用厂商进行数据表和字段的规范统一，为各系统间数据的互联互通打下坚实基础。

(4) 全量数据分析。数据中心的数据统计分析功能，可支持对基础管理数据、行政数据、用户数据应用基础数据的统计分析，也可支持对用户使用各应用时产生的海量行为数据进行自定义的、多维度的分析挖掘，为深化应用及创新服务提供支持。

天津市和平区智慧教育数据中心总体设计思路如图7-20所示。

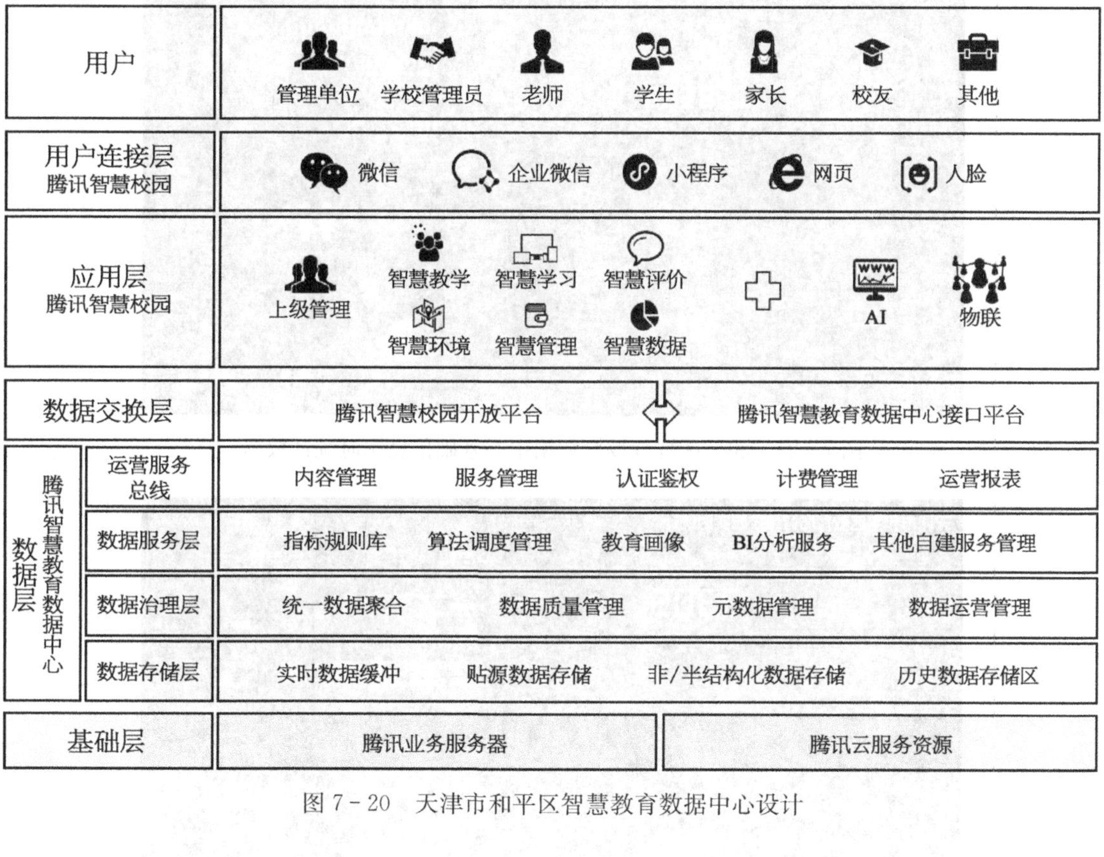

图7-20 天津市和平区智慧教育数据中心设计

7.4.3 整体架构

和平区按照“一套数据、一套标准”的建设模式构建了以开放、融合、服务为主要特征的“和平区教育云数据中心”，它是和平区教育信息化的基础平台，主要功能有两类：一是通过具备良好兼容性的开放接口，与第三方应用进行灵活对接，实现一数一源和数据的灵活交换；二是同步存储业务数据，实现全区数据的集中管理与互联互通，持续改善和提升教育数据质量，保障全区数据的完整性、一致性、准确性、相关性和及时性，为数据应用报表呈现、个性化的需求服务推送、智能化的分析评估、科学化的决策定位提供坚实的依据，促进教育公平。

7.4.4 大数据与智慧教育数据中心应用

截至2018年11月，天津市和平区智慧教育数据中心已经覆盖全区60%以上中小学，现有使用者已达58 588人(其中学生22 339人，教师2 787人，家长32 526人)。和平区教育局可以通过和平智慧教育数据中心对各学校软件产品用户情况和使用情况进行监控和分析，见图

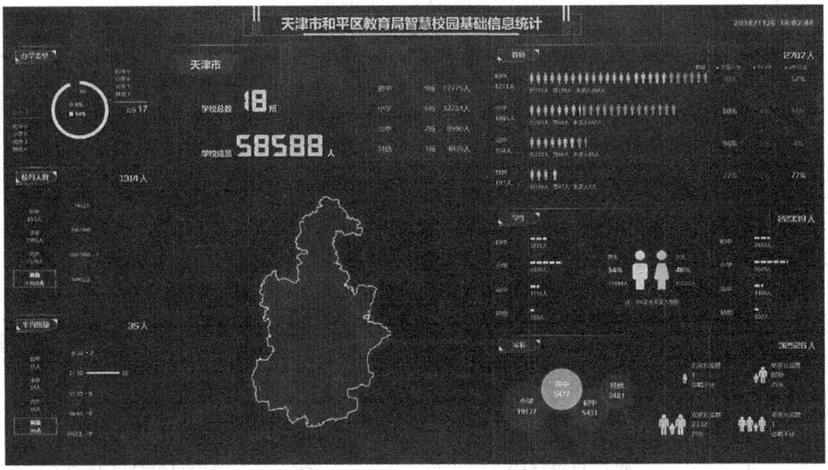

图7-21 和平区智慧教育数据中心基础信息实时统计数据

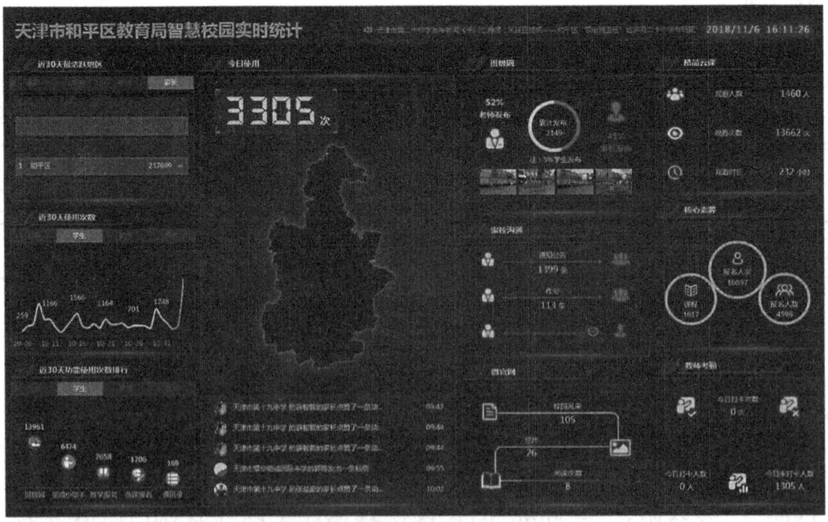

图7-22 和平区各校应用使用情况实时统计展示

7－21、图 7－22。在持续化的教育信息化建设与应用中，天津市和平区已累积了丰富的教育、教学、教研、管理、服务等方面的数据，为深层次研究提供了扎实的多维度数据基础。

和平区教育云数据中心架构如图 7－23 所示。

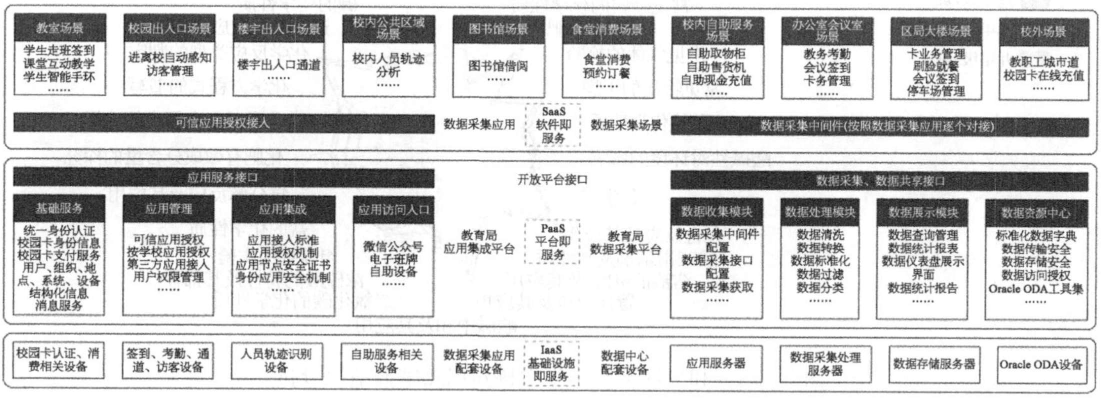

图 7－23　和平区教育云数据中心架构图

1）学业数据的采集与利用

在日常教学过程中会产生大量的数据资源，这些数据对于教与学具有很大的分析价值，但是在现实中，这些常态化教学过程数据由于整理数据工作量比较大，难以进行充分采集、分析和利用。天津市和平区通过应用生态圈软件，重点采集作业、课堂测试、月考等过程性数据。考虑教师日常批改作业的习惯，教师采用支持集中或分散批阅、支持纸质或电子批阅、能够批阅留痕的软件产品。教师可以批阅纸质的作业，通过扫描仪传输批阅痕迹到网上，进行处理后实现作业数据的采集。作业题库中的题目预先与知识点进行关联，因而可以诊断出每个学生的知识点掌握情况，测评出薄弱环节，并能够基于自适应推荐引擎针对学生的知识点缺陷，提供个性化的练习包、优质视频课程和任课教师录制的微课资源，让学生实施补救性学习与靶向提升。图 7－24 所示为某校学生学科知识点掌握情况分析。

天津市第十九中学是一所普通的公办初中，生源为本学区派位。十九中学在日常教学中有创造性的使用学业数据采集软件，对学生学习情况进行个性化诊断与提升，取得了很好的成效。2017 年 10 月—2018 年 8 月，十九中学采集学科作业 545 次，覆盖全校 10 个学科。全校三个年级的学业成绩在同类校对比中都取得了大幅度提升。在 2018 年 7 月的天津市初中考检测中，第十九中学升入天津市第一批次高中的学生达 25%以上，取得近 20 年来的最好成绩。

2）行为数据的采集与利用

学生行为分析项目以个性心理学和学习分析理论等为基础，基于学生携带校园卡所产生的数据，构建学生行为分析模型，从而实现更加个性化、科学化的管理和服务，如图 7－25～图 7－31 所示。

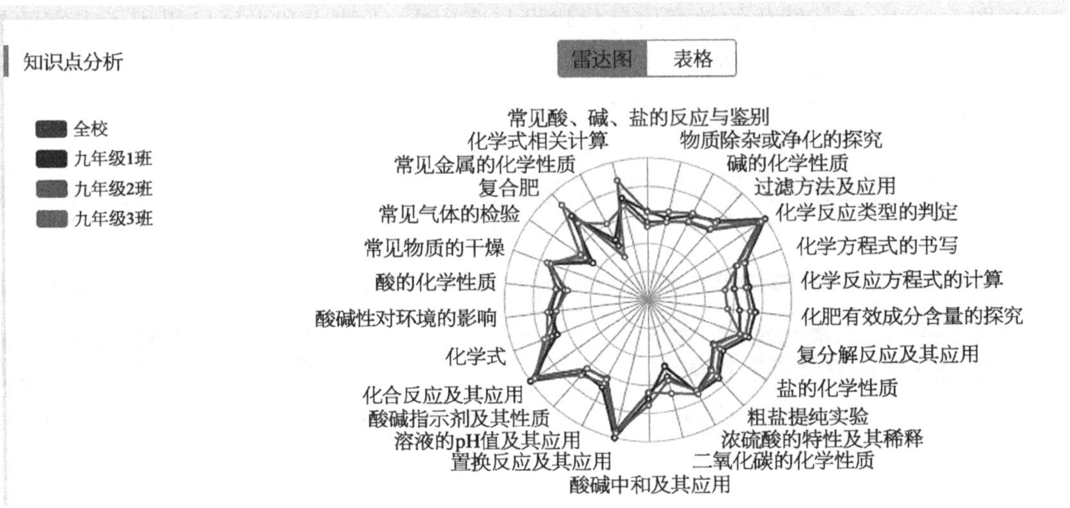

图7-24 和平区某校学生学科知识点掌握情况分析

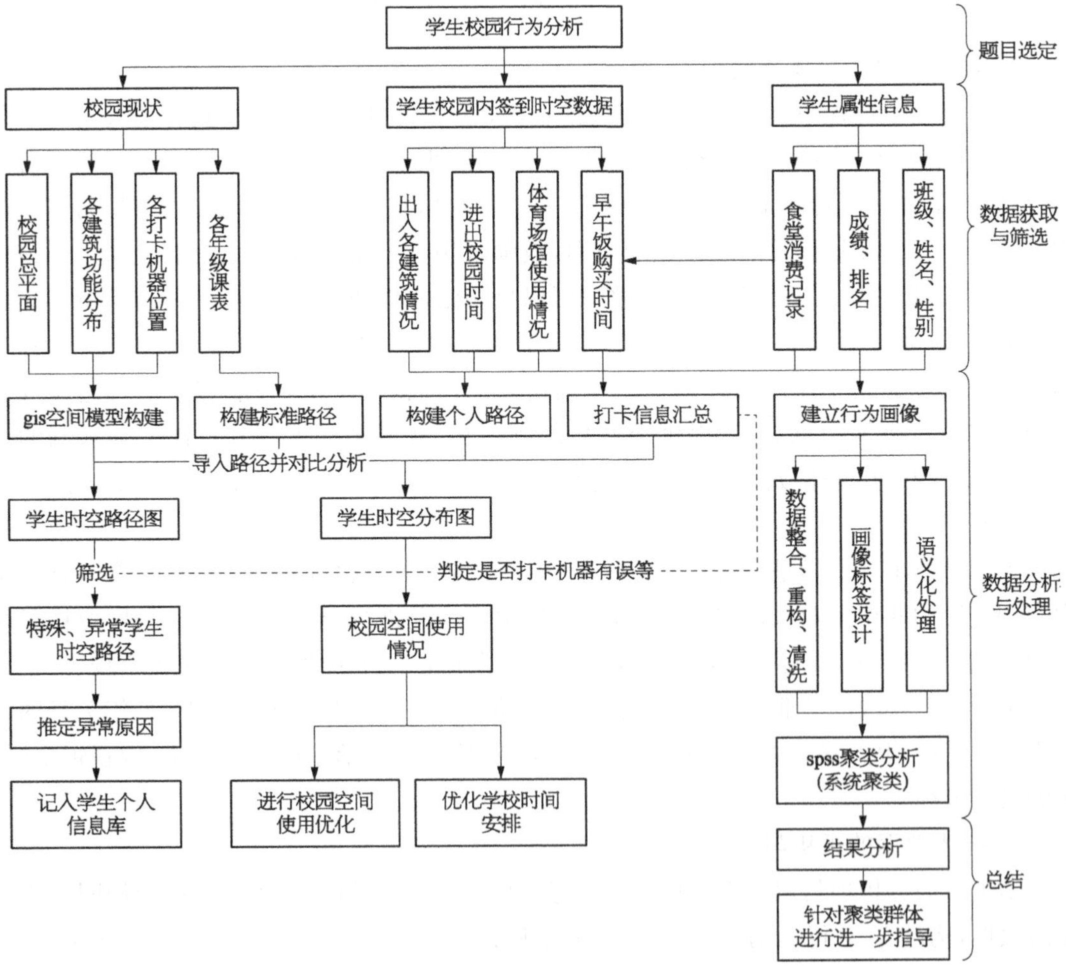

图7-25 学生校园行为数据分析方法

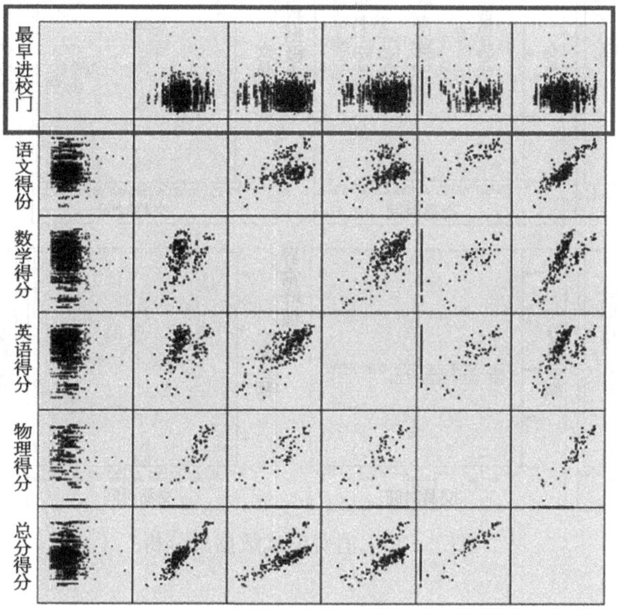

图 7-26 校门口数据集分析

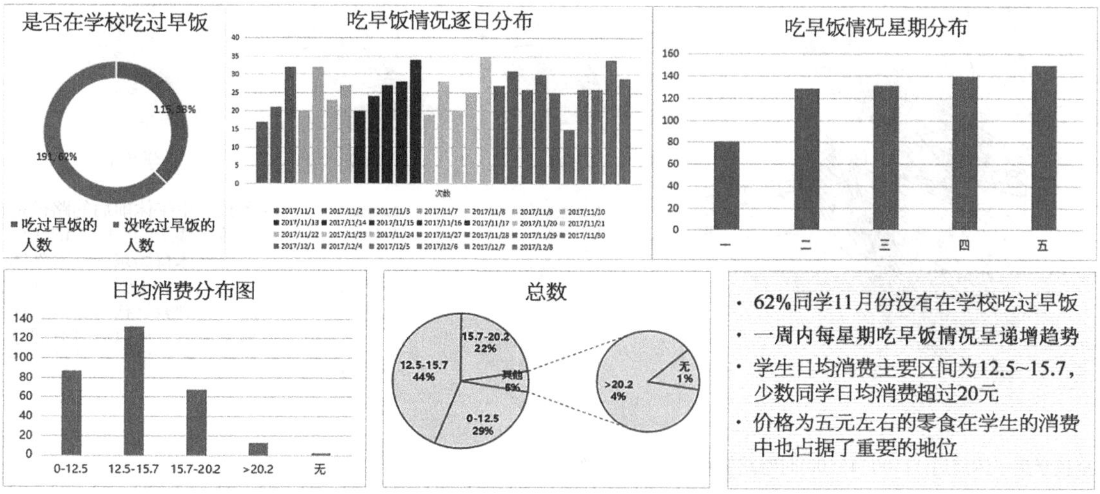

图 7-27 食堂消费数据集分析

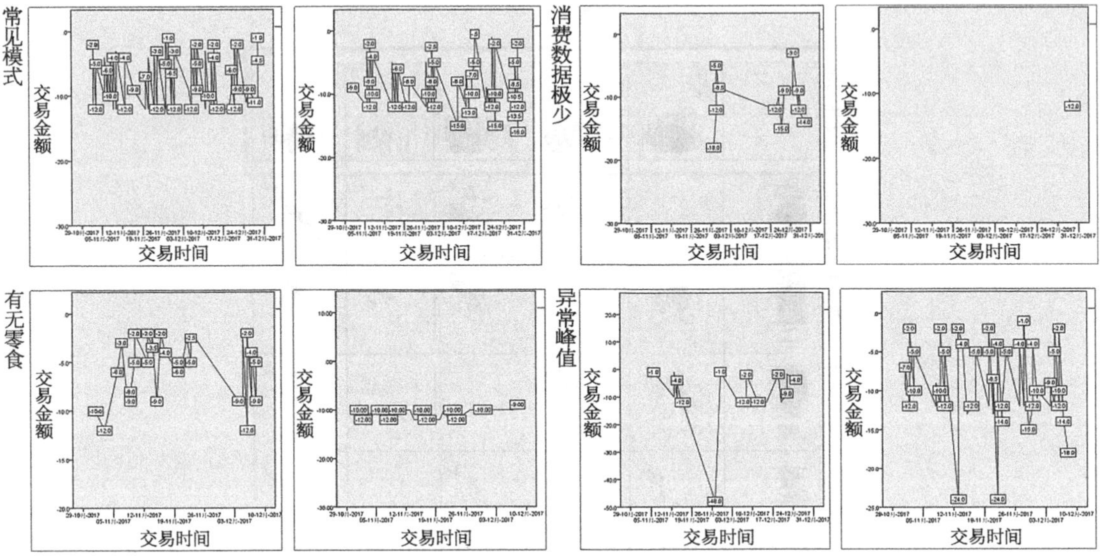

图 7-28 消费模式数据集分析

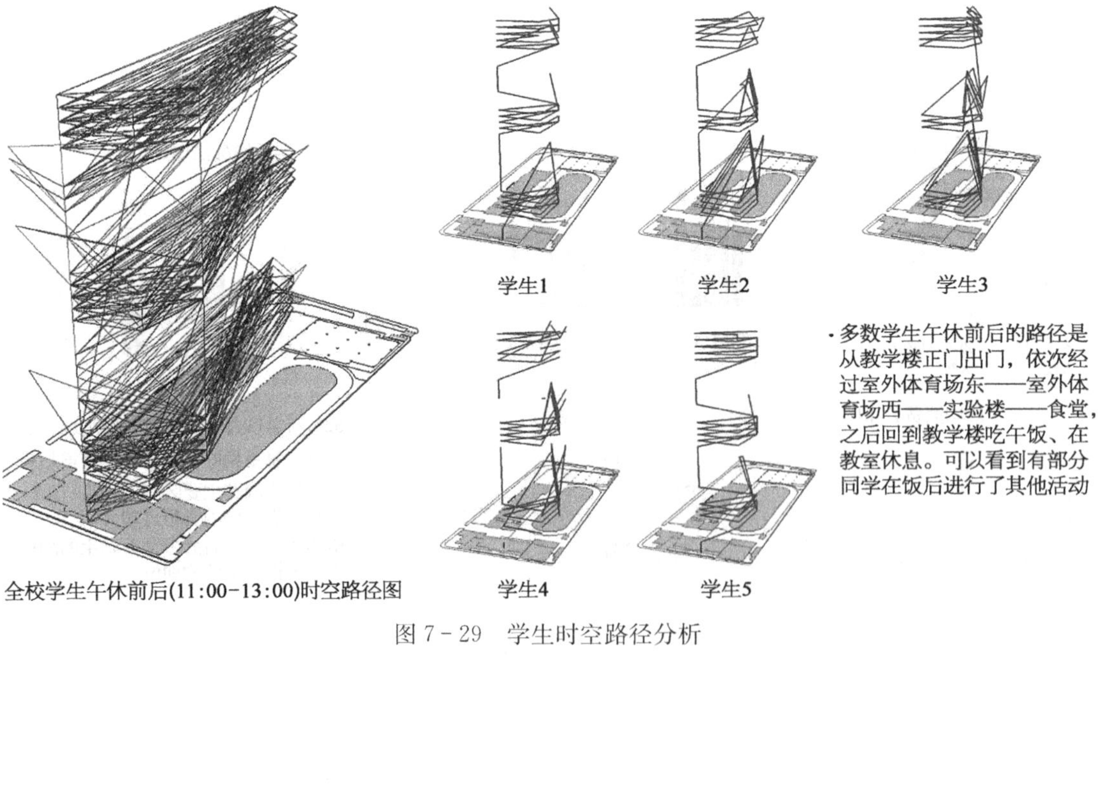

图 7-29 学生时空路径分析

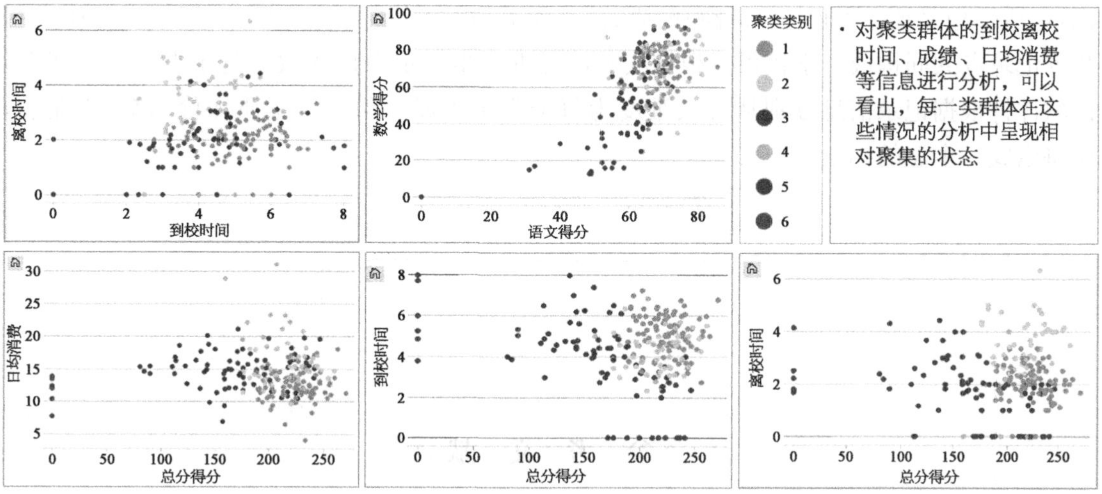

图 7－30　多种行为数据聚类分析

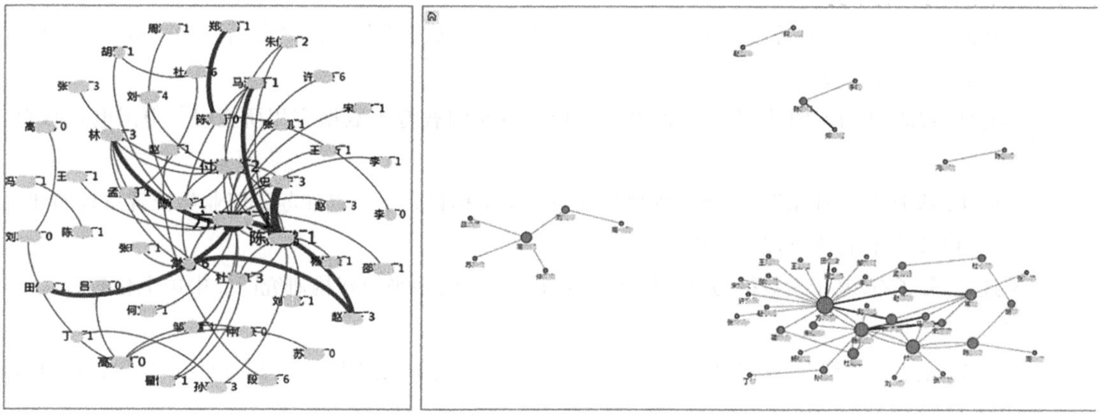

图 7－31　基于打卡数据的社交分析

经过上述分析，每一类别均可对应一个管理或服务场景。如依据校门考勤数据分析，可灵活设置不同季节的校门开闭时间，并做好特殊群体（因各种原因需提早到校及延迟离校的学生）的安置工作；依据时空路径分析可用于学生集体活动行进路径的合理规划，避免拥挤踩踏事件；依据消费数据分析可用于观察学生家庭经济情况，即时提供困难补助；依据社交数据分析可用于学生生涯规划项目及学生干部遴选等工作。

3）活动数据的采集与利用

学生活动数据采集与利用重点关注学生在校内外参与的各种社会交往和实践活动情况，主要通过手机微信进行记录和提交，支持采集各种各样形式的数据并且能够进行灵活的整合，比如文本、照片、视频、音频、链接、日期、时间、选项、评分等，都可以根据不同的采集需求灵活地组合起来使用。学生活动数据主要用以观察学生兴趣和能力发展趋势，辅助完成生涯规划。

和平区教育局依据教育部和市教委相关文件，研制开发了和平区综合素质评价指标体系，包括思想品德、学业水平、身心健康、艺术素养、社会实践五大维度，由三级指标体系和数据记录点共同构成。学校可以根据实际情况进一步设定个性化数据记录点。在学期末，该软件将根据记录信息分别从五大维度为每个学生生成一份综合素质评价档案；毕业前，还将生成一个总的档案。

◇参◇考◇文◇献◇

[1] 李平则. 数据挖掘视角下高校智慧校园管理机制研究[J]. 太原理工大学学报(社会科学版)，2018，36(05)：57-61.

[2] 王运武. "数字校园"向"智慧校园"的转型发展研究——基于系统思维的分析思辩视角[J]. 远程教育杂志，2013，31(02)：21-28.

[3] 李有增，曾浩. 基于学生行为分析模型的高校智慧校园教育大数据应用研究[J]. 中国电化教育，2018(07)：33-38.

[4] 李国庆. 基于"指标体系"的职业学校智慧校园模型架构设计——以江苏省职业学校智慧校园建设为例[J]. 江苏教育研究，2018(Z3)：78-83.

[5] 邓逢光，张子石. 基于大数据的学生校园行为分析预警管理平台建构研究[J]. 中国电化教育，2017(11)：60-64.

[6] 李海军. 基于智慧校园管理软件平台的构建研究——以哈师大附中为例[J]. 现代信息科技，2017，1(04)：116-118.

[7] 郭水泉. 基于校园大数据的学生异常行为分析模型[J]. 信息与电脑(理论版)，2018(04)：116-117+125.

[8] 张振虹，刘文，韩智. 学习仪表盘：大数据时代的新型学习支持工具[J]. 现代远程教育研究，2014(03)：100-107.

第8章

教育大数据与在线教学应用

随着现代信息技术对教育领域产生越来越深入的影响，在线教学作为一种新的产业形态成长起来。在线教学为人们开辟了一条高效、方便的学习通道，突破了线下教育以教师、教材为中心，克服了耗时费力、信息容量小等缺点，为人们进行技能和语言的学习提供了极大便利。有效开展在线学习并实现过程管理，不仅是开放大学、各高校网络学院、各类培训机构的主要教育目标，也是我国教育信息化发展的重要任务，是构建继续教育公共服务平台、扩大教育供给、促进教育公平、完善终身教育体系的主要途径。

为了更好地说明教育大数据在在线教学的应用中发挥的作用，本章首先简要介绍了大数据背景下的在线教学的发展历史；接着从学习分析模式、教学分析模式和管理分析模式层面入手，详细介绍了在线教学大数据在在线教学中的应用；最后详细讨论 Open edX 和 iForum 的可视化分析案例，以及上海学习网的学习分析案例，为不同环境下在线教学中的大数据应用提供参考。

8.1 教育大数据背景下的在线教学

在线教学是指通过互联网等数字化媒介手段进行学习和教学的教育形式，它充分利用互联网技术创新所提供的各种条件，突破时间和空间的束缚，形成不同于传统面对面授课的全新教育方式。诸多在线教学平台能够帮助人们接触更多的数据，大量数据的处理也成为人们普遍关注的问题。与传统教育相比，在线教学重视用户学习特征、个人信息、学习频率、学习时间安排等相关数据的积累，并让大数据为教育服务供需双方带来增值服务，为充分利用教育大数据打下基础。

8.1.1 国内外在线教学的发展

美国率先在21世纪初期尝试在线教学，哈佛大学和麻省理工学院于2012年4月共同创办了MOOC，该平台的总体目标是改善在线学习。随着教育信息基础设施的日益完善，多元化的在线学习系统为教育提供了个性化和深度决策服务，满足了不同教育者的需求。韩国基础设施应用水平的体现依托于教育信息化应用平台、网络教育资源服务平台以及创新的教育管理服务模式，典型系统如国家教育信息系统（the National Education Information System, NEIS）、家庭网络学习系统（the Cyber Home Learning System, CHLS）和教育信息服务系统（Educational Information Network, EDUNET）等。如今，世界主要国家几乎所有重点高校或教育机构都已经或正在开展在线教育实践，可以说，目前世界范围内在线教学已全面普及且正在不断深入推进。

中国的在线教学随着互联网技术和产业的发展而产生，早期的在线教学集中于高等院校的远程教育，教学模式从简单的文本形式发展到多媒体形式，然而由于制作成本、带宽成本、互联网用户数量等原因，2000年以前出现过短暂繁荣，但并没有真正发展起来。此后的十年时间，中国在线教学在2003年由于“非典”导致大规模停课而出现小范围复苏，总体仍处在徘徊期，虽然出现了一些创新型企业，但并没有出现大规模的创业潮。

从2010年开始，在线教学进入快速发展阶段，在线教学的形式多元化，市场规模、企业数量和用户规模快速增长，不仅出现了一大批创新创业型企业，而且主要的互联网公司如百度、腾讯均以不同形式进入在线教学领域。网易公司在2010年11月1日推出“全球名校视频公开课项目”，用户可以在线免费观看来自哈佛大学等世界级以及国内名校的公开课程。教育部在《关于“十三五”期间全面深入推进教育信息化工作的指导意见(征求意见稿)》中指出：党的十八大以来，“互联网+”行动计划、促进大数据发展行动纲要等有关政策密集出台，信息化已成为国家战略，教育信息化正迎来重大历史发展机遇，我们要坚持融合创新，拓展教育信息化应用广度与深度，依托网络学习空间逐步实现对学生日常学习情况的大数据采集和分析，优化教学模式。

艾瑞咨询的数据显示，2014年中国在线教学用户规模为5 999.2万人，随着在线教学集群化不同发展模式及其优劣势，教育公司加强市场推广以及在线教学越来越被互联网用户所接受，中国互联网络信息中心的数据显示，截至2015年6月，中国网民规模达到6.68亿人。比较前面的数据发现，在线教学用户数占网民总数的比例很低，表明中国在线教学拥有巨大的发展潜力，会吸引各种在线教学创业项目进入细分领域，如网上公开课、网络大学、网上语言学习平台、早教、职业培训、兴趣教育、K-12教育等。

与传统教育和现代教育相比，在线教学具有灵活随意的形式(可碎片化学习)、开放共享(不受时间、地点限制)、教育资源丰富、学费便宜、学习低门槛等特点，它是对线下教育的补充和颠覆。为了提升用户对平台的持续使用，在线教学平台需要不断丰富教育内容，创新教学模式和场景，为用户提供一站式服务，充分重视教育数据的基础地位，挖掘数据分析技术的重要价值，关注教育理论的重要影响，积极实施个性化教育，进而深化在线教学的改革与创新。

8.1.2 在线教学面临的挑战

随着在线教学迅速发展，在线学习平台的建设也面临着许多挑战。大规模的学习者，大量丰富的教学资源，课程的多样性等，都为有效开展在线教学增加了难度。在大数据时代背景下，要提高在线教学的有效性和精准性，实现在线教学的形式变革，就要有效地利用大数据技术。

大数据技术可以以前所未有的速度处理、分析、组织、过滤和可视化来自各种信息源的大量数据。大数据的主要目的是通过消除噪声和提取有用的信息，从大量数据中获得正确的信息，从而做出更好、更快和更明智的决策。因此，利用大数据来提高在线教学的质量是非常重要的。

然而，为了可以有效推动在线教学的可持续发展，应用大数据改善教学质量，还面临如下挑战。

（1）重视教育大数据应用理论的缺乏。在大数据时代背景下，在线教学的大数据应用还缺乏一定的创新思维和新的理论指导，于是也就会影响大数据应用价值的实现。所以，必须要充分认识到数据背后所隐藏的价值，在在线教学过程中做到理论与数据应用的良好结合，达到更好的教育效果。

（2）优化数据分析技术还需创新。Ansari 等人提出，在线学习数据分析的三个主要挑战。第一，从非结构化源中提取数据，并将其包含在在线学习系统中。第二，大数据与在线学习中使用的多个平台的集成存在问题。第三，大数据分析要求数据科学家在数学、统计等方面具有很高的技能，以便解释分析结果，提供有助于决策者等用户更快更好地做出决策的见解。

在线教学中必须要准确、及时地找到具有重要价值的数据，要实现对数据分析技术的超越与优化。首先要充分发挥数据分析技术的作用，积极学习与借鉴我国的大企业的数据技术。大力提倡深度学习，充分发挥大数据的功能，开展机器学习，要优化与改善多媒体的搜索结果、视觉与智能搜索等功能，使得在线教学可以处于无监督学习的模式。除此以外，数据具有交叉性与可重复利用性，要借助大数据的重要作用和预测分析技术预判在教学活动中存在的一些问题，及时归纳与整理已经更新的思维方法与知识，更好地促进教学水平的提升。

（3）大数据推动个性化教育认识不足。在线教学发展的过程中，要充分重视教育数据在精准的个性化教育中的应用，实现科学、有效的教育反思。大数据是一种非常有效的资源，其可以充分发挥信息技术良好的推动作用，帮助人们了解群体规律中所具有的个体需求，可以帮助人们更好理解与记忆所学知识。除此以外，还不会出现局限数据障碍与控制性数据独裁等诸多问题。因此，对在线教学的过程给予充分的关注，要充分重视个性化教育。

综上，在大数据时代背景下，必须要在在线教学中实现对大数据的科学、合理运用，充分发挥大数据的重要作用。采用大数据分析教学问题，可以更及时更精准，解决原先教学问题反馈不及时不精准的现状。当前，社会各界已经充分重视了大数据的应用价值，并且加强了对其的自主开发。大数据的处理及管理技术方面也越来越成熟，不会花费太高的成本。在教学活动的各环节及基点都要充分发挥大数据的重要价值，使其能够一直保持可储存及可处理的良好状态，这样就可以结合数据分析的结果对活动的内容给予科学的调整。此外，要推动大数据的结构化发展，确保其应用能够具有较强的可取性与开放性，要制定科学、完善的统一标准，并对数据进行生态化和系统化的组织和管理。随着大数据在在线教学领域的实践与研究的不断发展，在线教学大数据逐渐形成不同的应用模式。

8.2 基于教育大数据在线教学应用模式

大数据应用遵循数据采集、数据加工、结果呈现的基本模型。其中，数据收集是大数据应用的最基础、最底层任务，通过数据采集将数量庞大、结构复杂的信息汇聚起来建立关键信息数据库。依据不同模型对收集到的各类数据通过挖掘和分析等技术手段和设计进行预处理和再加工，最终转化为可视化结果输出并落地应用，是大数据管理要实现的核心目标。随着大数据在在线教学中应用的日益广泛和成熟，大数据管理衍生出诸多不同的更具体的应用模式。

围绕在线学习过程，依据不同的研究和应用领域，本书将大数据在在线教学中的应用分为三种模式：学习分析模式、教学分析模式和管理分析模式。

8.2.1 学习分析模式

著名学习专家爱德加·戴尔 1946 年发现并提出学习金字塔理论，将其变成柱状图，如图 8-1 中指标“学习内容平均留存率”为学习者一天过后还能记住内容的多少。从图 8-1 中看出，如果学习由教师单纯讲授、学习者单向被动听讲构成，学习者一天过后只能记住学习内容的 5%，绝大部分内容都会被遗忘。可见，教师单方面讲授的学习效果是很差的，然而这却是目前在线教学的主要构成形式。

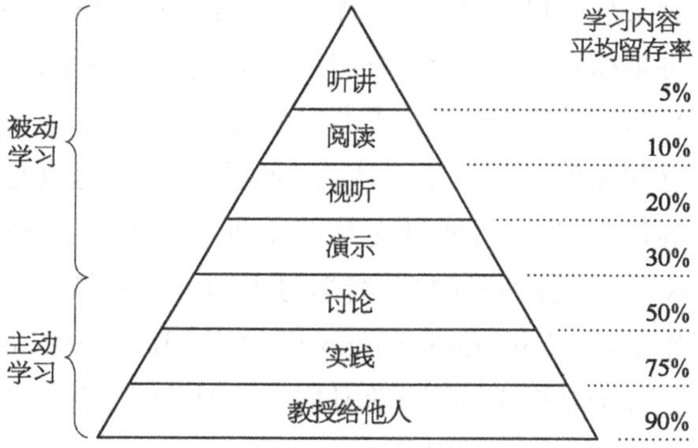

图 8-1 学习金字塔理论

目前，大多在线教学机构只是简单地将线下教育方式复制到网络平台上，学习者坐在电脑前观看视频进行学习。这种方式不但没有发挥在线教学灵活的优势，还将缺乏沟通反馈这一缺点放大了。在线教学不同于线下教育，教育方式也应该和线下教育模式区分开来，它不仅仅是对教学方式的互联网化，而且要发挥在线学习的便利性和自主性，为网络教学量身定做全新的、不同于线下教育的多元化、交互性和自适应性的个性化网络教学产品，实现学习金字塔理论中的阅读、视听结合、分组研讨、虚拟实践和教授他人等多种学习形式，促进在线教学健康良性发展。

由于在线学习形式的多元化，学习者在参与、表现和接受评价的过程中产生出多种形式的相关数据，形成的大数据是一种非常有效的资源，帮助学习者了解群体规律中所具有的自身的个性化需求，可以帮助学习者更好理解与记忆所学知识。因此，本节主要讨论学习分析模式下的大数据应用。

学习分析是大数据在教育领域的典型应用，新媒体联盟将学习分析定义为：利用松散耦合的数据收集工具和分析技术，研究分析学习者学习参与、学习表现和学习过程的相关数据，进而对课程、教学和评价进行实时修正。以在线学习者及其学习过程为主体，对在线学习过程进行分析的过程同样如此。它通过收集学习者特征、学习背景、学习动因与需求等数据，跟踪学习过程中的状态、行为、影响因子、资源利用、作业与考核情况等信息，利用预设的模型对数据加以分析，并呈现出可视化数据分析结果。

学习者希望学习分析能帮助他们利用碎片化的时间学习到丰富有用的知识或技能，实现高效能又不枯燥的学习。本节将学习分析模式下的大数据应用主要分为两个方面：第一，交互性学习分析方面的大数据应用，主要指对学生在线交互行为的数据进行学习分析用以改善平台的交互性能；第二，自适应性学习分析方面的大数据应用，例如，预测学生的学习行为与需求，实现有针对性地为学习者提供支持和服务，挖掘有效的个性化学习模式，提升学习者的学习能力、自我调适能力和管理能力。

1）交互性学习分析与大数据

构建具有良好交互水平的在线学习平台是在线教育的发展基石。传统的网络学习只能实现人机交互，学习者会产生孤独感、枯燥感，大数据背景下支持的个性化学习使学生不再是孤立的学习者，他们可以在各种人际网络中组建学习社区、网络虚拟学习兴趣小组。Moore提出“通过形式多样的在线交互活动可以激励在线学习者，有效减少学习者的距离感和孤独感”。Hiltz认为“各类交互活动也是学生在线学习的关键因素”。Gunawardena等认为“学习者通过交互媒体所实现的交互水平高低，直接影响了在线学习的成功与否”。Karel等特别强调“在线学习中的社会性交互对教学的促进作用”。例如，计算机支持的协作学习(Computer-Supported Collaborative Learning, CSCL)是建立在建构主义和社会文化理论基础上，强调学习是一个社会人际的和意义建构的过程，这一过程主要是发生在人们之间以及共同体内的互动之中。

在线教学使得师生之间能够跨越时间与空间的限制，进行学习资源的高度共享，并且能够进行双向交互式和自主化的学习。对于在线教学交互性的研究，大数据技术的出现不仅影响着在线教育交互的形态，也为交互信息分析提供了新的思路。陈丽构建了“在线教学交互层次塔理论模型”，对在线教育交互的数据开始从低级到高级的分析过程。曹良亮“应用社会网络分析方法，对在线教师和学生组成的交互模型和结构数据进行了系统的分析和研究”。吴彦文等开始研究“利用云计算技术构建在线学习支持服务系统”，由此看出构建高水平的交互活动系统是促进在线教育发展的重要途径。邢丘丹等立足于对在线教育的需求分析，重点研究交互平台功能实现，运用大数据技术对交互数据深入挖掘，构建基于大数据和云计算技术的在线教育交互模型，进一步提升其在线学习交互的水平。在线教育交互平台的健康发展需要利用云计算和大数据创新，提升在线教育交互的核心竞争力。

(1) 云计算。云计算是通过互联网庞大的计算处理能力，将待处理程序自动分拆成无数个较小的子程序，再交给多部服务器所组成的庞大系统，经过搜寻、计算和分析将处理结果回传给用户。云计算使网络应用更加的广泛化。

云计算与大数据是静与动的结合：云计算强调计算，注重动态计算能力；大数据是计算对象，注重静态存储能力。两者相辅相成，大数据依靠云计算强大的运算平台，进行数据获取、整理、转换和统计；云计算需要大量数据作为运算的基础；所以两者的结合是必然趋势。

(2) 交互平台数据处理与应用。结合当前的大数据，在线教学平台可以利用其存储海量学习数据、学习行为的优势，进一步提升其在线学习支持服务的水平，促进与学习者的交互。利用大数据技术的在线教育交互云计算平台(图 8-2)，可以提供差异化的教育服务，在线教育向个性化服务方向转变。根据邢丘丹等的研究，应用云计算和大数据技术的在线教育交互平台主要分为用户应用服务层、数据资源处理层和基础设施硬件层。

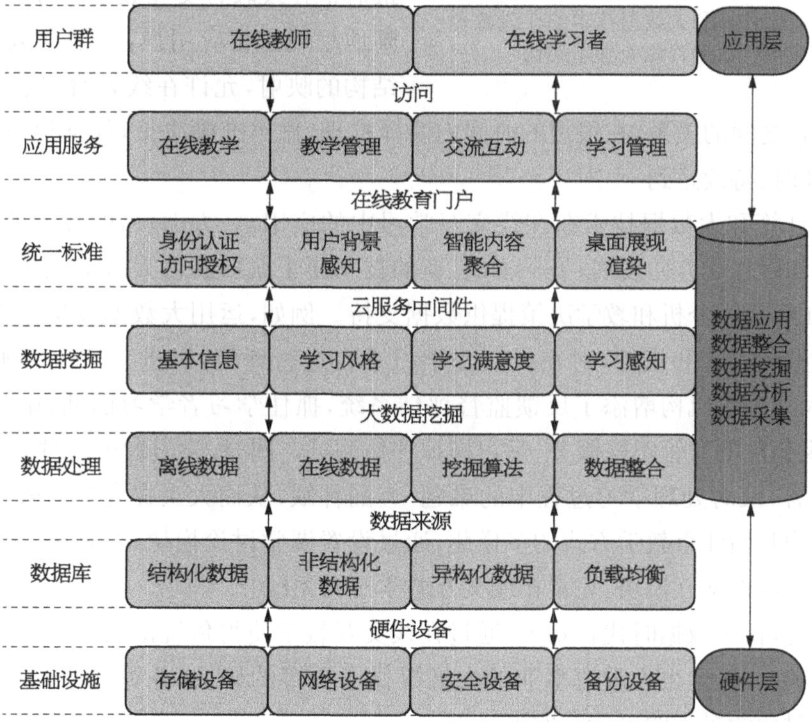

图 8-2　云计算和大数据技术的在线教育交互平台模型

在云计算和大数据背景下，数据沿着“数据采集——分析和挖掘——整合和应用”流程(图 8-2)，信息价值不断增加，从最基本的记录向应用趋势的转变，其中数据是资产，分析

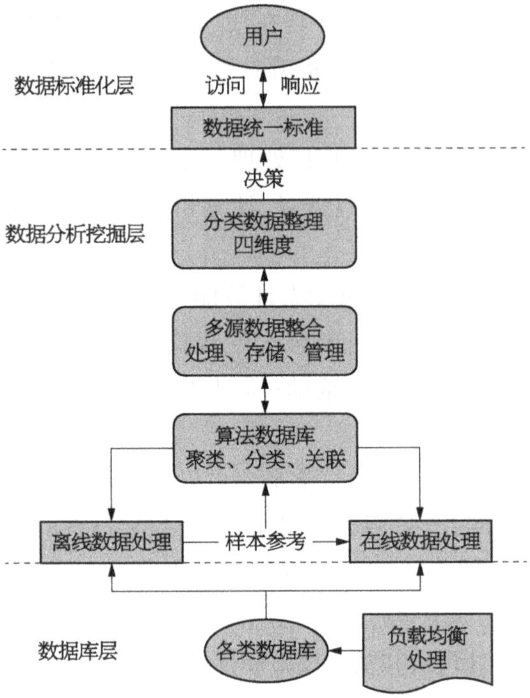

图 8-3 应用云计算和大数据技术的在线教育交互平台数据资源处理层架构

和挖掘是手段，整合和应用是目标。数据资源处理层分为三层，下层是数据库，中间层是数据挖掘分析整合，上层是标准化处理。核心是数据挖掘部分，也是在线教育交互平台的核心(图 8-3)。

在数据挖掘部分，对已预处理的数据进行关联、分类、聚类、偏差分析，从中发现有价值的在线教育交互信息。运用云计算和大数据最主要的网络分析法，通过整合得到的数据节点和链接形成整体的在线教育交互数据，将反映相互关系的链接整合起来构成数据网络，数据的共性、网络的整体特征都呈现出来。通过可视化分析，基于链接的节点排序、分类、聚类和链接预测等，能发现大量的教育交互的共性模式，提炼出数据关系价值。最后把在线教育交互数据的分析结果简洁清晰地呈现给相应用户，从抽象数据到可视化结构的映射，允许在线教育平台的用户直接观察教育因素之间的关系，在很短的时间内演绎推理，做出准确决策，保证提供的数据结果必须全面、及时、持续达到。

随着云计算和大数据技术在在线交互学习中的应用，一方面，新的技术使交互行为不断向实时化和碎片化方向发展；另一方面，新的技术便于获取获得大量交互数据，尤其是行为数据，为在线学习分析和教学决策提供数据支持。例如，运用大数据收集学生行为数据，挖掘出数据中的模式和规律，对在线交互学习平台进行评价，以进一步改善平台的功能。目前，很多大型教育机构增添了反馈监督评估系统，抓住学习者学习前期、中期、后期等关键环节，提供相应的监管跟踪服务、学习模拟评估测试。同时，学习者可通过 APP 对重难点进行实时问答，及时处理学习过程中的难题，查漏补缺，从而大大提高学习效率。此外，各在线教学机构开始注重教学方式的多样化，通过设置课堂讨论模块、习题练习模块、学习者互助模块等创新性交互模块，完善在线交互教学平台系统。

总而言之，在大数据时代背景下，通过在线交互教学使得传统落后的教学模式、教学方法得到了有效改善，这也为教育事业的发展提供了更多的机会，并更好地推动在线交互教学在大数据时代背景下的可持续发展。

2）自适应学习分析与大数据

随着移动互联网、智慧教育的快速发展，适应性学习成为以大数据为基础的教育技术新范式。纵观国内外关于自适应学习的相关定义，主要分为两类：一类是从学习者角度出发解读自适应学习，如高虎子与周东岱认为自适应学习是指学习者在学习过程中，通过积极探索和思考，把知识与技术的获取与学习者学习条件及其学习进度相结合的一种学习方式，时龙认为自适应学习是学习者从自身的实际出发，按照自己的方式学习，教育的根本功能是激活和调动学习者自身的内在学习机制，引导学习者在改变自身过程中得到发展；另一类则是从学习工具视角解读自适应学习，如《解码自适应学习》报告将自适应学习看成一种教育科技手段，通过自主提供适合每位学生的独立帮助，在现实中与学生产生实时互动，姜强等认为自适应学习是一种系统驱动隐性知识呈现的方法，有助于防止学习者发生认知超载和网络迷航等现象。

本书作者认为自适应学习是指学习者根据学习风格、认知水平等个体特征和具体的学习情境，不断调整自身学习活动、学习方式、学习内容等以适应新的变化，化被动学习为主动学习，激发自身学习兴趣与学习信心，进而大大提升学习效果的学习方式。简言之，自适应学习是学习者按照自己的方式学习，学习时间、学习内容、学习方法、学习进度等全由学习者自己掌控。

大数据在自适应学习领域的应用主要为通过分析在线学习行为大数据，发现学生的认知能力、学习风格等个体特征，建立学习者画像，判断不同画像的学生的学习需求，从而有针对性地向学生推荐学习资源，满足学习者个性化的学习需要，帮助学生固强补弱，提高学习效果。因此，下文将首先叙述学习者画像的构建，接着描述大数据下的个性化推荐。

(1) 学习者画像。陈海建等认为学习者画像即学习者的标签化，是依据学习者的基本属性和学习过程特征而抽象出的标签化的学习者模型。不同研究者对于学习者画像或模型的定义稍有不同，但是都基于学生的知识和认知对其进行定义。例如，陈仕品和张剑平将学习者模型称作学生模型，并指出学生模型的研究最早出现在智能授导系统（Intelligent Tutoring System, ITS）领域，属于教育领域中的用户模型的一种特例，它所描述的对象是特定的学生。学生模型是现实世界中的学生在计算机系统中的抽象表示，它代表了计算机系统对学生的认知。Self 定义的学生模型是一个数据集合，为四元组〈P, C, T, H〉，分别表示学生的过程性知识（procedural knowledge）、概念性知识（conceptual knowledge）、特性（traits）和历史（history）。有学者将其称为学习者模型，并认为该模型代表了系统对学生的认知；还有学者认为学习者模型不仅包括知识的各个方面，还包括学生行为的各个方面。

近年来，大数据在学习者画像领域的应用研究不断涌现，一部分研究集中在如何建立学习者画像的理论研究以及实践研究层面。例如，岳俊芳和陈逸的研究提出学习者画像可从资源与服务两大方面来辅助开展个性化教学，并提出根据个人信息、学习风格、兴趣模型和知识模型建立学习者画像。牟智佳提出了学习者数据肖像模型。该肖像模型建议通过心电图等设备分析学生的心理状态变化等。王硕懋、尹菲、刘增涛基于广电大数据分析，构建了广电节目精准营销的关键技术用户画像。

此外，在实践层面本研究选取了关于建立学习者画像的方法的实践研究的几个例子。Brooks 和 Greer 描述了一种将统计预测模型转换为解释学生分类的学习者画像的方法，该方法将学生在学习社区内的学习行为作为印记，将学习者画像的概念应用于预测模型。这些学习者画像为数据挖掘活动所识别的学习者提供了熟悉和难忘的描述，并弥合数据科学家和学习专家之间的鸿沟。建立预测模型的目的是为了用学习者画像描述这些学习者群体，将学习者画像分为两组：肯定型人物角色，为学习专家创建有效的干预措施的目标群体；错误型人物角色，描述了预测模型使学习专家不关注的分类。该研究最终用四个决策树叶节点覆盖了学生群体的横截面（图 8－4），图中，鲍博和萨莉被分类为肯定型人物角色。错误人物角色的创建与肯定人物角色类似，其研究使用了两类图片（一类彩色正面图片用于正确识别的学习者，另一类黑白负面图片用于错误分类）。其中的叙述描述了学习者的相似性（预测规则），并明确指出了可能出现的假阳性分类。该研究指出了预测模型中容易将学生画像错误分类的问题，提出预测模型要切实可行的重要性，以及提出与学习专家共同组织实验干预以测试预测模型准确性的建议。

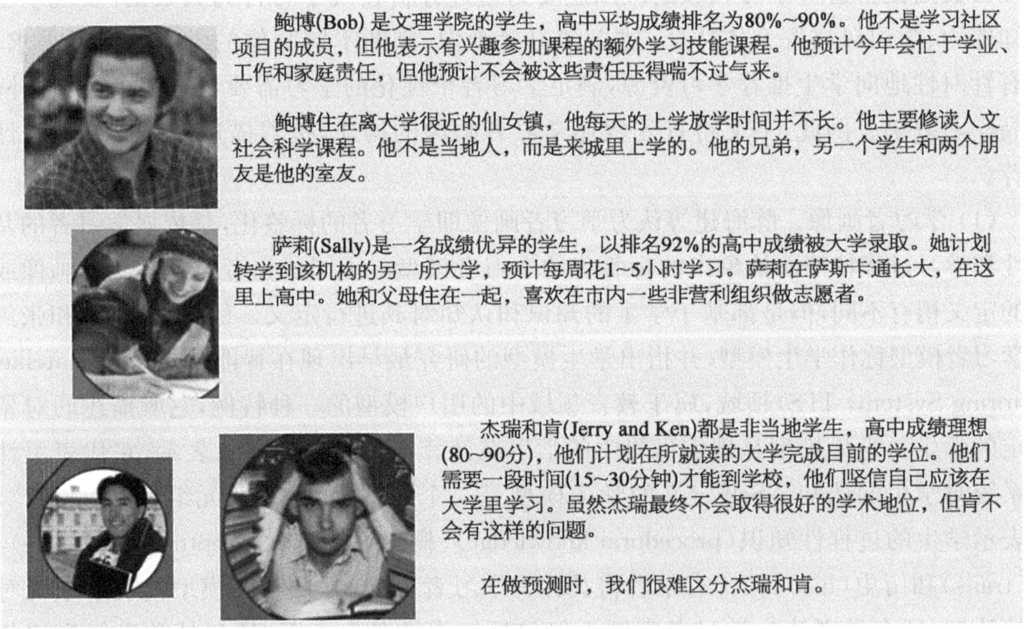

图 8－4　人物角色的示例

（2）基于大数据的个性化推荐。随着大数据时代的到来，学习者的学习方式发生了巨大的变革，基于大数据的个性化推荐研究成为国内外众多学者关注的热点。其中，个性化资源推送、个性化学习伙伴推荐是比较典型的应用。

牟智佳的研究提出采用大数据分析技术可获取远程学习者的动态兴趣模型。针对兴趣模型的个性化资源推送机制可以系统跟踪记录学习者网络学习行为，对学习行为进行逻辑分析，确定学习者知识兴趣点，将兴趣关键词与知识库进行概念匹配、语义扩展、锁定相应的学习资源、定期自发推送兴趣资源至学习者的个性化学习空间、推荐资源与学习者学习风格匹配，自适应随之呈现。刘海鸥等提出了基于用户画像的旅游情境化推荐模型，并设计了一个经典推荐测试系统进行试验测试。其研究生成的用户画像是基于用户的基本属性数据、用户行为属性数据以及用户情境属性数据抽象而出了游客标签并进行形式化表示。其研究结果表明，基于用户画像的情境化推荐方法较好地融合了用户基本信息、行为信息与情境信息标签，获得了更优的推荐效果，验证了文章推荐方法的可行性。岳俊芳和陈逸提出针对学习风格差异：在资源方面，学习内容媒体形式可根据感官通道偏好自适应呈现；在服务方面，可针对自主学习、协作学习偏好提供学习方式的智能选择。针对学习兴趣：在资源方面可提供个性化学习内容推送和智能检索；在服务方面可提供学习伙伴推荐，促进具有共同兴趣的学习者组建虚拟学习社区。针对知识模型：在资源方面可提供难易程度与进度相匹配的学习内容，再结合学习风格偏好采取适宜的学习方式，最终提供个性化学习路径推荐服务。同时，根据远程学习者的知识绩效水平，可提供个性化远程学习督导服务，降低远程学习沉淀率和辍学率。

不少研究开始关注智能算法在个性化学习或个性化营销领域的应用。Hwang 等开展了基于启发式算法的个性化学习路径设计。王硕懋设计了基于广电节目标签和用户标签的个性化推荐算法，其研究有助于开展精准营销以提升广电运营商的运营能力。

李浩君等首次提出了基于遗传算法的个性化移动学习路径优化策略，该路径主要受到学习者因素(学习风格、偏好、已有水平等)、学习对象因素和学习环境因素的影响。其研究详细阐述了基于该路径优化策略的移动学习模式，并以网络工程综合实验课程进行实验，实证分析了该个性化学习路径下学生的学习效果有显著性提高。然而，该研究指出，在真实的学习活动中，有更多的因素会给学习者的学习造成影响，因此，在个性化学习路径的设计中要考虑到更多的因素影响，比如教学方法。

近年来，不少研究关注高校图书馆采用的个性化推荐算法。田磊等利用聚类分析和协同过滤推荐技术优化图书馆服务质量。基于具有自适应特征权值的改进的 K-mean 算法对借阅用户的类别与偏好性进行了系统的分析，通过构造用户借阅偏好性矩阵与用户相似性度量，采用协同过滤算法实现了图书借阅的个性化推荐。实验结果表明，其研究的算法可根据用户的借阅爱好准确地为其推荐图书，整体上具有较高的性能。何娟利用用户画像方法和技术，构建读者的个人画像与群体画像，并综合两者所反映出的读者借阅行为特征，选用的相似度计算中的词频统计与向量空间模型，在具体的操作中没有考虑到不同特征词权重不同的问题；选取了划分式聚类算法中的 K-means 算法，对读者进行聚类，实现图书的个性化推荐。其研究通过问卷调查证实测试用数据反馈结果较为良好，同时也反映出用户画像在图书推荐领域具有一定的可行性。然而，其研究数据全面性不够，构建用户画像的技术不够新颖，结果的测评方法较为主观。

互联网与大数据技术的介入，有望解决长久以来教育教学领域存在的规模化与个性化难以调和的矛盾。数据驱动教学范式下，通过挖掘分析海量的学习者群体数据以及个体数据,既可以发现隐含在教学背后的群体规律,还可以精准识别每位学习者个体的学习需求与学习特征。近年来,适应性学习系统、智能学习软件、自动测评工具等开始在中小学校应用并产生了一定的实际效果和影响力。学习数据的持续汇聚和不断丰富,将进一步提高学生画像的精准度和分辨率。网络学习平台与软件工具能够更加准确地获取和分析学习者的学习进度、学习习惯、学习偏好等特征信息,进而推送更多符合其学习习惯和实际需求的优质教育资源。人工智能技术与教育教学的结合正在悄然发生,当教学数据持续累积到一定程度,教学系统将具备智能乃至智慧,提升学生的学习体验,促进学生的学习效果。

8.2.2　教学分析模式

大数据应用除了用于学习分析,促进学习者更好的学习,还可以用于教学分析,帮助教师更好的备课及教学。很多时候,教与学是相辅相成、不可分离的。因此,大数据在学习分析模式中的应用反过来也可以利用在教学分析模式中。例如,在线教学平台的教师可以依据学生的学习者画像情况来进行针对性的备课。教师以统计、分析以及挖掘学生观看视频,完成习题,进行课程讨论等,从这之中就会发现学生在学习之时的难点。这一过程中产生的海量与教育相关的数据正呈几何级增长,为利用大数据技术准确、清楚地描绘、勾勒出不同区域、背景、民族、习俗、环境等众多条件下不同学习者画像提供了足够丰厚的原始素材。然而,大数据在教学分析中的应用还存在新的内容,因此,本节主要从两个方面介绍这些新的内容:大数据驱动下的教学分析的研究;教师数据素养教育。

1) 大数据驱动下的教学分析

为了促进大数据技术在教学实践的落地应用及其教学价值的发挥,国内外包括高校、中小学校、教育基金会以及信息化企业在内的众多机构开始研究数据驱动的教学模式,积极开展数据驱动的教改实验。

早在2002年,卡内基梅隆大学便推出了开放学习计划(Open Learning Initiative, OLI),该计划鼓励学生利用学习仪表盘进行学习,学生的学习轨迹会被自动记录,所有家庭作业数据将自动传送到开放的学习仪表盘;学生在自主学习与练习时可以按下绿色的“提示”按钮来呼叫虚拟导师;教师可以依据学习者的学习进程与知识掌握情况,重新计划自己的教学进度,有针对性地调整自己的教学策略和教学方式。2016年,美国部分高校和中小学开始推广名为“No Grades, No Grades(NG2)”的包容性的个性化教育模式,该模式摒弃了传统学校教育一贯采用的以成绩为核心的评估指标,将学生的学习轨迹数据作为学业评估的主要指标。该模式的推行旨在跨越从幼儿园到八年级的学习进程,通过对学生开展基于能力的学习评估,同时结合学生的真实水平和学习需求,开发一种更为灵活有效的学校教育新途径。美国 Menachem 教育基金会提出了“数据驱动教学”(Data Driven Instruction, DDI)模式,该模式通过采集学生的学习过程数据、频繁的测试数据和定期评估数据,并对这些数据进行深度分析，教学者可以更加科学、准确地把握学生的学习状态，以便对症下药，持续改进教学。

此外，国际上一些教育公司利用其技术优势，积极研发数据驱动教学的相关软件系统并探索其教学应用模式。美国的 Literacy How 公司提出了"数据驱动的差异化教学"(Data-Driven Differentiated Instruction, D3)模式，该模式为每位学生设定具有挑战性的学习目标，基于学习过程与结果数据建立个性化的学习曲线，通过数据实时监测学生的学习进度，同时建立了基于数据的多维度评价模型，能够甄别学生的学习者特征并监测其实时学习状况，进而开展个性化的学习指导。日本的一家数字化学习解决方案提供商——Surala 公司，提出了数据驱动的自适应学习模式。该模式将游戏嵌入到学习活动中，学生通过互动性课程和屏幕上出现的游戏动画进行学习，根据学生的作答情况推送适当难度的练习题目，还可以对学生练习错误的原因进行分析，并据此来调整课程内容。

近年来，随着平板电脑与教育云平台在中小学的应用推广，国内越来越多的地区和教育机构开始积极探索并推广数据驱动的精准教学模式。广州第一中学初中部将"小班化教学试验"与"教学数据化试验"结合起来，学生通过人手一台"答题神器"回答教师提问，并能对其他同伴的答案进行评价，课堂大数据系统能够真实记录学生的课堂表现数据，逐步累积成为"教学数据云"，辅助教师开展精准化教学。贵阳市白云区教育局以平板电脑为载体，将课本内容、课后习题收录其中，然后对学习者的做题习惯、计算能力和速度、学习者性别等数据进行动态分析，在教学各环节为学生提供最适合的个性化学习方案，以此整体提升区域教学质量。大山教育结合"学习 8"智能教学平台，打造了"1＋5＋N"的新型教学模式，包括 1 个教研教学平台、5 个智能助手、N 个教育资源供应商。该模式可以跟踪教学的全过程，及时记录"教师＋学生＋家长"在现实环境与网络平台中的互动轨迹，全面收集数据，精准分析教与学的实际需求，最终实现数据指导下的精准教学研究。新东方 OKAY 智慧教育研究院和北京密云县教委联合推出了智慧课堂教学项目，该项目为每位学习者配备一部智能化学习终端，教师能够向学习者推送各种知识点和配套习题，学生在平板电脑上的所有行为数据都能够被完整地采集和储存，通过数据累积建立完整的个人学习档案，进而帮助教师实施分层教学和个性化教学。

高质量教学目标的达成离不开精准化的教学设计、精细化的教学组织以及精益化的教学辅导。随着平板电脑、智能手机、光学点阵数码笔、智能手环等各种便捷式数据采集终端在教育教学中的应用，教育数据采集的颗粒度越来越细、采集的频率和精度越来越高、采集的范围和渠道越来越广。通过对课前、课中以及课后教学全程数据的全面实时采集与深度挖掘分析，能够精准识别班级群体以及学生个体的知识与技能掌握状态、存在的共性以及个性学习问题、学科能力优势与缺陷等，进而做出精准化的教学干预。

2）教师数据素养教育

随着大数据在教学分析模式下的应用，教师面临着新的挑战。教育系统时刻产生新的数据，如何充分挖掘和有效利用这些数据，将其转化为有价值的信息，是教师顺利开展数据驱动教学决策的关键所在。数据素养正在成为新时期教师专业能力体系中的必备要素，得到各国教师教育机构的高度重视。国际上，教师数据素养教育的进展主要表现在两个方面：一是教师数据素养标准和规定的出台；二是教师数据素养培训项目的开展。

2005年，美国的数据质量运动中提到了教师数据素养的重要性，并提出了教师必备的十项关键数据素养技能。自此之后，美国相关教育机构和研究者开始推进教师数据素养教育。Codding等人在教师群体中率先开展了数据使用技能的培训，培训教师如何解释某些类型的评价数据，并且使用这些数据制定可观测、可实施的教学目标；美国州际学校领导者认证联盟制定的《教育领导者标准》和州际教师评价与支持联盟制定的《核心教学示范标准》中，也明确提出了教育者必备的数据素养技能。

2007—2014年，IES资助了俄勒冈数据项目，该项目旨在培养教师获取、分析和运用数据的能力，共培训了五千多名教师；2009—2012年，美国国家科学基金资助了一项中学科学教师数据素养教育项目，旨在培养教师运用数据进行决策的能力；2010—2011年，美国特拉华州教育局每周对四所小学的全部教师进行90分钟的培训，以专业化协作学习社群的形式提升小学教师的数据素养；2011年，普渡大学、斯坦福大学、明尼苏达大学、俄勒冈大学获得IMLS的资助，联合开展了一项为期两年的"数据信息素养培训"项目；在威斯康星州每年都举行"知识和概念考试"(Wisconsin Knowledge and Concepts Examination, WKCE)，教师每年必须参加3次"数据挖掘"活动，深入分析每个学生的WKCE数据，找到学生学习的弱点，然后由教师协商合作，共同设计全班的课程、小组活动以及差异化的教学方案。2014年，美国19个州将数据素养纳入不同层次的教师资格认证中，在不同层次的教师资格认定中标识相应的素养要求，使数据素养成为教师的基本素养。

国内不少学者提出对于教师数据素养的培训。杨现民等指出教师数据素养是制约数据驱动教学的关键要素。李青和任一姝建议尽快研制《国家教师数据素养标准》，由教育主管部门牵头建立由点及面、分层分类的教师数据素养培训体系，开展线上线下相结合的混合式教师培训，培养教师的综合数据素养。教师培训的实施过程应主动融入大数据技术，如在需求分析阶段应对各学科、各学段、不同地区、不同发展阶段的教师进行全样本的需求调查，培训学习期间应采集教师线上线下的全过程学习数据，培训结束后应建立基于数据的培训效果评估与干预机制。为支持师范生数据素养的发展，承担师范教育任务的高校应加快建设教师数据素养实习实训平台，提供丰富的数据驱动教学的优秀课例以及教学数据处理模拟训练模块，让学生在观摩实操中提升专业数据素养。此外，建议教育主管部门将教师数据素养纳入教师专业素养的评定体系中，设立教师数据素养认证机制与定期考评制度，不断提高各学科教师的教学数据专业处理能力。

数据驱动的教学突破了以往经验主导教学模式所固有的局限性，教学的设计、组织、实施、评估等关键环节，甚至具体到课堂环境下某道练习题的选择，都将以真实性数据作为基础，凭借数据的支撑，实现课堂教学与线上教学的"有的放矢"。数据驱动教学范式下，批改作业、搜集备课资源等诸多常规化机械劳动，将由机器自动完成，教学者的工作重心将转向创新性的教学设计以及个性化的、一对一的学生辅导。真实的教学数据会赋予教师"显微镜"式的观察能力（看得更细）和"望远镜"式的预测能力（看得更远），让教师充分了解每一位学生，从而借助技术工具和智能平台开展真正意义上的个性化教学。这种以"数据分析—特征发现—智能干预"为特征的个性化教学模式，是"互联网＋"时代学校教育实现规模化、个性化教育的必然选择。数据在教学中的嵌入式应用，将进一步彰显和提升教学的科学性，特别是有助于加快年轻教师的专业成长，让他们更有信心、更有胆量地利用数据开展各种创新教学模式与活动的设计。

数据驱动教学在提升教育教学质量、实现师生减负以及促进个性化教育等方面具有巨大潜能，亟待国内更多的教育管理部门、教育研究者、大数据技术专家、一线学校等教育利益相关者共同关注、协同推进。

8.2.3 管理分析模式

在互联网时代，大数据技术可以增强在线教学管理部门管理者决策过程的现代化和科学化，提高管理者的决策水平。大数据的分析结果可以为管理者提供重要的参考，对明确决策问题、制订决策目标、拟定备选方案、评估实施方案、选择恰当方案等都具有非常重要的作用。此外，大数据技术可以提高管理者对在线教学各个模块进行管理和操作的精确性。通过大数据技术对信息和数据进行深度分析和挖掘，帮助管理者精准了解不同学习者的实际需求，从而提供更加精准和高质量的学习服务。在此，为了更好地利用大数据为管理服务，管理者首先需要注意对大数据的有效利用和管理工作。促使在线教育资源获得更为优化的服务模式，已经成为当前亟待解决的关键问题。根据已有研究，本节主要从教育大数据生态体系和教育大数据组织框架两个层面探讨了管理者对在线教育资源大数据的管理。

1）教育大数据生态体系

随着信息化在教育领域的不断深化，信息化应用之间的数据孤岛也不断累加，业务数据无法较好地完成数据流转与共享，加上学校本身存在教育信息化服务的不足，加大了跨部门或跨业务交叉办事困难、用户游离于数据产生与数据交换过程之外的程度。数据治理、数据服务，甚至是更深层次的数据挖掘分析与决策应用工作在学校的必要性亟待进一步加强。构建教育大数据生态体系的重要目标，是实现信息化应用与教育数据治理的深入结合。

大数据生态系统是以大数据技术为生态依托，基于数据生命周期全过程所形成的有机复杂系统，以数据价值挖掘及实现为发展核心，由大数据及大数据生产者、传递者、消费者、分解者等生态因子构成，各生态因子的功能见表 8－1。

表 8-1 各生态因子功能

生态因子	功　　能
大数据	将生态因子有机连接，是系统形成与运行的关键要素
生产者	为系统运行输入数据资源
传递者	传递数据与信息，是系统运行的信息通道
消费者	接收并使用经过处理的数据分析结果
分解者	作为大数据的流转节点，为消费者提供有价值的信息、知识
技　术	弱化生态因子间的沟通障碍并负责数据价值挖掘
环　境	系统进行各项活动的基础

大数据生态系统以数据生命周期全过程为基础架构，通过数据生产者、传递者、消费者与分解者等生态因子的协同配合保证系统稳健运行。基于 Demchenko，NgoC，and Membrey 等提出的大数据生命周期管理模型所构建的大数据生态系统见图 8-5。

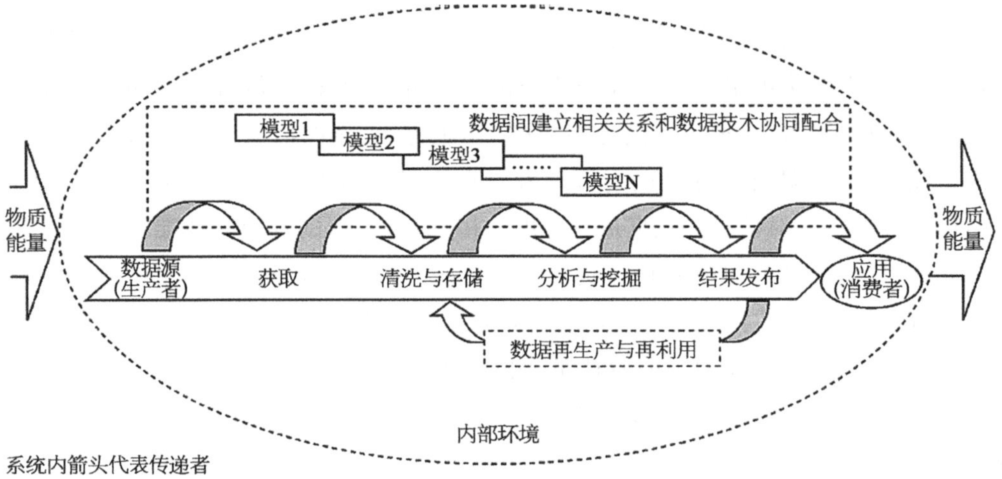

图 8-5 大数据生态系统模型

根据大数据生态系统模型，从生产者—数据源到消费者—数据应用共经历以下五个阶段。

(1) 数据产生阶段。学习者在使用在线学习平台时产生了大量学习数据，数据的产生是大数据生态系统形成与运行的基础，数据源作为大数据生态系统内的数据生产者，其多样化可为大数据生态系统提供资源保障。

(2) 数据获取阶段。数据获取是指获得海量数据的过程，在该阶段借助数据采集技术使数据源(生产者)中的数据为大数据生态系统所用，并将数据以标准化形式整合，便于后续数据存储、分析与挖掘的顺利进行。

(3) 数据清洗与存储阶段。将数据获取阶段所得到的数据进行清洗，剔除无效数据后将其余数据分门别类存储于数据存储系统中。随着数据量的爆发式增长，大数据生态系统对存储技术提出了新的要求，存储系统不仅必须具备安全性与永久性，同时还应便于数据的检索与提取。

(4) 数据分析与挖掘阶段。该阶段根据消费者需求，利用数据分析及挖掘技术对数据进行处理，既要满足消费者需求，也要在海量数据间建立关联度，实现系统价值增值。数据分析与挖掘阶段是数据价值实现的重要过程，也是大数据生态系统实现演进发展的关键环节。

(5) 结果发布阶段。通过可视化、搜索引擎等数据技术将数据分析结果以消费者可理解的方式进行发布，是大数据价值的应用阶段。数据分析结果可为教师或者相关部门提供决策依据、帮助科研人员识别研究问题、辅助学校制定政策等。

近几年，我国教育大数据的发展已达到一定规模，但总体而言仍处于起步阶段，与发达国家相比仍存在较大差距，在发展过程中机遇与挑战并存。教育大数据的实践探索有利于解决应用大数据进行管理所面临的问题，更需要借助理论研究为教育大数据的发展做出生态系统规划，并通过多组织、多部门的协同配合，助力在线教学大数据生态系统健康发展，从而为管理者的工作进行更好的服务。

2）教育大数据组织框架

在线教育资源快速增长致使大量资源杂乱分布在多个不同的站点，缺乏统一途径对这些教育资源进行分类存储和统一组织。教育资源来源多样且冗余信息过度，用户无法辨别真伪；人们在获取在线教育资源时往往面对着无数资源信息而缺乏有效的指引和搜索导航，导致教育资源的信息迷航。

为了适应在线教育资源组织使用所需要满足的统一组织、资源跨平台使用、关联检索等需要，同时避免单一平台内海量资源大数据存储查询的巨大负担，有学者指出，新型在线教育资源组织应满足的关键要素包括四个方面：第一，分类规范，即建立按照学科、方向等为分类标准的树形分类目录，在不同的树形目录中给出类别标签语义，满足在线教育资源在分类书中获得关键类别标注的需要；第二，知识关联，即海量在线教育资源均可以视为可使用的资源实体，通过一种知识关联性视角使教育资源展现在用户面前，比如通过知识图谱实现，提供任何两个资源及其之间的关联关系表述；第三，资源导航，即利用百科模式，通过分类树为用户提供教育知识点词条分类导航，继而在用户所关心的教育知识点词条中，提供与该词条说明相关联的邻近词条，然后通过知识图谱分析与这些词条相关联的教育资源，并给出资源的评估参数，包括来源网站、可用性、可靠性、质量评价等附加信息，便于用户通过参数自我评估后选择使用；第四，资源开放描述，即通过轻量级的资源开放描述在统一平台中管理海量教育资源，并在框架中开放教育资源词条和教育资源实体的描述编辑权限，用户可对教学知识点词条和具体资源编辑描述。

张波等提出了一种百科型在线教育资源组织框架，其特点在于：通过互联网百科形式将各类资源进行统一化、跨平台、互联式地进行组织，并在其中依据资源来源、属性、关联情况等特性对资源进行详细说明，从而提供百科全书模式的互联网大规模资源统一视图，实现全网络多平台在线资源的一体化搜索模式。

张波等采用了大数据存储架构和知识图谱语义关联为核心的技术，分别从数据存储、知识关联、资源搜索、交互接口等方面定义框架。首先，通过自动教育资源数据感知与采集技术实现异构多平台资源的分类采集，并对远程数据和本地数据进行分类存储，在底层将多个海量存储节点逻辑统一，实现教育资源大数据的多节点分布式存储，确保数据的完整性和正确性，进而借助多节点并行查询控制实现教育资源查询任务并行分派，待各个任务完成以后聚合查询结果，确保教育资源大数据导航、检索等过程的正确性和高容错性，解决单一节点数据量巨大、处理复杂和延迟性较大等问题。其次，引入知识图谱技术为海量资源提供语义级别的知识描述标准。知识图谱将首先提供教育资源分类管理的元数据规范，在各分类之间建立关联关系，实现精确海量资源的检索导航；知识图谱同时为海量教育资源实体自动建立语义级别的知识关联，使资源之间具备准确的关系描述，从而满足学习过程中关联资源智能推荐、应用等需要。

百科型在线教育资源组织整体框架如图 8-6 所示，该框架中包括以下几个模块。

（1）海量教育资源数据库。为满足大数据时代互联网资源存储的需要，为本地数据源和外来数据源提供非结构化存储，采用 No SQL 的查询方式满足大数据时代的数据库级别

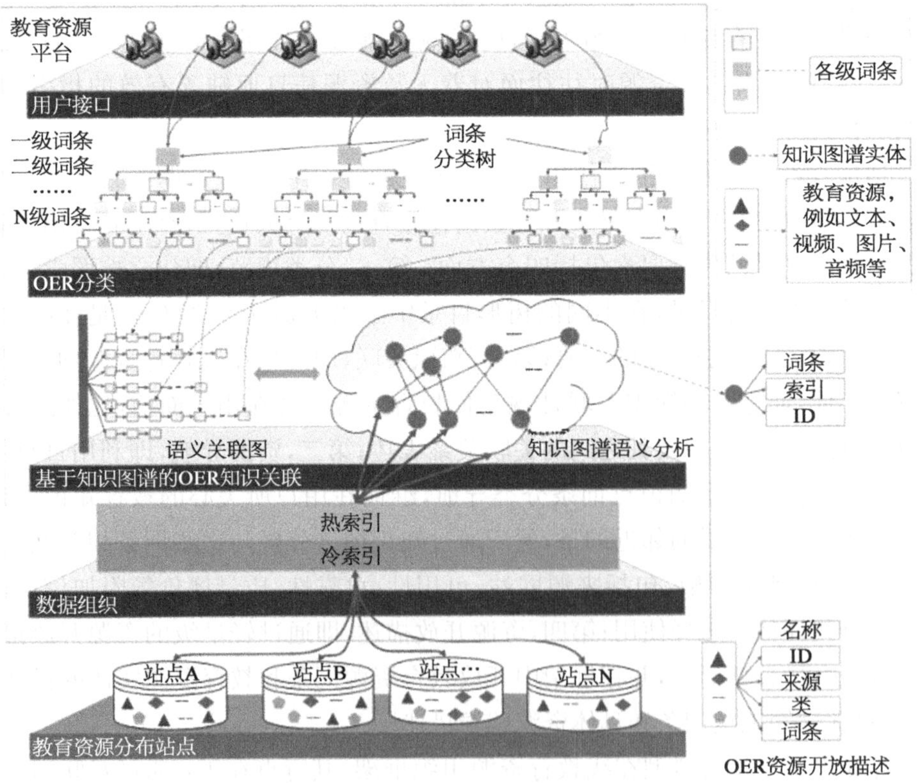

图 8-6 百科型在线教育资源组织框架

的快速检索需求。为此，数据存储给定了存储规则和相应的外部数据接口访问规则，并依据数据语义（包括名称、类别、来源、词条等特征）进行组织管理。

（2）基于知识图谱的知识关联。知识关联为整个平台提供知识管理、应用的能力。知识图谱描述所有在线教育资源实体（即来自互联网中任一教育资源）之间的关联关系，以{主体，关系，客体}三元组表示，所有资源及其关系构成图模型表示，关系定义较灵活，可描述资源之间的“同一、相似、同源”等多种资源关联。

（3）用户词条搜索分析。依据用户输入的关键词条，通过在线教育资源分类树定位词条所在类别，并给出词条对应的解释和说明。

（4）用户接口。用户接口即教育资源共享平台的前台界面，是系统与用户交互的主要媒介，将系统的特性和功能展示给用户，方便用户进行操作。

与以往传统的组织模式不同的是，百科型在线教育资源组织框架的关键技术创新在于：第一，引入大数据存储技术模式实现海量多源异构教育资源的一体化管理，实现多资源的关联分布存储，解决数据量快速增长与查询效率之间的矛盾问题；第二，引入知识图谱作为框架的核心，提供大规模基础语义知识表达手段，从而使海量教育资源具备了分类、关联、导航的规范化表达形式。

综上，随着大数据在在线教学过程中发挥着越来越重要的作用，管理者在应用大数据进行管理的过程中首先应该重视大数据的组织管理工作，以提高大数据的利用效率。构建教学大数据生态体系，创新发展教学大数据组织管理模式，提升治理能力，强化管理意识，简化办事流程成为开创在线教学一流服务的重要因素。

8.3 案例1：可视化学习分析大数据应用

8.3.1 Open edX 学习分析

1）简要介绍

在过去的十年里，MOOC 变得越来越重要。在这种情况下，哈佛大学和麻省理工学院于 2012 年 4 月共同创办了大规模在线学习平台——edX，其总体目标是改善在线学习，也提供免费的网络公开课程，该平台是麻省理工学院推出的 MITx 学习计划与哈佛大学推出的哈佛大学开放学习计划的结合。超过 500 个 MOOC 已经在 edX 中交付，拥有超过 500 万的学生。

在 MOOC 平台上没有很多可视化工具，主要原因可能是这些平台是相当新的，而且这些课程的广泛性使得处理大量数据变得更具挑战性。支持 edX 团队对平台的学习分析仍然是第一步。

Ruipérez-Valiente 等学者的研究介绍了开放式 edX 的学习分析工具 ANALYSE,并描述了它的体系结构和设计。其研究实施分析的第一步是为仪表盘选择可视化,按照以下步骤来展开。

(1) 分析 xMOOC 的主要组成部分和特点(具有传统清晰的教学大纲结构,有记录的讲座和问题),以及其他可能的活动度量,如时间或访问数量。其研究案例分析的两个主要组成部分是视频和练习,指标主要集中在这两个要素上。

(2) 教师对这两个部分(视频和练习)的需求以及与学生活动相关的反馈。总的来说,教师希望了解学生的表现、他们在平台上的努力、更频繁访问的视频、学生完成的视频数量,以及能够将不同的参与者结合起来并分析学生的活动,以便发现学生的问题。

(3) 根据教学指南以及以往在虚拟学习环境中分析和可视化教育数据的经验,对这些可视化可能有用的原因进行了自己的分析。作为一般的指导方针,为视频和练习设置不同的单独指标,这些指标可以提供关于资源使用量以及学生与资源交互的程度的见解。此外,还将视频和练习的几个独立部分结合在一起,以便能够从中得出结论。

(4) 对 MOOC 平台中的学习分析仪表盘(如 Khan Academy 或 edX Insights)进行分析。

2) 技术层面

Open edX 是一个使用 Django Web 框架构建的项目,它由混合的技术组成。主要有两个 Django 项目,它们提供不同的功能:课程管理系统和学习管理系统(LMS)。MySQL 和 MongoDB 引擎用于数据持久性。

作为一个新的 Django 应用程序,ANALYSE 包含在 LMS 中,它有自己的模板和静态内容文件。图 8-7 概述了 ANALYSE 以及它如何与开放 edX 生态系统中的其他组件连接。主要部件是用户、分析方法和可视化。

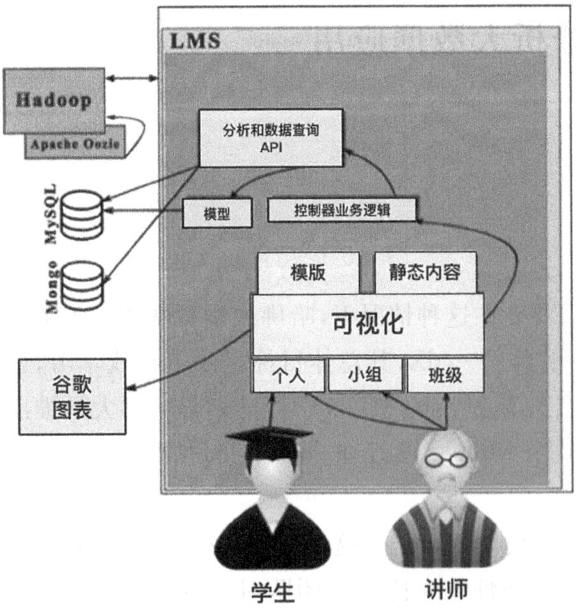

图 8-7 学习分析工具 ANALYSE 结构概览

(1) 用户。用户与学习内容交互并生成原始数据的学生;教师负责创建学习内容和课程,并跟踪学生的进展情况。

(2) 分析方法。由于 MOOC 环境的广泛性和大量指标,无法在只要有请求的情况下,就可以实时处理。解决方案是一个系统可以作为背景执行指标处理的任务并存储结果。

(3) 可视化。最后一步是提供有用和有效的对学生和教师信息已处理的指标的可视化。学生只能访问与之相关的信息，而讲师可以访问每个学生的信息或整个课程。

3）功能层面

MOOC 现象意味着一种新的大规模范式，这在视觉化需要被设计的功能中具有影响，因为在大规模条件下它们必须是有用的，下文分析所提出的可视化功能的设计。

（1）资源。MOOC 的主要资源是视频和练习，典型的 MOOC 有 20～100 个视频和练习。因此，可视化不可能同时包含所有视频和练习的所有细节，因为这对于用户来说，意味着有限的屏幕空间有太多的同时信息。研究表明，在信息可视化中可以感知和比较的项目数量是有限的，报告 7 个（加上或减去 2 个）是一个很好的选择，建立了一个在同一图表中初始最大数量为 8 个资源的表示。对于更灵活的方法，允许教师或学生也可以选择每个图中表示的资源数量。在显示其他活动度量（如每天的时间）时应用相同的方法。

（2）节/小节。节/小节的总数通常不高，通常在 3～12。在这种情况下，我们可以同时表示每个元素的所有信息，因为总数不太高，信息可以在一个图中表示。

（3）学生。MOOC 通常有很多学生，一门课程的总人数可以超过 10 万。在这种情况下，以个人的方式在同一个情节中表现学生的所有细节是不可行的。一方面，允许教师有所有学生的汇总数据；另一方面，为特定的个人信息选择学生。已经启用了一个让教师通过使用学生的名字过滤学生的功能，因为在下拉列表中有很多学生，并不容易找到目标学生，该功能提高了搜索的效率。

（4）视频时间。考虑到每个视频可以有不同的持续时间，有效地表示有关视频使用的信息可能成为一项挑战。解决这个问题的方法是将视频的最大长度缩放到一个百分比，并将其调整为允许在视频之间进行比较的图形表示。

（5）视频事件。存储和表示学习者对视频执行的事件（播放、暂停、倒带等）。经验得知，对于一个单独的学习者来说，精确而清晰地描述事件是可行的，因为生成的事件不太多，这在图表中是可以接受的。但是，当有许多学生时，并用单个事件表示时，汇总的数据变得难以理解。建议的解决方案是估计每种类型事件的密度分布，然后在视频长度上进行表示。

4）应用层面

Ruipérez-Valiente 等学者的研究提供了一些可视化的例子（图 8-8），以及如何在使用开放 edX 的在线课程的教学环境下解释这些信息。教师可以访问所有学生的信息，也可以在所有可视化中单独选择每个学生的信息。学生只能访问自己的信息以提高自我意识。

（1）课程总结。此可视化显示了学生达到熟练程度、通过（OK）、未通过或未完成课程每个章节的评分部分的百分比。图 8-8(a) 显示了可视化的一个例子，其中主要的教学贡献是能够分析课程中每个章节的课程进展情况，也可以单击并分别获得本章中每个任务的相同信息。这可用于检测不同章节或特定分级资源中的问题。

（2）问题时间分布。这个可视化显示了课程中每个问题所花费的时间和分钟百分比。学习者和指导者可以选择他们想在情节中表现的问题进行比较。教师可以使用这个可视

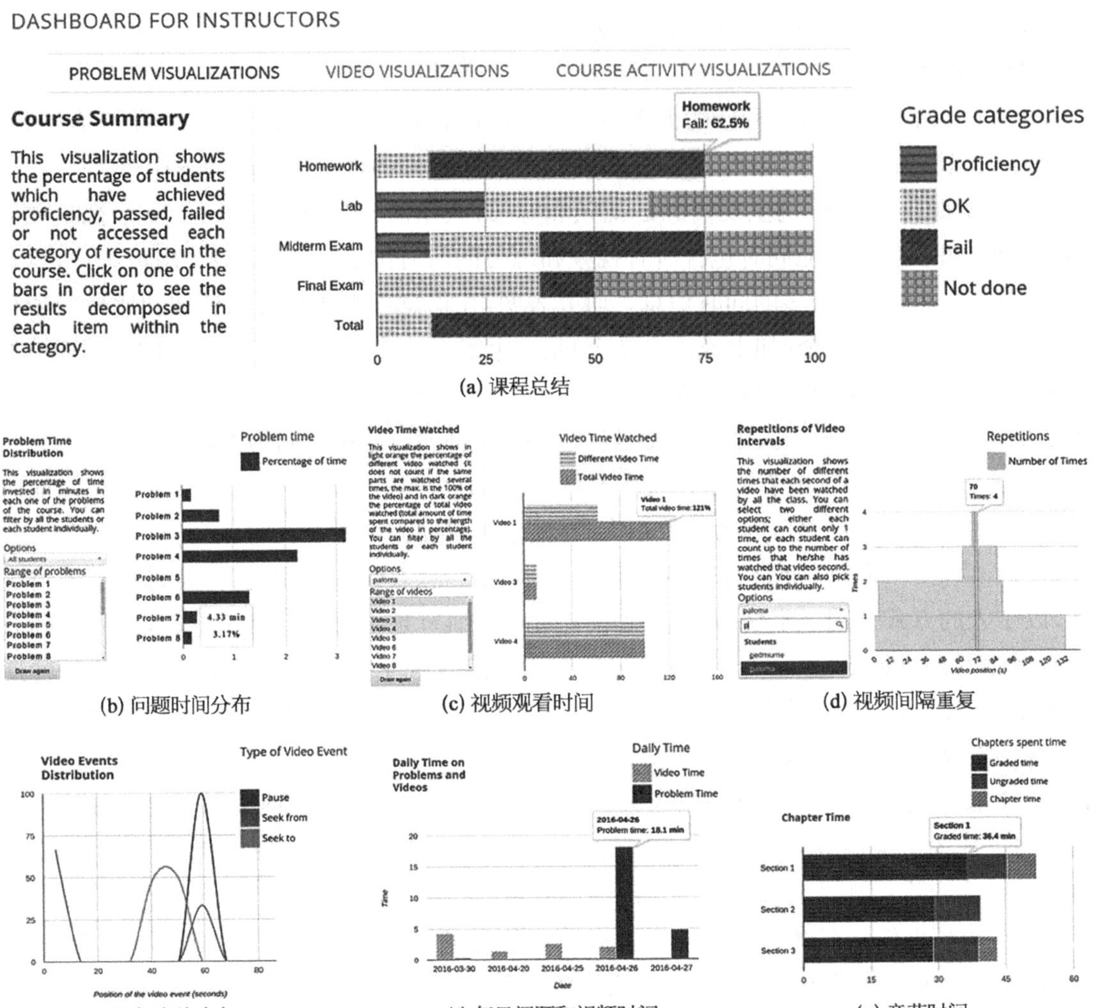

(a) 课程总结
(b) 问题时间分布　(c) 视频观看时间　(d) 视频间隔重复
(e) 视频事件分布　(f) 每日问题和视频时间　(g) 章节时间

图 8-8　不同可视化示例

化来观察学生在哪些问题上投入了更多的时间，图 8-8(b)显示出学生在"问题 3"上投入了大量时间，于是该学生可以使用它进行自我反思。

(3) 视频观看时间。此可视化显示每个视频资源的"总视频时间"百分比，该百分比用于测量视频中花费的所有时间，"不同的视频时间"仅考虑不同的部分。基本原理是比较两个指标，以了解学生是否重复视频的某些部分，因为这可能表明理解材料有困难。图 8-8(c)显示了一个例子，关于"视频 1"，显示学生"Paloma"部分已经被重新观看，因为"总视频时间"比"不同视频时间"高很多，而在其他两个视频中，没有部分被重新观看，因为这两个指标是相同的。

(4) 视频间隔重复。此可视化显示视频每秒被观看的次数。当显示关于所有班级的信息时，它可以用来检测视频中的问题。当对每个学生进行个体分析时，教师可以推断出一些学生可能有问题，例如，图 8-8(d)显示学生"Paloma"在"视频 1"中间有一个峰值的可视化，这可能表明该学生正视频的该间隔思考一个概念，并且该学生在该间隔有多次重复。

（5）视频事件分布。此可视化显示在视频长度内触发的三个视频事件（暂停、搜索和搜索）的密度分布估计。教师可以使用这些信息来检测资源中的问题，例如，在图8-8(e)中，可以在第二个60左右看到高密度的“seek-from”，在第二个45左右看到高密度的“seek-to”，这意味着学生经常在那个时间前后向后搜索，这可能与视频的某些问题有关。此可视化使用不同的颜色调色板，以便与其他可视化中使用的主颜色区分。

（6）每日问题和视频时间。此可视化显示每天按运动和视频时间分割的时间量。学习者和学生可以选择他们想要绘制的日期范围。这可用于控制所有学生或每个学生单独投入的时间，以及启发学生的自我意识。在图8-8(f)中可以看到，在某些日子里，学生往往花更多的时间观看视频而不是解决练习，反之亦然。

（7）章节时间。这个可视化用一个堆叠的条形图显示了课程中每个章节所花费的时间量，它被分为分级、非分级和章节时间，其思想是能够看到学生按章节和类型的资源所花费的时间。图8-8(g)为全班所有学生的可视化示例，可以看到每个章节的大部分时间都投入到了分级项目中。

综上，ANALYSE是一个开放式edX学习分析仪表盘，包括12个新的可视化，是第一个用于MOOC的可视化分析模块。该工具已经被作为开放源码发布，以便大型社区使用开放edX进行教育体验。ANALYSIS已在公共GitHub存储库中根据AGPL许可证发布。

8.3.2 iForum学习分析

针对MOOC论坛上的数据的学习分析面临几个挑战。首先，论坛数据是复杂的、异构的：用户发起帖子并相互回复，形成包含时间、结构和文本信息的线流。其次，MOOC论坛的规模通常很大，通常包含数千用户和数十万个帖子。第三，多属性MOOC论坛用户（包括不同年级、不同地区的学生以及导师）之间的动态互动，部分反映了课程的成功，由于前两个挑战，很难考察。为了应对这些挑战，Fu等的研究开发一个视觉分析系统iForum，能使分析师有效地发现和理解MOOC论坛的动态模式。

1）简要介绍

iForum提供了一组新颖的交互式可视化，用于呈现异构MOOC论坛数据的不同方面，包括用户、帖子和线流（包含时间、结构和文本信息）。分析师可以从多个层次的角度来探索数据：从宏观上可以揭示整个论坛的整体时间动态，如帖子的主题趋势、用户和线流的数量、用户和线流的寿命统计信息等；在中观层面上，基于矩阵的可视化支持将论坛中的不同用户组与三个基本信息方面进行比较；配备交互式过滤机制，以允许探索大量可用的MOOC论坛数据，并深入到特定的兴趣部分；在微观层面上，分析者感兴趣的数据子集在三个视图中详细描述，揭示了线流的用户回复结构、用户的社会交互以及文章中的原始文本。为了解决MOOC论坛中线流冗长的问题，研究者提出了一种新颖的可视化设计，有效地总结了具有最小屏幕属性的线流的结构和时间信息。此外,iForum 中的所有可视化视图都是交互协调的,以简化勘探过程。

2）技术层面

iForum 系统的架构由三个主要组件组成(图 8-9):数据预处理模块、数据分析模块和可视化模块。

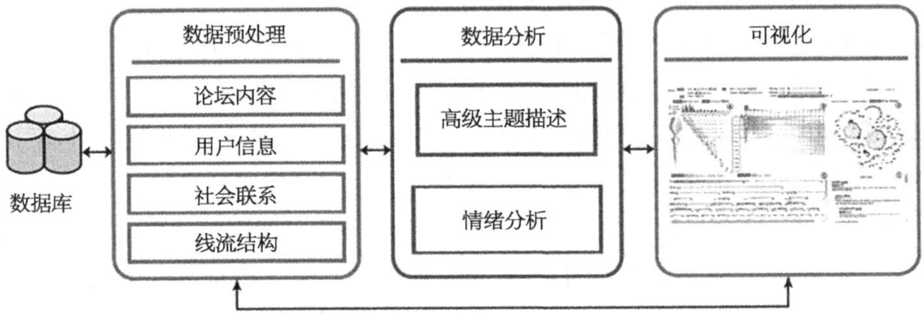

图 8-9　iForum 系统架构

(1) 数据预处理模块从 MOOC 论坛数据中提取帖子,并根据帖子之间的回复关系重建线流。它根据用户在线流中的回复关系进一步建立用户之间的社会关系。此外,还可以从其他数据源提取详细的用户信息,例如用户成绩记录(如成绩)是从课件进度数据中提取的,用户地理信息是通过将 clickstream 数据中的 IP 地址映射到国家来获得的。最耗时的部分是用户地理信息的计算。为了加速对 clickstream 数据的预处理,可采用 Map-Reduce 技术并行处理数据。实际上,对于 20 GB 左右的原始数据,在配备 32 GB RAM 和 Debian 的 Intel Core i7-4930k 3.40 GHz 处理器的工作站上对数据进行预处理大约需要半小时。

(2) 在分析模块中,使用 SeededLDA 来识别论坛帖子的主题。利用词汇种子集将文章分为四个高级主题,包括课程后勤、课程内容、问题和一般讨论(非种子主题),并使用自然语言处理 API 分析每个帖子的情绪。

(3) 可视化模块允许最终用户以三种不同的比例探索 MOOC 论坛的动态,即帖子、用户和线流这三个交错的方面。在宏观层面上,整个 MOOC 论坛的整体时间动态显示在概述中;在中观层面上,矩阵视图展示了论坛三个方面之间的复杂关系;在微观层面上,每个方面的详细信息分别以线流视图、社交网络视图和文本视图显示。

按照上述设计原理开发了 iForum 的可视化界面,iForum 中的所有视图都通过交互链接进行动态协调,允许在不同的角度无缝地探索论坛数据。

3）功能应用层面

Fu 等的研究对同一领域三位专家、一位课程讲师和两位官方助教进行了半结构化的访谈,与他们一起反复讨论 iForum 的应用情况。该研究鼓励专家经过深思熟虑说出所看到的、思考的、做的和感觉的一切,然后记录了他们的反馈。下文是根据访谈和研究结果,对 iForum 的可视化界面功能应用情况的具体描述。

(1) 消化论坛。首先，课程讲师要检查课程期间的总体模式。图 8 - 10 显示了整个论坛的大情况。图 8 - 10(a)显示了论坛上帖子、线流和用户的总体变化；图 8 - 10(b)所示的矩阵视图进一步允许比较不同用户组随时间的动态模式，选择感兴趣的单元格后，矩阵顶

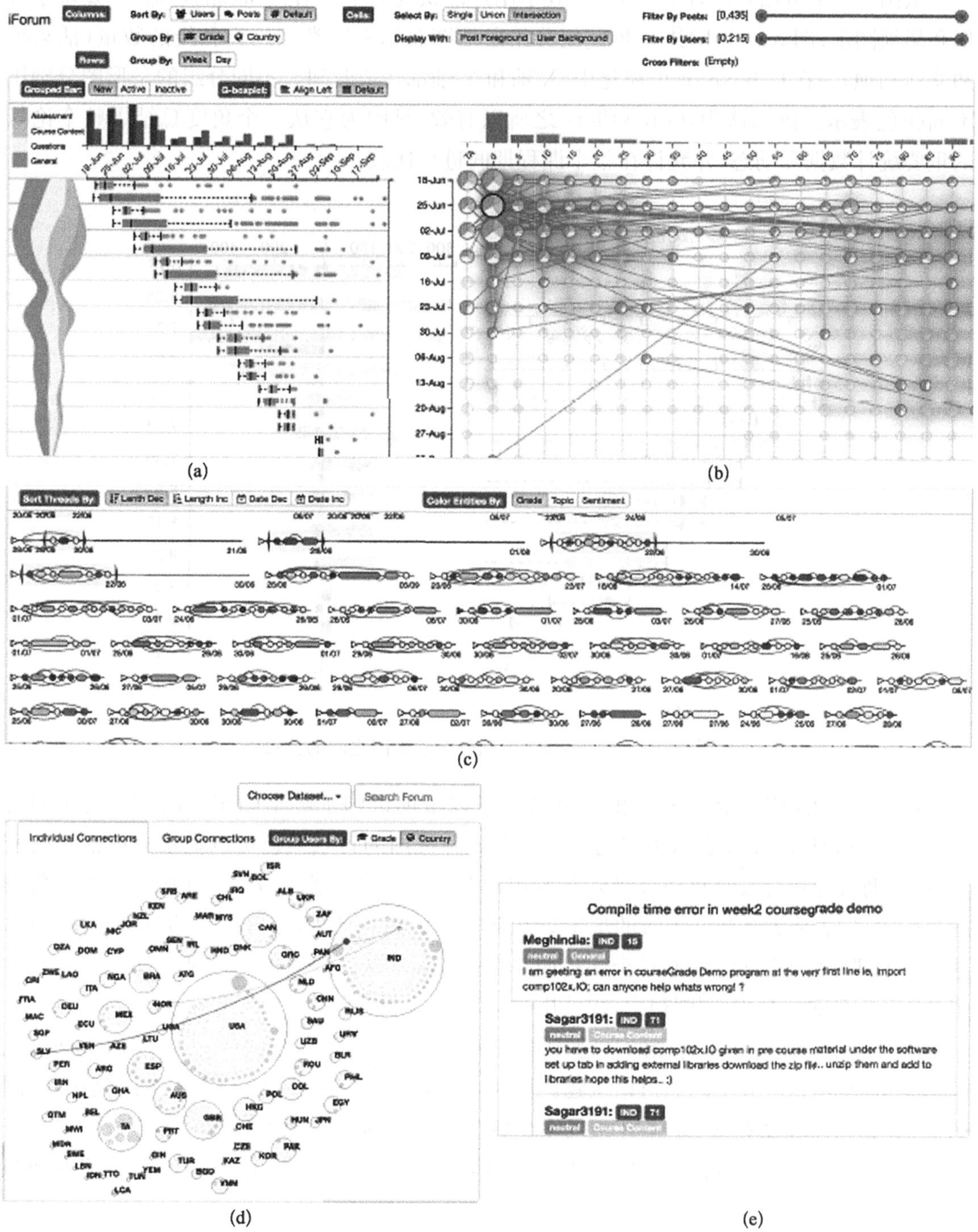

图 8 - 10　使用 iForum 探索 Java 编程课程的 MOOC 论坛

部会显示橙色线条，指示通过该单元格的线流；图 8-10(c)所示的线流视图以紧凑的布局显示所有选定的线流；图 8-10(d)为社交网络视图根据用户的回复关系显示相应用户之间的交互；图 8-10(e)所示为选择特定线流时，文本视图以传统缩进形式显示讨论。

从图 8-11 可以看出，图 8-11(a)表示用户活跃度的统计信息和线的寿命，主要基于方框和胡须图形；图 8-11(b)进一步使用分组条形图总结不同类型用户和线的数量（活动项和非活动项）。在 G-boxplot 可视化中，X 轴和 Y 轴都代表时间。不同分组的条形图分别用不同颜色表示。讲师认为，G-boxPlots 之所以有效，是因为它从一个角度总结了整个论坛的重要统计数据和动态，并允许在整个课程期间进行比较。

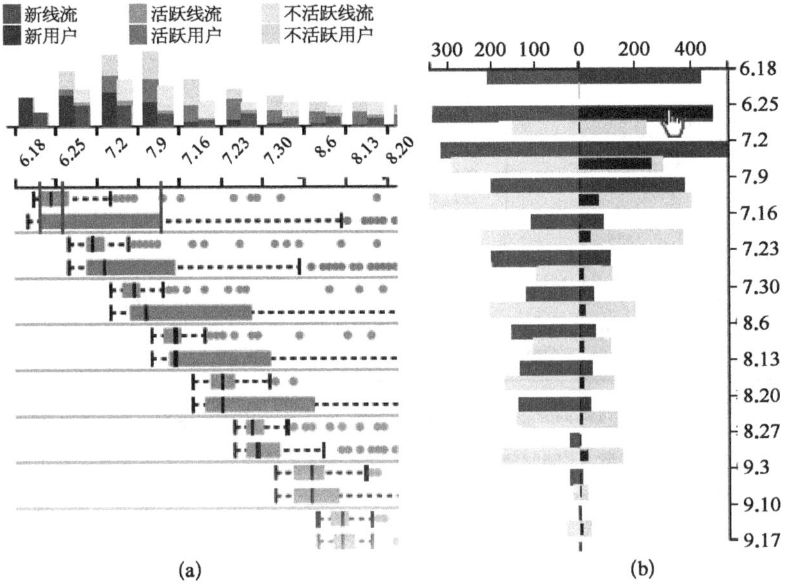

图 8-11　G-boxplot 图和分组条形图之间的比较

(2) 检查用户组。图 8-12 的矩阵视图可以帮助讲师了解不同年级的学生的不同行为，Y 轴表示时间，X 轴表示用户的等级。在矩阵视图的背景颜色可以显示总体活动的密度，以帮助讲师获得按时间和等级划分的用户分布的总体概念。例如，讲师发现左上角的颜色较深，这表明大多数低等级的学生只在前几周活跃。此外，矩阵的右边部分也呈深色，这表明大部分高等级的学生在整个课程期间都在持续活跃。讲师还注意到，在放置 TA 用户组的矩阵图的第一列中，圆圈很大，背景几乎为白色，这表明只有少数 TA 贡献了大量的帖子。

为了进一步研究学生讨论的主题，讲师选择显示矩阵图的前景饼图。饼图由不同颜色的部分组成，用以区分不同的讨论主题。例如，讲师发现在 40 年级和 60 年级的列中，饼图的红色比例更高，表明 40 到 50 年级的学生倾向于更多地讨论课程物流。为了进一步检查学生讨论的内容，讲师双击了矩阵图中一个满是深色比例的饼图，该饼图位于“55”列和“8 月 27 日”行。

图 8-13 为线流视图，一条长线穿过不同列中的多个饼图，从矩阵图的第二行到最后一

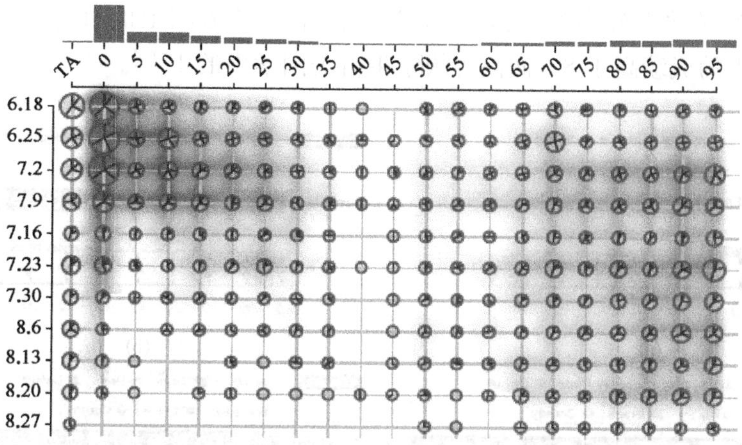

图 8－12　不同等级的用户群在整个论坛的动态

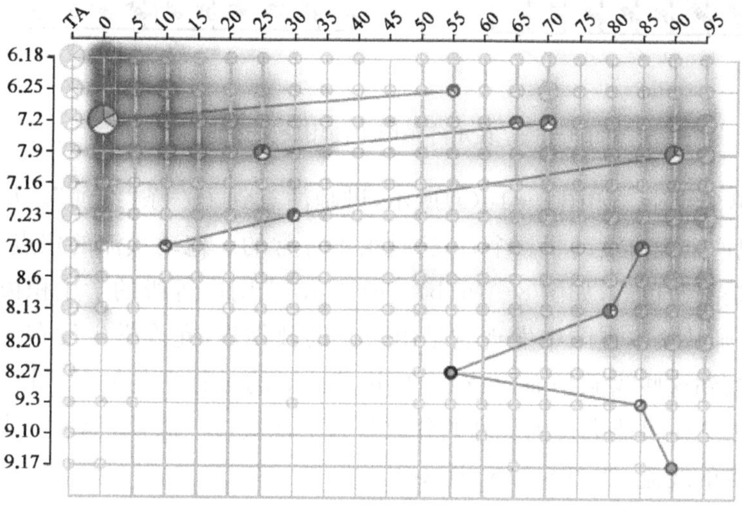

图 8－13　一条线穿过多个饼图

行，表明线流在很长一段时间内处于活动状态。此外，这些饼图位于不同的列中，表明线流中涉及具有不同等级的用户。

图 8－14 为社交网络视图，以显示各个用户之间的所有社交关系，用户按国籍分组，来自不同国家的用户参与了这个线流。

图 8－15 为在矩阵视图中使用交叉过滤的示例：图 8－15(a)显示用户在矩阵图中按等级分组；图 8－15(b)中，分析师通过单击列标签创建过滤器；图 8－15(c)用户按国家分组；图 8－15(d)讲师通过点击工具栏上的“√”应用过滤器。讲师通过进行一系列交叉过滤操作，得出

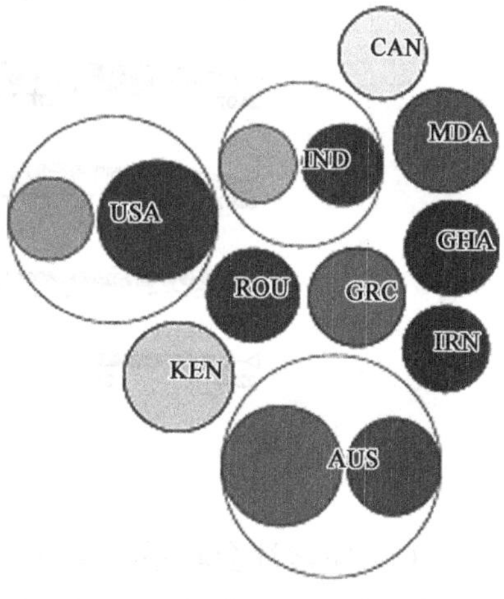

图 8－14　社交网络视图

了不同国家高等级学生分布的矩阵图，通过矩阵上方条形图上的百分比信息，讲师发现21%的印度学生的成绩高于80，而高等级学生占美国学生的17%。

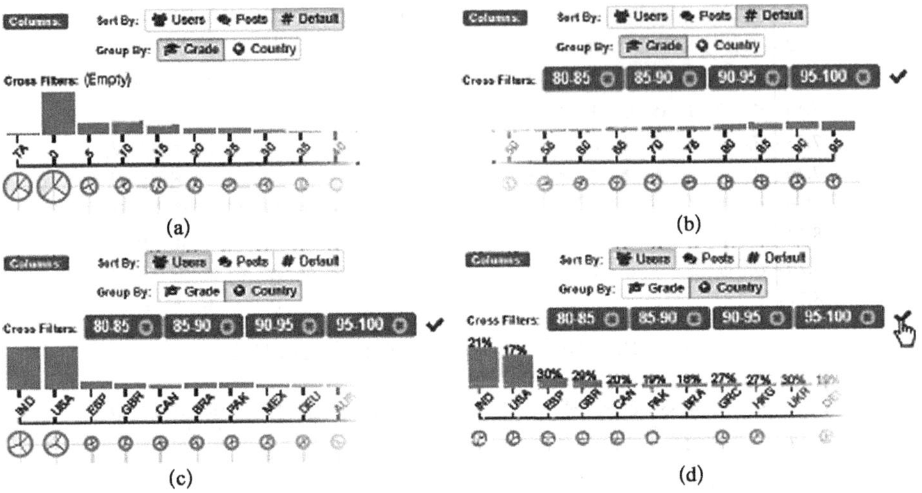

图8-15 在矩阵视图中使用交叉过滤的示例

(3) 深入单个线流。如图8-16(a)所示，讲师注意到了一条“线河”。从图中的时间线来看，讲师发现这个线流活动了一个月，这是很不寻常的。拖动线流的焦点时间窗口，发现大多数节点都是深蓝色的，如图8-16(b)、(c)所示，表明高等级的学生积极参与了这个线流。点击后，讲师从文本视图中发现它是由一位助教创建，允许学生发布与课程项目相关的问题。他观察到这些线流是面向技术的，并且针对的是特定的问题。讲师设想“关心项目和技术细节的学生可能会得到更高的分数”，为了证实这一假设，他进一步选择了一些其他充满深色节点的线流，如图8-16(d)、(e)。

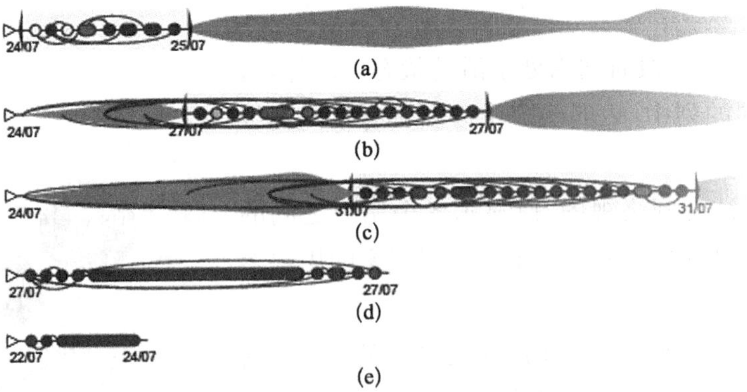

图8-16 深入单个线流示例

(4) 探索社会联系。图8-17(a)为热图矩阵，显示了不同学生群体之间的社会动态，即所有学生按国籍分组的联系，讲师观察到交互作用发生在“美国”“印度”和“TA”组，由一些深灰色节点表示。特别是，深色的节点沿着矩阵的对角线，这表明学生倾向于与同一国家的同龄人讨论。专家说这个模式是有道理的，但并不被期待，建议MOOC论坛的设计应该打破这些界限，以鼓励更多的跨小组讨论。然而，助教却恰恰相反，他们与其他用户群体的联系明显多于他们在群体内的互动，这正好反映了助教在论坛中的特殊角色。

随后，讲师选择在社交网络视图中按等级对用户进行分组，以确定不同等级的学生之间的社会联系，见图8-17(b)。他注意到矩阵的对角比其他部分要暗得多，这表明除了与助教交流之外，高等级成就的学生更容易与他人讨论。此外，从矩阵左上角的黑节点中，讲师发现助教最常与低年级学生互动。一位助教补充道："尽管我们尽力帮助他们，但他们(成绩为0～5的学生)还是放弃了自己。"同时，讲师也很欣赏社交网络观点："助教和学生之间的社会关系对于我们评估社区助教在课程期间的表现非常重要。然而，edX并没有提供这种洞察力，iForum通过让我们分析这些信息做得更好。"

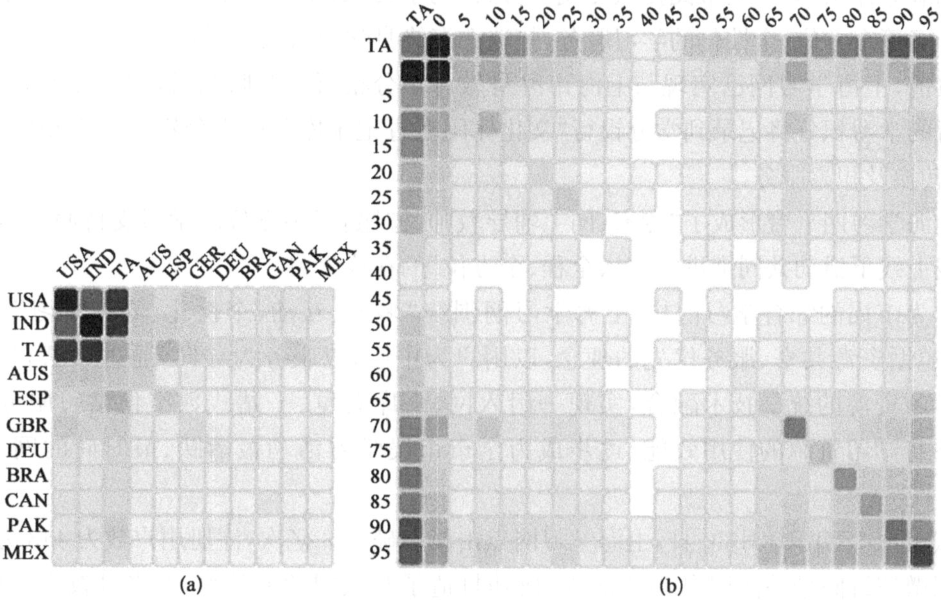

图8-17 按国家和年级分组的用户的热图矩阵

综上，Fu等的研究通过一个深入的案例研究来评估iForum的有效性和有用性，实现对复杂和异构的MOOC论坛数据的交互式探索，其中包括三个交错的方面，即文章、用户和线流，表示三个不同的尺度。他们还提出了可以说明时间和结构信息的线流河。此外，其研究概述了一组应用于特定于领域的目标和设计原理，这些目标和设计原理可以进一步指导类似可视化系统的未来设计。iForum在探索真实世界的MOOC论坛数据方面是有效和有用的，未来的研究可以计划将课程事件集成到iForum中。此外，支持MOOC论坛的实时浏览，使讲师和助教能够动态调整课堂授课策略或对论坛中学生的某些行为做出反应。

8.4 案例2：上海学习网在线学习大数据应用

8.4.1 平台简介

上海学习网作为上海市民终身教育的市级载体，以“人人皆学、时时能学、处处可学”为愿景，秉承“资源共享、服务优先”的设计理念，积极开展开放远程教育的资源建设及应用实践，运用互联网、移动终端、数字电视等学习通道，为广大市民提供互联网学习平台。

上海学习网融合各类学习平台，将各类业务应用、各区县及其他教育学习网站的内容统一汇聚在上海学习网大门户中，形成各级各类学校和教育机构共同参与的终身教育学习网络和服务体系，为广大市民提供在线学习、移动学习、数字电视学习、全网智能搜索、终身学习档案等全方位、个性化的学习服务，打造上海终身学习云服务平台。

目前，上海学习网已实现与上海市终身教育学分银行的互联互通，用户在上海学习网所获得的学习积分将记录到学分银行“文化休闲教育记录库”，由学分银行提供相应的学分认定、转换及积累服务。

上海学习网平台形成了“专家、网上辅导教师、志愿者”多方位的学习支持服务队伍，可通过线上线下活动共同推进“全员、全程、全方位”的在线学习。

作为市民的综合学习门户，上海学习网围绕“多元、互动、个性化、泛在学习”的设计原则，遵循资源共享、服务优先的理念，以用户为中心，以服务为导向，通过对已有学习系统和学习资源的统一技术融合，实现一门入网、一库总览、一站式数字化学习服务模式，提升终身学习资源的使用效能，逐步成为全市市民学习活动最活跃、最时尚的网络互动广场。

截至2018年10月30日，上海学习网点击量突破2.3亿次，注册用户数为443万，上海学习网微信订阅号关注用户27 158人，成功打造了互联网学习品牌，在终身教育领域具有一定的影响力。

8.4.2 学习功能

上海学习网自2009年启动，建立了平台系统和学习资源，涵盖基础教育、高等教育、职业教育等方面，是一个集查询、学习、管理和统计等功能的大型在线学习平台。

(1) 课程系统。课程的学习是学习网的根本，在线学习系统为学习网门户、各个子门户、子平台提供完善的课程学习功能，包括课程的搜索、课程资料的浏览、学习轨迹的记录、课程排行榜等功能。

（2）活动平台为平台的各个子门户、子系统提供活动信息的查询、浏览、报名等功能的支撑。

（3）线上团队平台为平台的各个子门户、子系统提供团队有关的功能支持，包括团队和话题的查询、发表话题、回复话题等功能。

（4）学习地图平台为学习网提供线下教学点和课程学习的资讯，同时允许用户对教学点和课程进行评价，也允许用户依靠地理位置来搜寻教学点和课程。

（5）分享平台为学习网用户提供各种的互动功能，增进学友之间的交流。

（6）悦读系统为用户提供在线电子图书的学习支持服务，悦读系统提供电子图书的推广、查询、浏览、填写书评。

（7）资讯模块为学习网用户提供各种学习资讯的服务，用户可以在这个模块中浏览到全市、各区县、街镇等发布的学习资讯内容。

（8）搜索系统提供覆盖到整个平台所有资源（资源系统、学习系统、学习团队、互联互通平台、资讯平台、在线服务中心、活动平台、分享平台等）的搜索功能支持，为平台的各类资源建立相关的索引，并定时对索引进行更新。

（9）配送系统。为满足各类社区教育机构能够充分应用到优质的终身教育资源，规划实施终身教育资源的需求对接配送。依托上海学习网搭建了学习资源在线配送平台，配送内容包括图书、有声读物、微课、网络课程、高清视频等多种资源。提出针对数字化资源的线上配送方案，有效地提高配送效率、降低配送成本、加强了配送管理和衔接。同时，结合资源配送过程的数据积累对学习者、教师、学校的需求进行深度分析，做到更加智能化、个性化、精准化的资源推荐与配送，满足各类用户群体的需求。

8.4.3　架构设计

（1）平台总体架构，如图 8－18 所示。

（2）平台物理架构，如图 8－19 所示。

（3）网站开发架构，如图 8－20 所示。

（4）数据挖掘流程。

① 数据准备。这一阶段的数据准备工作主要在于客户现有数据的获取与整合。为了后续的分析与建模，需要获取必需的数据，包括根据需要对数据进行加载和整合。分析人员也会发掘他们可能遇到的问题并设计相应的解决方案，促进项目未来的反响。

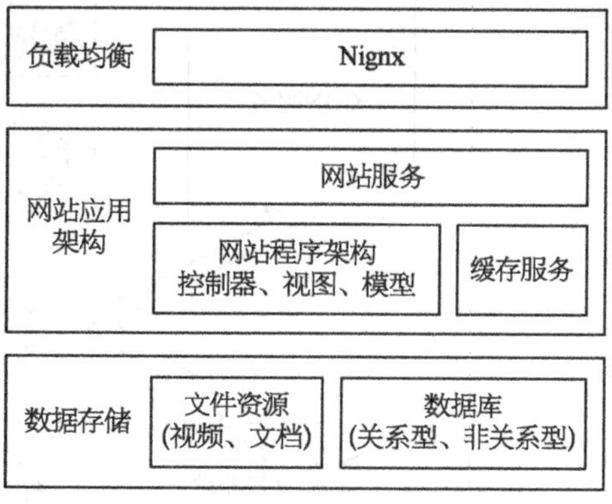

图 8－18　上海学习网平台总体架构

② 数据审核。数据获取之后，分析人员将检验全部所获数据的总体或者表面的特性。检验包括数据的格式、数据的质量、每个表的记录数与字段数等，从而定位问题所在。同

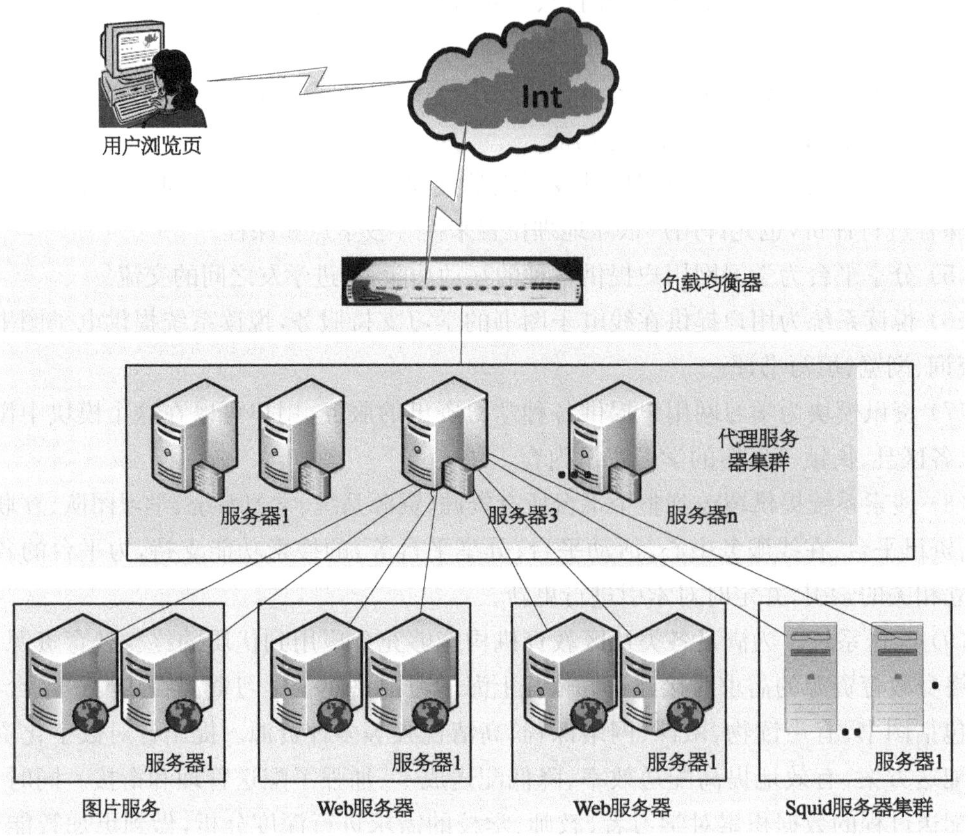

图 8-19 上海学习网平台物理架构

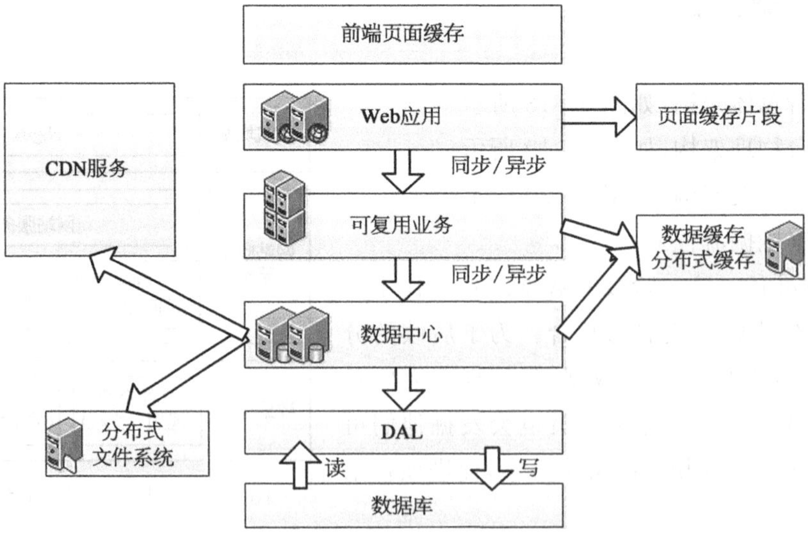

图 8-20 上海学习网网站开发架构

时，会结合数据库表结构（数据字典）进行核对，并过滤掉不需要的字段，并描述数据的分布情况，以及基于数据质量的审核，制订相应的数据质量改进方案。更为关键的问题在于，明确获取的数据是否能够满足相关的需求。

③ 数据探索。数据探索的阶段将对数据包含的一些潜在规律与联系进行发掘。基于之前数据审核的结果，分析人员将掌握所获数据的一些总体或者表面的特性，包括数据的格式、数据的质量、每个表的记录数与字段数、字段的一致性、数据的分布情况以及数据的其他一些特征。数据探索将检验全部字段对于目标的影响情况，同时主要基于这些结果与之前的数据特征建立相应的假设，并运用相关统计方法与技术进行验证，从而发掘单字段的潜在信息与字段间潜在的关联，并据此利用字段间的组合提炼更多的信息。

④ 数据预处理。这一阶段数据预处理不同于之前的数据准备，它更多的是基于之前数据审核与数据探索得到结论后的深度加工，包括对于数据的限定与选择，以及新变量的派生。这一阶段往往与数据审核、数据探索相互交融，反复进行，从而得到对于模型构建效果最为积极的字段，并整合形成最终的建模宽表。通过大数据平台，以及ETL工具清洗整合客户现有的数据资源，从而为后续的模型构建等阶段提供高质量的数据。

⑤ 模型构建。模型构建阶段，多样化的建模技术将被选择与应用，而它们的参数将被校准到最优化的值。通常情况下，对于同一个数据挖掘的问题类型会有多种适合的技术。一些技术对于数据的形式有特定的要求，所以常常需要回到数据预处理的步骤。建模这一步骤包括了建模技术的选择、检验的设计、模型的生成，以及模型的初步评估。分析人员将基于数据情况和业务目标，从中挑选最合适的模型。这一阶段利用降维算法构建新的标签变量，同时对于事件或分类型数据，通过转化稀疏矩阵外加对应分析或SVD的方法提炼标签，同时对新标签做合理的业务解释。

⑥ 模型评估。数据分析人员将依据其专业知识，数据挖掘的成功准则，以及目标的检验设计去解释模型。评估主要集中于模型准确度、模型普适性等因素，以及模型与业务目标的匹配程度。标签体系的评估将基于实际业务目标，根据综合评估的需求，建立的标签提取模型需要使被提取的标签能够有效反映对应维度上学生的特征信息。这一阶段，将评估标签的准确程度，评价指标将采用信息检索领域经典的评价指标来表对模型进行准确性评估。

⑦ 模型部署。根据最终确定的数据降维模型，提取其中的标签加工公式，通过代码优化使后续计算能够更高效及时地运行于大数据平台，以平台的方式自动化与后续的监控。

8.4.4 平台应用

（1）个性化资源推送。上海学习网梳理对接学生学习过程数据，建设学生360°画像标签体系，深入刻画学生特征，多维展现、评估学生能力与特质，基于标签大数据的系统平台实现标签刻画内容及分析结果的可视化展现，然后针对不同维度学习类型的过程性数据开展关联分析。借助大数据分析、用户画像等关键技术，为学习者智能推送在线课程、电子书刊、学习活动、教育资讯等学习信息。图8-21所示为上海学习网个性化资源推送原理。

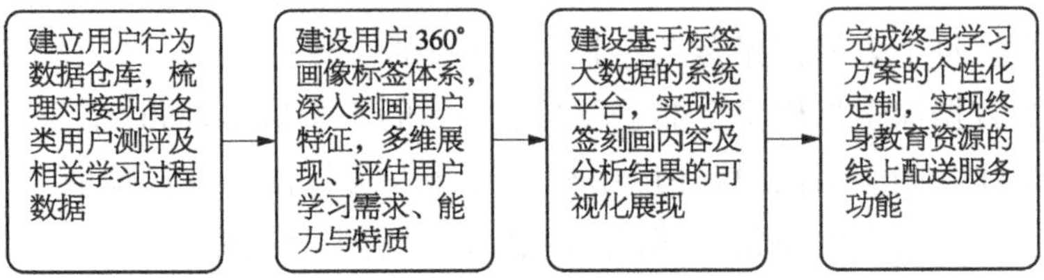

图8-21 上海学习网个性化资源推送原理

（2）指导资源建设方向。通过统计分析上海学习网资源的使用情况，如点击量、收藏量、回复数、学习时长、学习人群特征等，分析现有的各类资源数量是否匹配用户需求，有助于平台管理员制定资源建设采购计划、下架旧资源等提供依据参考。

（3）推动平台功能升级。

① 推出核心功能栏目。为满足市民不断增长的终身学习需求，提升在线学习的用户体验度和便捷性，重点开展平台升级改造、资源共建共享和学习互动服务建设，推出课程、活动、悦读、学圈、资讯、乐享、频道等学习网核心功能栏目，增强门户首页的活动推广与品牌传播功能。图8-22所示为上海学习网门户首页“悦读”。

图8-22 上海学习网门户首页“悦读”栏目

② 开设线上学习团队空间。针对不断上升的在线社交需求，上海学习网开设线上“团队”版块（图8-23），每个注册用户都可以在上海学习网上在线发起或参与到各类学习团队，从而把相同兴趣爱好的学习者集结在一起，在属于自己团队的线上空间里相互切磋、交

流学习。截至 2019 年 4 月，上海学习网上的活跃团队超过 3 600 多个，类型包括“舞蹈”“声乐”“摄影”“读书”“健身”“养生”“育儿”等 20 多种（图 8－24），不同团队创建的活动话题超过 40 万。

图 8－23　上海学习网“团队”板块

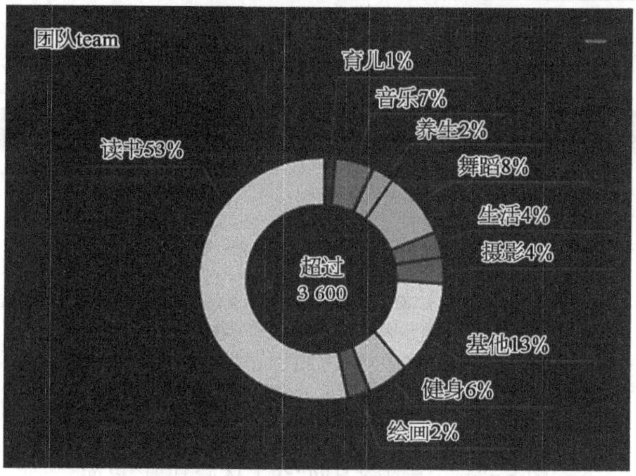

图 8－24　上海学习网“团队”数据统计

③ 优化上海学习地图功能。基于上海市 16 区、200 多街镇、5 000 多个村居委学习点，汇聚了全市各图书馆、各区社区院校，以及上海市民终身学习体验基地的课程、活动等学习信息，为市民提供各类学习信息的应用。借助上海学习地图（图 8－25），市民可以获得定位、地图导航、查看班级开班信息、进行线上活动预约、完成电子签到等功能，从而给社区居民的学习提供便利。

④ 创新打造网上体验项目。为配合上海市民终身学习体验基地的发展规划，2016 年开始，上海学习网着力打造线上体验基地项目，累计建成 104 个网上体验站点，提供体验基地（图 8－26～图 8－28）的基本信息、体验内容、设施设备等内容；建设了 8 个互动式网上体验项目，方便市民全方位、多角度了解各体验基地的特色内容。

图 8 - 25　上海学习网“学习地图”界面

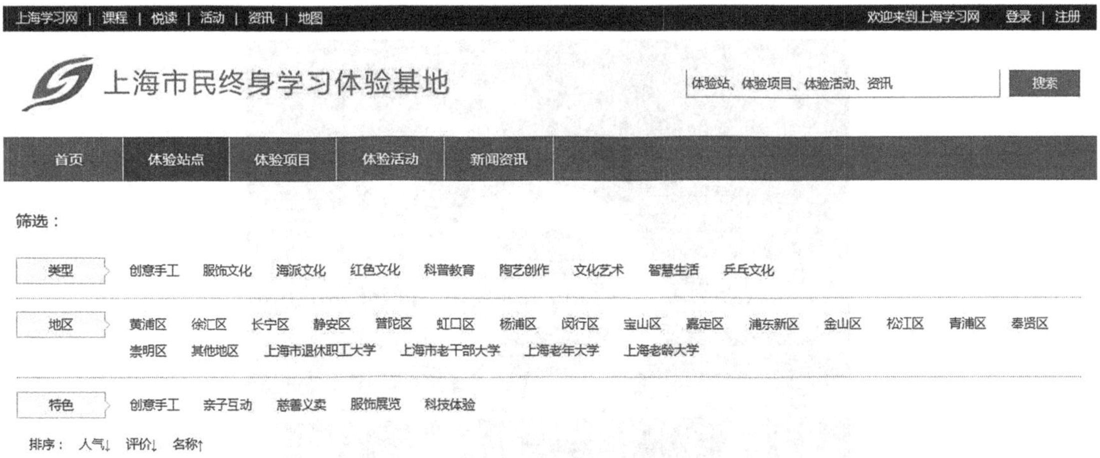

图 8 - 26　上海学习网“线上体验基地”界面

图 8 - 27　上海学习网“线上体验基地”体验场馆示例

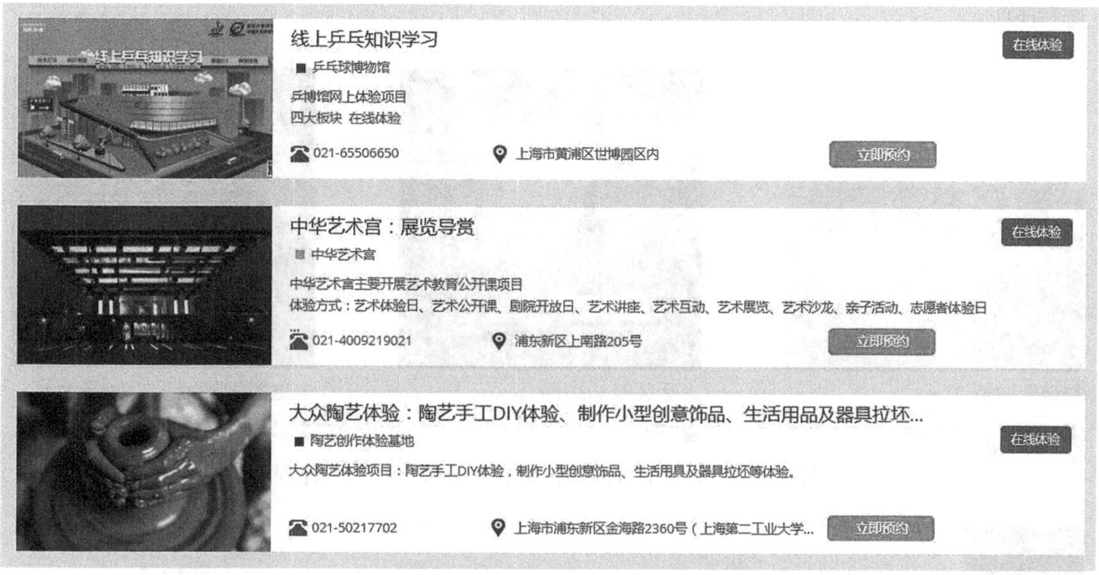

图 8-28　上海学习网“线上体验基地”体验项目示例

⑤ 探索数据互联互通。对接上海市终身教育学分银行认证标准。上海学习网已通过学分银行认证课程实现与上海市终身教育学分银行的互联互通，用户可将学分银行认证课程的学习成果转成学分，存入学分银行“文化休闲教育记录库”，积累学分可获取相应证书，扩大了市民在线开放课程平台的应用范围，为市民提供更丰富的网络学习成果认定、积累及转换途径的有益探索，参见图 8-29、图 8-30。

图 8-29　上海市终身教育学分银行首页提供“上海学习网”课程入口

构建数字化终身教育标准化标准体系。对接上海市各级各类教育信息平台，消除信息孤岛，实现数据自动采集和统计分析，至“十三五”末，实现上海市学习型社会建设网、上海社区教育统计系统、上海老年教育统计系统(图 8-31)、上海市郊成人教育统计系统、上海

图 8-30 上海学习网提供带有学分银行标识的课程

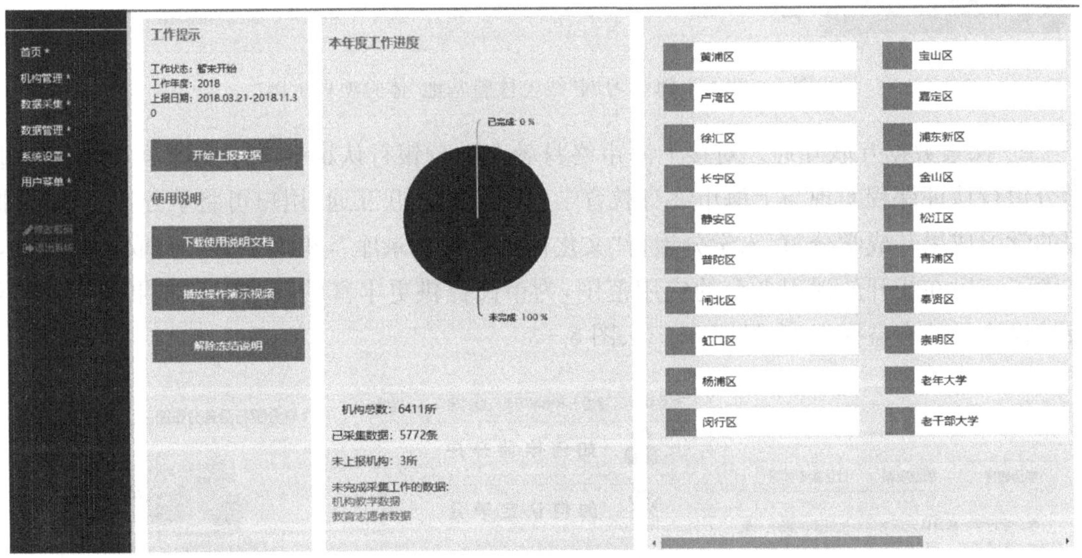

图 8-31 上海老年教育统计系统

终身教育师资库等市级终身教育平台的标准化管理应用，依托市级平台开展区县、街镇的联动应用，打通各区县的信息数据，不断深化数字化终身教育标准管理体系的应用实践。

◇参◇考◇文◇献◇

[1] 李恒. 在线教育生态系统及其演化路径研究[J]. 中国远程教育，2017(01)：62-70.

［2］ 孙宏辉.在线学习过程管理大数据的建设与应用[J].中国远程教育,2016(11):17-21.
［3］ 尉小荣,吴砥,余丽芹圳,饶景阳.韩国基础教育信息化发展经验及启示[J].中国电化教育,2016,9:38-43.
［4］ 何璐.面向在线教学领域的大数据研究及应用[J].信息与电脑,2016(22):139-140.
［5］ 李慧芳.大数据在在线教育领域的应用[J].电子技术与软件工程,2017,11:175.
［6］ 李开昕,李士心,曹阳.电子信息工程专业教学改革及人才培养模式[J].教育教学论坛,2018(2):132-133.
［7］ 颜秉刚.论大数据时代背景下的在线教学[J].西部素质教育,2018,4(13):124. DOI:10.16681/j.cnki.wcqe.201813078.
［8］ Dahdouh K, Dakkak A, Oughdir L, et al. Big data for online learning systems [J]. Educ Inf Technol, 2018, 23: 2783-2800.
［9］ Anshari M, Alas Y, Sabtu N I P H, Hamid M H S A. Online learning: trends, issues and challenges in the big data era [J]. Journal of E-Learning and Knowledge Society, 2016, 12(1): 121-134.
［10］ 王良周,于卫红.大数据视角下的学习分析综述[J].中国远程教育,2015(03):31-37.
［11］ 徐鹏,王以宁,刘艳华,张海.大数据视角分析学习变革[N].远程教育杂志,2013(06):11-17.
［12］ 郑燕林,柳海民.大数据在美国教育评价中的应用路径分析[J].中国电化教育,2015(07):25-31.
［13］ 邢丘丹,焦晶,杜占河.基于云计算和大数据的在线教育交互应用研究[J].现代教育技术,2014,24(04):88-95.
［14］ Moore. Three types of interaction[J]. American Journal of Distance Education, 1989(02): 1-6.
［15］ Hiltz S R. "Evaluating the Virtual Classroom" in Harasim, L. (ed.) Online education: perspectives on a new environment [M]. New York: Praeger, 1990.
［16］ Gunawardena C C, Lowe, T Anderson. Analysis of a global online debate and the development of an interaction analysis model for examining the social construction of knowledge in computer conferencing [J]. Journal of Educational Computing Research, 1997(04): 397-431.
［17］ Karel Kreijns, Paul A Kirschner, Wim Jochems. The Sociability of Computer-Supported Collaborative Learning Environments [J]. Journal of Educational Technology & Society, 2002(01): 8-22.
［18］ 陈丽.远程教学中交互规律的研究现状述评[J].中国远程教育,2004(01):13-20.
［19］ 曹良亮.异步交互工具的交互潜能——一项关于异步交互中教学交互结构模型的研究[J].开放教育研究,2008(01):97-101.
［20］ 吴彦文,吴军其,王贵才,田庆恒.基于云计算个性化E-Learning学习支持服务系统的设计[J].中国电化教育,2011(09):122-126.
［21］ Michael Miller.云计算[M].姜进磊,译.北京:机械工业出版社,2009.
［22］ Hung J L, Hsu Y C, Rice K. Integrating Data Mining in Program Evaluation of K-12 Online Education [J]. Journal of Educational Technology & Society, 2012, 15(03): 27-41.
［23］ 姜强,赵蔚,王朋娇.自适应学习系统中双向适应交互评价实证研究[J].现代远程教育研究,2013(05):106-112.
［24］ 高虎子,周东岱.自适应学习系统学习者学习风格模型的研究现状与展望[J].电化教育研究,

2012(02): 32 - 38.

[25] 时龙. 自适应学习的方法论探析[J]. 教育科学研究, 2015(09): 5 - 13.

[26] 陈海建, 戴永辉, 韩冬梅, 冯彦杰, 黄河笑. 开放式教学下的学习者画像及个性化教学探讨[J]. 开放教育研究, 2017, 23(03): 105 - 112.

[27] 陈仕品, 张剑平. 适应性学习支持系统的学习内容组织策略研究[J]. 电化教育研究, 2010(11): 55 - 62.

[28] Self J A. Student Models: What User Are They: In: P Ercoli and R Lewis (Eds). Artificial Intelligence Tools in Education [M]. Amsterdam, North Holland, 1988: 73 - 86.

[29] Holt P, Dubs S, Jones M, Greer J. The State of Student Modeling. In: Greer, J E, McCalla, G I (Eds): Student Modeling: the Key too Individualized Knowledge-based Instruction [M]. Berlin: Springer-Verlag, 1994: 3 - 38.

[30] Wenger E. Artificial Intelligence and Tutoring Systems, Morgan Kaufmann Publishers, Inc, Los Altos, CA, 1987.

[31] 岳俊芳, 陈逸. 基于大数据分析的远程学习者建模与个性化学习应用[J]. 中国远程教育, 2017(07): 34 - 39.

[32] 牟智佳. 学习者数据肖像支撑下的个性化学习路径破解——学习计算的价值赋予[J]. 远程教育杂志, 2016, 34(06): 11 - 19.

[33] 王硕懋, 尹菲, 刘增涛. 基于广电大数据分析的用户画像与个性化推荐研究[J]. 有线电视技术, 2018.

[34] Brooks C J, Greer. Explaining predictive models to learning specialists using personas. Proceedings of the Fourth International Conference on Learning Analytics And Knowledge, Indianapolis, Indiana, USA, 2014.

[35] 祝智庭, 孙妍妍, 彭红超. 解读教育大数据的文化意蕴[J]. 电化教育研究, 2017(01): 28 - 36.

[36] 孙玉梓, 唐章蔚. 基于大数据的个性化学习环境构建研究[J]. 中小学电教, 2017(Z2): 51 - 53.

[37] 刘海鸥, 孙晶晶, 苏妍嫄, 张亚明. 面向图书馆大数据知识服务的多情境兴趣推荐方法[J]. 现代情报, 2018, 324(06): 64 - 69.

[38] Chen C M. Intelligent web-based learning system with personalized learning path guidance[J]. Computers & Education, 2018, 51(02): 787 - 814.

[39] Hwang G J, Kuo F R, Yin P Y, et al. A Heuristic Algorithm for Planning Personalized Learning Paths for Context-Aware Ubiquitous Learning [J]. Computers & Education, 2010, 54(02): 404 - 415.

[40] 李浩君, 徐佳程, 房邵敏, 谢苏超. 个性化移动学习路径优化策略应用研究[J]. 电化教育研究, 2016(01): 39 - 44.

[41] 孙常丽, 孙达辰, 郭冬梅, 等. 推荐系统在高校图书馆中的个性化应用研究[J]. 中国市场, 2017(04): 221 - 222.

[42] 孙守义, 王蔚. 一种基于用户聚类的协同过滤个性化图书推荐系统[J]. 现代情报, 2007, 27(11): 139 - 142.

[43] 田磊, 任国恒, 王伟. 基于聚类优化的协同过滤个性化图书推荐[J]. 图书馆学研究, 2017(08):

75 - 80.

[44] 何娟. 基于用户个人及群体画像相结合的图书个性化推荐应用研究[J]. 情报理论与实践,2019,42(01): 21 - 25.

[45] Carnegie Mellon University. Open learning initiative [EB/OL]. (2017 - 09 - 26)[2019 - 08 - 15]. http: //oli. cmu. edu/get-to-know-oli/learn-more-about-oli/.

[46] NG2: no grades,no grades. Personalized inclusive education pathways [EB/OL]. (2017 - 05 - 02)[2019 - 08 - 15]. https: //www. ng2personalizedlearning. org/.

[47] Huffpost. Data driven instruction changes the face of yeshiva education [EB/OL]. (2017 - 05 - 11)[2019 - 08 - 15]. http: //www. huffingtonpost. com/kimsilverton/data-driven-instruction-c_b_861229. html.

[48] Literacy How. Data-driven differentiated (D3) instruction [EB/OL]. (2017 - 05 - 02)[2019 - 08 - 15]. http: //www. literacyhow. com/assessment-progressmonitoring/.

[49] HIPSTARTERS. Changing the face of education through big data and machine learning-Surala [EB/OL]. (2017 - 05 - 11)[2019 - 08 - 15]. https: //www. hipstarters. com/en/surala/.

[50] 杨现民,骆娇娇,刘雅馨,陈世超. 数据驱动教学: 大数据时代教学范式的新走向[J]. 电化教育研究,2017,12: 13 - 21.

[51] Wikipedia. Wikipedia data quality campaign [EB/OL]. [2019 - 08 - 20]. https: //en. wikipedia. org/wiki/Data_Quality_Campaign.

[52] Codding R S, Skowron J, Pace G M. Back to basics: training teachers to interpret curriculum-based measurement data and create observable and measurable objectives [J]. Behavioral Interventions, 2005, 20(03): 165 - 176.

[53] Mandinach E B, Gummer E S, Muller R D. The complexities of integrating data-driven decision making into professional preparation in schools of education: It's harder than you think [R]. West Ed, Education Northwest, CNA Analysis and Solutions, 2011(05): 12.

[54] Garrison M, Monson M. The Oregon DATA project: building a culture of data literacy [EB/OL]. (2012 - 07 - 18)[2017 - 09 - 07]. http: //er. educause. edu/articles/2012/7/the-oregon-data-project-building-a-culture-of-data-literacy.

[55] Schifter C C, Natarajan U, Ketelhut D J, et al. Data-driven decision making: facilitating teacher use of student data to inform classroom instruction [J]. Contemporary Issues in Technology and Teacher Education, 2014, 14(04): 419 - 432.

[56] 李文文,周萍. 基于科研生命周期的科学素养教育研究[J]. 现代情报,2017,37(01): 156 - 159.

[57] 滕珺,朱晓玲. 大数据在美国基础教育中的运用[J]. 人民教育,2014(01): 74 - 76.

[58] Data Quality Campaign. Should "data literacy" be part of teacher licensure? [DB/OL] (2017 - 07 - 18)[2019 - 08 - 15]. https: //digital. Hechingerreport. org/content/should-data-literacy-be-part-of-teacher-licensure_1252/.

[59] 李青,任一姝. 国外教师数据素养教育研究与实践现状述评[J]. 电化教育研究,2016(05): 120 - 128.

[60] Lane J. Big data: The role of education and training [J]. Journal of Policy Analysis & Management,

2016, 35(03), 722 - 724.

[61] 余鹏,李艳. 基于教育大数据生态体系的高校智慧校园建设研究[J]. 中国电化教育,2018, 377(06): 13 - 21.

[62] 张波,金玉鹏,张倩,赵勤,王娇燕. 试论一种新型在线教育资源大数据组织框架[J]. 中国电化教育, 2018,374(04): 41 - 46.

[63] 季忠洋,李北伟,朱婧祎. 大数据生态系统形成机理与模型构建研究[J]. 图书馆学研究,2018,5: 9 - 14.

[64] Demchenko Y, Ngo C, Membrey P. Architecture Framework and Components for the Big Data Ecosystem [J] Journal of System and Network Engineering, 2013, 2(11): 1 - 31.

[65] Ruiṕerez-Valiente J A, Mũnoz-Merino P J, Gascón-Pinedo J A, Kloos C D. Scaling to Massiveness With ANALYSE: A Learning Analytics Tool for Open edX [J]. IEEE Transactions on Human-machine Systems, 2017, 47(06), 909 - 914.

[66] Fu S, Zhao J, Cui W, Qu H. Visual Analysis of MOOC Forums with iForum[J]. IEEE Transactions on visualization and computer graphics. 2017, 23(01): 201 - 210.

第9章

教育大数据与开放远程教育应用

教育大数据给开放远程教育也带来了前所未有的发展机遇。丰富的数字资源和先进的技术，可以为更大范围的学习者提供服务，带来开放远程教育的组织模式和服务模式的创新变革。本章将以北京奥鹏远程教育中心、上海开放大学个性化学习支持系统为例，探讨教育大数据在开放远程教育中的应用。

9.1 教育大数据背景下的开放远程教育

继函授教育、广播电视教育之后，利用计算机技术在数字化环境中进行教与学活动的远程教育应运而生，成为教育的重大创举之一，使有质量、低成本、大规模、"人人享有优质教育"的教育愿景得以实现，助力国家终身教育发展和人力资源的提升。随着互联网技术和在线教育的飞速发展，开放远程教育逐渐成为一种新的教育形态，以先进的教育手段和开放的教育理念在构建学习型社会和终身教育体系中发挥着越来越重要的作用。英国开放大学首任校长克劳瑟博士所提出的"开放教育对象，开放教育时空，开放教学方法，开放教育观念"可以认为是对开放远程教育的确切诠释之一。开放远程教育采用多种媒体形式呈现课程内容、实现师生双向交互，有效地发挥各种教育资源的优势，为提高各类教育的教育质量提供有力支持，为各类型的学习对象提供方便快捷的、广泛的学习支持服务，成为终身教育体系的重要组成部分，在人们的终身学习中扮演着重要角色，同时也在降低学习门槛、推进教育公平方面做出了重要贡献。开放远程教育本身教学灵活、多样，丰富的数字资源和先进的技术，可以服务更多的学习者，覆盖更广的范围，符合当前我国经济社会发展对教育在发展规模与质量上的需求，对提升我国教育生态系统的生态承载力具有重要意义。

技术与媒体的进步和发展，推动着开放远程教育的变革和创新。大数据时代的到来，更是给开放远程教育带来了前所未有的机遇。教育大数据以多元维度数据为基础，感知和分析开放远程教育活动中人员的所有行为，以提供有效的数据流转优化业务流程为依据，为实现科学化的战略决策，使复杂化、非结构化数据转化为可以操作的信息提供保障，为开放远程教育的发展，起到了至关重要的作用。

9.1.1 开放远程教育发展面临的挑战

从函授教育、广播电视教育，到以互联网为支撑的开放远程教育，我国远程教育取得了很大成就，为社会发展培养了所需的大量人才。然而，开放远程教育发展过程中也出现了一些问题,面临着许多的困境。根据 2016 年教育部发布的全国教育事业发展统计公报显示,开放教育及远程教育的本专科招生人数为 234.6 万人,比 2015 年减少了 3.89 万人,在线学习者 645.45 万人,比 2015 年减少了 27.56 万人。从教育部的统计数据看,远程教育包括远程学历教育的招生人数、学习人数下降已成为不争事实。学习者流失、在学者参与学习的热情不高等问题只是远程教育发展问题的冰山一角,远程教育发展中的教学质量、学习服务支持、管理体制、综合决策等深层次的问题是制约其发展的根本问题,同时也影响了学习者参与的积极性。出现这些问题的原因是多方面的,既有教育体制与国情的问题,也与远程教育组织体系有关。其中最重要的原因就是远程教育在发展过程中过于注重外延发展,对内涵式发展认识不足,在供给侧领域积累了诸多问题。因此,正确认识与面对远程开放教育中在教学、管理服务、决策等方面一系列的痛点问题及困境,结合教育大数据的特点,利用教育大数据作为介质,通过数据交换、数据治理、分析挖掘、决策分析辅助规范数据标准、肃清业务流程、健全管理制度、深挖发展痛点,从而正确定位自身中长期发展的绩效目标,逐步实现开放远程教育的阶梯式上升与发展是必要可行的。

1) 学习支持服务缺乏个性化

一般而言,学习支持服务指的是开放远程教育机构(或院校)为指导和帮助远程学习者自主学习,实现学习者学习目标,通过各种形式和途径提供的各种类型的服务的总和,包括以师生或学生之间的人际面授和基于技术媒体的双向通信交流为主的各种信息的、资源的、人员的和设施的支持服务。

我国开放远程教育的学习支持服务体系是按照某种程序或模式统一面对学习者,与终身教育体系下学习者个性化学习需求的差距逐渐加大,与远程教育发展所要求的创新、个性发展等原则相冲突。学习者的个性化诉求无法在学习支持服务体系中得到回应。当学习者学习要求日渐个性化之后,规模经济整齐划一的人才培养方式暴露出严重的问题,制约了开放远程教育的可持续发展。实际上,面对数字化的浪潮,开放远程教育的学习者是孤独的,而整齐划一的学习服务支持方式缺乏对个体学习认知的判断,难以提升学习者的学习有效性,当前的学习支持服务体系无法针对在线学习者的个性来实施精准的服务支持,无法帮助学习者克服孤独感。有研究表明,“对学校支持服务的不满”“课程设置和教学设计不合理”等,是造成学习者辍学率高的重要原因。面对不同的学科专业、不同的学习者、不同的知识背景,如何提供个性化、精准化的学习支持服务,以指导、帮助和促进学习者的自主学习,提高开放远程学习的效果和质量,是当下开放远程教育所面临的问题之一。

2) 优质学习资源供给不足

从开放远程教育蓬勃发展的形势看,开放远程教育的资源并不匮乏。在众多开放远程教育机构中,不仅有普通高校的开放远程教育机构,还有开放大学系统及电大,以及各类成人远程教育机构,还包括社会远程教育培训机构等,这些主体在办学过程中为社会、为学习者提供了大量的远程教育资源,用“海量资源”来形容并不为过。当前学习资源的建设模式归为两类:Web1.0 环境下的传统团队建设模式和 Web2.0 环境下的开放共创模式。传统团队建设模式下的学习资源通常结构封闭、更新速度缓慢，难以适应学习者的学习需求，且只能通过在平台或资源库之间导入导出的方式实现异构系统的资源共享；开放共创模式是随着 Web2.0 理念和技术的普及应用发展起来的新型资源建设模式，通过聚合“草根”智慧实现资源的内容协同建设和更新，在这种建设模式下，学习资源存在着进化方向失控、碎片化导致的信息垃圾、“知识迷航”等问题。

这些问题的存在，导致学习者对开放远程学习资源供给的不满较为普遍。陈宇风总结了三个方面的问题。

一是学习资源有效供给不多，而无效供给或是低效供给的情况大量存在，学习者在面对大量无效或低效资源的时候，容易迷失方向。有学者总结了其中的原因，如资源数字化程度不够、教师参与程度低等，其实最大问题就是低水平的教育资源重复建设导致了学习者选择的困难。

二是学习资源供需类型失衡，供给覆盖面不够全面。开放远程学习资源供给主要是多媒体、课程内容及教学目的说明等文本资源以及各类音频、视频资源，而缺少大量的能够体现学习者个性化以及交互需求的灵活性及多样性资源。

三是开放远程教育各类学习资源之间的沟通、衔接、协同力度不够。在资源协同及沟通体系中，最佳的方式就是文本、音频、视频三类资源相互补充，文本资源简单清晰，音频与视频资源直观形象，开放远程教育机构在资源建设及供给方面，必须体现出不同资源的不同特点，在供给过程当中应该保持相互关联。现实情况是学习资源供给中不同学科、不同教师之间几乎没有沟通，即便是同一门课程之间资源类型的配比方式也大不相同，这就造成了资源供给中出现了“两张皮”的问题，资源的技术性与内容性不同步。所以，优质资源供给不足是当下开放远程教育领域存在的问题之一。

3）教学质量有待提高

信息技术加速更新，继续教育与终身教育观念日渐深入人心，国家支持和鼓励高等学校开展学历和非学历的继续教育，这些都不约而同地促进了远程开放教育的高速发展，而规模发展的同时，教学质量问题也成为业内关注的话题。过去几年来得益于 MOOC 及泛在学习方式等的出现，使得开放远程教育的教育理念、方式及共享技术不断向整个教育体系扩散，发展在线教育成为当前教育改革的主导方向之一。在 2016 年教育部发布的“教育部关于办好开放大学的意见”文件中，明确提出要“建立学校教学质量评估制度，加强对教学全过程和学生学习效果的监测与评价。强化课程学习监控制度，实时记录学生在线自主学习、网上交互讨论、课程测验考试等信息，作为课程学习评价的重要依据。完善课程学习考试制度，建设数字化题库、学习测评系统、电子试题保密机制、远程监控系统等，确保考试科学、安全”。在 2016 年教育部在有关学分转换的通知文件中，也提出开放大学应该进一步提升教学质量，促进开放大学的学分能够被更多的普通高校认可。政策导向中之所以提到学分认可问题，关键就在于开放远程教育质量保障虽取得不断进步，但整体现状需要不断提高。

放眼世界，借鉴英国开放大学等的经验，成功的开放远程教育离不开多元化规范化的教学体系、科学有效的教学模式与教学工具、合理有效的教学考核标准与指标、从实践中来又归于实践中去的学习行为分析与教学研究。因此,基于教与学过程的质量监控是提升开放远程教育教学质量最为核心、最为关键的部分。

9.1.2 大数据带给开放远程教育领域的机遇

大数据正在迅猛发展,给开放远程教育带来了前所未有的机遇。教育大数据在教、学、评、测、管等方面的应用,为开放远程教育的良性发展提供了更为广阔的空间,将带来学习支持服务的变革、学习资源与形式的变革、教学内容组织与实施的变革、教学绩效评价的变革、管理决策方式的变革等,并深刻改变开放远程教育的形态。可以预计,随着大数据技术的不断深入与有效应用,将进一步推动开放远程教育朝着人性化、个性化、精细化的方向发展。大数据带来开放远程教育领域的变革,主要表现在以下几个方面。

1) 学习支持服务的变革

学习支持服务是开放远程教育的核心要素,其服务质量直接关系到学习者的学习效果。大数据技术和学习分析技术通过测量、收集、分析学习者学习过程数据,建立学习者模型,探索学习者学习特征、教师教学设计和学习绩效之间的关系,建立基于数据的教学过程监测、评估、诊断和预测技术体系,进而为学习者提供全方位、个性化、高效率的学习体验。在大数据背景下,学习支持服务即以学习者为中心,借助大数据、学习分析、移动互联网技术,从在线教育学习平台中获取学习过程数据,建立学习者特征模型和评测体系,向学习者提供智能化和人性化的支持服务。学习支持服务的六大特征如图 9－1 所示。

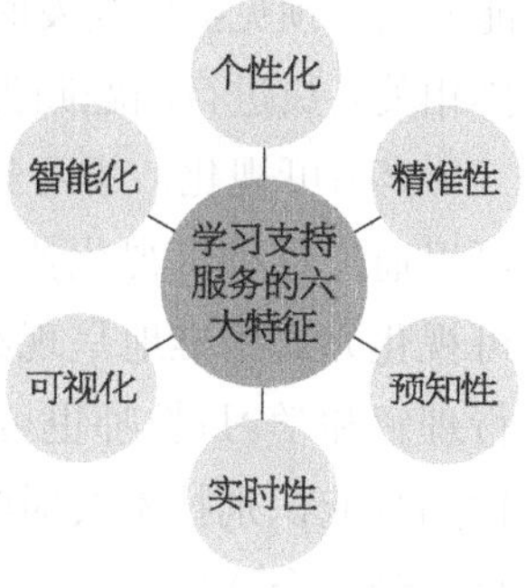

图 9－1 学习支持服务的六大特征

(1) 个性化。施教各因其材,是教育的理想目标。通过大数据的方式实现个性化,根据学习者的知识水平、能力水平的不同,精确了解学习者特征,为学习者提供个性化学习服务。这里的个性化体现在个性化的学习资源推送和个性化的学习路径制定两方面。个性化学习路径可通过机器规划的方式为学习者制定最合适的学习路径,即通过智能算法从海量教育资源中自动生成学习路径,既能应对大规模、动态化的学习资源内容配置,又能满足海量学习者的个性化需求,提高学习效率。从培养目标的个性化,到学习路径、教学方式、学习内容、学习评价的个性化,教育大数据可以让学习者得到无与伦比的个性化学习体验。

(2) 精准性。教育大数据的应用使学习支持服务具有精准性,主要体现在学习需求的精准定位和学习资源的精准提供上。通过对学习者基本信息和学习行为过程数据的收集与分析,发现学习者的兴趣和行为方式,结合学习者模型精准定位用户需求。开放在线学习平台资源种类众多,学习者寻找资源可能会耗费许多时间和精力,提供精准化的学习干预显得尤为重要。将学习者数据可视化,开放在线学习平台能够有针对性地在特定时间为学习者提供特定形式与内容的资源，同时搜集学习者的反馈信息，不断完善与优化。

（3）预知性。预测是大数据的核心功能之一，在电子商务等领域的应用最为典型。在开放远程教育领域学习支持服务的预知性，体现在对学生的辍学倾向预测、非学习状态预测和学业水平预测等。当开放在线学习系统显示学习者出现不积极参与互动交流、不及时完成课堂任务、长时间不进行学习等情况时，通过大数据分析，可以预测学习者是否有辍学倾向，及时对其进行预警，防止辍学行为发生。当学习者长时间盯着某一页面无操作或频繁点击页面时，表明学习者可能处于非学习状态，服务人员可以及时提醒。通过对学习者在线学习时长、学习相关课程资源时间、使用搜索工具时间、回复讨论的活跃度、作业提交次数等学习行为数据进行统计分析，探究其与学业水平之间的关系，建立学业水平预测模型，帮助教师及时改进教学。

（4）实时性。与对历史数据的聚合和分析不同，教育大数据分析具有更强的时效性，对数据存储、计算和呈现提出了更高要求。开放在线学习平台中，学习问题得不到教师的及时回应较为常见，而大数据技术的应用可有效解决该问题。通过收集学习者学习习惯数据，能够及时预见提问爆发时间、学习拥堵时段、知识难点和问题集中点，形成有效的预警机制，安排相关人员进行问题归类、问题分析和问题解答，提高支持服务效率，改善学习体验。

（5）可视化。学习过程的可视化，是教育大数据给开放远程教育带来的主要变化之一。可以通过各种可视化技术，把巨大、繁杂和难以理解的数据可视化，通过学习仪表盘等各种可视化方式精准地呈现给教师或学习者。学习者能够直观了解自己的学习情况，有效地进行理解和学习；教师也可以非常直观地了解每个学习者的学习动态，以便于及时给予干预。比如智能识别技术会对学习者的学习进行全过程监测，通过建立学习者画像，从观看学习材料到综合评价，都能随时都对学习者进行识别。哪些学习者在学，他们都在学些什么，他们是如何学的，他们学得怎么样，他们学习时心情怎样，这些数据都可以可视化呈现，从而保证对学习者的整个学习过程动态参与，确保学习质量。

（6）智能化。随着数据挖掘、学习分析、智能推荐等智能技术逐渐在教育领域的深入应用，学习支持服务呈现出智能化的特征，一方面可以智能辨别学习者情绪，另一方面可提供智能化的引导服务。对学习行为数据进行分析，对出现的异常数据加以特别关注，例如某一时间段内无意义的频繁点击鼠标等，将其与学习者感知模型比对，以提供智能化的情绪支持。利用大数据中数据挖掘和学习分析技术，分析学习者的检索数据、浏览内容、学习关注点，可在一定程度上分析学习者需求。比如数学课程的学习者产生了“微积分”“线性代数”等多次检索的“标签云”，这就意味着该学习者可能需要数学方面相关课程支持。这种以大数据支持的智能性引导，能帮助学习者迅速找到所需资源。

2）学习资源的变革

学习资源主要包括课程资源和信息资源。课程资源承载着该课程的主要内容。信息资源包括与课程相关的拓展资源，以及动态生成性的学习资源等。在进行课程学习前，有课程概述、授课目标、预备知识、授课大纲、证书要求的课前导学知识介绍，这些信息帮助学习者根据需求和兴趣选择合适的课程；进入课程学习后，课程公告提醒学习者每周的课程及作业要求；讨论区供学习者进行课程讨论及资源创建；期中期末考试对学习者进行知识学习检验。

在大数据时代，远程开放教育学习资源的变迁主要体现在以下四个方面。

一是学习资源的形式变迁。从教材＋课件资源，向教材＋课件资源＋互联网资源转变；特别是学习资源的微型化，是开放远程学习资源建设面临的重要变革。随着机器学习、深度学习、视觉技术不断发展，不论学习资源的长度如何，原有的视频资源都可以通过视频分析技术，实现对视频进行切块、标记，分割成众多小资源以推送给不同需要的学习者。

二是学习资源的结构变迁。学习资源由单结构化向适应于学习者个体的跨媒介型、非结构化形式转变。

三是学习资源的生成变迁。学习资源由静态向个性化、动态生成变迁。比如，在智能化学习系统里，虽然不同学习者学习同样的知识，但系统给他们设定的学习路径、推送的学习资源往往并不一样。

四是学习资源的个性化推荐。在线学习平台学习资源丰富，但学习者也容易淹没在知识的海洋中，找不到学习目标，形成信息孤岛现象，造成此类现象的原因是学习资源和学习需求不匹配。大数据技术能根据学习者基本信息库和学习特征模型，对其进行学习分析，探析学习需求和学习风格，为其提供个性化的学习资源支持服务，满足学习者需求。

3）学习内容组织与实施的变革

为了实现教育教学目标，需要选择合适的教育教学内容，并加以科学组织，形成各种课程。以往的学习内容由教师组织与实施，具有结构化、固定化、超链接的特点，对所有学习者都呈现一样的教学内容和结构。进入大数据时代，学习内容将个性化推荐给学习者。大数据技术充分应用学习分析和数据分析，给予学习者建立画像与建模，把握学习者的个性特征，分析、判断学习者个性化的学习需求与习惯，为学习者匹配个性化的学习资源和内容，做到和学习者偏好和需求相吻合，以精准地推送个性化的学习内容给学习者。因此，每个学习者具有不一样的学习路径，学习内容和组织方式呈现出非结构化、精准化、个性化、动态化的特征。

4）学习绩效评价的变革

在传统教育的环境下，由于针对学习者的个性化和发展性评价的操作难度较大，因此对学习者进行学习绩效评价的主要形式是纸笔考试，而且一般只在课程教学结束后实施评价。这种评价方式的主要问题是偏重结果评价，忽略过程评价，偏重群体发展，忽视个体发展等。在大数据时代，新一代信息技术为实施个性化学习评价成为可能。评价的作用不仅是诊断学习过程和结果，更重要的在于帮助学习者建构知识、正视不足之处、提高学习能力和效果。在线平台中存储的学习行为数据是进行有效评价的基础。学习分析和数据挖掘等技术为教学干预提供了技术支撑，有助于实现过程评价的自动化。过程化数据是大数据分析的重要数据源，其生成了多维度的数据集，依托大数据分析平台，可实现教育大数据的解析与关联，并利用类似于 SparkSQL 工具完成过程化数据的计算与检索，通过对解析和关联结果进行选择、过滤、统计等，筛选数据价值，并进行可视化的数据输出。

大数据技术支持对学习者进行过程性评价和个性化评价，通过记录学习者的所有在线学习行为，包括学习路径、答题情况、考试评价、师生互动信息等，每个学习者都有个性化的学习行为数据，可实现对学习者学习行为做出精准的学习分析，达成学习者评价的个性化。目前一些研究机构已经推出应用产品，例如美国普渡大学的“课程信号灯”，通过采集和计算学习者的课程学习表现、学习努力程度、学习者特征等数据，实时预测学习者课程学习绩效，帮助学习者取得课程学习的成功。对学习者的学习过程进行全程评价，是与上面的全程跟踪学习者的学习状态相对应的，目的在于及时改进教学。从学习者开始课程学习起，智能学习系统无时不在对学习者的各项行为指标进行检测，不论是学习状态情况，还是注意力情况以及心理状况。通过实时监测，不断计算学习者的学习表现和学习目标之间是否存在差距。一旦学习表现低于学习目标，系统就会降低难度精准推送学习资料，如果学习者对智能学习系统的推送的学习资料表现出困难，则会推送可视化报告给教师，由教师制定个性化的辅导策略，开展线上和线下辅导。

5）管理决策的变革

随着各种在线管理平台的不断涌现，大数据对远程开放教育的变革作用不断凸显。大数据在提升学校管理质量和教学质量以及完善教育评价手段上具有独特的优势。通过大数据及云平台建设，优化信息系统架构，使数据获取更加完整、处理分析更加精准、信息反馈更加高效，有望改变“重管理、轻服务”的“以管理为主、用户感受为辅”管理模式，实现管理决策的“去行政化、去权利化、去一元化”。

（1）打通数据孤岛。所谓数据孤岛，就是各个业务部门各自存储数据，部门之间的数据无法共通，这导致这些数据像一个个孤岛一样缺乏关联性，如办公自动化系统、资产管理系统、教务管理系统、科研管理系统等各种应用系统之间相互孤立，无法较好地完成数据互联互通与共享，加上“重管理、轻服务，面向个性化服务缺少全局性考虑”的诸多“先天不足”，产生了跨部门或跨业务交叉办事困难、用户游离于数据产生与数据交换过程之外的种种问题，给管理带来很大难度。在大数据时代，这些数据孤岛有望打通，各业务部门的数据可以跨部门、跨层级、跨系统传输共享，保证了数据信息的高效精准传输。

（2）大数据重塑管理服务模式。在互联网、大数据等新技术蓬勃发展的时代，开放远程教育领域的管理服务流程与模式也正在发生变革，教育管理从“不可见”到“可视化”，通过可视化技术将实现更直观、更准确、更高效的教育资源与业务管理。智能校园餐饮设备、人脸识别应用系统、节约型校园节能监管平台等在开放大学等开放远程教育机构的应用，已不是什么罕见之事。通过设置全方位的传感器，对管理过程中的教与学活动、人员信息、资产设备等数据进行采集、汇总、挖掘与分析，并对数据分析结果进行可视化处理。根据各级各类管理部门的需求，建立自上而下的教育管理和调度指令发布功能。对管理部门所需的各方面信息与数据、资产设备、教学活动、企业运维服务管理数据等进行远程可视化质量监控与管理。通过对教育设备的智能化管控，实现设备的科学使用，降低能耗和管理负担，节约开支。此外,运用大数据和云计算功能来筛选有效数据,分析多元化复杂数据,搭建多层次分析模型,实现多元化数据之间的联动分析,厘清之前因数据冗余和数据缺失所引致的双向矛盾,减少数据的不确定性,提升智能化分析能力。

(3) 大数据助力科学决策。决策是人们为实现某一特定的目标,在占有一定的信息和经验(知识)的基础上,根据主客观条件的可能性,提出各种可行方案,采用一定的科学方法和手段,对解决问题的方案进行比较、分析和评价,并最终进行方案选择的全过程。从本质上来讲,决策通常是目标驱动的行为,是目标导向下的问题求解过程,该过程也广泛地被认为是人类的认知过程。大数据决策便是以大数据为主要驱动的决策方式。传统管理者往往是根据自己本身的经验做出决策,缺乏科学的数据支持。教育大数据给决策带来了极大的变革——教育决策从"经验化"到"科学化",数据驱动的决策将变得越来越可靠。随着技术的发展,教育大数据逐渐成为人们获取对事物和问题更深层次认知的决策资源。大数据可以对各级各类业务部门的人员信息、经费、运维服务管理等数据进行图表式的统计与分析,还可以基于各级各类业务部门长期的数据积累,整合社会人口分布、经济发展、地理环境等从各类跨行业操作级的应用系统中提取有用的数据,通过数据统计、指标展现、横向对比、趋势分析、钻取转换等技术方法将数据转化为知识,为科学决策提供数据支持。特别是人工智能技术与大数据的深度融合,通过汇总收集海量数据进行智能化分析研判,进而挖掘出数据间的关联关系,为复杂决策的建模和分析提供了强有力的工具。

总之,大数据给开放远程教育带来几个方面的重要转变:教与学过程从"非量化"到"可量化",教与学的行为信息将越来越精确地被记录下来;教育模式从"大众化"到"个性化",学习分析技术将赋予教师认识每个"真实"学习者的能力,实现因材施教;教育管理从"不可见"到"可视化",通过可视化技术将实现更直观、更准确、更高效的教育资源与业务管理;教育决策从"经验化"到"科学化",数据驱动的决策将变得越来越可靠。开放远程教育需要以大数据技术为发展契机,充分把握大数据技术给予开放远程教育带来的机遇,推进大数据在开放远程教育领域的有效、深入应用,促进开放远程教育科学高效地健康发展。

9.2 基于教育大数据的开放远程教育应用模式

教育大数据在开放远程教育中的应用的总体目标是发挥教育大数据的助推器作用,通过学习分析与数据挖掘两大数据关键技术在开放远程教育领域的深入应用,为学习者构建基于学习分析的开放在线学习环境,促进个性化学习、精准化教学、科学化管理、精准化评价以及个性化支持服务,从而支撑和引领开放远程教育的创新、改革与发展,实现开放远程教育改革、创新发展的愿景,最终实现学习者个人与社会的共同发展。多源异构的大数据进行采集、清洗、转化,加载到大数据平台后,转换成各类有用的信息。最终应用场景模型结合知识计算的能力，以及对大数据平台的数据进行机器学习的能力，形成开放远程教育的智慧大脑，提供面向开放远程教育的大数据智慧应用与服务。这些应用与服务主要体现开放学习平台、开放课程资源、个性化的学习支持服务，精准管理与决策支持。

图9-2所示为教育大数据在开放远程教育的应用模式。

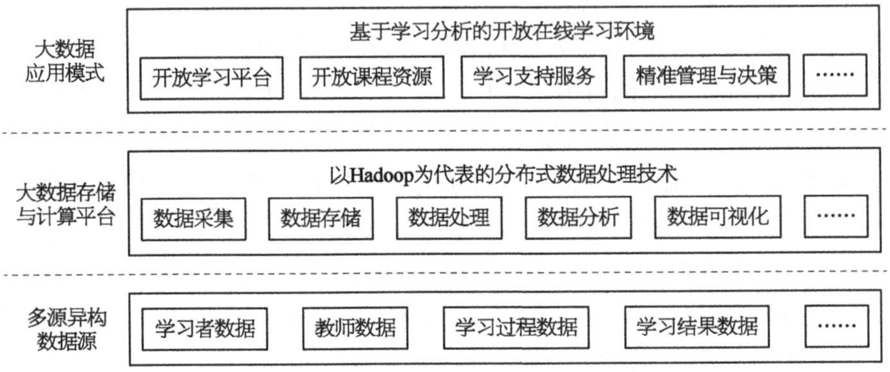

图9-2 教育大数据在开放远程教育的应用模式

9.2.1 构建全过程学习分析的开放学习平台

开放学习平台是开放课程资源和学习支持服务的主要承载。作为学习者获取开放课程资源和信息化学习支持服务的门户，开放在线学习平台的构建直接影响学习者的学习体验，是开放在线学习环境建设的主要环节，也是教育大数据在开放远程教育领域的重要应用之一。大数据技术可以记录学习者在使用教育资源和学习活动过程中的数据，使得数据驱动的个性化学习成为可能。随着时代的进步和技术的发展，开放学习平台不仅需要支持多种学习模式，同时也需要满足学习者多样化、个性化的学习需求，以适应多终端的发展趋势。

英国开放大学为学习者提供的开放在线学习平台——Open Learn，该平台的理念是开放获取和知识共享，主要为学习者提供在线学习资源和工具，以支持学习者管理已选择的学习资源并与其他学习者之间进行有效交互。Open Learn学习平台注重学习功能整合，基于Moodle平台将图书馆服务、电子评估、学习任务处理、电子缴费等功能都嵌入平台中，支持学习者快速访问，提升学习体验。此外，随着移动设备的普及，为Open Learn提供辅助支持服务的OU Anywhere移动学习平台也成了英国开放大学在线学习平台的重要组成部分。通过OU Anywhere应用程序，学习者可以从多种移动终端获取学习资源并进行下载，随时随地进行学习并与同学导师进行交流互动，全面实现开放学习的理念。为了提升平台用户体验，英国开放大学在Open Learn学习平台中，记录学习者的学习数据，采用数据分析的方式，对学习者在整个学习过程中发生的变化和学习过程中的活动进行处理和分析，以发现该学习者在学习过程中存在的问题，并且对平台的功能进行调整和改进，从而提升Open Learn平台的可用性，增强学习者的学习体验。

9.2.2 建立学习者体验支持下的开放学习资源

优质的开放学习资源是远程开放教育的核心内容。着力打造优质在线课程资源，加强优质资源建设、利用和共享，要打破传统学习资源设计的固有模式，结合学习者的个性化特点与需求，以丰富的媒体形式作为载体，设计学习活动多样、学习资源丰富、学习形式灵活的开放学习资源，满足不同学习者的需要，激发学习者的学习热情和主动性。加强课程资源的评估和可重用性，从学习者的参与情况反思开放学习资源内容和形式的建设。借助学习者学习的效果反馈，对课程资源进行不断的完善和更新，打造基于学习评估的在线课程设计，从而为在线学习者提供良好的在线学习体验，通过优质开放学习资源提升我国开放远程教育的核心竞争力和生命力。

英国开放大学的开放学习资源建设体现了信息技术与教育教学的融合，通过多样化的信息技术手段为学生和教师提供一站式的服务和个性化的体验，经验值得我们借鉴。该校依据严格的课程开发方式，建立了丰富的、高质量的多媒体课程资源，以呈现教学内容、教学要求、学习指导、作业安排、考试说明、面授辅导时间地点、实验材料以及教学包的使用方法等。除此之外，英国开放大学还为全校的师生员工提供了丰富的数字化学习资源服务，包括多媒体教学包、电子图书馆数据库、Open Learn 网站资源、Youtube 上的资源，以及 Facebook 和 Twitter 上的各类优质开放学习资源。学习者可以通过电子图书馆、Open Learn 网站等学习课程，亲身享受其学习支持服务。为了给每位学习者提供完备的学习体验，确保课程的高质量并达到教育目的，英国开放大学对于学习资源的用户体验评估非常重视。开放学习资源的评估涵盖了学习者在线学习的全过程，包括课程阶段的设计、发展以及最终的评价，学校通过收集学习网站上学习者的使用体验数据，根据学习者的反馈数据评测学习资源的学习效果和测试结果，从而为学生提供用户友好的开放学习资源。除了关注学习者的体验数据之外，英国开放大学课程开发团队还会根据学习平台中收集的学习行为数据进行学习分析，通过客观的学习数据调整课程教学环节和内容的设置，并结合学习体验的评估结果，对在线课程进行不断调整和改进。

9.2.3 提供数据分析支持下的学习支持服务

开放远程教育是以学习者的自主学习为主，所以不仅要为学习者提供支持多种学习模式的开放学习平台和个性化的开放学习资源，也要充分融入学习支持服务为学习者提供个性化的学习支持服务。大数据将数据采集工作全方位地融入学习者的学习过程中，可以从学生学习、行为、社交等各类数据中发现其知识水平、学习风格、兴趣偏好、资源需求等，构建学习画像，把学生画像的必备要素条理化、标准化、结构化、动态化，并在此基础上，通过个性化推荐等，为学生提供针对性的个性化学习指导或预警干预，以更好地适应学习者的学习需求，促进学习者个性化学习的实现。

一个个性化的学习支持服务体系,首先需要有一个功能丰富、健全,能够满足学习者各阶段多样化学习需求的学习支持系统作为支持,才能满足其他支持环节的正常响应和反馈。在英国开放大学的学习支持服务体系中,VOICE 系统是其使用的主要工具。VIOCE 系统能管理到每一个学生,并记录学习者的问询数据。借助该系统,开放大学相关负责机构每年需要处理约 40 万次的问询,并向学习者个人提供预先准备的指南以支持学习选择、处理很多非学术性的问题。通过对学习者问询数据的统计分析,系统可以将大量问询的内容在提供的指南中进行更新,并设置相关支持,主动发起面向学生的干预,并向学习者提供广泛的应答服务,以帮助每一个学习者达到学习目标。从某种程度上讲,个性化的学习支持系统是英国开放大学所有信息化支持服务正常运作的根本保障,其核心是基于学习者问询数据提供个性化的支持服务。同时,英国开放大学学习平台中还为学习者设置了专门的"帮助中心"模块。集成的帮助中心可以为学习者提供所有的支持帮助,如如何开展学习、学习过程中的注意事项、计算机技术帮助、考试评估帮助、联系信息等。

为学习者建立画像,也是提供学习支持服务的关键一环。肖君等提出了基于学习分析的一般流程,构建了基于 xAPI 的在线学习者画像框架(图 9-3),包括画像目标、数据收集、画像建模、画像应用与评价五个阶段。基于 xAPI 的在线学习者画像模型是整个框架的核心包含了与学习者相关的知识、技能和态度等多种特征。通过学习者画像模型可以了解学习者的已有知识水平以及学习过程中的知识理解程度,对学习者的学习过程进行客观、全面的评价。在相同的学习条件下,画像模型越完整,对学习者的刻画就越全面,就越容易发现学习者的学习特征,并针对学习者的学习特征为学习者提供个性化的学习支持服务。

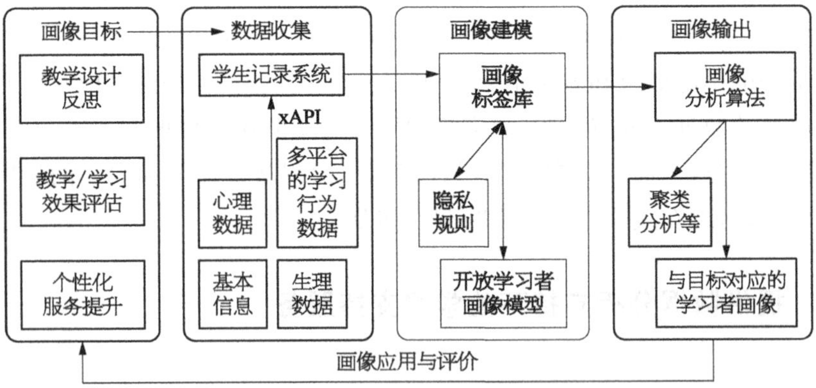

图 9-3 在线学习者画像模型

为学习者提供个性化的学习干预,也是提供学习支持服务不可或缺的内容。李彤彤等构建了基于教育大数据的学习干预模型(图 9-4),以干预引擎为中心,以发现学习者的学习困难、提升学习者的学习效果为目标,包括学习者学习状态识别、干预策略匹配计算、干预策略实施、干预效果分析四个循环的环节。干预引擎是模型的核心,起着关键的调控作用,它监控着每一环节的实施状态,并适时对干预过程进行调整,以保证干预朝着有效的目标进行。对学习者学习状态的准确识别和判断，是干预策略选择和实施的起点和关键环节。学习者状态识别是指基于教育大数据来获取学习者的状态信息，识别出学习者学习状态的关键特征，从而定位学习者的学习阶段，判断学习者的学习状况。干预策略匹配计算是指依据学习者学习状态的关键特征，从干预策略库中筛选相关的干预策略，并与学习者学习状态的关键特征进行匹配计算，得出匹配度较高的最佳干预策略。匹配合适的干预策略是干预实施效果的重要保障，干预策略匹配计算又依赖于存储的干预策略，因此，学习干预模型构建的关键是设计干预策略库与匹配机制。干预策略实施是指根据最佳干预策略，以恰当的干预方式，将合适的干预内容推送给学习者。干预效果分析主要是判断已实施干预策略的效果，及时发现学习者新的学习状态以备选择并实施新一轮的干预，依次循环往复。

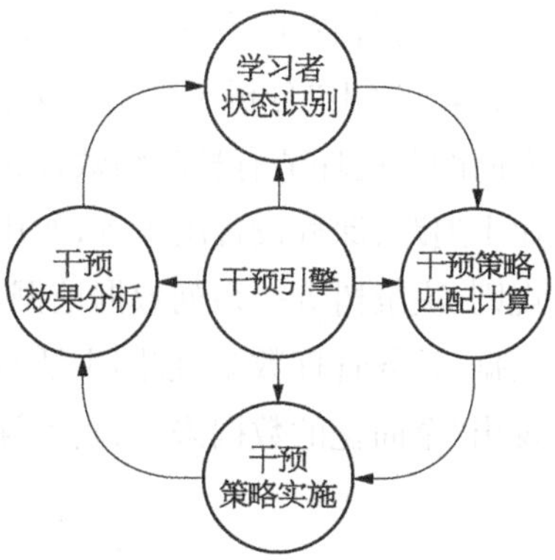

图 9-4 基于教育大数据的学习干预模型

9.2.4 支持数据驱动的精准管理与决策

要充分发挥教育大数据的价值，关键在于应用。为教育决策提供支持服务、构建科学规范的治理体系、推动教育现代化，是当前紧迫且必要的应用领域。在开放远程教育领域，教育大数据支持数据驱动的精准管理，旨在利用虚拟化、云计算、人工智能、数据挖掘等技术，依托数据共享平台，将各类过程化、结果化的数据，通过采集、清洗、分析、存储等流程，加以高效组织与科学化管理，使其被最大化的挖掘与利用，最大限度释放数据红利，通过数据应用为导向开展数据治理可以有效降低数据治理的难度和风险，以至于更好地提升开放远程教育机构的管理、服务等方面的能力。比如，在开放远程教育领域，对学习者学习过程的管理。学习者的学习过程主要包括学习内容选择(课程资源或专业)、就读学校或机构选择、注册缴费、参加学习活动、自主学习、学习效果考核与评价、成果获取(如获得毕业或课程证书)等，在线学习过程管理中应用教育大数据思维和技术，跟踪学习者学习过程和学习行为，跟踪教学活动与学习者参与状况，进行教学质量监控，对学习效果、教学效果、资源适用度等进行评估预测，具有积极的现实意义。

教育大数据还无法替代人类完成决策，更多的是为决策提供支持。基于统计数据的教育决策支持服务平台，可以提供宏观决策服务，通过对历史统计数据的分析，形成教育发展状况各方面的趋势分析，为决策提供数据理论依据；可以提供教育动态监管、预警服务；根据教育大数据实时变化情况，多平台、多时相、多波段和多源数据实时掌控教育动态，提供全程监管、预警服务；可以提供教育个体综合评价、教育管理、教学质量评价服务；通过教育大数据挖掘产生的知识与信息，传递给知识库管理系统，使系统智能化、知识化，实现对教育规律、决策规律以及模型、方法、数据等方面知识的存储和管理，进而对教育个体、教育管理、教学质量进行评价。

王博等提出了基于教育大数据的决策支持过程模型(图9-5),与数据挖掘的一般过程拟合,主要由"分析工作流""方法与工具流""数据与信息流"三部分构成。在"分析工作流"方面的关键环节有教师绩效评价、人才引进决策、招生决策、就业预测、职业规划、辍学分析、毕业生追踪、课程设置决策等;所用到的"方法与工具流"包括统计分析与可视化、相关分析、关联规则、决策树等一系列数据挖掘方法;所用到的"数据与信息流"将主要有课堂教学与在线教学数据、教务管理数据、校园生活数据、教职员工数据、后勤管理数据等;这一决策支持模式将体现出"全面化的数据采集、高效深度的数据分析、可视化的结果呈现"等特点。

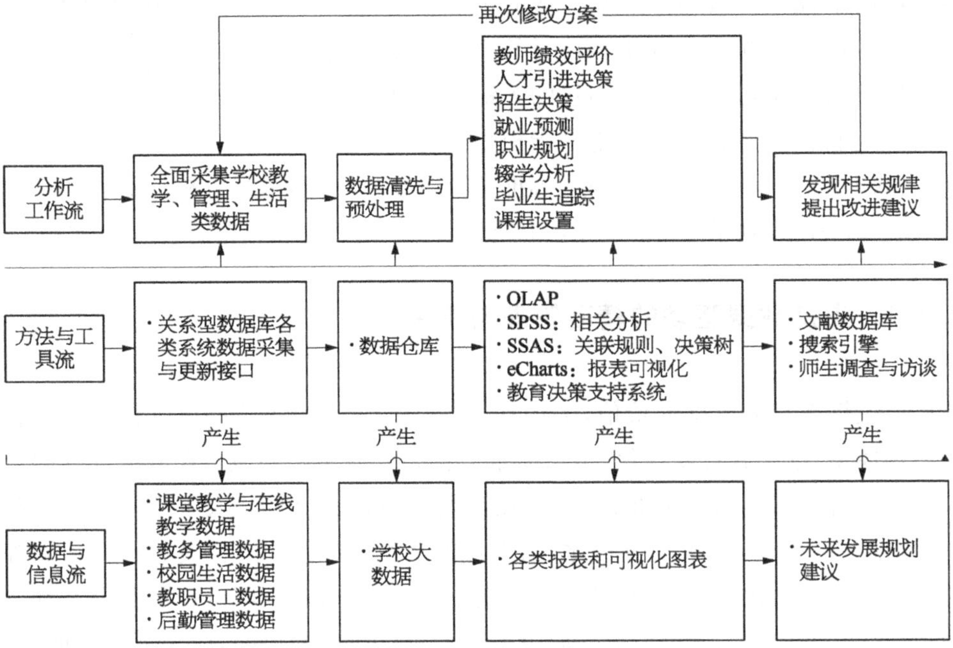

图9-5 基于教育大数据的决策支持过程

9.3 案例1:上海开放大学个性化学习支持系统大数据应用

9.3.1 个性化学习支持系统设计目标

根据创建一流开放大学的发展目标,上海开放大学按照"统筹规划,需求驱动,数据共享,创新引领,持续发展"的指导思想制定并公布了《上海开放大学智慧校园建设三年行动计划》,明确提出通过"建设个性化智能化的在线学习服务环境"与"建设体验友好的智慧学习中心"打造集招生录取、教、学、习、考、管和支持服务为一体的全学习周期综合服务平台——个性化学习支持系统,灵活支持混合式教学和全网教学等各种学习模式。

（1）学习目标分析。上海开放大学已经建立了一套通用的线性学习模式，所有的学习者都按相同的学习步骤来学习同样的课程内容；但是面对的各类成人学习者在学习基础、努力程度、个人期望等各方面存在较大的差异性，个性化上有所缺失，存在较大的自适应学习的需求。

上海开放大学个性化学习支持系统旨在建设一个个性化智能化的在线学习服务环境，通过对学习者的特征分析，建立学习者模型，实现学习预警、学习检测、学习评价、学习补救等功能，帮助学习者实现学习的个性化、智能化。

（2）拟解决问题。为了实现个性化智能化在线学习服务这个目标，上海开放大学通过收集和分析课程平台的数据，解决以下几个问题：

① 如何判断学习者知识点掌握程度？

② 对学习者施以何种内容进行学习补救？

③ 如何确定需要进行警示的学习内容和需要提醒的学习任务？

④ 采取何种可视化展示形式？

9.3.2 系统框架设计

传统的在线教育采用线性学习模式，迫使所有的学习者都按相同的学习步骤来学习同样的课程内容。自2018年起，开放大学在已有的在线学习平台基础上，通过技术手段检测学习者的学习风格和学习状态，以学习者画像为基础，开展了个性化学习支持系统的建设工作。

个性化学习支持系统（图9-6）通过对学习者的特征分析（态度特征、行为特征和学习结果），建立学习者模型；通过技术手段采集学生基本信息、学习行为数据、风格数据、成绩

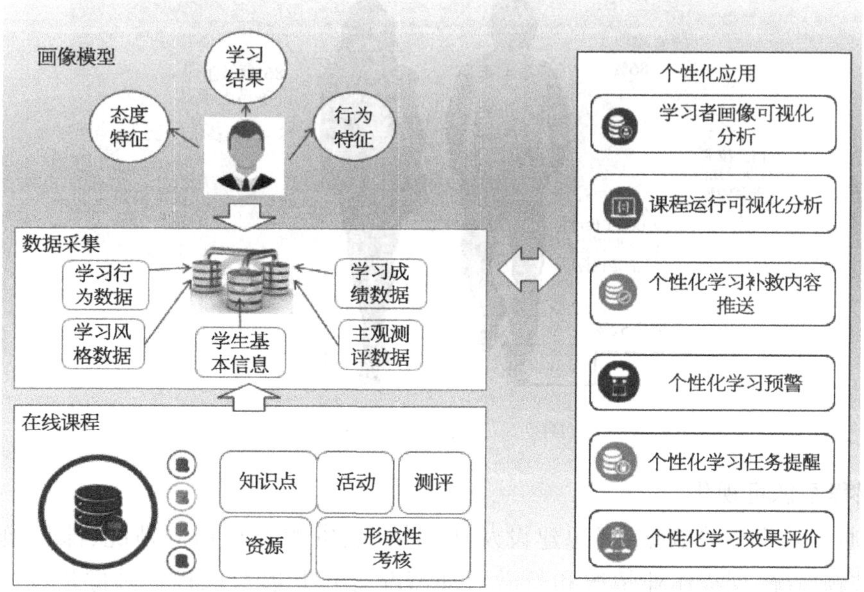

图9-6 个性化学习支持系统框架

数据、主观评测数据，结合在线课程库中的课程应用数据(包括知识点、资源、活动、评测和形成性考核等)，从而检测学习者的学习风格和学习状态，进而相应地调整课程学习进程和学习内容呈现形式，为学习者提供课程运行可视化分析，以及符合其个人特征的学习者画像可视化分析，帮助学习者实现差异化的学习，为其提供个性化的学习补救内容推送、学习预警、学习任务提醒等智能个性化学习服务。

9.3.3 系统可视化应用场景

1) 学习者画像可视化

系统基于学习者的基本信息、学习风格、学习兴趣、学习偏好、学习习惯，构建学习者画像，描述学习者多维度特征，从而帮助学习者实现差异化学习，使学习者获得更好、更有效的学习体验，系统从学习态度特征、学习行为特征和学习结果三方面建立画像模型。

本系统中的学习风格评测通过 46 道题目(包括年龄、学历、性别、专业以及学习资源的喜好等)，从时间管理能力、解决问题能力、计算机能力、认知能力和策略、自我效能感、行为投入、情感投入、内在学习动机和外在学习动机等维度对学习者数据进行收集，取样 1 837 个学生数据，形成如图 9-7 所示的学习者风格画像。

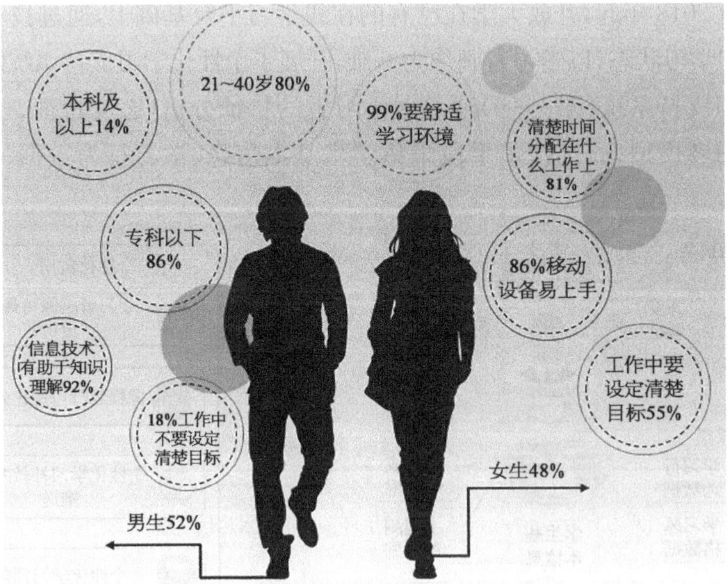

图 9-7 学习者风格画像

2) 课程画像可视化

系统通过采集相关数据(资源建设及访问情况、资源类型访问情况、课程模块访问情况、课程试题情况、课程作业情况和教学活动情况等)，开展对课程的画像建设。通过学习者对课程中的资源的主客观评价，为各课程中资源的应用数据分析提供基础。

课程评价中提供21道题，从课程设计、教学实施、师生交流与互动、课程资源、学习成果、课程难度与速度、学生建议等方面进行调查，进而了解同学们对课程的教学建议，为课程应用数据分析提供基础。

图9-8为课程评价的页面。

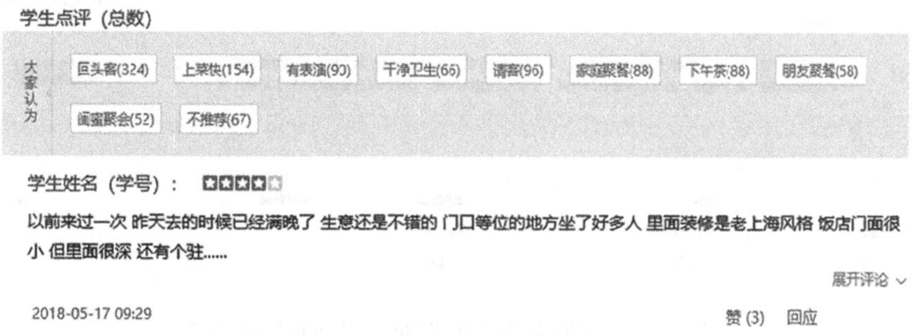

图9-8 资源标签、打星级、评论

3）个性化学习补救内容推送可视化

系统通过建立以大数据为基础的基于知识点的学习过程，为学习者提供个性化学习补救内容推送。平台围绕课程知识点梳理知识点模型，为教师提供课程设计工具和方法，方便教师在线构建知识点模型；同时提供工具，方便将知识点关联到课程资源、章节、题库\卷库等方方面面，整个课程教学设计都围绕知识点模型进行。

截至2018年底，已有9门课程试点初步建立课程知识点，将知识点与课程资源、测试进行匹配，建立以大数据为基础的知识点学习过程："知识点介绍解释→个性化学习推荐→学习效果测评"，结合学习者个人特征和学习进度，个性化推荐给学习者，帮助学习者对知识点的掌握程度有更客观的认识。图9-9、图9-10所示为关联知识点的资源学习/作业学

图9-9 关联知识点的资源学习同步试题推荐

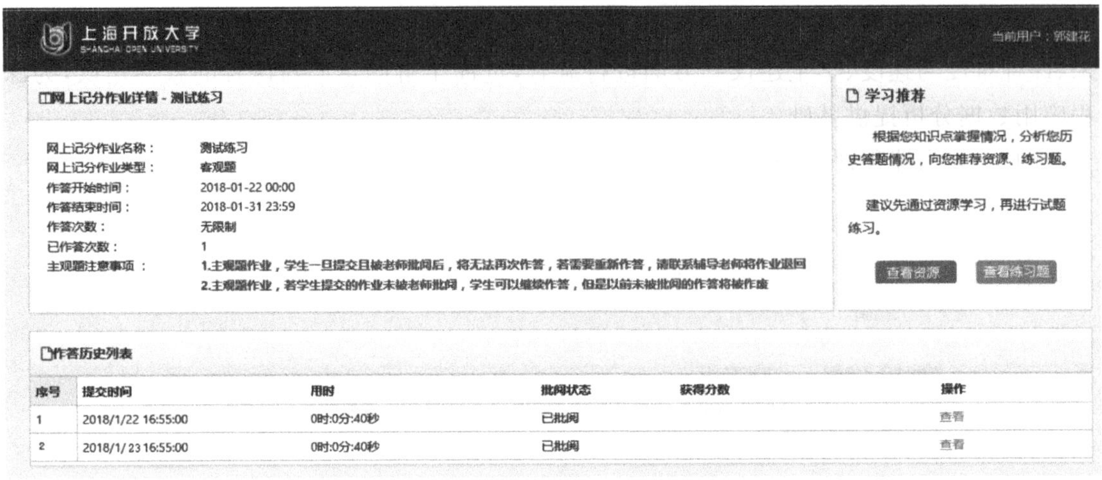

图9-10　关联知识点的作业学习同步资源推荐

习同步推荐。

在完善的课程网状结构知识点模型(图9-11)的基础上,提供可视化学习服务;学生能够通过知识点模型方便地了解整个课程的知识结构和学生目前的学习进度和状态。

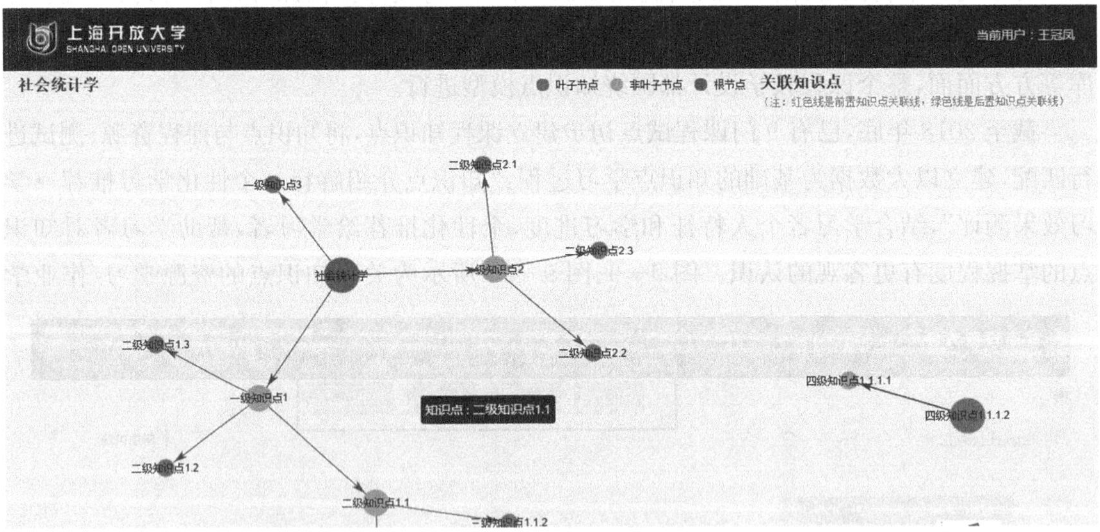

图9-11　课程知识点树整体展示

4）个性化学习预警可视化

个性化学习预警是汇总和分析学习者的各类学习情况,建立个性化学习预警机制,根据预警机制,建立干预等级及干预措施,形成干预体系,该模块主要为辅导教师和辅导员提供了一种简单的方法来发现、识别、警示课程中存在学习风险的学习者。结合上海开放大学个性化在线学习环境的内容和特点,本系统的风险预警主要涉及"截止日期预警""成绩预警""活动预警""访问预警"四个维度。

① 截止日期预警：对超过截止日期仍未提交作业（网上记分作业、书面作业）或参与活动（阶段性测验、课程实践、小组活动）的学习者进行预警。

② 成绩预警：对一段时间内作业成绩（网上记分作业、书面作业）或活动成绩（阶段性测验、课程实践、小组活动）低于课程平均成绩的学习者进行预警。

③ 活动预警：对一段时间内活动参与度较低的学习者进行预警。

④ 访问预警：对最近一段时间内没有访问课程的学习者进行预警。

学习预警分为三个等级（灰色、红色、绿色），预警程度由低到高，平台对学生的实际情况进行综合审核，发出不同等级的预警信息。对存在风险的学生，教师可以查看其详细的风险因素，可以通过发短信或邮件进行提醒和警示，还可以将其设置为需要"监视"的学生，待其变现良好后取消"监视"。学习预警规则如表9-1所示。

表9-1　学习预警规则

规　则	灰	红	绿
记分作业	未答题	答题，成绩<60	答题，成绩≥60
教学活动	未开始	未参与	已参与
学习进度	学习进度偏差(~，-20%]	学习进度偏差(-20%，0%)	学习进度偏差[0%，~)
学习时长	学习时长偏差(~，-50%]	学习时长偏差(-50%，0%)	学习时长偏差[0%，~)

9.3.4　系统应用效果

上海开放大学个性化学习支持系统每学期平均在700余门课程中使用，服务于7万多名学习者，截至2018年底，已有5 395名学习者对7 911份课程资源进行139 554次资源评价，累计发送提醒信息47万条次。根据学习者线上学习行为分析，其在线学习活动主要集中在"在线学习课程资源22%""在线作业20%""查找学习信息18%""微信学习13%"和"在线课程直播12%"。

除此之外，平台已收到5 528份课程评价的问卷，涵盖440门课程，从课程设计、教学实施、师生交流与互动、课程资源、学习成果五个维度统计学习者满意度，结果显示学习者对课程的各维度均较为满意，基本达到88%。

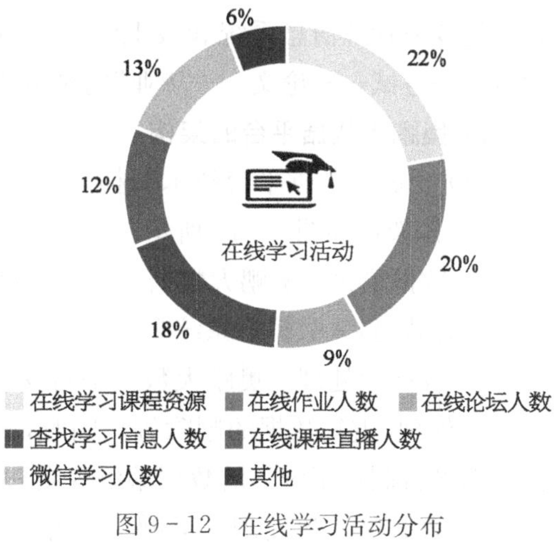

图9-12　在线学习活动分布

9.4 案例2：奥鹏远程教育公共服务体系大数据应用

北京奥鹏远程教育中心有限公司（简称奥鹏教育），是由教育部高等教育司2001年12月批准立项试点，2005年4月正式批准运营的远程教育公共服务体系，也是教育部门批准成立的远程教育内容服务运营机构。

奥鹏教育在现代远程学历教育业务稳步向前发展的同时积极研究国家教育政策、关注行业发展动态，分析互联网时代继续教育学习者学习需求，通过边研究，边探索，边实践，边总结的方式，形成了“互联网＋”时期高校继续教育信息化建设一体化解决方案。奥鹏教育广泛与各类远程教育办学机构建立多形式、多层面的合作，为求学者提供更多和更好的选择，为推动我国继续教育行业发展做出实质性贡献。

1）奥鹏教育的数据优势

作为远程教育公共服务体系，奥鹏教育在数据上具有得天独厚的优势。

（1）数据体量大。奥鹏教育累计服务网络学历学生达300余万，在读生超过100万，每日登录学习平台的学生数超过10万，产生了大量的数据可供分析和挖掘。

（2）数据覆盖广。奥鹏教育与近50所试点网校建立了合作，覆盖9大类400多个专业，在全国31省建立了1 800多家学习中心。无论是在专业上还是在学员分布上，都拥有广阔的覆盖面。

（3）数据类型多。奥鹏教育大数据目前的数据源有学生基本数据、教务管理数据、教学过程数据、学习支持服务数据、学生学习行为数据、教学资源数据等，基本覆盖了教育大数据的各个类型。

（4）数据完整度高。教育大数据一个普遍的问题是数据的碎片化，而奥鹏教育建立了先进的教务管理信息系统和线上学习平台，实现了对学生从“报名——录取——选课——学习——考试——论文——毕业”的全流程的数据化信息化管理，数据完整度高。

2）奥鹏大数据平台的架构

（1）奥鹏大数据平台技术架构。奥鹏大数据平台采用最先进的分布式大数据处理架构，其整体架构如图9-13所示。

① 数据采集。奥鹏大数据平台支持日志采集、文件采集、数据库采集、实时流数据采集等采集方式，接入数据源系统多达20个以上。

② 数据预处理。奥鹏大数据平台支持多种数据清洗处理，包括缺失数据、异常数据的检测与处理，重复数据的删除等。同时，由于数据来源不同，源数据编码也千差万别，奥鹏大数据平台制定了统一的数据编码规则和粒度要求，保证数据一致可用性。

③ 数据存储和处理。奥鹏大数据平台建立了基于分布式大数据技术的Hadoop＋

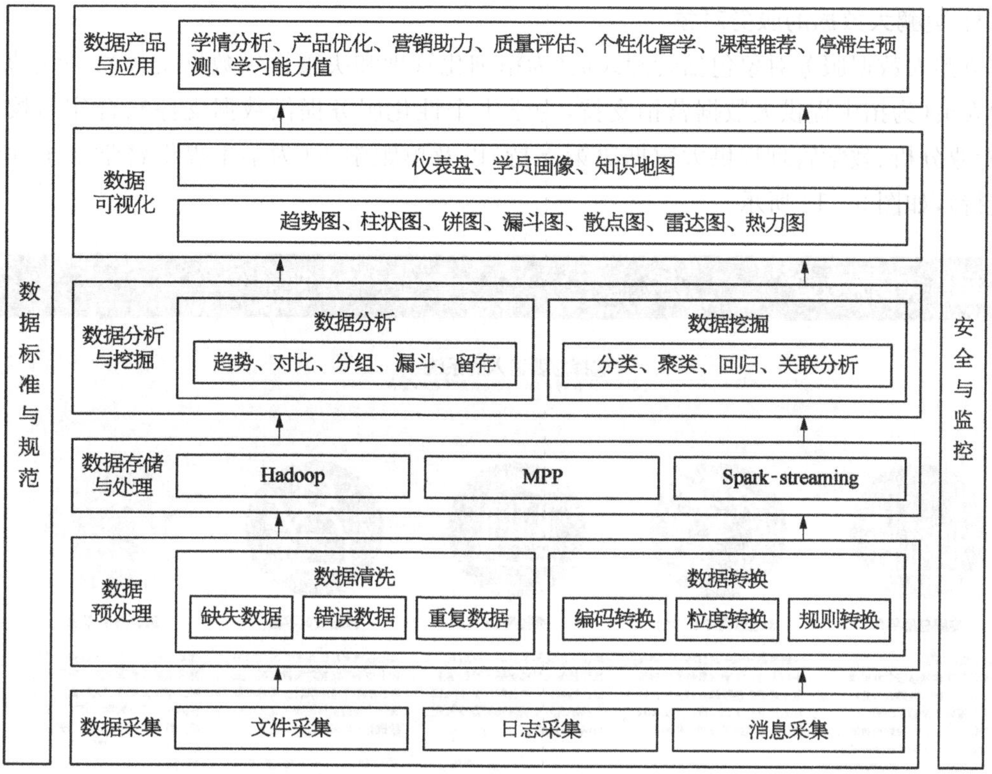

图9-13　奥鹏教育大数据平台整体架构

MPP+Spark Streaming 三集群架构：Hadoop 集群负责存储和处理学生行为日志等日志类数据，并将处理完成之后的结构化数据导入至 MPP 集群；MPP 集群将 Hadoop 处理后的行为数据与从业务数据库采集的数据进行融合，构建数据仓库和主题集市，是离线分析的核心；为满足形成性考核和考试分析等对实时计算的业务需求，又搭建了基于 Spark Streaming 的实时流分析集群。

④ 数据分析和挖掘。奥鹏大数据平台自带多种机器学习算法库，技术人员可根据业务的具体需要，调用算法库中算法完成所需的数据分析和数据挖掘。

⑤ 数据可视化。奥鹏大数据平台搭建了基于 E-chart 和 Tableau 的数据可视化系统，方便快捷的展示数据分析和挖掘的结果。

(2) 奥鹏大数据平台的数据架构。奥鹏大数据平台的数据架构充分应用了数据仓库中维度建模的思想，在原始数据基础上，构建了以数据主题集市为核心的数据平台，能够满足80%的日常数据分析和挖掘需求，极大地提升了分析和应用数据的效率。

奥鹏大数据的数据源有：学生基本数据、教务管理数据、学习行为数据、支持服务数据、教学资源数据等。

奥鹏大数据构建的数据主题集市有：招生分析主题、学习服务主题、督学服务主题、运营管理主题、质量评估主题、学生画像主题、资源管理主题、知识地图主题等。

3）奥鹏大数据的服务对象

奥鹏大数据服务对象包括管理人员（为精细化管理和决策提供数据支撑）、一线营销及运营人员（为招生提供大数据营销支持，为学生个性化服务提供数据支撑）、合作高校老师（为专业分析、教学管理提供大数据决策支持）以及奥鹏学生（为学生提供督学及个性化学习支持），如图 9-14 所示。

图 9-14 奥鹏教育大数据服务对象

奥鹏大数据现已对上述 5 类用户提供多达上千张数据分析报表、几十种数据挖掘模型和十几种数据产品，受到用户的广泛好评。以下选取几个典型的大数据应用做详细介绍。

9.4.1 奥鹏大数据典型应用 1——高校管理者仪表盘

（1）背景和思路。仪表盘是一种典型的大数据应用，它将关键数据展示到一个页面中，通常以大屏幕来进行展示，方便管理者和运营者监控和分析数据变化及走向。

一般高校管理者工作较多，时间有限，无法对数据进行面面俱到的细化分析，因此，将关键数据提取出来并展示，可以帮助管理者在宏观上把控教学质量和教学进度，发现数据异常时可以及时要求相关工作人员进行细化研究与分析。

（2）产品设计。经过与奥鹏合作的高校管理者沟通，梳理出“在读生基本信息”“学生上网率”“学习时长”等为最关注指标及走势进行展示，同时与奥鹏服务的各高校整体数据进行对比。

（3）应用场景。高校管理者仪表盘主要通过页面方式进行展示，方便使用者随时关注数据，如图 9-15、图 9-16 所示。

图 9-15　高校管理者仪表盘——关键数据展示

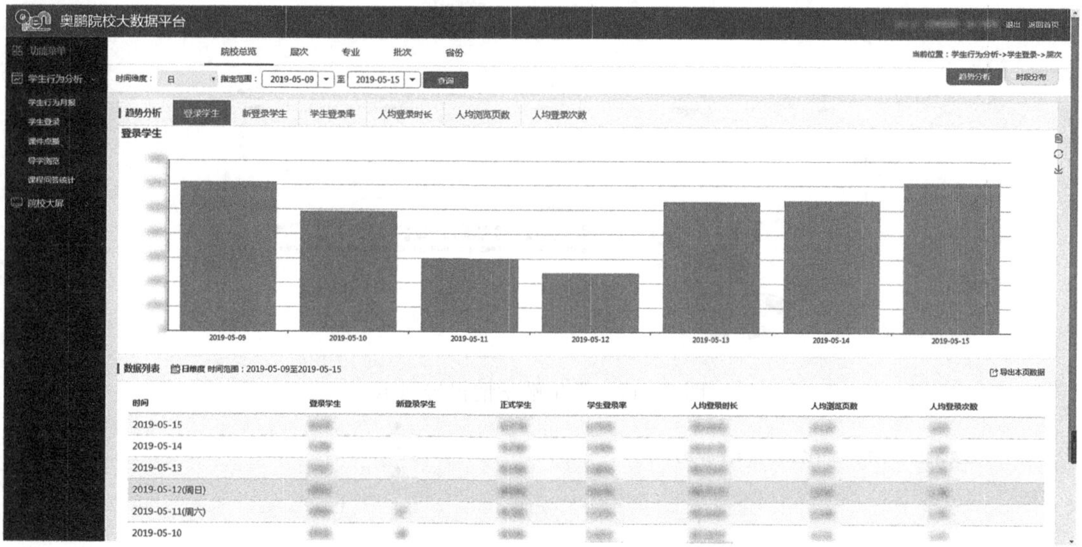

图 9-16　高校管理者仪表盘——数据趋势分析

（4）应用效果。高校管理者仪表盘上线后，受到使用人员的高度认可，很多领导每天上班第一件事就是打开仪表盘页面查看数据，成为其管理的重要抓手。

9.4.2　奥鹏大数据典型应用 2——智慧学情报告

（1）背景和思路。实现个性化智慧教学是教育大数据最重要的应用场景之一，但需基于两个基础条件：基于知识点的课程资源设计（打上知识点标签的课件、视频、试题等）及学生知识点粒度的行为采集。

奥鹏教育资源中心从 2018 年起，在自建与高校共建的课程中，落地实现了上述两个要求，因此对这些课程的学习者和教师，可以实现知识点级的学情分析，大大推进了教育大数据的应用深度，为未来智能化、个性化的教学打下了坚实基础。

（2）产品设计。奥鹏智慧教学一期产品的核心即为智慧学情报告，其是在学习过程中的关键节点（例如入学测试后、章节完成后、作业完成后、期末考试前），为学生和教师自动生成知识点级的智能学情报告，帮助学生和教师分析阶段性学习成果及不足，并进一步分析原因和制订后期改进方案。

（3）应用场景。学生及教师智慧学情报告分别在学生学习平台及教师管理平台进行展示，如图 9－17～图 9－19 所示。

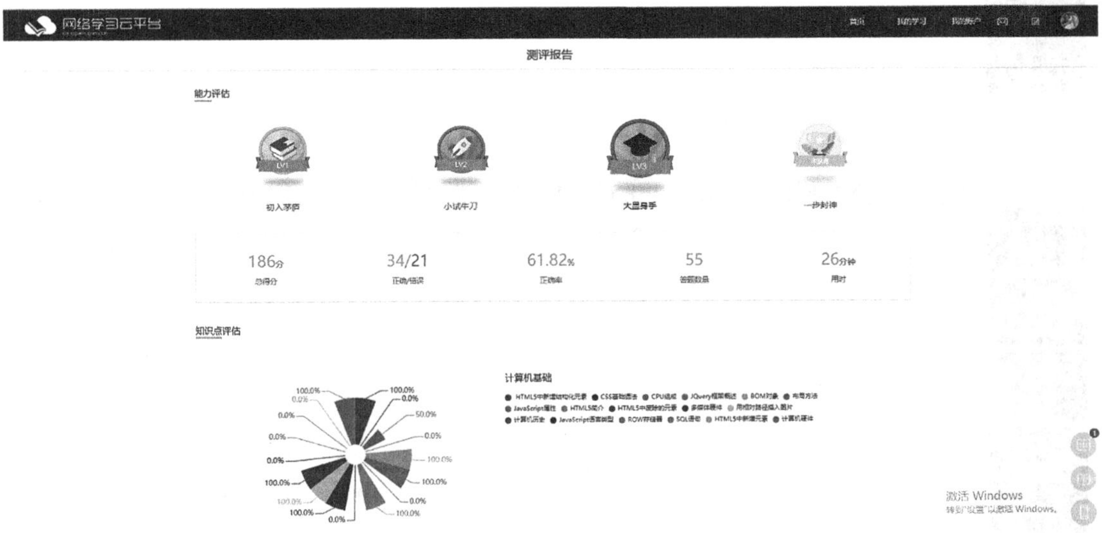

图 9－17　学生端学情报告展示

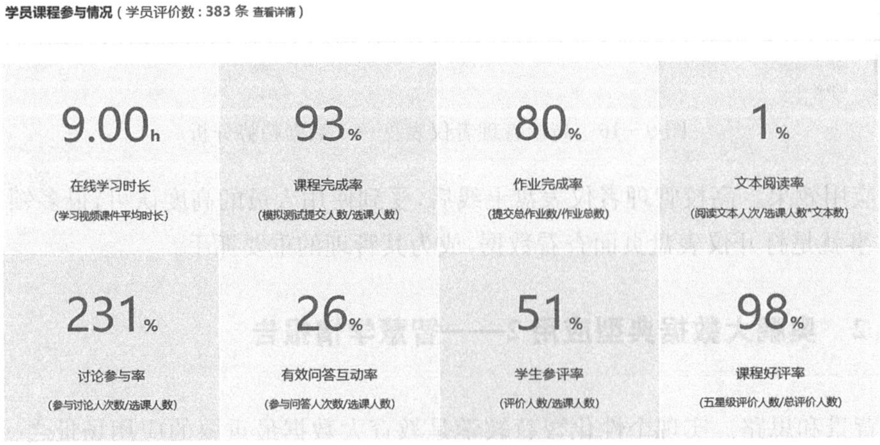

图 9－18　教师端学情报告展示 1

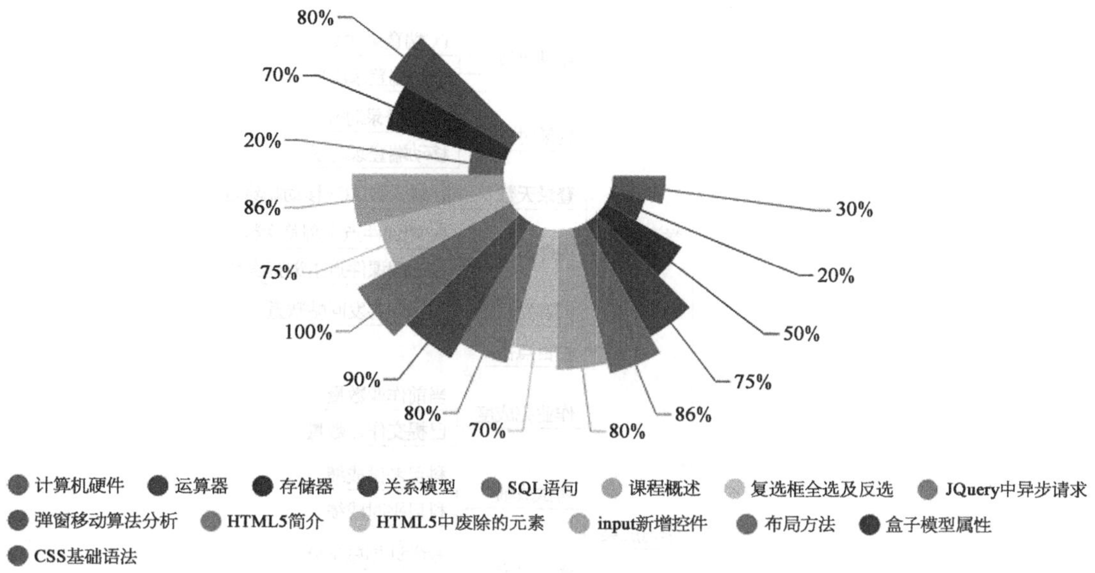

图 9-19　教师端学情报告展示 2

(4) 应用效果。该应用上线后得到学生和老师的好评，尤其是在教师端，能帮助老师分析所负责学生的整体情况，并可以细化到每个学生每个知识点学习情况，大大提升了教师的教学质量，初步实现了个性化的辅导教学。

9.4.3　奥鹏大数据典型应用 3——学习能力值模型

(1) 背景和思路。为挖掘现有奥鹏学生数据的潜在价值，有效评估学生的在线学习能力，奥鹏教育大数据团队运用模糊理论、感知计算、机器学习、统计学习等前沿分析算法，根据奥鹏目前掌握的数据资源，参考了金融行业的征信分数（如芝麻信用分），对奥鹏教育学习者进行综合建模，并用 Python 语言实现，以方便公司洞察学员的综合能力情况，调整出更适切的教育服务质量。

(2) 算法原理。学习能力值由六部分构成，包括学习行为（学习积极度）、学习成果、学习诚信、消费习惯、基础信息，每部分都由几项具体数据计算得出，其具体指标构成如图 9-20 所示。

评估模型的核心是设置各项指标的权重和计算方法，该模型使用了模糊理论、AHP、感知计算、线性回归、相关性分析等算法来，由于涉及商业机密，具体细节在这里不再详细描述。

(3) 应用场景。学生能力值模型有两大具体应用场景：一是在学生学习平台首页展示，吸引学生关注并督促学习；二是将在学习中心大数据平台上展示该学习中心学习积极度的情况，促使学习中心加强对学生的学习支持服务。

学生学习平台的展示如图 9-21～图 9-23 所示；学习中心平台的展示如图 9-24、图 9-25 所示。

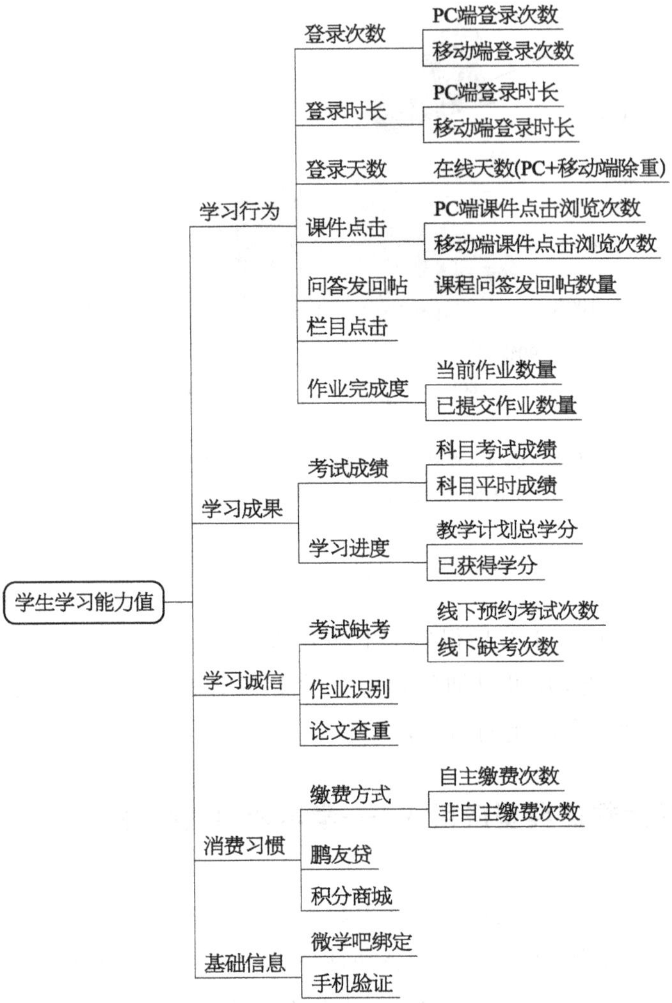

图 9-20 学生学习能力值模型指标构成

图 9-21 学习能力值学生端展示 1

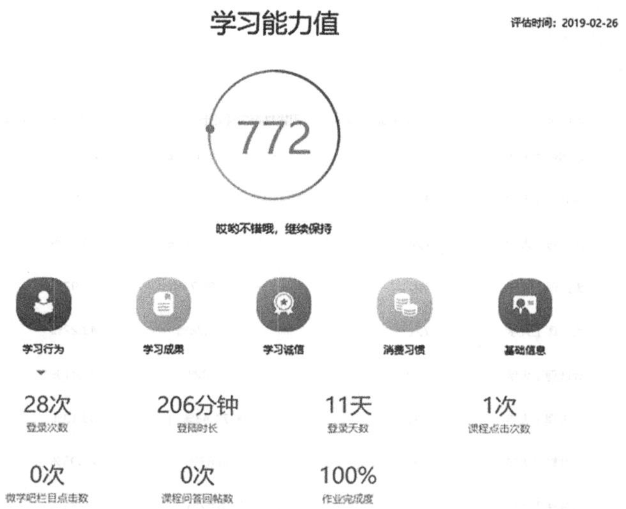

图 9－22 学习能力值学生端展示 2

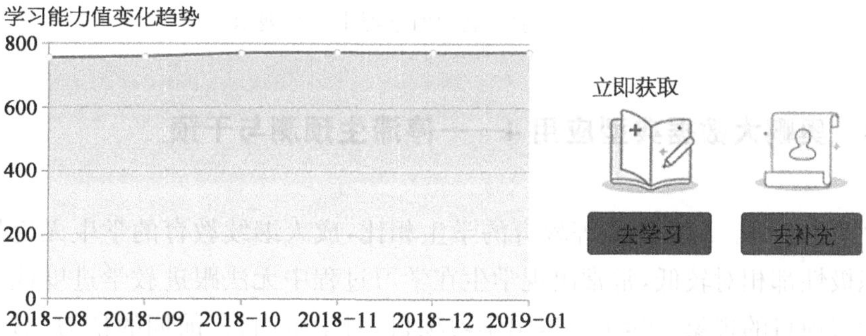

图 9－23 学习能力值学生端展示 3

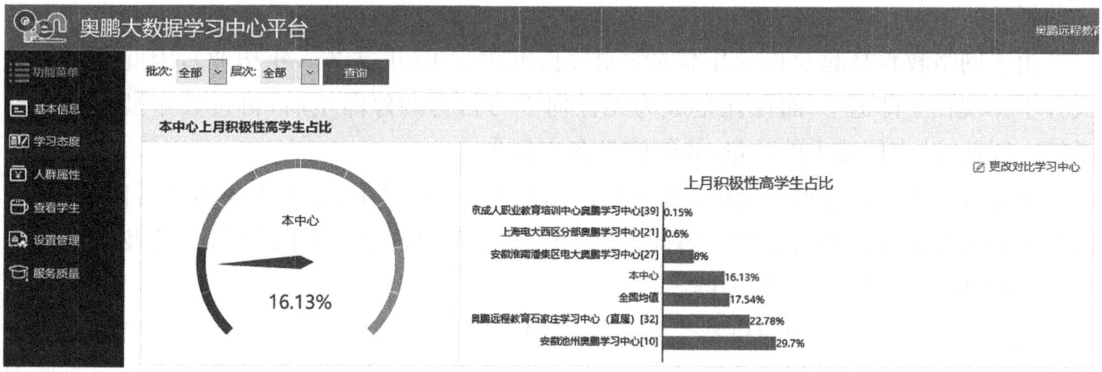

图 9－24 学习能力值学习中心端展示 1

（4）应用效果。该模型上线后获得较好的反响和较高的评价，学生为了获取更高的分数，提升自己的排名，加大了学习力度，而学习中心在督学服务时也有据可依，重点关注那些学习积极度较低的同学，经过对比分析，模型上线后，大约提升 15％的学习平台登录次数和上网时长。

学习态度排名 | 高校排名 | 专业排名 | 数据趋势

本学习中心各专业学习态度积极性排名 导出数据

TOP	专业	所属院校	积极性高学生数	积极性高学生占比	同校同专业全国平均值	提醒 10	操作
1	保险学	东北财经大学	1人	100% ↑	26.58%	👍	查看学生
2	法学(本科二学历)	东北财经大学	1人	100% ↑	27.96%	👍	查看学生
3	电子商务	东北财经大学	2人	100% ↑	26.57%	👍	查看学生
4	水利水电建筑工程	大连理工大学	6人	85.71% ↑	34.93%	👍	查看学生
5	计算机科学与技术	大连理工大学	7人	77.78% ↑	43.22%	👍	查看学生
6	土木工程(道桥方向)	大连理工大学	13人	72.22% ↑	39.47%	👍	查看学生
7	船舶与海洋工程	大连理工大学	5人	71.43% ↑	33.13%	👍	查看学生
8	法学(跨专业)	东北财经大学	2人	66.67% ↑	29.95%	👍	查看学生
9	建筑环境与能源应用工程	大连理工大学	2人	66.67% ↑	40.81%	👍	查看学生
10	房地产开发与管理	东北财经大学	2人	66.67% ↑	39.62%	👍	查看学生

图 9-25 学习能力值学习中心端展示 2

9.4.4 奥鹏大数据典型应用 4——停滞生预测与干预

(1) 背景和思路。与普通高等教育的学生相比，成人继续教育的学生无论从学习能力还是学习积极性都相对较低，常常出现学生在学习过程中无法跟进教学进度或由于某些原因而退出学习项目的现象。学生若退出学习项目，对学生而言，前期的精力、财力等方面的投入就没有得到回报；对奥鹏教育和相关高校而言，学生的流失也会造成资源的浪费和收入的损失。

由于网络教育高起专和专升本的学制最长可达 5 年(正常 2.5 年毕业)，因此学员的流失并不体现在立即退学，而往往是成为无任何学习行为的停滞生后，再过数年被学校清理学籍。因此，减少停滞生的数量，才能降低各方损失。

业务人员在实际过程中发现，当一个学生已经成为停滞生后，再去激活非常困难，且困难程度随着停滞时间不断增加。因此，及时识别出可能成为停滞生的学员，并及早进行干预，是成为解决停滞生问题的关键。

流失预测是一个典型的机器学习算法应用，在很多行业如电信、互联网都有较为成熟的应用，该项目也是参考了相关先进的经验，建立了停滞生预测模型，并根据不同停滞原因制定了不同的干预手段，并取得了初步的效果。

(2) 算法原理。流失预测是一个典型的监督学习应用，因为其有大量的已经流失的用户数据样本供算法模型进行学习，奥鹏教育大数据团队经过多次实验对比，最终采用随机森林算法，模型架构及流程如图 9-26 所示，停滞生预测模型整体算法架构如图 9-27 所示。

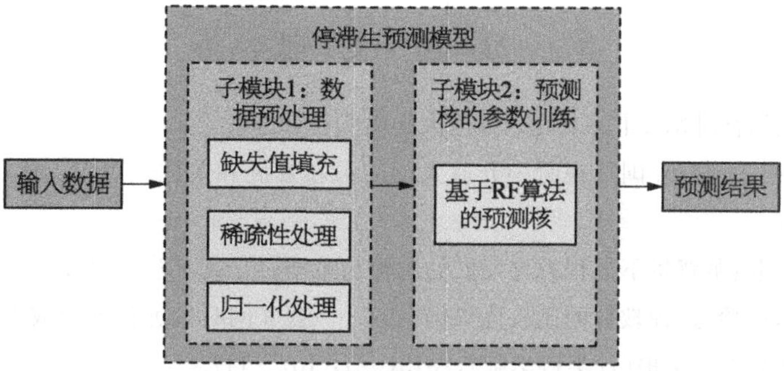

图 9－26　停滞生预测模型整体架构

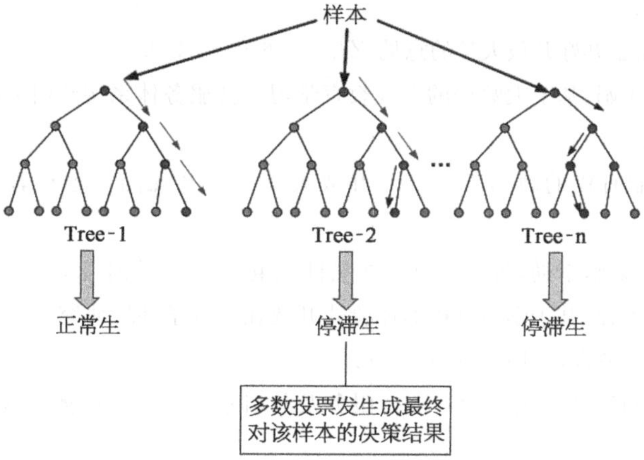

图 9－27　停滞生预测模型整体算法架构

输入的原始数据包括：学生基本数据、学生学习行为数据、学生其他关键行为数据（例如缴费选课）、学生社交数据等共27个字段。通过预处理模块与预测核后，判断学生一段时间后是否会成为停滞生还是保持为正常生。

（3）应用场景。经过一线业务人员与潜在停滞生样本进行电话和当面沟通，发现停滞的原因主要有四种，针对每类人群制订不同的对应策略。

① 学费问题，应向其推荐学费分期服务，降低财务压力。

② 担心无法通过考试或者统考，为其提供考试直播服务及相关参考书籍。

③ 短时间工作太忙，应与其约定工作繁忙大致结束时间，到期提醒继续学习。

④ 确认放弃学业，挽留无效后，应帮助其办理退学手续。

（4）应用效果。该项目首先在部分省进行试点，通过实际数据分析发现，模型预测准确性在70%以上，一线运营人员表示较为满意，后续计划在全国范围内进行推广，并优化模型算法，加入更多的数据维度，提升模型的准确性。

◇参◇考◇文◇献◇

[1] 丁兴富. 远程教育学[M]. 北京：北京师范大学出版社，2009.

[2] 张伟远，谢青松，王晓霞. 国际视野中开放大学的最新发展和关注热点[J]. 远程教育杂志，2017，35(04)：66-76.

[3] 陈宇风. 供给侧改革背景下远程教育发展的逻辑与策略[J]. 成人教育，2018，38(11)：16-21.

[4] 郑勤华，陈丽，许玲. 远程教育的比较优势仍在？——互联网时代远程教育成本-效益的实现路径研究[J]. 北京师范大学学报(社会科学版)，2015(02)：107-117.

[5] 罗发奋，隋春玲. 国内外远程学习者辍学原因研究概述与探析[J]. 广州广播电视大学学报，2007(01)：8-12+61.

[6] 教育部. 教育部关于办好开放大学的意见[Z]. [2016-01-16].

[7] 查相虹，张晶蕊，王娟. 基于大数据的在线教育学习支持服务体系构建研究[J]. 软件导刊，2019，18(01)：208-212.

[8] 鲍日勤. 人工智能时代的教与学变迁与开放大学 2.0 新探[J]. 远程教育杂志，2018，36(03)：25-33.

[9] 于洪，何德牛，王国胤，李劼，谢永芳. 大数据智能决策[J]. 自动化学报，2019(04)：1-19.

[10] 肖君，姜冰倩，陈海建. 基于学习分析的体验式开放在线教学环境研究——英国开放大学的实践与探索[J]. 中国远程教育，2015(10)：64-70.

[11] 金一强，鲁文娟. 英国开放大学学习支持服务及其启示[J]. 广州广播电视大学学报，2007，7(3)：9-12.

[12] 栗万里，杨潇郁. 国外学习支持服务及其对我国远程教育的启示——以英国开放大学为例[J]. 继续教育研究，2015(1)：139-141.

[13] 肖君，乔惠，李雪娇. 基于 xAPI 的在线学习者画像的构建与实证研究[J]. 中国电化教育，2019(01)：123-129.

[14] 李彤彤，黄洛颖，邹蕊，武法提. 基于教育大数据的学习干预模型构建[J]. 中国电化教育，2016(06)：16-20.

[15] 王博，魏顺平. 基于大数据的教育决策支持研究[J]. 现代教育技术，2016，26(04)：5-11.

第10章

教育大数据与教育培训行业应用

在传统教育领域，价格偏高、质量和效率偏低、资源分配不均的问题一直是难以突破的困境。进入21世纪以来，随着互联网时代大数据及海量用户行为的产生，技术对教育的加成作用逐步被挖掘。

本章将从行业现状、核心技术、产品逻辑、代表性案例几个角度切入，深入剖析大数据赋能下教育科技与教育培训业公司所取得的阶段性成果。

10.1 传统教育及互联网背景下的教育培训行业

进入21世纪以来，传统教育培训行业价格偏高、质量和效率偏低、资源分配不均的问题逐渐凸显，传统教育亟待创新技术的赋能。随着互联网时代大数据及海量用户行为的产生，互联网在线教育培训应运而生。

10.1.1 传统教育培训行业现状

1）市场规模

从宏观上讲，2016年中国教育培训产业的市场规模达到1.8万亿元，市场体量非常庞大，除去正规的学校教育后，可市场化运作的培训市场规模约为8 700亿元，完全可能形成一个庞大的社会性的教育培训市场。

预计，在未来3～5年，市场上将会出现1～2家年销售收入过500亿元以教育培训作为主营业务的超级教育培训企业，5～8家年销售收入过100亿元的中型教育培训企业，以及30家左右年销售收入过20亿元的教育培训业上市公司。

教育培训行业四大支柱性版块：IT、语言培训（含出国留学）、少儿培训、会计培训。

国内的教育培训机构约140万家。其中，年营收在350万元以下的小微型教育机构有120万家，占比86%；年营收在350万元至1 000万元的中型机构有15万家，占比11%。

中小型教育机构的总数合计占比达到97%。教育培训市场呈现出极度分散的市场格局，形成了“大市场，小公司”的现状。未来十年，教育培训行业将是增长潜力最大的行业之一，依然会受到资本的特别青睐。

2）行业痛点

传统教育培训模式下，教学通常以老师为核心，主要为线下课堂式教学。即使线上培训已经逐渐兴起，但也只是将教室搬到移动端而已，其本质仍是真人教学、外教一对一等。

由于对真人老师的过度依赖,传统教育培训至今依旧没有摆脱“三座大山”的弊端。

(1) 无论学校还是培训机构,老师的质量良莠不齐,师资分配不均衡的情况比比皆是。优质的教育资源主要集中在经济发达地区,而高质量、高水平的老师重金难求,诸多偏远城市或是农村的孩子根本无法获得高质量的学习资源。

(2) 老师的教学内容大都依照教学大纲统一编排,无法照顾到每个学习者的学习情况,更无从实现因材施教,以致学习者学习效率普遍偏低。

(3) 培训机构作为学校之外的第二阵地,它的商业模式有一个天然的弊端,即几乎所有的培训机构都是按照课时收费。这意味学习者进步得越慢,培训机构的利润越高。这直接导致培训机构缺乏提升学习者学习效率的动力。

10.1.2 互联网教育培训行业现状

1) 互联网教育发展阶段与历程

早在20世纪90年代初互联网刚刚兴起之时,在线教育就已初具雏形。美国麻省理工学院在2002年创立开放式教材计划,吸引了全球多家知名院校参与。在2012年前后,在线学习平台Coursera和edX的先后成立更是开启了大规模开放在线课堂MOOC的潮流,所不同的是这些平台均有大学背景。

从20世纪80年代起,互联网进入中国,中国互联网教育进入萌芽期,教育内容直接被互联网化,简单的通过网络分享课程或教学内容,解决传播范围的问题,即互联网教育1.0时代。伴随科技的快速发展,以及人们对于新事物越来越开放的接受力,互联网教育也迎来了高速发展期,教育形式更加丰富,互动性更强,教学工具更多样化,进入互联网教育2.0时代。近三年来,随着互联网技术的快速发展、国家政策与社会环境的大力引导、资本市场的不断加码,互联网教育迈入了个性化3.0时代,与此同时也催生了基于手机、平板电脑等个人电子设备的移动端学习方式。从发展进程初步判断,一二线城市正在迈向教育3.0阶段,而三四线则刚刚步入或正在经历教育2.0阶段。互联网教育3.0时代下,需要“普适化”的解决教育“个性化”的问题,市场、科技、内容是驱动教育3.0发展的三大重要因素。

互联网给教与学都带来了“学习的革命”。当技术开始高速发展,产品越来越优质,服务越来越贴心,也迎来了知识消费行业的崛起。《2017中国互联网消费生态大数据报告》中指出(图10-1),2017年教育已超过制造业、房地产、软件开发等行业成为仅次于金融的第二大软件即服务(Software as a Service, SaaS)应用领域,科技渗透已经成为教育行业的重要命题。其中表现尤为突出的就是互联网教育。

互联网+教育突破时间、空间、地点的限制,实教育资源在全世界范围内的流动,一定程度上改变教育资源地区间分布不均衡的问题,拉近区域之间、城乡之间、阶层之间教育资源分布的差距。我国将“推进教育信息化,加快教育信息基础设施建设,利用信息技术促进优质教育资源普及共享”等规定纳入《教育法》规定,《民办教育促进法》对民办教育实行分

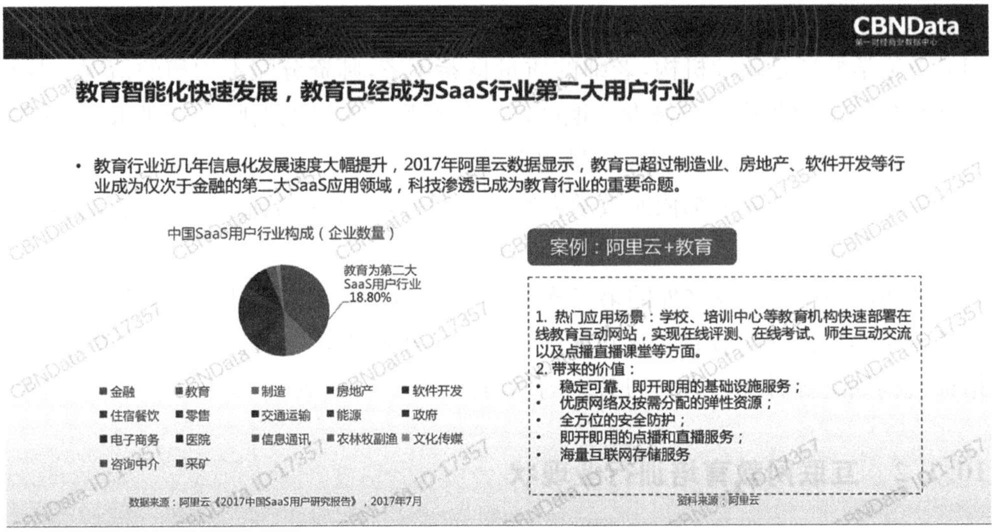

图 10－1 CBNData《2017 中国互联网消费生态大数据报告》

类管理改革，《教育信息化 2.0 行动计划》的公布，是我国教育信息化发展的重要蓝图。

2）互联网教育培训细分与布局

互联网教育培训可以按照用户年龄和产品模式进行双向分类，从用户年龄分类，可分为 6 岁以下（幼教早教）、6～18 岁（中小学习者 K－12 教育）、18～22 岁（大学习者教育）、22 岁以上（职业教育）及其他。从产品模式上分类，可分为内容生产、解决方案、社区工具、综合平台四大类。

3）市场规模

据中国互联网络信息中心（CNNIC）2018 年 1 月 31 日发布的第 41 次《中国互联网络发展状况统计报告》显示，截至 2017 年 12 月，中国互联网教育用户规模达 1.55 亿；互联网教育用户使用率为 20.1%。从地域分布上看，2017 年在线学习者数量排名前三位的是华东、华北、华南。2017 年中国互联网教育市场规模达 1 734 亿元，同比增速较 2016 年水平保持基本持平。

全球各大调研机构的报告数据都对互联网教育培训行业的未来发展持乐观态度。来自 GSV 的全球教育行业报告称，2017 年全球互联网教育培训市场规模预计达到 2 555 亿美元。百度发布的《中国互联网教育行业趋势报告》也做出了类似的预估：预计 2017 年互联网教育培训市场规模突破 2 800 亿元。

市场的升温不断地吸引资本涌入互联网教育培训行业，催生出一波又一波投资热潮。据不完全统计，2017 年互联网教育领域公开的融资案例超 200 笔，累计资金为 150 亿元人民币左右。大量互联网教育培训企业应运而生，其中既有传统知名培训企业开辟的互联网教育业务，如新东方集团的新东方在线、华图教育的华图网校等，也有互联网龙头企业新建的互联网教育平台，如腾讯的腾讯课堂、淘宝的淘宝同学，但占据市场最大数量的，是专注于互联网教育的创业企业。

4）商业模式

由 1.0 时代最简单的教育内容直接互联网化发展至 3.0 时代，用户可以自主通过多种方式、选择多种产品参与到互联网教育培训中，实现高效学习。多种产品形态也衍生出多样化的商业模式，目前互联网教育 PC 端最核心的盈利模式仍为课程收费模式（内容生产类产品模式），而移动端互联网教育经过前期探索、逐步崛起，与爆发的微信生态相结合，商业模式逐步清晰，形成内容付费为主，知识变现、会员付费迅猛崛起的格局。

5）传统互联网教育培训的优劣势

互联网教育培训是互联网技术与传统教育培训的结合，相比传统教育培训，互联网教育培训的优势在于：突破时空限制，知识获取方式更为灵活；碎片化学习，尤其随着移动互联网的发展，移动设备更具便携性；内容多样化，除了 K－12 教育、高等教育外，还包括各类学前教育、职业教育、兴趣教育等。

传统互联网教育培训在发展的同时也存在着不足，主要表现为：基础设施薄弱，资源共建共享水平低，区域发展不平衡；实践教学资源缺乏，产业对接水平较低；资源积累基础薄弱，开放教育、互动教育尚未完全形成。

6）用户的需求和学习习惯改变

（1）移动化学习和自主学习。移动互联网时代的到来，使移动化学习已被多数人认可。只要下载 APP，用户就可以不用前往教室，不用预约等待，而是按照自己的习惯，利用一切碎片化时间进行自主学习。此外，人机互动保证私密性确保了用户在通过 APP 学习时，可以不用负担面对真人教师的压力，可以更加大胆地与机器老师进行互动。

（2）游戏化学习。新型的教与学互动模式是利用游戏向学习者传递特定的知识和信息。脱离传统的单向说教模式，营造更加生动的信息传递过程，可以让学习者在轻松、愉快的环境下进行学习，从而有效提升学习积极性和效率。

（3）个性化学习。《2017 中国互联网消费生态大数据报告》大数据洞察，发现越来越多的人追求“个性化安排学习进度和内容”意愿强烈，见图 10－2。

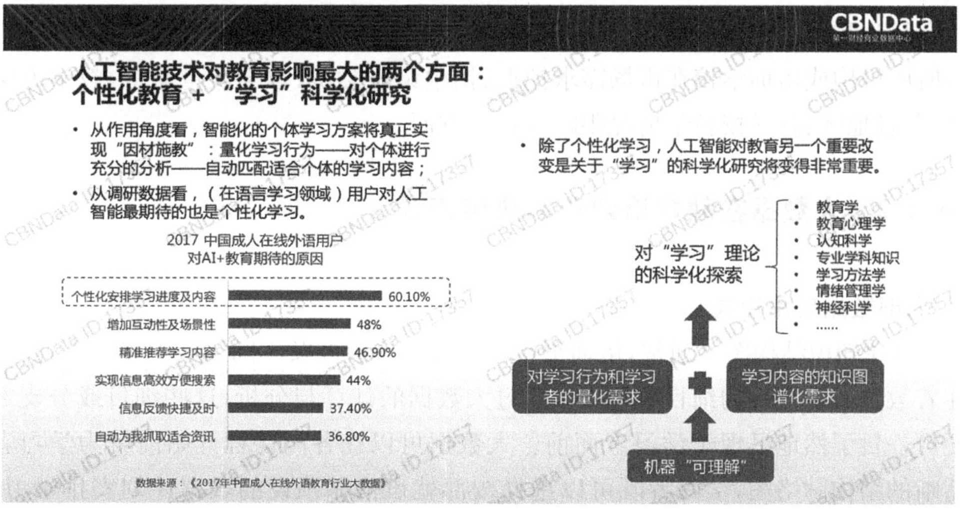

图 10－2 CBNData《2017 中国互联网消费生态大数据报告》

10.2 大数据背景下的教育培训业

10.2.1 大数据与教育培训业

在互联网刚刚兴起的时候，教育模式就随之慢慢发生改变，许多互联网教育平台纷纷上线，但这些互联网教育平台并没有完全摆脱传统教育僵化的模式。近年来，随着大数据等前沿技术迅速发展，人们知识获取的方式产生了根本变化。

大数据不同于传统数字。大数据具有如下特征：第一，数据体量巨大，从数量单位的TB级别，跃升到PB级别，也扩大了至少100倍；第二，数据类型繁多，包括所有的结构化、半结构化和非结构化数据。第三，价值密度低，商业价值高，以视频为例，连续不间断监控过程中，可能有用的数据仅有一两秒；第四，处理速度快。

在线教育培训过程中，学习者会进行访问、查询、浏览、学习、问答等活动，从而产生难以计数的数据流量。对数据流量进行收集整理后，培训机构不仅能了解学习者的学习特点，掌握学习者的学习规律，并发现其中存在的问题，及时提出参考意见，或者为学习者提供更为优良的学习规划。从这一角度看，教育培训领域的大数据更加以人为本，能够超越传统教育的局限，避免出现“一刀切”“大锅饭”式的教学现象，让学习者真正成为学习主体，这是对学习者最大限度的尊重与关注，也使得教育的实效性得到极大的提升。另外，通过大数据研究与应用，可以帮助学习者发现与了解自身学习过程中存在的缺陷与不足，通过技术的辅助扬长避短、查缺补漏，帮助学习者更加全面、完善地学习和成长。

利用互联网产生的教育大数据，培训机构可以分析微观、个体学习者与课堂状况，用于调整教育行为与实现自适应教育。同时，大数据在设置良好的云数据系统中的运用，将极大助力所属机构或培训学校在市场需求把握、招生策略尝试、教学质量监督、教学方法效果反馈，以及各地区、各学校教学情况跟踪等各个方面。

10.2.2 大数据在教育培训业的应用模式

1）内部数据应用模式

（1）搭建知识结构图。通常，培训平台中课程设置会涉及不同领域中多个专业，教学中也存在着数量或多或少的细目或分支。通过大数据的计算与分析，这些细目或分支之间的联系便可一目了然地呈现于学习者面前。大数据可以在各门课程开始前就为学习者展示一幅清晰的结构脉络图，学习者既可以选择按部就班依循预设的教育计划安排学习过程，也可以根据自身客观需求自主点击结构图示上对应的说明进入其下的模块开始学习。

(2) 智能练习与测试。练习与测试是任何形式的学习中极其重要的强化与巩固手段。大数据能根据每个学习者个体的实际情况将练习与测试做到最个性、最细致、最智能。比如,依据学习者历次练习和测试的结果,大数据可以从题库中挑选有针对性的程度适中又形式丰富的练习题。学习者不仅不会因为题目难度过小而丧失学习兴趣,也不会因为题目难度过大而失去自信心。

在此基础上,大数据可以设置周期性提升的练习与测试,也就是根据学习者学习、记忆等的特点与规律,重点强化易出错或易失误的知识点,使练习与测试更加以人为本,实现学习成效强化与巩固效果的最大化。

解题路径参考也是智能练习与测试中的重点环节。练习或测试中难免遭遇困难和不解之处,学习者不必过度纠结于一道题目耗费太多时间,可以借助参考信息确保学习效果。解题路径参考设计为多级组合,每一级只给出一个核心参考信息,旨在帮助学习者拓展思路。这种多级组合设计不会出现包办代替问题,既可帮助学习者养成自我检验的习惯,又可提升学习者深入探究的兴趣和欲望。

(3) 课程产品优化。培训教育机构在办学中积累的海量数据信息,通常包含结构化的学员基本信息、学习成绩信息,与半结构化的系统登录日志、学习日志。

根据结构化的数据分析可找出学员在网上学习时长、某一知识点停留的时长和次数,或在网上被学员提问次数较多的知识点,或近一段时间学员的学习成绩等信息进行统计分析,得出规律。根据分析后的数据,教学中可调整各种分类课程产品的课程时长,针对不同年龄学员,可适当合理规划课程时长;增加或删减某一知识点的详细讲解。

根据半结构化的数据的整理,结合人口学特征(年龄、性别、空间、文化、职业、收入、生育率等)分析,找出学员的学习情况和学习习惯进行个性化辅导,设计出个性化的学习方案。可以根据分析后的数据,对关注最多的知识点进行重点讲解,对于感兴趣的学科进行扩充讲解。

根据学员特征、平时的学习表现和课程结束时的课程评价问卷调查等数据进行整理和分析,对学员进行分类,预测学员的成绩,发现高危学员(贫穷家庭或单亲家庭、发展明显迟缓,以及有攻击性行为或退缩行为的学员)。可以根据分析后的数据,将同类学员或成绩相近的学员使用同一课程产品;对预测成绩有所下降的学员增加知识补充课程;可对高危学员设置生动有趣的课程产品,并增加与学员情感沟通的次数。

(4) 提高教学水平。根据结构化、半结构化和非结构化的数据分析,对系统中教师任一教学点的碎片化评价,可以实时有效地分析出教师教学过程中讲解精彩的部分和讲解不到位的部分;对学员在网上学习某一知识点停留时长和次数的统计,或在网上被学员提问次数较多的知识点的统计,教师可对此知识点进行详细讲解,提高教学质量。教师根据数据分析,得知学员的表现,并以此作为调整教师教学的基础,最终可以帮助教师提高教学水平。整体上,教师可以利用大数据分析需要在何种时机对哪些学习者以何种方式安排教学内容。

（5）提升教学管理效率。根据学员的考试成绩、报名率、辍学率、出勤率等大数据进行统计，考评学员的学习成果、态度、近段时间成绩的走势。通过这些重要信息的分析、监测和综合应用，及时发现学员的学习动向和状态，给予指引；统筹管理的同时又要兼顾个体，及时调整教学策略。

对于具体的课堂教学来说，比如学员作业的正确率、多方面发展的表现率（积极参与课堂教学举手的次数、回答问题的次数、每次回答问题的时长与正确率）、师生互动的时长与频率等，通过对这些详细的数据进行专门的分类整理、统计、分析，从而得出教学效果，这些教学效果能全方位的、客观公正的评价每一位教师。在个性化的时代，分析单个学员的学习动态需要花费大量时间和精力，才能制定出相应的教学解决方案，因此备课时间和教学成本居高不下，而大数据技术能全程实时分析学员个体和班级整体的学习进度、学习质量和阶段性成果，从而及时找到问题对症下药，实现学习过程和结果的动态管理。

利用大数据技术可以对分布在全国各地每个学校的学员学习档案和教师教学质量进行分析，培训机构可以便捷地开展教学管理和改进工作。

2）外部大数据应用模式

在培训机构，通常将客户分为已报名的老客户和未报名的潜在客户。在培训教育企业内部数据中定位到有继续培训需求的客户就像在小河里捕鱼，而在全国定位到有潜在培训需求的客户就像在大海里捕鱼。

培训机构可通过合法化的购买百度、腾讯QQ、微信、淘宝、京东、当当、亚马逊、爱奇艺、PPTV聚力、优酷土豆、新浪微博，在保护好个人隐私的情况下，利用Hadoop探索数据之间的关联模式，挖掘大数据中的信息对人们的状态和行为进行预测。

老客户是已经通过前台客户端、企业官网、移动端手机APP等各种渠道报名的客户。可以根据报名信息中的性别、职业、教育水平、兴趣爱好与已报名课程的学费金额等信息分析推测其收入水平、未来的教育需求等信息，进而将符合其消费水平、职业发展、个人兴趣的课程进行营销。例如，通过对老客户报名时留的身份证信息、未留下身份证信息的客户通过各种登录日志关联QQ或其他注册账号中的出生年月日等数据，分析得到客户的生日信息，为其提供优惠，通过有针对性的营销活动粘住老客户。

潜在客户是指在某方面有参加培训的需求。大数据技术为收集、分析这些潜在客户提供了有力的支持。

（1）针对个体的精准营销。利用购买到的百度搜索统计数据，分析哪些地区的哪些人群经常需要通过百度查询单词或翻译，锁定目标客户有针对性地做广告推送。

（2）针对群体精准营销。通过大数据的关联关系，定位到微信、微博中的特定客户群体，经过一段时间的深入和引导，针对每个群体的特征，营销适合于他们需求的课程产品，可将其群体成员导入到培训机构。

（3）根据特定条件组建群体精准营销。通过大数据的聚合关系，定位到当当、亚马逊中购买某一类书籍的客户；爱奇艺、PPTV助力、腾讯视频、优酷土豆等观看同一国家影片的客户，通过半结构化或非结构化的数据，分析找出手机、QQ、邮箱、地址等联系信息，将同一地区具有相同需求的客户组建成群。针对不同地域的不同群体营销不同的课程产品。

10.3 大数据+人工智能背景下的教育培训业

在前一章，本书讨论了大数据与教育培训行业的结合，分析了若干应用模式。然而，真正让教育培训业发生巨大转变的，是大数据与人工智能的赋能。中国教育部在2012年印发了《教育信息化十年发展规划2011—2020年》，以2020年达成"人人皆学、处处能学、时时可学"为目标，从数字化方向改革教育。将人工智能技术引入在线教育，成为改革重点之一。用大数据实现教育个性化，用人工智能赋能教育，在成倍放大教育产能的同时，优质教学资源也能够得到充分利用，使因材施教、因人施教成为可能。

10.3.1 人工智能与大数据的协同

人工智能与大数据主要的区别是：大数据需要在数据变得有用之前进行清理、结构化和集成的原始输入；人工智能是输出，即处理数据产生的智能。这使得两者有着本质上的不同。

虽然人工智能与大数据有很大的区别，但它们仍然能够很好地协同工作。因为人工智能需要数据来建立其智能，特别是机器学习领域。例如，机器学习图像识别应用程序可查看数以万计的飞机图像以了解飞机的构成，以便在未来能够加以识别。

如果把人工智能看成一个嗷嗷待哺且拥有无限潜力的婴儿，某一领域专业的海量深度数据就是哺育天才的奶粉。奶粉的数量决定了婴儿是否能长大，而奶粉的质量则决定了婴儿后续的智力发育水平。与以往众多数据分析技术相比，人工智能技术立足于神经网络，同时发展出多层神经网络算法，从而可以进行深度机器学习。与以往传统算法相比，这一算法并无多余的假设前提(比如线性建模需要假设数据之间的线性关系)，而是完全利用输入的数据自行模拟和构建相应的模型结构。这一算法特点决定了它是更为灵活的、可以根据不同的训练数据而拥有自优化的能力。

10.3.2 人工智能教育应用的现状与发展趋势

1) 新时代呼唤个性化教育理念与模式

在人工智能技术日益渗透到各行各业的当今时代，生产过程已由单一、重复的流水线生产模式转变为大规模、个性化、自动化的智能制造模式。社会更需要劳动者具备创新能力,英国广播公司(BBC)援引牛津大学学者 Osborne 等关于“人工智能对未来职业的可替代率”的数据体系进行职业预测:不仅那些可通过标准化训练的人才如电话销售员会被大量替代(可替代率达 99.0%),“程式化强、重复性高”的高级脑力工作如会计师也会被大量替代(可替代率达 97.6%),而只有那些强调“创新、沟通和深入思考”工作如软件开发人员被替代的可能性低(可替代率仅 8.0%)。

可见,当前教育的重要任务就是培养创新人才。心理学家林崇德认为,创新型人才应具备创造性的个性品质。尊重个性品质的发展,就是保护人才的创新能力。美国心理学家特尔曼对 800 名男性儿童做了长达 30 年的追踪调查,发现成就较大的前 20%群体与成就较小的后 20%群体在性格、情感、兴趣、爱好、自我意识等个性特征方面存在显著差异,前者的个性特征得到了充分的发展。由此可见,培养创新人才需正视并尊重智力水平、性格特征、兴趣爱好等个性差异,同时在遵循身心发展规律的基础上,选择最适宜的发展方式来促进个人成长。总之,创新人才离不开个性化的教育培养,未来教育必将走向个性化。

2) 人工智能推动教育的个性化从理论构想到落地实践

教育走向个性化的第一步是实现学习活动的个性化,即能够根据学习者自身的学习需求、学习经验、兴趣爱好、风格习惯、文化背景等个性化要素,结合国家教育方针与社会人才需求,量身定制学习内容、学习方法和学习计划。推动个性化学习需要掌握足够多的背景信息,并进行大量的数据建模分析和智能决策计算,才可能达成预期效果。鉴于其实现的复杂性,2015 年新媒体联盟《地平线报告》就将个性化学习列为具有相当困难的挑战性工作。随着深度神经网络的广泛应用、脑科学研究的不断进步与突破,在大数据、云计算等相关技术的支撑下,人工智能技术被快速地应用到社会各领域中,如面向教育领域的、基于人工智能的信息化系统,即“智能教育应用”,可充分利用教育行业大数据,通过不断学习顶级的专家知识体系,以达到一流专家的水平。据此,智能教育应用一方面可从海量的学习者行为数据中,敏锐地识别每个学习者的特点和诉求,并制定相应的学习策略;另一方面,可从良莠不齐的海量学习资源中找到合适的学习内容,并推荐给学习者,最终实现学习活动的个性化。由此可见,在人工智能的支撑与推动下,教育的个性化必然会由理论构想逐步转为落地实践,个性化也将成为智能教育应用发展的必然趋势。

10.3.3 人工智能在教育培训业的应用模式

智能教育应用必须在教育主场景中解决阻碍教育走向个性化的关键问题,才能真正推动个性化教育由理念到实践的发展。

1) 技术应用模式

从技术的角度实现对人工智能通用技术的封装与定制,使各类教育应用产品能够迅速集成交互界面友好、接口简单易用的人工智能技术与服务。从应用产品的角度来看,借助该类服务可以快速获得人工智能能力，因此也被称为"人工智能代理"，主要包括以下功能。

① 人机交互技术，指研究人和计算机之间的信息交换，包括语音合成、语音识别、情感交互等具体领域技术。

② 自然语言理解技术，指研究能实现人与计算机之间用自然语言进行有效通信的理论和方法，包括机器翻译、机器理解、问答系统等具体领域技术。

③ 知识图谱技术，本质上是构建语义网络，指研究将各类信息连接在一起形成关系网络，并利用网络中的关系分析与解决问题的技术。

④ 生物特征识别技术，指通过个体生理特征或行为特征对个体身份进行识别认证的技术，包括语音识别、指纹识别、人脸识别等具体领域技术等。

2）业务应用模式

从业务的角度实现人工智能通用技术与业务流程的融合，以实现学习过程的个性化、教学过程的精准化和管理过程的科学化等具体业务要求，使应用产品能够快速获得开展个性化教育的必要能力。从应用产品的角度来看，该类服务扫除了开展个性化教育的技术障碍，使应用系统可围绕服务展开业务，因此也被称为"人工智能助手"，主要包括以下三种服务。

① 智能推荐服务。在自适应考试、智能口语评测、全学科阅卷等人工智能技术的支撑下，充分利用用户的学业诊断数据、用户行为数据，并根据学习者的学习目标、学习风格、学习习惯以及对知识点的掌握情况，通过用户画像、资源画像及构建知识图谱，实现学习资源的个性化推荐。该服务被广泛地应用于学习者自主学习、课后练习等相关场景的产品应用中。

② 学情分析服务。实现了各类学情数据和教师教学数据的打通、汇聚、规整与分析，并在数据挖掘技术和学习分析技术的支撑下，使教师不仅能够全面掌握学习者个人的学情信息，还能够全面掌握全部学习者的学情分布状况。该服务被广泛地应用于包括教学预设、课堂教学、备课与教研等相关场景的产品应用中。

③ 决策支持服务。基于用户教育管理数据、行为数据及相关行业数据，利用商务智能(Business Intelligence，BI)分析、业务建模、数据可视化等技术手段，实现对管理决策活动的数据支撑，并提供监控、模拟和模型预测等功能。

10.4 案例1：电力教育培训大数据平台[①]

10.4.1 简要介绍

当前大数据时代，各类教育平台中逐步存储起各类数据，并且海量地增长着。充分整

① 本案例出自《大数据在电力教育培训中的应用》一文，作者：白巍，张正洪，秦界，应泽贵。

合利用这些数据作为教育决策依据，可提高决策的合理性、科学性和精准性。

电力教育培训是国网四川省电力技能培训中心的核心业务，涉及中心的教学、管理和服务等各个领域。四川电力职业技术学院联合国网四川省电力公司技能培训中心对中心内部、系统内基层单位、上级主管培训部门以及20个系统内培训机构和100个系统外培训机构进行调研，从电力教育培训的各个领域进行调研设计并逐步展开实施，最后对调研结果信息进行全面性、针对性及实效性分析。通过大数据平台来发现中心在电力教育培训中存在的缺陷，进而有针对性地解决问题、转变工作思路，并以中心在电力教育培训中的可持续发展为目标去不断的尝试教学创新模式，提高电力教育培训的质量。

（1）思路。梳理电力教育培训相关主体的基本数据信息及各主体之间的相互关系，从大数据表现的特征为出发点，制定从数据收集、数据整合、数据分析及应用、数据可视化等一系列的处理模块，运用大数据技术发展的最新结果，对电力教育培训大数据平台提出“合理配置、精准培训”的总体思路。

（2）目标。围绕“合理配置、精准培训”，构建电力教育培训大数据平台，旨在掌握全面、客观的真实的电力教育培训数据，通过科学数据分析及有效的应用，充分体现其在培训计划、培训安排、资源配置、计划实施、评估等环节的重要作用，同时为培训教学理论和教学实践的研究提供强有力的数据支撑。该数据平台能够有效地汇聚、科学的整合相关数据信息，使参与电力教育培训活动的相关部门能够高效地协同工作，从而提供高质量的培训；能够及时掌握、智能预测电力教育培训活动进行中可能出现的问题与发展的趋势，通过对问题进行及时诊断，实现对电力教育培训活动状态的智能研判和预测，对教学培训活动的良好开展提供科学的决策依据。

10.4.2 技术层面

综合分析电力教育培训中的各环节详细信息，结合各环节的实际需求，构建基于电力教育培训的大数据平台，如图10-3所示。

（1）源数据层：这一层实现源数据的采集，涉及数据的来源和采集的策略。数据来源主要有三个方面：一是收集整理历年的教学培训的相关数据信息，包括教师、学员基本信息、教学计划、培训方案、培训班总结、师答疑情况、成绩考核、考勤表、请假单、视频等相关信息；二是每一次教学培训活动所新产生的实时数据；三是影响教学活动的一些外在数据（如天气、假期、人际关系等）。数据采集策略主要是涉及实时采集数据时，各种数据的采集规则、采集频次、采集范围等。

（2）数据集成层：这一层包括了数据清洗和数据整合。由于数据在采集过程中由于某种原因造成数据有误，数据清洗可以发现并纠正数据文件中可识别的错误，包括检查数据的一致性，处理缺失值和无效值等。数据整合把在不同数据源的数据收集、整理、清洗、转换后加载到一个新的数据源中，为数据的使用者提供统一的数据视图。

（3）文件存储层：对特有数据类型的数据以文件的形式进行存储，成本较低，共享性高。

（4）数据存储层：数据存储层主要考虑数据计算时采用的不同的计算模式，从而对数据采用不同的存储体系，便于数据计算。如对 MapReduce/Yarn 编程模型，即采用 Hbase 存储；对 Samza/Storm 编程模型，即采用 Redis 存储。

（5）编程模型层：选用合适的编程模型，用于大规模数据集的并行运算，例如用 MapReduce 编程来实现对数据集的并行运算，计算出相应的中间结果。

（6）数据分析层：针对数据计算出的结果，根据需求做进一步的数据分析，得到有价值的信息。

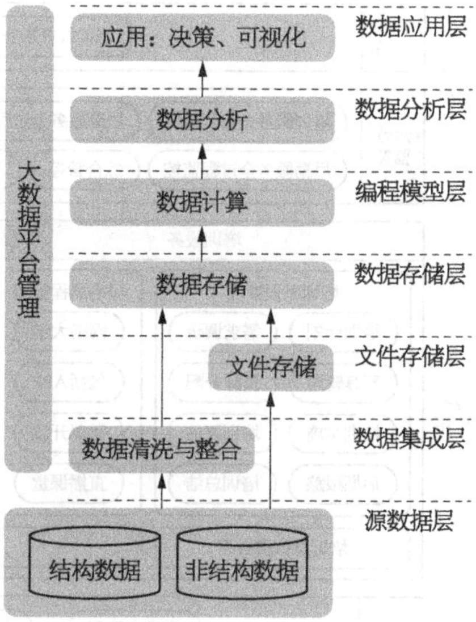

图 10-3 大数据平台架构图

（7）数据应用层：将数据分析层得出的结果应用到电力教育培训实践活动的各个环节，如培训计划的生产、培训资源的合理配置等实际应用环节。

基于教学培训大数据平台可以实现从源数据层、数据集成层、文件存储层、数据存储层、编程模型层、数据分析层到数据应用层的有效管理与开发应用。基于此平台我们可以充分挖掘大数据的潜在价值来有优化我们电力教育培训活动的各个环节，进一步提高整个教学培训的质量。

10.4.3 功能层面

基于电力教育培训大数据平台，可以搭建起以培训服务为核心，后勤服务为保障，综合服务为辅助支撑的整个应用服务体系，如图 10-4 所示。

培训教学是电力培训的核心业务，面向培训中心员工、学员、培训师提供全方位的服务。面向中心层面，培训课程管理实现了对培训项目的全过程监控，对培训过程的全面的数据及信息化支撑。面向学员、培训师层面，网络课程管理提供了学员在线学习、培训师在线授课的互动交流平台。培训媒体资源库为培训提供了强大的数字媒体资源。后勤服务是培训项目、培训中心各项工作正常运转的保障。针对培训项目，提供餐厅管理及客房管理及相关工作衔接。针对培训中心其他工作，主要包括物资采购、管理等。综合服务主要是对培训中心其他非培训教学工作的支撑，主要包括培训部门管理、党务管理、综合管理等。

基于电力教育培训大数据平台，通过培训服务、后勤服务和综合服务，可以形成包括学员库、师资库、课程库、课件库、案例库、培训室数据库、餐厅数据库、客房数据库、专题资料

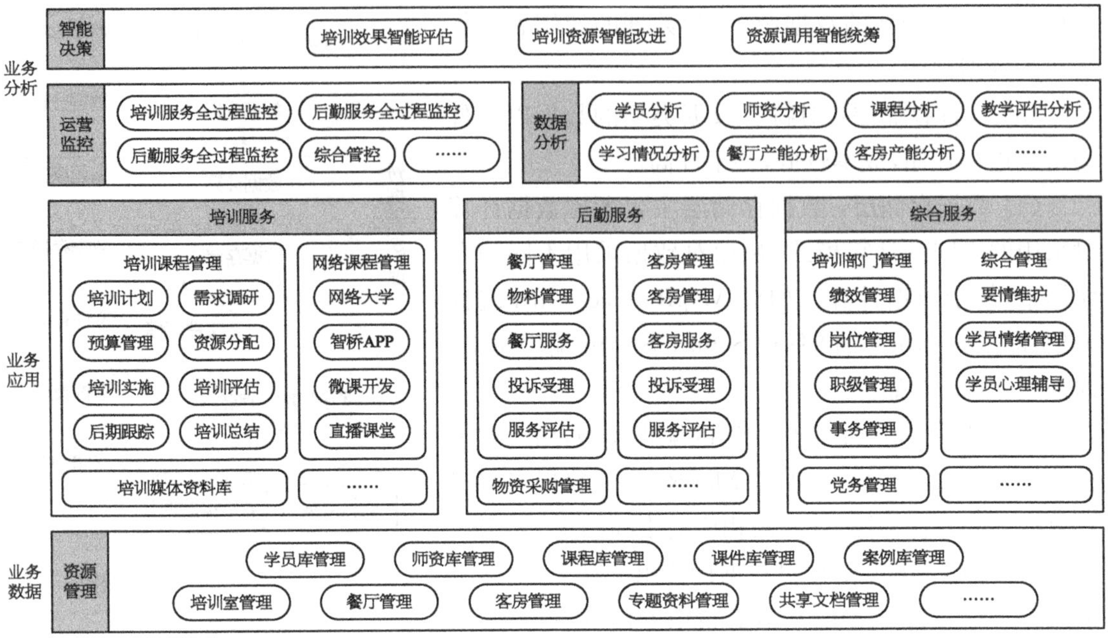

图 10－4 基于电力教育培训大数据平台的应用系统

库、共享文档库等的强大的业务数据。通过对业务数据进行整理、挖掘、分析，可以实现对电力教育培训活动的各个环节实现综合管控，从而实现电力培训的智能决策。电力教育培训大数据平台可以应用到电力教育培训的相关的各个环节。

10.4.4 应用层面

1）培训过程智能改进

在培训过程中，可以通过对视频监控大数据分析如学员使用手机情况、提问及回答问题情况、课堂说话情况、进出教室情况等，以及学员学习成绩、培训师评价、服务评价等大数据的挖掘、分析，对培训学员培训过程的学习效果进行有效评估。同时在培训后通过对培训学员的工作岗位调整情况、职称晋级情况、绩效考核情况等数据的分析，进一步对培训效果进行跟踪评价，从而依据培训学员层次、培训师资情况、培训课程体系等，可以实现全面、合理、有效的培训评估体系。

2）资源智能调度统筹

通过对历史培训大数据的分析，如班级数、班级人数、师资安排、课程安排等，依据培训项目的时间需求、各类资源的实际情况、培训课程的紧急程度与优先程度等，实现培训课程的智能排程，辅助培训项目的整体规划。综合培训师的讲解情况、课堂管理情况、精神面貌以及网络课程的学习情况等数据分析，实现智能的师资、课程推荐，辅助培训方案设计。同时结合后勤服务、综合服务相关数据分析，辅助培训实施有效开展，从而可以实现培训过程的有效改进。

3）培训效果智能评估

通过对培训教材使用、培训室使用、培训时间、多媒体设备使用、餐厅学员流量、客房入住流量等历史大数据的分析，依据培训项目的资源需求、时间约束、紧急与优先程度等，可以实现培训资源的合理利用与智能统筹。

10.4.5 未来展望

基于电力教育培训大数据平台的应用，能够实现电力教育培训的合理配置、精准培训，从整体上提高电力教育培训的质量。随着大数据的深入发展以及大数据技术的深入研究，大数据在电力培训中的应用也将越发广泛。深度融合大数据、云计算、移动互联和人工智能等技术，电力培训也将实现从依托培训师个人水平的授课培训向依托知识库的定制培训模式转变，从提供无差别的标准服务向提供多层次增值服务转变，从传统的独立运营模式向虚拟化协作运营模式转变，从而实现向互联网＋的培训教育模式转型。

10.5 案例2：中国英语学习者语音大数据分析①

10.5.1 简要介绍

作为英语在线教育培训的成功企业，英语流利说的注册用户累计已超过1.1亿，并提供了超121亿条句子的练习录音。流利说通过这些用户在学习过程中留下的音频和学习轨迹，搭建了数据庞大的带标注的“中国人英语语音数据库”。依托巨型“中国人英语语音数据库”，流利说系统对中式英语的识别准确率得到显著提高，成为构建AI英语老师的重要基础。同时，巨型“语音数据库”可用于研究和剖析移动大数据时代中国人英语口语学习的现状，无论是对教育科研辅助，还是为更多教育及培训机构提供标准借鉴，都具有深远的意义。

10.5.2 数据来源

《中国英语学习者语音分析研究》是对中国120个城市，39万人，1 600个小时的用户语音数据进行分析和研究的结果。

---

① 本案例由英语流利说算法部专家袁家宏提供。

10.5.3 相关技术

1) 强制对齐

利用大规模语音语料库进行语音分析的关键是标记语音单位的边界。音素层面的边界标记特别费时费力，据统计，人工标记一个小时的语音需要花费上百个小时甚至更多时间。目前实现自动语音边界标记的最有效工具是强制对齐。强制对齐为我们使用成千上万个小时的语音材料进行语音学研究提供了可能。

强制对齐技术产生于自动语音识别，顾名思义，它是通过对语音信号和语音信号的转写的对齐来标记语音边界。对要进行语音边界标记的语音句或语音段落，首先进行词转写。词转写再通过发音词典或者发音规则生成音素转写，音素边界的确认则通过声学模型的匹配来实现。最常用的声学模型是隐马尔可夫模型，每个音素包含 3～5 个从左向右单向连接的隐含状态（包含未知参数的统计模型）链。各个状态的未知参数和状态之间连接的概率需要从大量的训练数据中学习得到。在强制对齐中，每个语音信号被分析为帧序列，每帧时长一般为 25 毫秒，各帧间隔为 5 毫秒或 10 毫秒，然后对每帧提取声学参数。通过对比这些声学参数和各个语音单位的声学模型，就可以得到每个音素（包括音素中的各个状态）的边界。为提高强制对齐的准确性，在标准的音素模型之间嵌入只包含一个隐含状态的音素边界模型，取得了很好的效果，在英语 TIMIT 语料库上的测试结果基本达到人工语音边界标注的水平。音素和音素边界模型的区别见图 10－5。

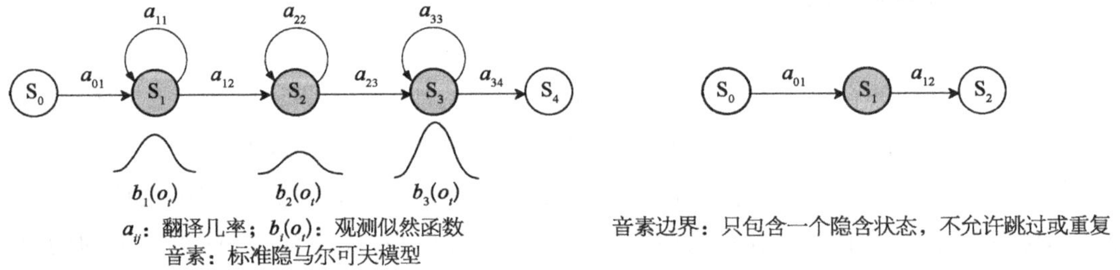

图 10－5 强制对齐系统中的声学模型

2) 基于深度学习的语音特征提取

随着深度学习在语音识别中的广泛应用，深度神经网络也逐渐开始应用于语音分析。对于语音识别来说，输入是语音的物理信号（一般用倒频谱特征参数），输出则是各语音类别（比如音素或者音素的隐含状态）的映射值。为了利用深度神经网络进行语音分析，我们使用 softmax 函数作为神经网络的输出层，把神经网络的最后映射值（zi）向量转换成概率向量。这个概率向量代表了输入信号是不同语音类别的概率分布，可以用来量化发音的准确度和发音混淆程度。

图 10－6 显示的是利用深度神经网络提取语音特征的过程。首先，使用英语母语者语

音训练生成一个 L1 英语语音分类的深层神经网络(Kaldi nnet3/TDNN)。然后，把 L2 语音句的反频谱特征参数前向传播，通过整个网络，得到该语音句在各个时间点上音位隐含状态的概率向量。最后，根据前面强制对齐得到的语音句中的音段边界信息，提取各音段中间位置上的概率向量，并对概率向量中属于同一音位的所有隐含状态的概率相加，计算出该音段属于各个 L1 音位的概率。

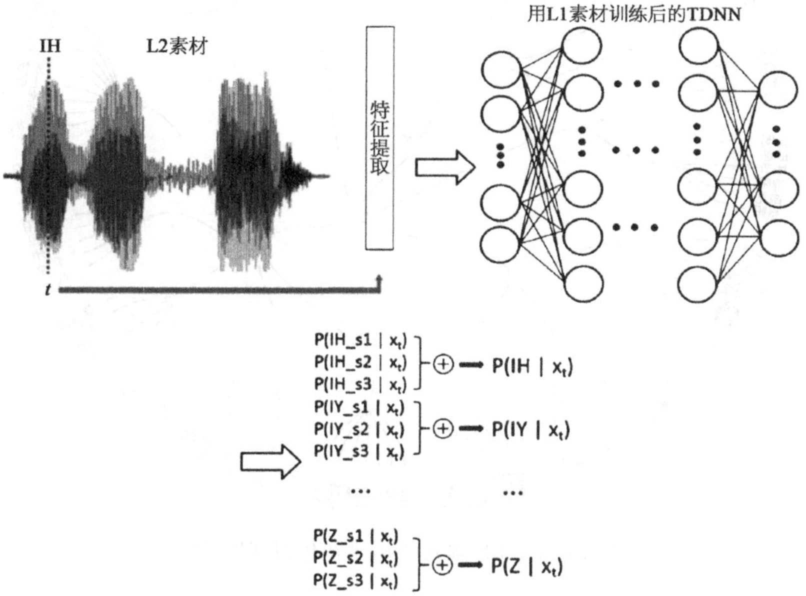

图 10-6 语音特征提取

10.5.4 应用成果

1）中国人英语音位发音分析

《中国英语学习者语音分析研究》的语音数据共包括 30 853 434 个音段(静音段除外)。首先从发音的准确度、元音共振峰和声学空间、音段时长等方面分析这些音段的总体发音特征以及它们和英语母语者发音的区别。然后对于每一个英语音位，统计该音位所有音段的实际发音情况(该音段属于各个 L1 音位的概率)，并归纳出中国人发音的常见偏误和它们相对出现的频率。

2）中国人英语方言区分分析

受母语方言的影响，中国人英语语音会有地域上的差异。依据音位发音的准确度和混淆情况，对 120 个城市进行聚类分析。图 10-7 所示为层次聚类的结果。

对于每一个英语音位，比较不同城市之间发音准确度的区别后，结果显示 120 个城市之间在各个英语音位发音准确度的区别上大致可以分为 6 种模式。

南北分区：发音准确度上，南方和北方地区差别明显；

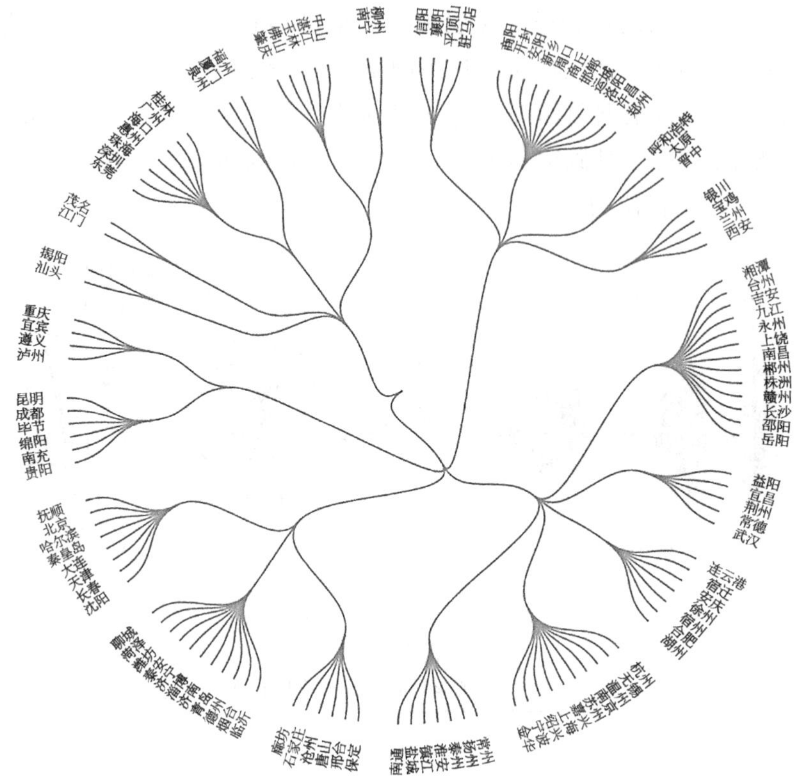

图 10-7 120 城市英语语音相似度聚类图

东南分区：东部和南部地区的发音和其他地区差别明显；

西南分区：西南地区的发音和其他地区差别明显；

中间带：南北方向上位于中部的地区和其他地区差别明显；

沿海带：东部和南部沿海地区和其他地区差别明显；

方言岛：看不到明显的地域性差异，但少数几个地理位置接近的城市和其他城市差别明显。

其中，南北分区的分界线有两条一条是和中国地理区域的南北分界线（秦岭—淮河）相当，可以称之为北分界线；另一条分界线和南岭（五岭）相当，南方地区只包括岭南（广东，广西，海南和福建）可以称之为南分界线。表 10-1 归纳了各个英语音位发音的方言区别模式。

表 10-1 120 城市音位发音准确度的区别模式

模式	南北分区		东南分区	西南分区	中间带	沿海带	方言岛
	北分界线	南分界线					
元音音位	AE, EY		ER, IY	AX, EH	AH, OW, OY, UW	AY, IH, UH	AA, AO, AW
辅音音位	B, M, L	D, G, P, T, K, F, S, NG	R	N	CH, JH, W		V, TH, DH, Z, SH, ZH, HH, Y

10.6 案例3：大数据赋能智能教学系统①

10.6.1 简要介绍

科大讯飞作为教育技术引领企业，通过人工智能、云计算、大数据等先进技术，为广大教育用户提供了覆盖“教、学、考、评、管”的全场景产品体系，且产品已在全国10 000多所学校应用并形成体系。本案例通过对智能教学系统的介绍，探索大数据与人工智能在教育培训业应用的广阔前景。

10.6.2 应用层面

(1) 智能教学系统的应用实践智能教学系统集成了智能教育核心服务中的学情分析服务。该系统采集了所有学习者的行为数据、基础信息数据和学业数据，并提交给学情分析服务；学情分析服务通过后台的大数据分析与智能技术处理，形成对学习者个体与整体的画像，生成可视化的学情分析报告并提供给教师。教师根据学情报告中的各项指标数据，准确规划教学路径、精确设计教学策略，从而实现教学过程的精准化。

智能教学系统的应用模式如图10-8所示。

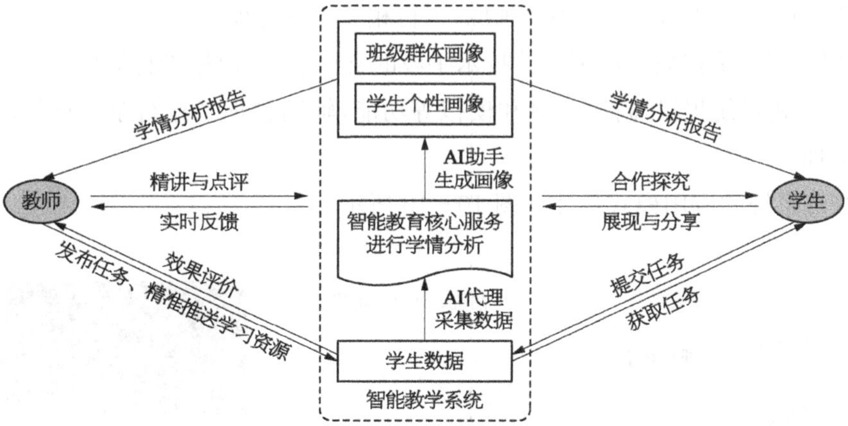

图10-8 智能教学系统的应用模式

(2) 智能学习系统的应用实践智能教学系统集成了智能教育核心服务中的智能推荐服务。该系统基于学习者的基础信息和学情信息，进行数据挖掘，并通过行为建模、经历建

① 本案例出自《人工智能教育应用的发展趋势与实践案例》，作者：吴晓如，王政。

模，结合学科知识点的行业建模生成学科知识图谱，为学习者规划科学的学习路径，同时在自适应学习技术的帮助下，为学习者智能化推荐教师和系统提供的微课资源、试题资源、课件资源和其他学习资源，辅助学习者进行个性化学习。

智能学习系统的应用模式如图 10－9 所示。

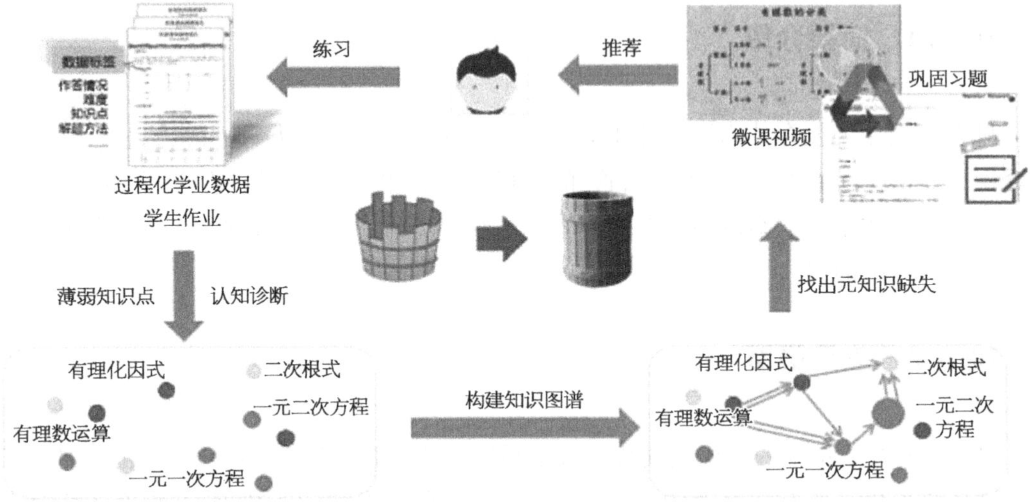

图 10－9 智能学习系统的应用模式

(3) 智能管理系统智能教学系统集成了智能教育核心服务中的决策支持服务，主要包括以下分析。

① 数据采集工具采集区域或学校内的教学、学习、考试、管理等场景数据，并提供给数据加工系统进行存储、加工，生成用户画像，进行相关业务建模。

② 数据应用系统在数据可视化等技术手段的支撑下，将数据进行集成展示。

③ 数据分析系统提供监控、预测和模拟等功能，辅助管理者进行学校或区域的教育管理和教育治理。

智能管理系统的应用模式具体如图 10－10 所示。

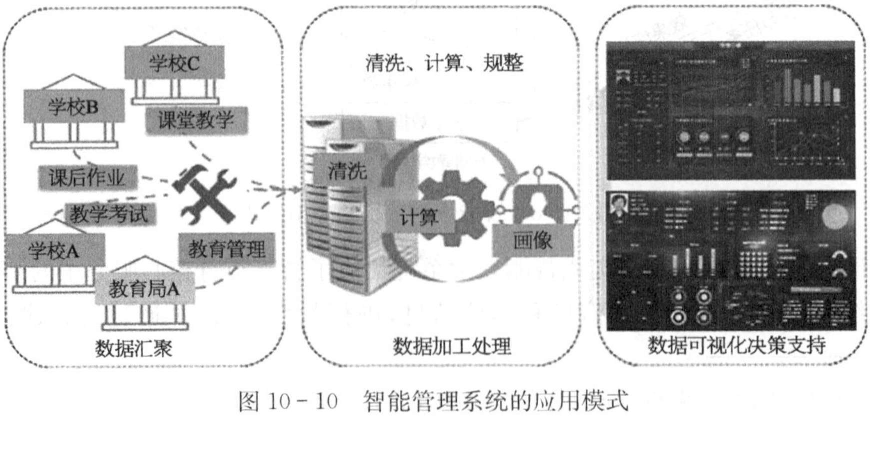

图 10－10 智能管理系统的应用模式

◇参◇考◇文◇献◇

[1] 何璐. 面向在线教育领域的大数据研究及应用[J]. 信息与电脑,2017(22): 139-140.

[2] 郭丽梅,陶庆,秦蜜,王震龙. 大数据在A语言培训教育企业中的应用研究[J],现代国企研究,2017,2(下): 60-62.

[3] 吴晓如,王政. 人工智能教育应用的发展趋势与实践案例[M],现代教育技术,2018,3(08): 5-11.

[4] 杜雯雯. 谈企业员工培训管理系统设计[J]. 企业导报,2011(14): 120-123.

[5] 陈珊. 论当代电力企业员工教育和培训的特点[J]. 人力资源管理,2015(09): 212-215.

[6] 黄永勤. 国外大数据研究热点及发展趋势探析[J]. 情报杂志,2014,33(06): 99-100.

[7] 孟小峰,慈祥. 大数据管理: 概念、技术与挑战[J]. 计算机研究与发展,2013,50(01): 146-169.

[8] 涂子沛. 大数据[M]. 桂林: 广西师范大学出版社,2012.

[9] Brain, H. (2012) Expand Your Digital Horizon with Big Data. Forester, 9, 69.

[10] 周若松,王志娟. 浅谈大数据对教育的影响[J]. 高教学刊,2015(13): 5-6.

[11] 国务院. 促进大数据行动发展纲要[EB/OL]. (2015-01-19)[2019-08-15]. http://www.gov.cn.

[12] 喻长志. 大数据时代教育的可能转向[J]. 江淮论坛,2013(4): 45-48.

[13] 应泽贵,等. 大数据在电力企业中的应用[M]. 北京: 中国电力出版社,2016.

[14] 白巍,张正洪,秦界,应泽贵. 大数据在电力教育培训中的应用[M],计算机科学与应用,2018.

第11章

教育大数据与学生综合素质评价应用

在以互联网为依托的数字世界，一切行为皆有数据，一切数据都可以被挖掘。教育大数据是指整个教育活动过程中所产生的以及根据教育需求所采集到的，一切用于教育发展并可创造巨大浅在价值的数据集合。教育大数据已经逐渐被运用到教育管理、学校管理与教学的各个领域，促进管理和资源优化配置，可以帮助学生更好地学习和生活。

在大数据时代，学生每一步学习和成长轨迹都能如实地被存储与调用，使得对于每一位学生进行全面、科学、动态的评价成为可能。当前，随着“互联网＋教育”的发展以及教育信息化建设水平的不断提高，教育领域已经形成了庞大的学生行为数据和结果数据。本章着重介绍教育大数据在学生综合素质评价中的应用，提出综合素质评价大数据应用模型，并详细介绍两个典型案例。

11.1 教育大数据背景下的学生综合素质评价应用

加速变化的社会对教育的需求已经逐渐从培养高知识储备的专业人才向培养具备综合素养的复合型人才转变。图 11－1 是一张人类历史发展曲线，数千年以来人类发展曲线一直呈现出平缓向上的趋势，到了约 18 世末期突然转折，人口和数量的发展使得人类历史的发展曲线几乎呈 90 度直线上升。这一转折点正好契合了 18 世纪末期的工业革命。机械

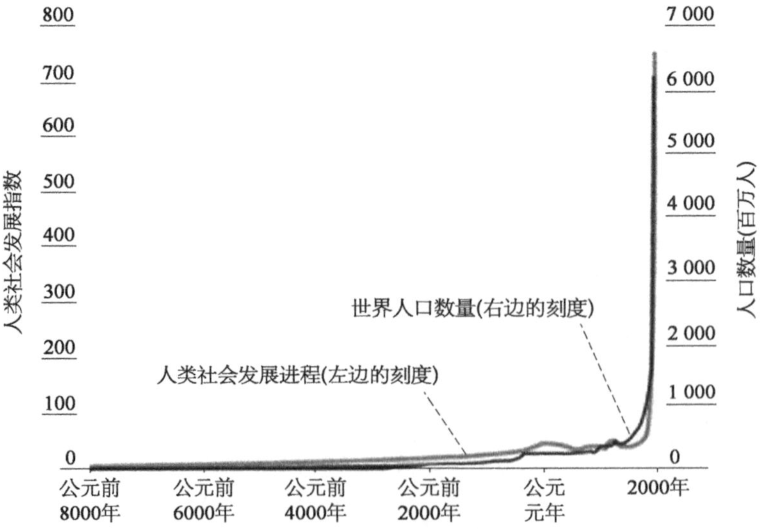

图 11－1 人类历史发展曲线图

工程、化学工业等一些类技术刺激着社会发展，推动人类社会突然、快速而持续地进步。现在，以新一代信息技术为主的第二次机器革命时代到来了。就像蒸汽机及其他后来的技术发展客服并延展了肌肉力量一样，计算机及其信息技术赋予机器大脑理解和塑造环境的能力，帮助人们突破以前的种种能力限制，并引领我们进入新的时代。社会发展的急剧加速，单一的文化储备不足应付各种变化，这也正是中国大力推动素质教育的意义所在。一个社会需求的新知识是多方面、多层次的，复合型人才符合当前社会需求。

站在新时代的起点，教育必须重新回到培养什么样的人的哲学问题上。这要求教育评价，特别是学生评价能够把最适切的人才衡量标准引入普通学校教学，也同样要求评价内容、主体、方法与时俱进，特别是评价内容必须把握好时代脉搏，回答“培养什么样人”这一根本问题。

11.1.1 综合素质评价内涵解读

早在 20 世纪 80 年代，中国就启动了一系列改革，试图扭转唯分数论的评价导向，提出了“提高民族素质，多出人才，出好人才”的教育体制改革目标，逐渐开始对中国 K－12 教育阶段的学生开展综合素质评价。1993 年发布的《教育改革发展纲要》提出中小学要由“应试教育”转向提高民族素质的轨道。2007 年，完整的“综合素质评价”概念首次出现在《关于做好 2007 年普通高等学校招生工作的通知》，文件提出“要逐步建立并完善高中学业水平考试和综合素质评价制度”。2014 年 3 月 30 日，《教育部关于全面深化课程改革落实立德树人根本任务的意见》提出应规范高中学生综合素质评价。综合素质评价主要反映学生德智体美全面发展情况，是学生毕业和升学的重要参考。2014 年 9 月 3 日，《国务院关于深化考试招生制度改革的实施意见》推出，标志着新一轮考试招生制度改革全面启动。这份文件进一步规范了综合素质评价，并推出高考综合改革试点，推出“两依据一参考”的多元录取机制(依据高考、学业水平考、参考综合素质评价)。2014 年，上海市、浙江省两地分别出台高考综合改革试点方案，从 2014 年秋季新入学的高一学生开始实施，2017 年，普通高中学生综合素质评价信息已经成为上海高校招生的重要参考依据之一。

《国务院关于深化考试招生制度改革的实施意见》对综合素质评价做出了描述：“综合素质评价主要反映学生德智体美全面发展情况，是学生毕业和升学的重要参考。”《教育部关于加强和改进普通高中学生综合素质评价的指导意见》提出，“综合素质评价是对学生全面发展状况的观察、记录、分析，是发现和培育学生良好个性的重要手段，是深入推进素质教育的一项重要制度”。结合两项政策的界定，学生综合素质评价可以理解为对学生通过纸笔测试所无法反映出来的素质进行测量与评价，这里的纸笔测试主要指学业水平考试、升学考试等为实现“学科学习目标”而设置的相关测试。综合素质评价与单项素质评价相对应，其实质就是从单项素质评价走向多种素质综合评价，从单次考试(如高考)评价学生，变为全过程的成长性评价，从片面注重分数的评价走向注重德智体美全面发展的评价。从本质上看，综合素质评价就是倡导全面评价、过程评价、多元评价观的具体应用，其价值导向就是全面和谐发展、个性特色发展、科学甄别遴选和可持续发展的教育理想，是科学育人、公平选拔、因材施教、分类培养、持续发展的教育治理导向。

综合素质评价制度是对“培养什么样的人”这一根本问题的正面回应，成为 2014 年以来新一轮考试招生制度改革的牛鼻子。开展学生综合素质评价的意义和重要性主要可以归纳为四点：落实素质教育；完善人才选拔制度；促进高中与高校的有效衔接；促进高中特色办学。

11.1.2 综合素质评价的成效与问题

随着两轮考试与招生制度改革的推进，综合素质评价已经在全国各省市中小学实行多年，取得了一些成效。上海市的高考综合改革将学生综合素质评价作为高校招生的重要参考，推出了一套完整的制度、制订了系统而周密的实施办法，开发了第一套综合素质评价信息系统，上海市普通高等学校推出综合评价录取招生，初步打破了唯分数论的高考现状，充分发挥了评价的引导功能，落实上海市教委立德树人的目标，特别是公益实践活动和研究性学习的引导成效显著。

1）有效推动了高中学生公益社会实践活动的开展

上海市普通高中学生综合素质评价推动了学生社会实践和志愿服务的落实。自 2015 年 4 月《上海市普通高中学生综合素质评价实施办法（试行）》公布以来，在市区两级教育、文明办、团委、文广、科委、体育等校外联成员单位的共同努力下，明确各自的职能与分工，积极整合社会资源，市、区、街道（乡镇）三级联动，建立机制，确保志愿服务工作的细化落实。截至 2017 年 2 月 17 日，上海市已认定的市、区两级学生社会实践基地 1 729 个，共提供学生实践岗位 445 192 个。各高中学校均已与基地签约，已签约基地数为 1 682 个。已报名志愿服务的生 130 454 人，已完成志愿服务总时长 5 161 082 学时，已完成公示 5 032 955 学时。

2）有力促进高中学校研究性学习活动开展

借助高考改革的东风，学生研究性学习的课题报告纳入了综合素质评价创新精神与实践能力的内容板块，高校招生重点参考学生研究性学习课题完成情况，推动了各个高中积极拓展资源，为高中学生研究性学习的开展提供支持和保障。根据一项针对上海全市高二年级学生课题研究活动的调研显示，全市高二学生拥有课题 12 057 个，其中 9 553 个课题已经完成了结题，课题不仅聚焦科技创新和社科人文，还涉及艺术、体育、环保、金融等诸多学科；此外，全市高二年级学生还拥有 1 101 名学生课题研究校外辅导教师。不少高中学校充分整合校内和校外的资源，为学生开展课题研究提供有效的平台和载体；同时建立了学校课题研究评估专家委员会等评估机制，对于学生课题研究活动进行有效的评价和指导；还通过创新实验室建设、创客教育联合体、研究性学习自适应学习系统等建设，为广大高中生创建研究性学习的高质量载体和平台，营造了高中学校人人参加课题研究和项目实践的良好文化氛围。上海市多年来一直希望高中学生每周开展2课时的研究性学习，但是很多学校并没有落实，通过综合素质评价信息系统建设，极大促进了该活动的开展，对高中学校办学规范是一次有力促进。

3）促进学校办学特色的思考和实践

上海的综合素质评价方案注重学校特色指标，这对高中多样化办学是一种推动，很多高中学校开始认真考虑学校的育人特色问题，并重视特色课程群的形成，思考独具特色的评价办法。

4）促进高中学生自我意识的觉醒和生涯规划的萌芽

上海市的综合素质评价方案要求学生自我陈述，这比以往只看分数是一个巨大的进步。通过自我陈述的撰写，孩子开始思考自己选择什么专业，自己有哪些特长和缺点，这是学生生涯规划的启蒙，比以往孩子报考大学前的茫然现象有巨大的改善。当然，这些改变还只是开始，经过几年的努力，会对学生思考未来职业选择和专业选择有巨大的提高。

5）社会诚信体系的监督制衡机制初步建立

上海的综合素质评价方案要求逐级签字和公示确认，这在一定程度上约束了学校过去为了学生升学信口开河、不讲诚信的行为。在过去的高考制度下，学校和学生是利益共同体，"好学生造就好学校，好学校招来好学生，彼此协同进化"，这就是学校与学生的现实关系写照。有人在博弈中为了一方收益，宁愿牺牲诚信，还美其名曰对学生负责。现在的综合素质评价制度，让学生和学校都要思考诚信的代价，从而逐步树立诚信意识。

随着上海市普通高中学生综合素质评价信息管理系统的建立与完善，综合素质评价已经初步实现了从传统的纸笔记录向数字化转变。不仅促进了基础教育大数据的形成，更为后续开展基于教育大数据的综合素质评价提供了良好的平台。但是，转型后综合素质评价取得了一系列成效的同时，也存在一些不容忽视的问题，与《教育部关于加强和改进普通高中学生综合素质评价的指导意见》提出的观察、记录、分析学生全面发展状况存在一定差距。

(1) 数据采集维度有限。由于高考改革高利害性明显，真实性是数据记入综合素质的首要原则，这导致采集的数据维度不够全面，部分能够反映学生综合素质能力的数据没有被纳入采集范围，评价结果和价值可能受到影响。

(2) 学生成长的过程性数据较为缺乏。综合素质评价强调客观记录，所采集的数据多为结果性数据，比如学业成绩、比赛奖励、个人荣誉，但是对学生成长过程性数据记录重视不足。如果过分注重结果性数据，则会在一定程度上为学生和家长带来心理压力，负担加重，若加以家长功利心的驱使，综合素质评价的价值导向势必受到影响。

(3) 结果性数据的真实性、有效性难以保证。目前，学生的研究性学习成果纳入了综合素质评价信息管理系统，成为高校招生的参考信息，但是如果学校疏于管理，则学生研究型课程参与度不高，学生研究性学习专题报告存在临时拼凑、大量学生做一个课题和部分造假等现象。为什么学生不愿意花费时间用于课题研究？在博弈论经济学中，“智猪博弈”是一个著名的“纳什均衡”的例子。对高中学生而言，真正开展一项研究往往需要花费较长时间，在不知道这些课题在高校录取中价值的情况下，学生就会采取“智猪博弈”的策略。

> 假设猪圈里有两头猪，一头大猪，一头小猪。猪圈很长，一头有一踏板，另一头是饲料的出口食槽。猪每踩一下踏板，另一边就会有相当于 10 份的猪食进槽，但是踩踏板以后跑到食槽所需要付出的“劳动”，加起来要消耗相当于 2 份的猪食。笼中猪博弈的具体情况如下：如果两只猪同时踩踏板，同时跑向食槽，大猪吃进 7 份，得益 5 份，小猪吃进 3 份，得到 1 份；如果大猪踩踏板后跑向食槽，这时小猪抢先，吃进 4 份，实得 4 份，大猪吃进 6 份，付出 2 份，得益 4 份；如果大猪等待，小猪踩踏板，大猪先吃，吃进 9 份，得益 9 份，小猪吃进 1 份，但是付出了 2 份，实得—1 份；如果双方都懒得动，所得都是 0。
>
> 利益分配格局决定两头猪的理性选择：小猪踩踏板只能吃到 1 份，不踩踏板反而能吃上 4 份。对小猪而言，无论大猪是否踩踏板，小猪将选择“搭便车”策略，也就是舒舒服服地等在食槽边，这是最好的选择。

基于这种博弈理论，很多学生想与其花时间做课题，还不如不做，这样付出的时间成本与对高考的贡献就是最大的，这就是很多学生不愿意开展课题的原因之一。

此外，教育改革与信息化相融合程度不高，系统工作流程复杂，学校师资配备不足，导致采集数据质量不高，公平和信度还需进一步提升。例如，学生的平时成绩纳入了综合素质评价范畴，但是不同学校的平时成绩和表现，差异很大，上海中学的数学 70 分与普通高中的数学 70 分基本上没有可比性，名次也同样没有可比性，导致学生成绩的信度不高。

(4) 数据分析模型较简单。数据分析模型采用简单的线性加权，高校参考利用价值有限，且高校招生观念尚未改变，注重分层而分类不足，过分重视学业成绩，忽视了学生的学习能力、探究能力等，综合素质评价的应用价值没有得到充分体现。部分高校在自主招生阶段还去看看综合素质评价情况，在面上大规模招生时，基本不参考。

(5) 数据客观性受影响。数据记录大多为结果性记录，缺乏实时的数据采集、反馈和分析机制，无法实现对学生生涯规划的指导，也无法对学校办学改进和服务提升提供决策依据。在综合素质评价面前，高中学校与学生是利益共同体，在利益博弈中，不能排除协同作弊的可能性，使自身利益的最大化，所以凡事需要经过加工后的信息填报，基本上都会加以修饰。实时的真实数据不能及时记载，所以该评价系统基本上对学生发展性评价的功能、对学校改进的功能大打折扣。综合素质评价沦为一门新的高考“科目”，虽然引导功能得到强化，但是评价的诊断、改进、激励功能尚未充分发挥。

11.1.3 教育大数据与综合素质评价

2018 年 4 月教育部推出《教育信息化 2.0 行动计划》，提出了八大激发信息技术革命性影响的重要举措，开启了教育信息化 2.0 时代的序幕。《教育信息化 2.0 行动计划》提出要以人工智能、大数据、物联网等新兴技术为基础，依托各类智能设备及网络，积极开展智慧教育创新研究和示范，推动新技术支持下教育的模式变革和生态重构。随着《教育信息化 2.0 行动计划》的深入推进，大数据技术有望助力综合素质评价突破实践困境。大数据藏在哪里？基于大数据的综合素质评价又为谁服务？本节将重点阐述这两个问题。

1）综合素质评价的数据来源

通常所说的教育大数据有可能是散落在图书馆等各个地方的资源，也有可能是具体到教育教学部门和教育管理的大数据，包括学籍管理系统、成绩档案系统等，这些往往以纸质为主。随风而逝的教育学行为大数据和结果大数据量很大且不容易捕捉，有很多背景化的东西，它并没有被记载下来，因此常会被误认为它不存在，这些大量的结果和行为数据是需要研究的对象。

现在，人们对教学行为大数据和结果大数据的采集和挖掘还非常有限。比如，一位学生在毕业的时候接受了九年教育，一个小卡片就可把他的数据记录下来，包含个人和家长的基本信息、教师与学校相关信息、各个学科的考试成绩、身高体重等数据，最多再加一些图书馆和体育馆的使用记录、医疗信息和保险信息等，大部分学生毕业的时候也许就拿到这么点数据。这些不是教育大数据，教育大数据包含的数据来源如下。

（1）课堂教学过程性数据。根据荷兰一所著名的行为观察软件公司的研究，发现在一节 40 分钟的普通中学课堂中，动作、姿势、运动、表情、情绪、社会交往与人际交互中各种信息的全新数据，大概为 5～6 GB，其中可以归类、分析、标签的可分析量化数据约为 50～60 MB，这是传统方式中要积累五万年所达到的数据。在录播教室，当一个学生站起来的时候一个摄像头会对准他，当他站起来回答问题的时候，数据被采集。现在，学生在课堂上的表现可以通过全新摄像捕捉，课堂里的每一位学生都可以被追踪，40 分钟的课堂时间所经历的每一个细节，包括微表情、眼球的运动，甚至脑电波等，直到深层次的情绪变化、心理反应、人际交互等都可能被跟踪，这对于学生综合素质评价将是一个巨大的宝藏。

（2）学期过程性数据和结果性数据。教育大数据为科学地分析学生成长历程提供了可能。通常，学期末学生可能只得到一份各学科考试成绩和教师评语，有了大数据做支撑，更多有价值的数据可以通过可视化的图表呈现出来。比如，某学生考了 78 分，这只是一个数字，这个数字可以帮我们判断这位学生的名次、可能升入哪一些学校，但是数字背后的东西我们看不见，努力程度、家庭背景、学习态度、智力水平等相当多的东西都和这个 78 分紧密联系在一起，这些数据经过数据采集与分析，可以发挥重要的教育价值。

(3) 线上学习的过程性数据和结果性数据。数据实验、DIS 的信息数据、交往社交圈关键词检索数据、购买数据以及在各种学习平台上开展教与学的数据，包括各种各样的教育软件和教育学习平台，这些都隐藏着宝贵的数据，值得进一步挖掘。江苏教育信息化研究中心做了一个数据，一个学生一个教育系统的数据包含着结构化的数据大概在 1.68 PB，非结构化的数据远远大于 35 EB。大量的课堂实验数据、教学实务数据、课程信息数据往往没有被挖掘出来，或者没有在教育大数据统筹的范围之内。

(4) 大数据像是上帝之眼，可以在人们无意识的状态下采集数据，数据更加客观、真实。当人们在意识到自己正在被关注或者洞察的时候，会刻意去改变一些行为或者语言表达，这种现象被称作“霍桑效应”。在学生综合素质评价中，传统的数据采集方式一般以学生自评、互评和教师评价为主，在这种情形下，容易产生“霍桑效应”，所采集的数据容易受评价主体的主观因素影响，数据的客观性、真实性难以保障。中国俗语有云“人在做，天在看”。大数据可以看作是网络世界的“天眼”，学生在线的学习和行为轨迹被实时记录和跟踪，这些数据是真实的，没有经过加工。

2）基于教育大数据的综合素质评价

评价其实就是收集学生学习行为和学习结果的表现数据，并依据一定的标准给予价值判断的过程。现在的学生伴随着移动互联网长大，是数字时代的原住民。他们的学习、生活、娱乐、社交等活动都深深烙上了数字化和网络化的烙印。他们的学习不再局限于教室内，在成长中通过泛在学习取得进步，单纯的发生在教室内的课堂学习评价显然无法涵盖其生活的全部。所以，针对这个群体开展的评价活动，从评价内容到评价形式都需要与信息技术与时俱进。

展开综合素质评价关键的两个问题是学生发展状态数据的采集以及基于这些数据上的分析评价。首先，要收集学生在综合素质评价的各项指标上的表现数据，如学生的各科成绩、学生的体能情况、学生的学习行为和实践经历、学生在课堂上的表现情况，还有学生的其他信息数据等。其次，要在收集到的大量数据中，进行挖掘分析，抽取出有价值、有关联的数据。在此基础上展开综合素质评价活动。在很长一段时间内，由于技术的局限，操作的烦琐，对学生学习行为和数据的收集和数字化处理非常困难，在此基础上的分析和可视化表达自然也难以实现，对教育的数据分析局限为考试数据的排名系统，正是由于技术限制，综合素质评价的理念很难落实。

当前，信息技术发展迅速，为上述两个问题的解决提供了良好的解决方案。首先，现在各种网络教育平台、教育软件和 APP 应用层出不穷，基本上能覆盖学生的整个学习活动，可以全方位采集学生的各项学习行为和结果数据。如网上测评系统、作业系统可以采集学生的平时作业和考试的得分情况，课堂教学系统能记录学生的课堂表现数据，各种运动手环能检测学生的运动信息等。此外，采集学生各个方面的数据无疑是一项巨大的工程，必然会产生海量数据，要在海量数据上展开综合素质评价活动，就必须要有处理海量数据的技术。大数据技术正好是解决此问题的一把利剑。大数据技术是针对海量数据进行分析挖掘的一种技术,运用大数据分析技术,可以很好地分析出学生的兴趣爱好,知识点的掌握情况,学生在整个群体水平中所处的位置等,甚至能预测出学生将来的表现。随着信息化技术的发展,采集存储学生的各项数据,在技术上已经不是一个难题。近年来,各种大数据分析管理技术(如 Hadoop、Spark 等)不断出现,针对学生海量数据的存储、分析、管理等提供了良好的解决方案,为基于大数据的教育评价提供了可能。未来,学生的学习行为和结果数据采集范围更广、来源更多,如学习经历和结果表现、社交朋友圈、地理位置信息、检索关键词、购买产品目录、爱好表现、兴趣趋向、情绪心理等,包含结构化和非结构性数据,可能会涵盖学生的兴趣、爱好、学习经历、能倾、特长等,就是一个记录学生全貌的数字写真,可以形成每个人的数字画像,这在教育评价学领域会产生深刻的变革。信息化技术的发展为高中生综合素质评价的开展提供了良好的技术支撑,为基于大数据的学生评价提供了广阔的想象空间。

随着大数据技术不断提升,教育数据越来越无处藏身,不断地被记录、采集。但是,这些数据怎么用,如何让各类数据发挥教育价值,仍然是亟须破解的难题。对于综合素质评价而言,大数据像是“看不见的眼”,在学生、教师、家长无意识的情况下采集客观数据,它能“洞悉一切”,从白天到黑夜,从行为到结果,从外在到本质,它能做到人工所做不到的大量工作、看到人类所看不见的内容、装下人类所容纳不下的巨量信息、进行人类所无法承受的计算量、得出人工所无法得出的评估结果。基于大数据的综合素质评价对于教育行政部门、学校、学生、家长甚至是教育企业都具有重要的价值。

(1) 学生成长的个性化与自适应。基于大数据的学习分析学已经成为独立的科学,甚至成为和教育学并列的科学,很多人知道教育学是一级学科,学习分析学是其中的一个分支,现在很多师范学校已经把教育分析学作为和教育学并列的学科,为教育从学说走向科学提供了支撑。基于大数据的综合素质评价能够促进学生成长的个性化与自适应。

第一,学生个性化成长。每一个人的成长过程都是一个不可复制的路径,如果把一个人的思维重新注入另一个人体内,其行为是否会表现出高度一致,答案是否定的。每一个人都是在基因表达和时空的特定环境下的一种互动,因此学生的个体成长是不能被复制的。教育应该是在学生成长过程中提供最优化的帮助,而不是在发现做错了以后再重新教一遍。

基于大数据的学习分析能够支持大规模的个性化学习,个性化学习是优质的教育,但是成本极高,所以很多学校无法支持这一过程,于是变成了利于个体个性化学习的部署,这是成本决定的。是不是一对一的教学是最好的,也许未必,可能需要在微观的文化背景下才能最好。但对学生来说,在什么情境下是最好的,在什么情况下需要得到独特的服务,这一方面由于过去没有教育大数据的支持,一直做得很有限,现在技术为此提供了可能。不同的人在达到不同的目的时需要的支撑或走过的路径都是不一样的,在什么情境下、在什么时机、在什么路径下、用什么方法,提供独特的帮助。

过去无法照顾到个人,所以经常说一个班上有几个学生失败老师会理所当然的、问心无愧地说这是正常的，因为我的学生不能说百分百成功。数据对于个性化学习的支持，特别是产品设计方面，基于大数据的自适应学习技术不仅可以通过双回路的反馈对教学重新设计，还可以根据个人的学习能力和偏好，进行定制和推送学习内容/任务，从而引领教育进入一个高度个性化的时代。

第二，学生自适应学习。大数据技术是一个最近研究热点，自适应学习是整合了现代技术以及教育学、心理学的综合应用，教育大数据可以促进教育公平。在大城市中往往集中非常优秀的教师，但在西部地区、边缘地区、农村地区，优秀教师非常缺乏，对他们提供支持，把优秀的教师动员到农村去、边疆去有点困难，大数据可能是一个更好的解决方案。大数据创造的自适应学习可能为此提供了一定的支撑。

(2) 教育行政部门的教育治理。教育治理基于数据比基于经验更科学。教育行政部门要实现基于大数据的教育治理，已经成为共识。大数据为教育治理现代化提供了支撑，比如上海市义务教育入学报名系统，在政府教育资源配置和宏观调控、科学决策以及对学校、其他事业单位、机构的绩效评估都需要大数据的支持，提高教育经费使用的边际效益，包括弘扬先进的教育理念等都离不开教育大数据。大数据可以帮助政府提高决策的精准度和科学性。

(3) 学校的办学改进。大数据可以提高学校服务的针对性，帮助学校实现大规模的因材施教。

第一，发现学习规律。针对学习规律，我们想当然地认为就应该是那样，其实未必。比如肺活量和数学成绩之间的关系，很多人认为喜欢运动的孩子肺活量才大，喜欢运动的人往往头脑简单、四肢发达，但事实上完全不是这样。经过大数据分析我们会发现肺活量对于成绩影响非常大，特别是数学科目，相关性极强，肺活量大的同学明显数学成绩要优于其他同学，这些也许会颠覆一般人的常识，但这些对于我们教育工作者改进教学、寻找教育的规律提供了支撑。还有教室座位和成绩之间的关联性分析，也许大家会认为座位和成绩之间的关联是模糊的，现在通过大数据也许就会找到中间的关联性。

第二，促进师生信息双反馈，服务教与学。教育大数据可以改进教与学。在传统的教与学过程中，不断地进行各种考试，记录学生的数据，但这类数据往往是单向的——通过学生做题来了解学生。但实际中更需要双向反馈，比如，利用大数据技术，通过采集和分析学生学习过程中的数据，有可能实现一种双向反馈，不仅能纠正学生的错误，还能从教学和学生行为数据中分析出错误的原因，而且可以将教学效果反馈给教师，双向改进教与学。

第三，提前预警与成效评估。中国教育存在两个核心问题，一是公平均衡，一是个性化。个性化方面的不足是影响我国整体教育质量的一个巨大的瓶颈。很多学校为了提高学生的考试分数，对学生进行大数据的甄别，早期对相关学生进行预警，从而能够帮助到学生的考试。除此之外，还有其他的行为干预，过去的预警往往是事后，当学生犯了错误之后进行惩罚或者补救，当一个人发生了很严重的错误后再进行惩罚实际上是不人道的，最好的方法是防患于未然，早期预警。

除此之外，大数据还可对学校整体评估教学动态以及教学成效。当我们对练习进行分类汇总，可以率先找到哪些同学是所谓学神、哪些是所谓学渣，这样可以对教学行为进行追踪和反馈。对于某一个知识点掌握得好与不好，这些在教育中是一种常态化的应用了；还有未来对每一个学生做一个数字画像，当老师给学生写评语时，把每一条评语进行大数据分析可以发现一个学校的评语基本可以概括为四五种模型——要么这个人爱学习爱劳动成绩好，要么这个人爱劳动成绩不好……总之你会发现，老师基于几个关键词进行重组，所以写出来的评语几乎都是千人一面、非常单调。然而，每个人都是不一样的，怎么把人的不一样表现出来？我们需要大数据为每个学生做数字画像，除了学科成绩之外的数字画像，还要看到其他方面的成长，他的运动、情商、社会交往、情感表达等。数字画像对于一个人的生涯设计，包括因材施教和高校的持续培养，以及就业，都有重要的价值，这些在大数据出现之前很难实现。

11.2 基于教育大数据的学生综合素质评价应用模式

学生在学习和生活中，所有的行为皆是数据，所有的数据都可以被采集。学生客观数据的采集范围可以扩大至课堂内和课堂外、正式学习环境和非正式学习环境、线下学习和线上学习，这些数据能够形成系统、完备的教育大数据，经过分析能够反映学生综合素质的多方数据与信息，对学生综合素质进行多维度、全方位的考察，形成基于大数据的学生个体和群体的综合素质数字画像。评价结果不仅服务于高校招生，还服务于学生生涯规划、教师因材施教、高中学校治理、政府教育区域治理，充分发挥客观数据的价值，有效加强对学生各维度素质与能力的认知与评价水平，调动学生、教师、高中、高校、政府等各方启用综合素质评价结果，充分发挥评价的导向功能，促进学生全面发展与健康成长。

基于大数据的综合素质评价需要一套完整的综合素质评价模型。数据挖掘的一般流程是数据采集、目标数据、数据预处理、数据挖掘、结果呈现、反馈应用，如图 11－2 所示。图中，数据采集往往是首要环节，通常大量的时间花在采集和预处理上；数据采集后根据实际

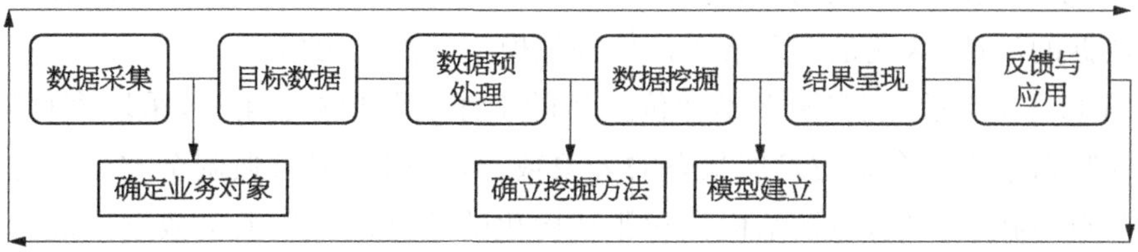

图 11－2　数据挖掘一般步骤

需要确立目标数据，才能进行数据预处理，形成大数据仓库，根据行业内在规则确立挖掘方法，开展数据挖掘，建立数据模型，从而呈现挖掘结果。根据数据挖掘流程，构建了基于大数据的“多源多维综合素质评价模型”，其结构如图 11－3 所示。

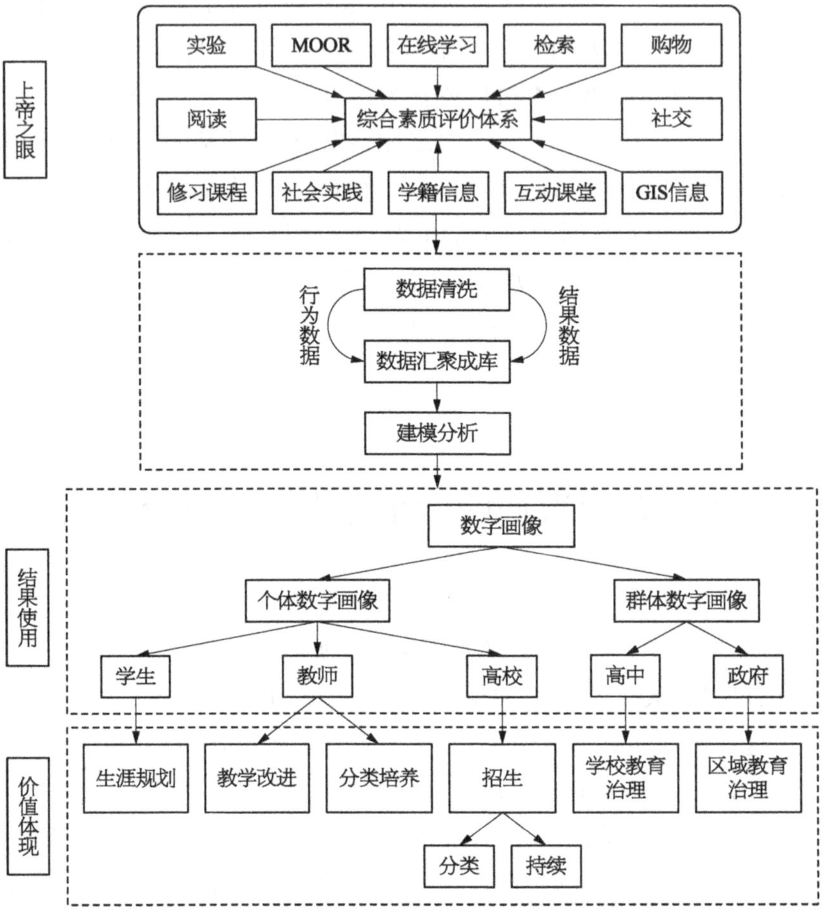

图 11－3 多源多维综合素质评价模型图

图 11－3 是基于大数据的综合素质评价模型，其中，数据的采集强调多种来源的自然采集，包括结构化和非结构化的数据，力求其数据量大，不会造成结构性短缺。这些数据汇聚后，通过清洗处理，进行模型分析和数据挖掘，通过“大数论”的关联分析、聚类分析、因果分析等，从中发现规律性和关联性，为每个学生提供客观的数字画像，也为群体进行数字画像，从而服务于学生的生涯规划、服务于学校的办学改进、服务于高校的分类遴选，服务于政府基于数据的治理，这就是综合素质评价理想模型的潜在价值。

根据图 11－3 所示，该多源多维评价模型的工作机制包括：第一，采取多种形式、多种方法记录能映射学生综合素质发展状态的表象数据，数据的记录强调全方位、全过程、全员和非干预的自然状态采集，包括结构化和非结构化的数据；第二，大量数据形成后经过数据清洗去冗，并依据一定的元数据标准进行标签化，汇聚成为学生综合素质评价大数据系统；

第三，根据数据分析模型，进行数据分析挖掘，为学生个体和群体进行数字画像，从而客观分析学生综合素质发展状态，并透视其关联性、聚类性和因果性，通过学生数字画像，进一步为学校、教师、政府等进行画像；第四，将基于大数据的综合素质评价结果及时用于个体生涯规划、学习改进、办学服务提升、高校分类遴选、政府基于数据的治理等用途，从而实现综合素质评价的发展性诊断功能、学习成长导向功能、分类遴选功能、治理服务改进功能等。在这套综评实施模型中，核心模块包括以下六个系统模块。

11.2.1 数据采集系统：大数据采集的“上帝之眼”

本模型尝试在综合素质评价已有的客观数据之外，采集学生在实际情境中所遗留下来的过程性数据。综合素质评价要将学生放在其学习生活的环境中，这一环境包括了线上线下的多源多维数据获取，同时考虑到学生成长的动态发展规律。

将大数据比作“上帝之眼”的另外一个意思是数据的采集是非干预的、在自然状态下被采集的，而不是为了某种功利的目标被采集。“人在做、天在看”，“天”是隐藏的，不被发现，暴露在天下的都是自然的本真状态的呈现，这样采集的数据才更为真实，更容易暴露其本真的规律。

11.2.2 数据的清洗

大数据采集后，需要进行必要的清洗，剔除无关的变量，并经过一定的格式化处理，用元数据标准进行标签，这样才能更好地被挖掘和分析。数据的清洗核心在于寻找评价目标与数据的关联、映射对应关系，排除噪声数据。

由于采集的原始数据中无意义的成分很多，数据来源结构复杂，不同的系统间也存在着不同的标准，加上系统设计不合理性的存在，时常出现系统数据的重复、冗余和不完整导致大量模糊信息的现象。这阻碍了数据挖掘的针对性和准确性，影响数据挖掘的执行效率，不利于挖掘目标的达成。因此，对原有数据进行有效处理也就是数据挖掘之前的数据清洗工作很有必要，数据预处理成为数据挖掘中的重要一环。

通常而言，数据预处理一般按照以下四个步骤：数据选取、数据表属性一致化、数据清理、数据离散化(数据归约)。数据预处理的过程是基于大数据的学生综合素质评价模型的重要的一环，通过数据预处理，为数据挖掘的顺利进行开辟了道路，也是高效率的完成数据挖掘的前提和基础，关系到学生数据挖掘的成功与否。

11.2.3 数据的挖掘分析模型

数据分析的模型建立是一个非常复杂的过程，价值观不同，模型会差异很大。模型根据适用对象的不同和算法的差异可以分为不同的类型。

(1) 数据挖掘技术。收集、分析并解释数据，是统计学中最基本的数据挖掘技术。通过建立基于数学函数的统计模型，对目标进行汇总、描述以及预测，也能够应用在验证数据挖掘的结果上。

(2) 聚类分析与模式识别。聚类分析与模式识别则是根据事物的特征对其进行分类，即聚类，利用数学方法对数据样本进行差异性和相似性的区分，根据亲疏关系进行聚类，并从聚集的类别中发现在事物之间的规律和典型模式，是当代分类学与多元分析的结合，直观呈现出分析结果。

(3) 决策树分类技术。决策树分类技术是由于分析决策或事件时会产生多个结果，这些分析形成的不同的结果如果绘制出来就像树的枝干一般，用树形的结构来呈现分类和决策的结果，并从中发现规律。

(4) 人工神经网络和遗传基因算法。人工神经网络和遗传基因算法在几十年的研究过程中经过高潮和低谷而今又重新处于研究的前沿热点领域中，通过计算机模拟人类大脑的特性，这种仿生学的研究在人工智能、计算机科学、认知科学等方面的应用中前景被看好，对于客观规律的定量描述和网络设计编码在数据挖掘中有帮助作用。

(5) 规则归纳。规则归纳指在数据挖掘过程中提取形式规则，搜索和挖掘以往未知的规律。可视化技术是数据挖掘结果的呈现方式，通过图片、图像、表格、动画等不同的形式便于挖掘结果的理解，指引后续操作。

11.2.4 数据的利用和挖掘

在第一阶段，汇聚而来的数据可以作为综评的数据提供给使用的人，大学可以用来进行模型分析，可以分层、分类，可以挖掘特长生，中学和政府也可以进行相关的数据挖掘分析，为教学改进服务，学生本人可以发现自己的特长和不足。

这套模型也许看上去更为理想化，但是，其教育大数据不是仅仅采集学生的学籍信息、入学信息、各种考试的分数等静态数据，而是充分考虑到数据的多源采集、自然采集，注重数据的完整、全面，特别是注重学习行为数据和学习结果数据，注重结构化数据和非结构化数据的结合，从而使基于大数据的学习分析成为可能。该模型在数据清洗的基础上提供了系统化的学习数据分析方法，便于教师将学习行为数据、学习结果、学习资源及其他学习相关的数据进行分析和处理，便于学生、教师、学校、政府都能一目了然了解教育发生了什么，学生学习发展情况，学生综合素质评价结果，从而为教学行为改进指明方向。

数据挖掘与分析后的结果一般通过数据可视化的方式呈现。可视不只是让人看见，数据的可视化更多是便于人的理解。人从外界获得的种种信息中，图是最能直观的传达内涵的载体。通过可视化的方式，可以更直观地找出人们想要寻求的答案，找出隐藏在各种交叉的数据中的关系、趋势与偏差，发现数据中隐藏的知识与规律。可视化分析涉及意义建构、人机交互分析、分布式认知等认知理论，在大数据分析中扮演着尤为重要的角色，也尤其适用于复杂的数据挖掘领域。

应用在大数据分析的可视化技术主要包括文本的可视化、网络(图)的可视化、时空数据可视化、多维数据可视化等。数据的可视化领域的发展由于商业、科研、公共管理等助力，一直处于良好发展的态势，已经面世的侧重于不同的可视化目的的软件工具数量众多，并朝着更好的用户体验发展。一般而言，我们常应用折线图、柱状图、饼图、气泡图、雷达图，如图 11－4 所示。

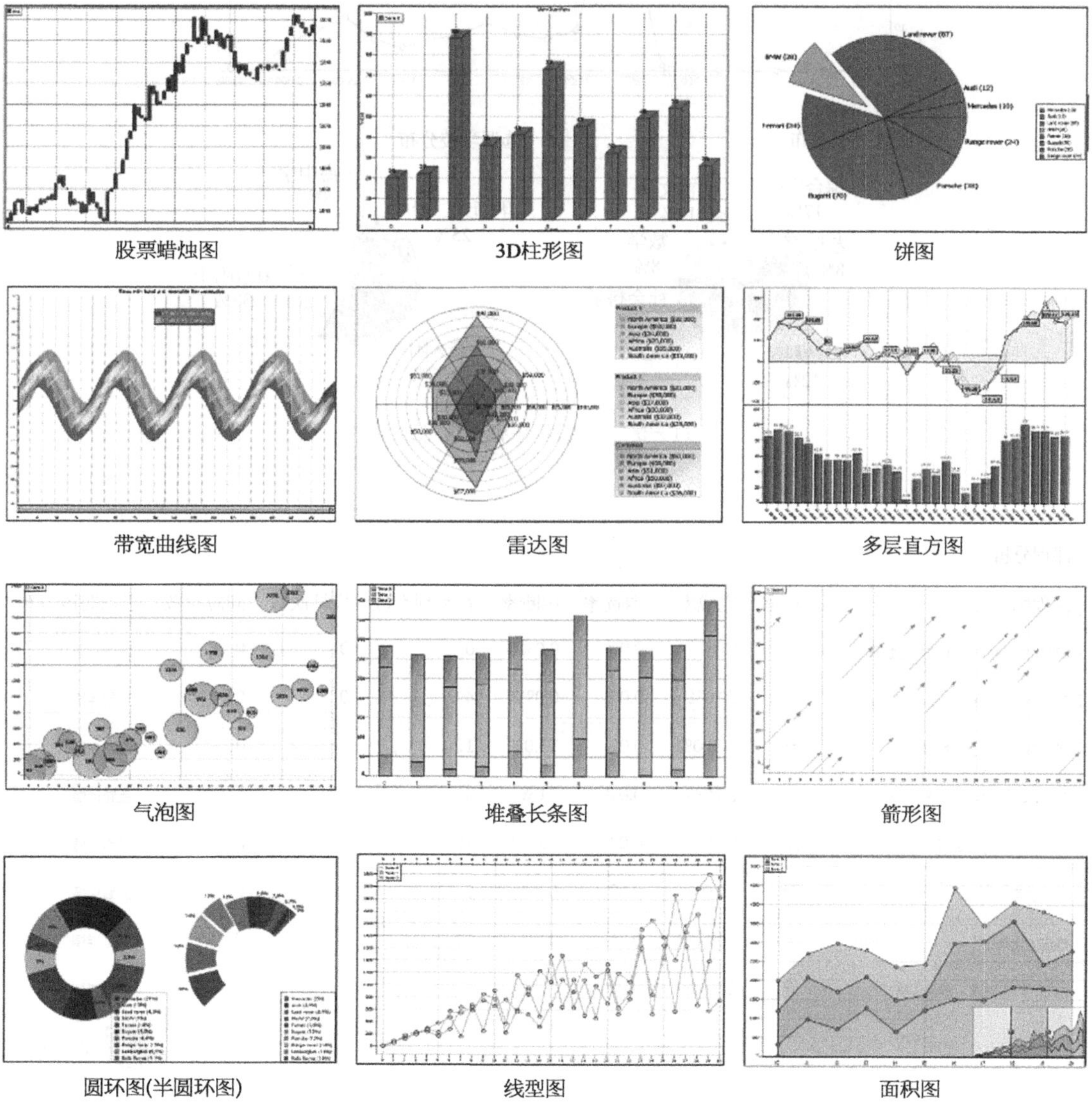

图 11－4　数据可视化基本图表汇总

通过大数据分析，综合素质评价结果能够可视化表达，每一位学生、每一个学习群体都有一个数字画像，更加形象、简洁地将评价结果展现出来，以上海市高中名校慕课平台中的具体应用为例，学生的课程学习情况、学习倾向通过图表的形式呈现，如图 11－5～图 11－7 所示。

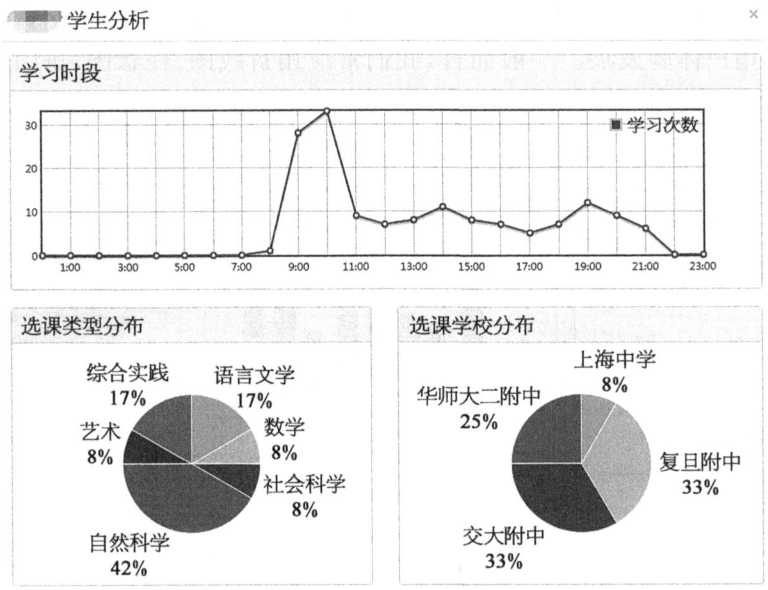

图 11－5 学生课程基本信息统计

课程分析

课程名	证书	完成率	退选率	中断率	视频观看数	发帖次数	回应次数	学习时段分布
STEM生命科学：走进生态世界	无	0.0%	0.0%	0.0%	0	0	0	查看详情
STEM信息科学：探秘CPU	无	50.0%	0.0%	0.0%	4	0	0	查看详情
诺贝尔奖中的生命科学	无	100.0%	0.0%	13.0%	12	0	0	查看详情
STEM环境科学：物理与环境	无	50.0%	0.0%	0.0%	4	2	0	查看详情
《中国人》系列课程	无	90.0%	0.0%	13.0%	19	0	0	查看详情
艺术欣赏	无	42.0%	0.0%	0.0%	5	1	0	查看详情
走进大上海	无	100.0%	0.0%	3.0%	11	2	0	查看详情
STEM研究方法：揭秘层析	无	100.0%	0.0%	13.0%	8	1	0	查看详情

共查询到12门课程 ‹ 1 2 ›

图 11－6 学生课程学习情况分析

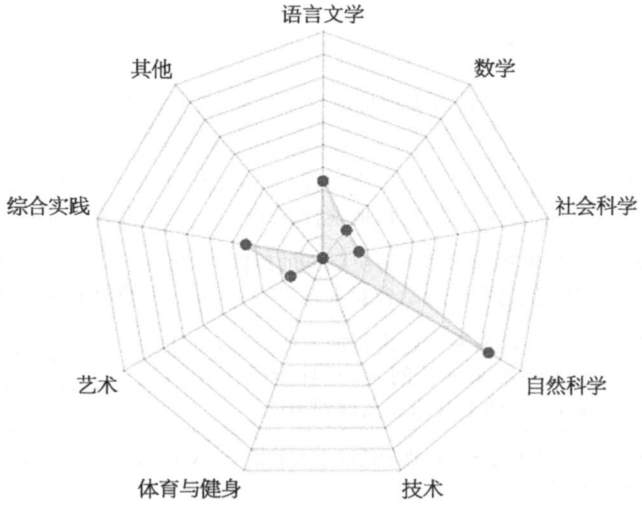

图 11－7 学生学习倾向分析

11.2.5 学习结果性数据模型——以 SOLO 评价法为例

通常,考试分数和作业的正确率是考察学生的课程学习情况的主要指标,也是反映学生学习情况的重要结果性数据。然而,学生作业只分"对"和"错",考试只看总分,这种做法虽然简单、明了,但是并不能反映学生的思考水平。学生学业上的结果性数据经过深入挖掘,能够反映学生的答题背后的认知水平和认知规律。SOLO 分类评价理论①及其实践为学习结果性数据模型提供了重要支撑。

依据 SOLO 分类评价理论,与学生学业相关的结果性数据存在重要的挖掘意义,学生结果性数据模型可以依据 SOLO 评价理论。根据 SOLO 分类评价法,比格斯把学生对某个问题的学习结果由低到高划分为五个层次,具体含义如表 11－1 所示。

表 11－1 SOLO 学习结果分类表

层级序号	层级名称	层级表现特征描述	例题:(数学学科) 在数列 $\{a_n\}$ 中,若 $a_1=a_2=1$,且 $a_n+2=a_n+1+a_n(n\in N)$
1	前结构层次 (prestructural)	学生基本上无法理解问题和解决问题,只提供了一些逻辑混乱、没有论据支撑的答案	
2	单点结构层次 (unistructural)	学生找到了一个解决问题的思路,但却就此收敛,单凭一点论据就跳到答案上去	(1) 求数列的第 3 项

① "SOLO"(Structure of the Observed Learning Outcome)分类评价理论是比格斯(J. B. Biggs)(香港大学教育心理学教授)首创的一种学生学业评价方法,是一种以等级描述为特征的质性评价方法。

（续表）

层级序号	层级名称	层级表现特征描述	例题：（数学学科）在数列 $\{a_n\}$ 中，若 $a_1 = a_2 = 1$，且 $a_n + 2 = a_n + 1 + a_n (n \in N)$
3	多点结构层次（multistructural）	学生找到了多个解决问题的思路，但却未能把这些思路有机地整合起来	（2）求出数列的前 15 项，并指出哪些项可以被 5 整除
4	关联结构层次（relational）	学生找到了多个解决问题的思路，并且能够把这些思路结合起来思考	（3）指出前 15 项中能被 5 整除的项出现的规律
5	抽象拓展层次（extended abstract）	学生能够对问题进行抽象的概括，从理论的高度来分析问题，而且能够深化问题，使问题本身的意义得到拓展	（4）指出数列 $\{a_n\}$ 中可被 5 整除的项出现的规律，并说明理由

注：题目中所设计的四个问题基本与 SOLO 理论的四个水平是一一对应的，思维层次达到抽象拓展结构的学生能够对所有的子问题做出准确的解答。

SOLO 评价法在澳大利亚和香港已经积累了实践基础，能够与历史、地理、数学、英语等学科的评价相结合。现在，通过这种方法，可以获取学生思维发展水平的科学评价，评价者根据学生作答情况，能判断出学生对问题理解的思维深度。该模型常常用于学习结果性数据的评估。

11.2.6 评价结果分类使用——学生、教师、高校、学校、政府

评价结果只有有效使用，教师、学校、政府等教育实践者和管理者才能根据评价结果提出有针对性的、个性化的、发展性的参考和指导；高校才能更加高效地甄选出符合自己要求的学生；学生才能更加了解自己，为自己的生涯发展做好规划。

基于大数据的综合素质评价结果以数字画像的方式呈现。数字画像的构建背后是一系列技术的支撑，包括各种数据采集技术、采集工具的应用，如全面感知的物联网、可穿戴设备、图像识别、学习行为轨迹转换记录系统等，这些技术能从多个维度记录学生的学习、生活数据，从而为数据挖掘分析提供了素材。上海市卢湾一中心小学开展未来学校探索与实践，积极探索数字画像技术，为大规模因材施教提供数据支撑。其数字画像的采集与分析维度及数据流向可用图 11－8 表示。

图 11－8 中，来自学生的学习、生活、身体体征、作业、社交和位置信息等各种数据汇聚到学生成长数据中心，经过清洗后建模，构建学生数字画像，这个画像具有个性、实时、多维、全面等特征，可以帮助学校及时了解学生的发展状况，并与家长和教师共享，从而为形成教育合力，营造共同的育人场提供了数据支持。该项目在卢湾一中心小学已经取得很多新的进展，为未来大规模因材施教提供了可资借鉴的范式。

1）学生个体数字画像：服务于生涯规划和个性发展

学生是综合素质评价的评价对象。综评对学生全面发展情况的观察、记录、分析，是发现和培育学生良好个性的重要手段。多源多维综合素质评价模型在大数据分析的基础上

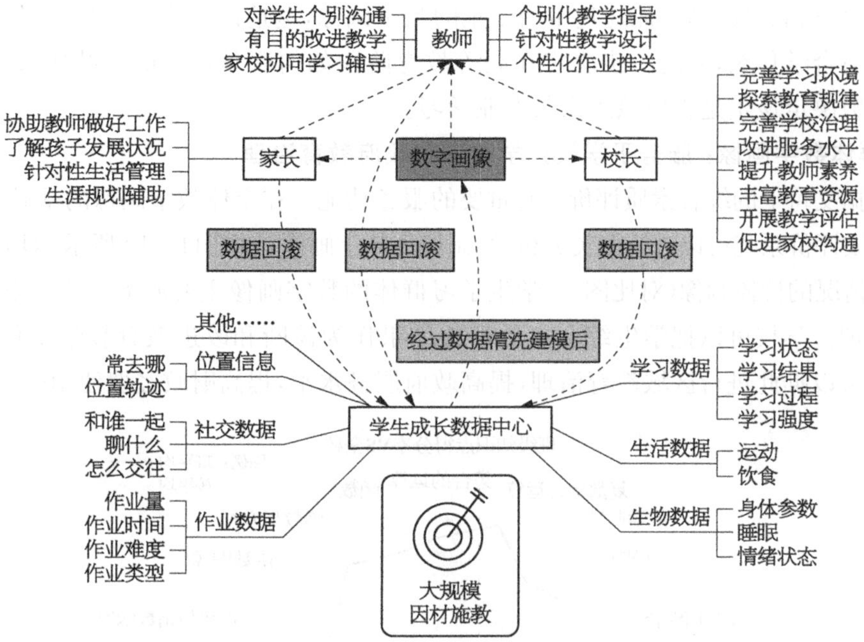

图 11-8　数字画像的采集与分析维度及数据流向

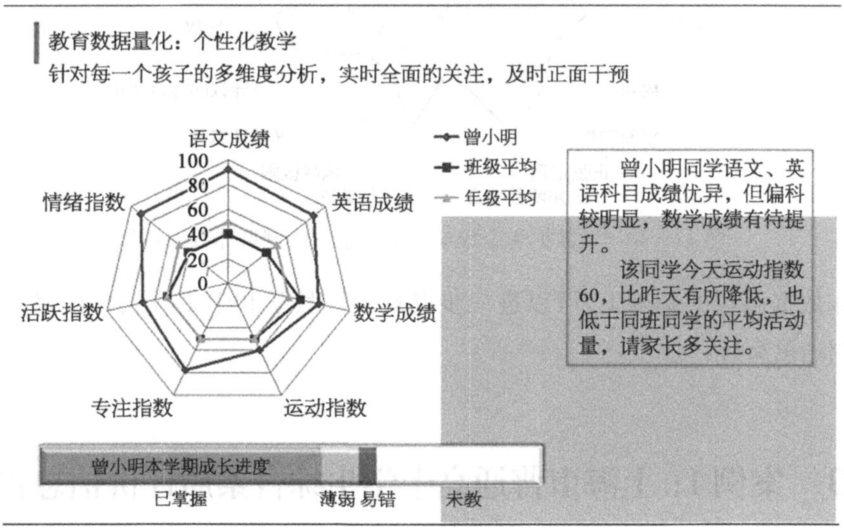

图 11-9　大数据为学生进行数字画像

可以为个体进行数字画像，如图 11-9 所示。

学生个体的数字画像对于学生自己、教师和高校都具有重要价值。学生可以更加了解自己，了解自己的能倾、爱好、特长和不足，知道自己的优势所在，为自己的学习以及生涯规划作出调整。教师根据数字画像，对自己的学生进行分类培养，通过分析，发现学生的优势和薄弱环节，引导学生确定个人发展目标。当然，数字画像的诊断和激励功能，能激发学生的参与性，发挥正导向作用，从而引导学生更加积极参与到学习活动中来；个体的数字画像同样可以服务到高校，高校能通过申请学生的数字画像，遴选出符合自己要求的学生，从而决定该生适合学什么，并进一步决定在高等教育阶段如何服务该生的持续成长，而不是仅仅根据分数决定该生是否应该进入某专业学习。

2）群体数字画像：服务于学校办学改进和政府教育治理

大数据支持下的综合素质评价具有重要的服务功能。在个体数字画像的基础上，多源多维综合素质评价系统可以进行聚类分析，绘制群体数字画像，如图 11-10 所示，即为某校某门课程学习情况的群体画像(对比图)。学生学习群体的数字画像主要服务于学校和政府的宏观教育治理。学校可以把学生综合素质评价结果作为诊断和改进教育教学工作的重要依据。政府可以据此进行区域教育治理，提高政府服务水平，提高财政经费使用的边际效应。

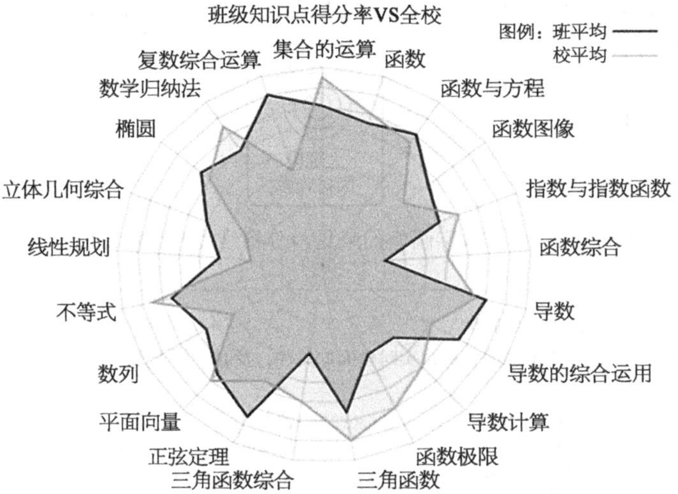

图 11-10 大数据为全校学生数学学习绘制群体数字画像

在群体数据画像的基础上，可以进一步发现教育教学和学生成长规律，从而为教育的科学化寻找理论支持。

11.3 案例 1：上海市普通高中学生综合素质评价信息管理系统

11.3.1 简要介绍

根据国家教育部《关于中小学生综合素质评价工作的实施意见》，上海市教委开展了中小学生素质评价的研究工作，并计划 2014 年制定高中学生综合素质评价方案和政策文本，2017 年完成中小学生综合素质评价内容研究，2020 年开始全面实施具有上海特色和时代要求的中小学综合素质评价体系。

为贯彻落实党的十八大精神和教育规划纲要，立足中华优秀传统文化，弘扬社会主义核心价值观，促进中小学生全面发展和健康成长，根据国务院《关于深化考试招生制度改革的实施意见》、《关于推进中小学教育质量综合评价改革的意见》[教基(2013)2号]、《上海市深化高等学校考试招生综合改革实施方案》等文件精神，结合上海市实际情况，上海市教育委员会制定了《上海市普通高中学生综合素质评价实施方案》。

本项目为实现《上海市普通高中学生综合素质评价实施方案》在全市高中的推广和落地，设计和建设上海市普通高中学生综合素质评价信息化平台，为高中学生在德、智、体、美诸方面的发展状况和表现提供过程记录的信息化采集、呈现和基于诚信的管理支持。建设目的如下：

(1) 建立上海市高中学生综合素质评价报告档案库，能够采集目前高中学生具有普遍性的成长记录内容；

(2) 利用信息化手段，提升高中学生综合素质评价的管理水平，建立统一的电子报告数据标准；

(3) 通过信誉评价机制，确保学生记录的真实性、可靠性；

(4) 为高校自主招生、学生评价等工作提供信息化支撑。

综合素质评价管理信息化平台的主要业务包括四个环节：数据录入、综合报告生成、综合评价服务、评价信誉管理。其中数据录入、综合报告生成完成学生综合素质评价报告的数据记录过程，综合评价服务是在综合报告记录的基础上实现面向不同评价单位的个性化业务服务，整个综合素质评价管理工作要以诚信为基础，信誉管理作为独立的模块对各个环节进行监督，为评价管理过程中发生的问题提供投诉和修复的服务。

(1) 评价数据录入：学生、学校和各管理单位共同完成对综合素质记录的填报和管理过程，依据综合素质记录的数据类型可划分为学业成绩、实践活动、体质健康等，活动过程的记录需要学校和学生在信誉评价体系下共同完成。

(2) 综合报告生成：根据《上海市普通高中学生综合素质纪实报告》为模板，生成相应的电子报告作为学生成长记录册的电子档案，综合报告的生成需要依照信誉评价的要求，通过学生、学校以及上级监管单位的确认后才能生成。

(3) 综合评价服务：系统采集的记录数据能够面向不同部门的评价需要，提供不同维度的呈现、数据评价以及评价业务相关的管理服务，包括面向学生、学校、管理单位、高校以及其他应用单位。

(4) 在评价数据采集过程中，实现对采集录入工作的信誉监督和事后检查机制，以报告数据真实性作为检查基础，评价对象包括学生、学校以及其他提供数据的责任机构，信誉评价方式采用分值倒退机制。

11.3.2 技术与功能

上海市普通高中综合素质评价信息管理系统在系统实施部署上使用市区两级对接三

级应用的部署架构，根据业务安全性的不同选择使用不同网络访问的安全机制，实现以高中综评核心业务为基础、可支持多个业务条线的系统架构。各业务条线的服务要求能够相对的独立，能够在业务上保障数据的同步和异步的共享。同时通过迭代和升级，不断优化市级区级数据同步，以满足愈加扩大的用户群体以及业务需求。系统部署架构如图 11－11 所示。

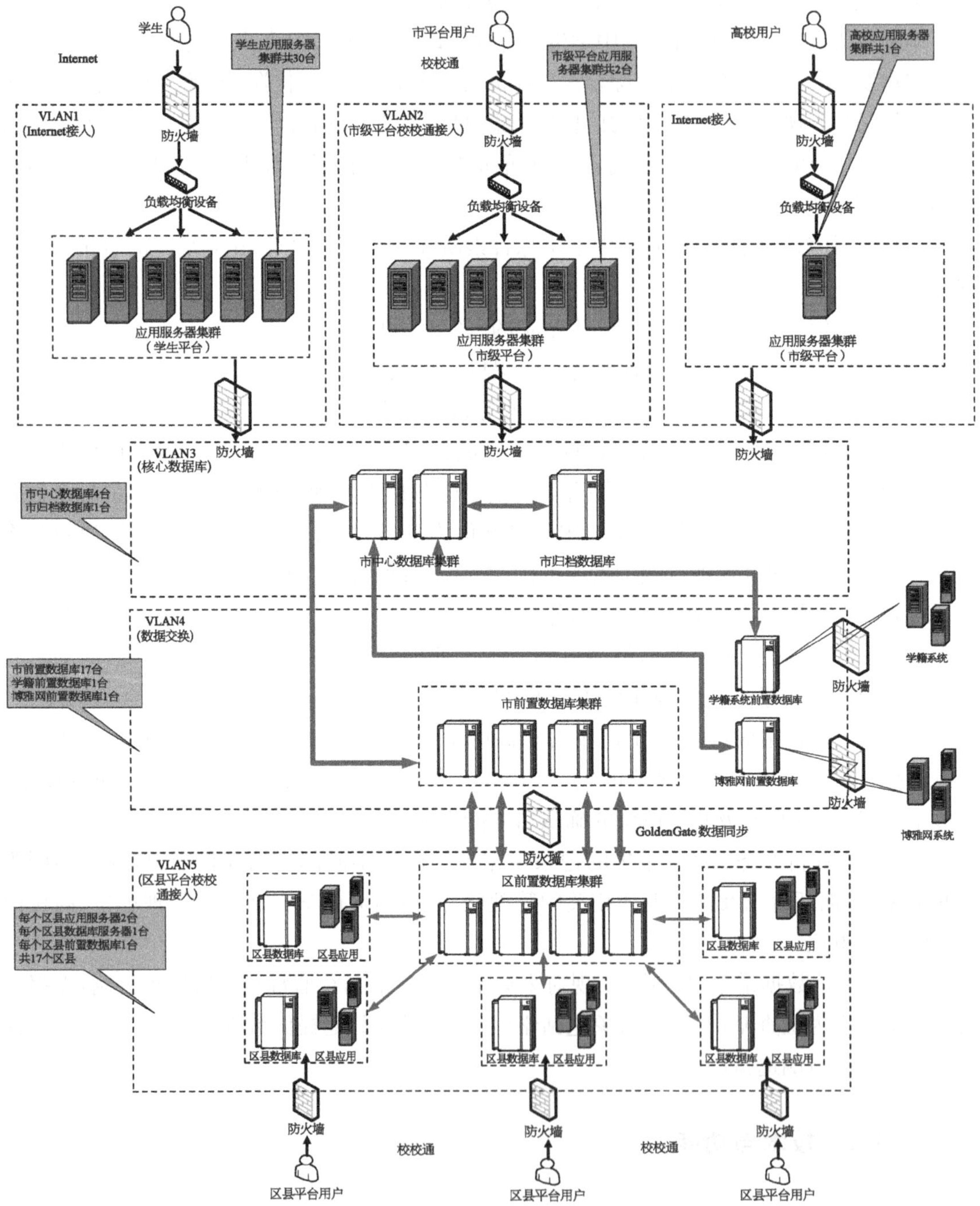

图 11－11 系统部署架构

1）系统功能

在高中综合素质评价项目的开发过程中，高中综合素质评价系统已经成为跨业务部门、跨业务支持的高度综合新的应用系统，以基础教育为核心的单一业务架构无法支持后续的业务发展需要，上海市普通高中综合素质评价系统不仅仅实现跨业务部门的数据采集支持，还满足向不同的高校、考试院等更多的机构按照不同的业务方式和业务要求，提供新的业务支持和服务，并且部分业务需要实现跨IDC机房的业务支持。

该系统能实现以高中综评核心业务为基础的，可支持多个业务条线，且满足跨IDC机房要求的系统架构。各业务条线的服务要求既能够相对的独立，能够在业务上保障数据的同步和异步的共享。

系统功能架构如图11－12所示；整体业务框架如图11－13所示。

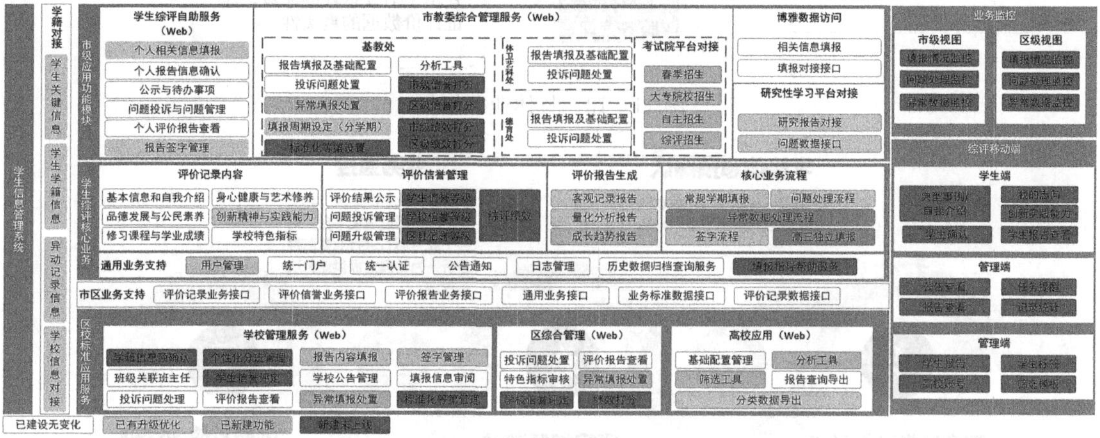

图11－12　系统功能架构图

综合素质评价管理信息化平台的主要业务包括四个环节：数据录入、综合报告生成、综合评价服务、评价信誉管理。其中，数据录入、综合报告生成完成学生综合素质评价报告的数据记录过程，综合评价服务是在综合报告记录的基础上实现面向不同评价单位的个性化业务服务，整个综合素质评价管理工作要以诚信为基础，信誉管理作为独立的模块对各个环节进行监督，为评价管理过程中发生的问题提供投诉和修复的服务。

系统还包含一些特殊功能（图11－14）：① 学籍信息预确认，学生和学校确认学籍信息，保证数据的准确；② 填报指导帮助服务，页面配有相应的填报指导服务；③ 监控与分析，通过业务监控与分析，为管理方提供各环节的决策支持；④ 信誉＆绩效管理，采用扣分机制对学生、学校、区级和市级信誉实现统一的管理，对综评工作执行情况进行管理；⑤ 历史异常数据处理，实现因学校老师误操作所引起的异常数据能够线上处理；⑥ 高三独立填报，高三设定两个学期，分别进行数据填报、确认、公示、问题处理；⑦ 配置移动端，学生可以在移动端进行填报确认，教师和高校可以在移动端查看学生报告；⑧ 等第标准化，对现有基础课程数据进行“等第—分数”标准化转化，市级层面进行配置并下发到区，供学校对比和参考；

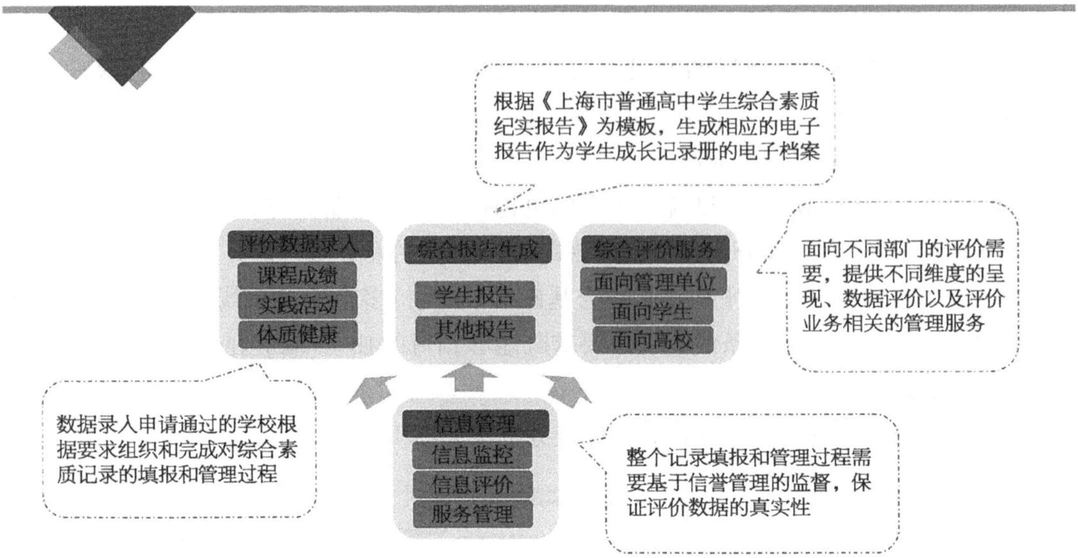

图 11－13 整体业务框架

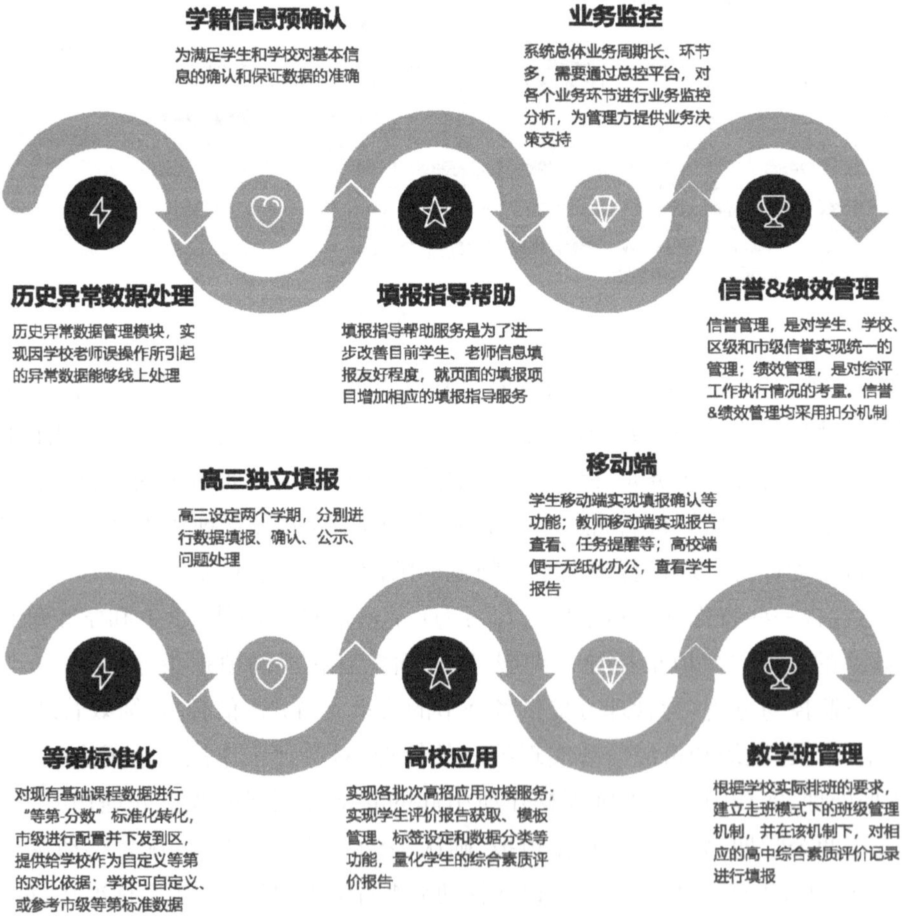

图 11－14 系统特殊功能

⑨ 高校应用，提供各批次高考招生应用对接服务；⑩ 教学班管理，根据学校实际排班的要求，建立走班模式下的班级管理机制，并在该机制下，对相应的高中综合素质评价记录进行填报。

2）数据采集与报告生成

系统通过三种形式获取数据：通过外部数据对接（如博雅网的实践记录）、学校录入员填报、市级单位同意导入（如学业水平考试成绩）。数据录入系统以后，学校审核信息，以保证数据的真实性、客观性，学校审核后，数据正式汇总发布到学生个人报告中。比赛记录、课程学习记录、个人荣誉等记录会通过学校公告进行公开展现，便于学生公开查证和监督真实性。学生可以查看到自己的报告，经过确认后，学生报告也能够对高校可见。

图 11－15 所示为数据采集与报告生成过程。

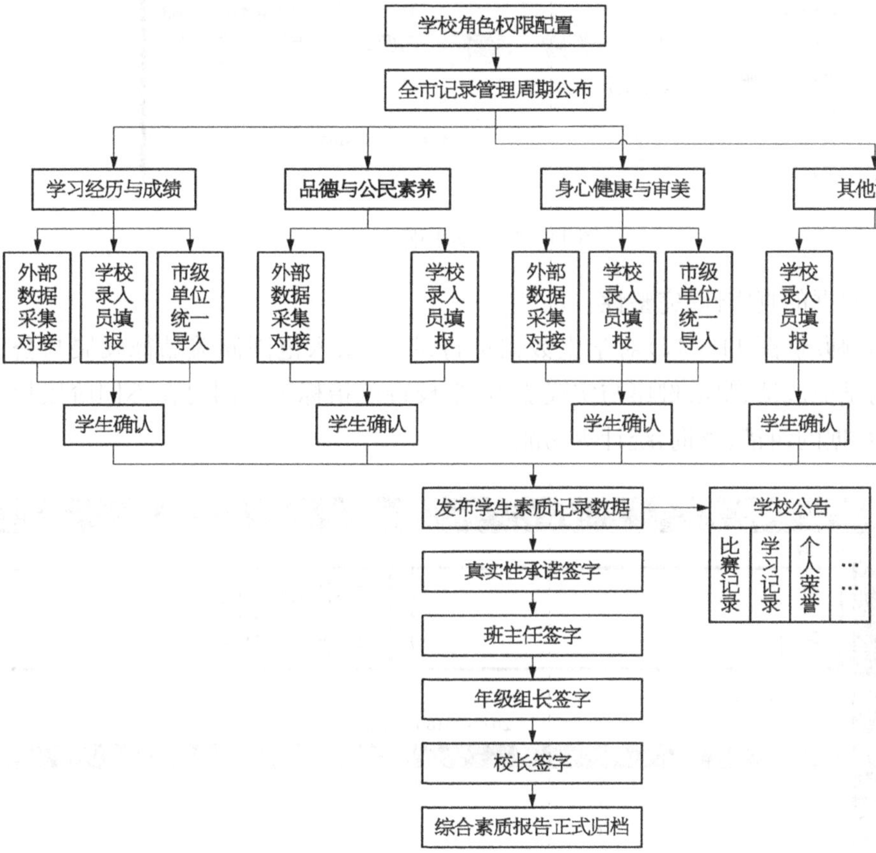

图 11－15 数据采集与报告生成过程

11.3.3 系统应用

学生可在综评学生端（图 11－16）对自身成绩、奖项等各类数据进行查看、确认以及申诉。综合素质评价信息管理系统将学生数据更新周期定为每学期，以阶段性录入学生数

图 11－16 学生端

据，并保证学生数据的真实性、完整性。

教师可于教师端(图 11－17)对学生数据进行录入，录入范围涵盖品德发展与公民素养、修习课程与学业成绩、身心健康与实践能力、学校特色指标等。同时在不同阶段提供学校教师对学生数据的纠错、查询、统计等功能。

图 11－17 教师端

高校可通过设置筛选模板对满足特定要求的学生进行筛选，以提高高校录取效率，如图11－18所示。

图11－18 高校端

高校可以较为直观地比较多个(至多4人)学生的各项成绩以及相关信息，帮助高校更加便捷地比较学生信息，更理性地遴选学生，如图11－19所示。

高校可以使用多种表格(雷达图、树状图、饼图、柱状图)查看该学生对应的评价分析展示图，学生信息能够更加全面、细致、形象地呈现出来，方便高校招生人员查看，如图11－20所示。

以2018年高校招生为例，学生的综合素质评价系统服务了上海的春考招生、专科自主招生、综合素质评价招生、高水平大学自主招生、外省市高校招生，综合素质评价报告的使用量如图11－21所示。

① 春考招生应用于3月8日上线，3月12日关闭，开放给23所招生高校使用；

图 11 - 19　学生报告对比展现

图 11 - 20　评价模板——雷达图

② 专科自主招生应用于 3 月 23 日上线，3 月 27 日关闭，涉及 28 所院校；

③ 综合素质评价招生应用于 5 月 25 日上线，6 月 30 日关闭，开放给 9 所高校使用；

④ 高水平大学自主招生应用，按照学校实际需求，两次上线时间为 4 月 16 日和 6 月 15 日，6 月 30 日关闭；

⑤ 外省市招生（南方科技大学），按照实际需求，综评报告提供时间为 5 月 21 日。

上海市普通高中学生综合素质评价信息管理系统的应用效果大致可以归纳为三个方面。第一，引导学生积极主动发展：借助系统，学生可以开展自我评价并进行自我调整和自我管

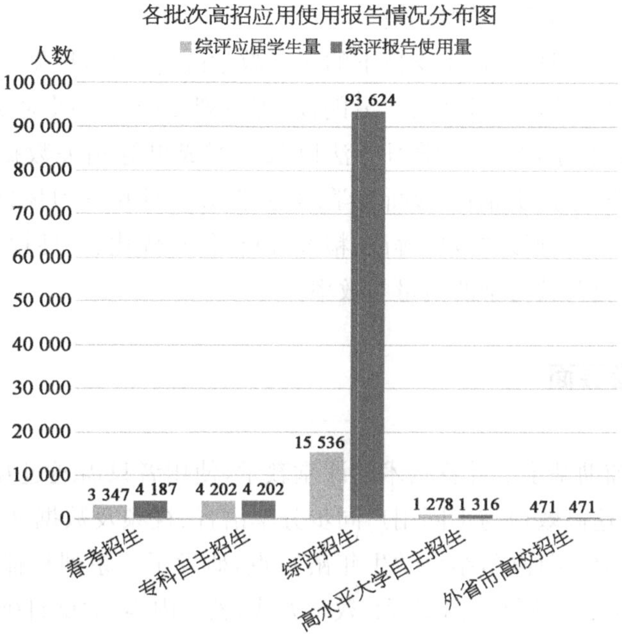

图 11-21 各批次高招应用使用报告情况分布图

理，教师可以开展学生成长过程指导和生涯辅导，帮助学生确定个人发展目标，促进了学生全面而有个性的发展。第二，促进普通高中学校积极开展素质教育：学生综合素质评价相关信息可以随时随地被系统采集，高中学校开展各种素质教育活动的积极性提升了，促进了学校多样化、特色化发展。第三，学生综合素质评价报告作为高校人才选拔的参考，发挥素质教育的价值导向：复旦大学、上海交大、同济大学和华东师范大学等多所高校已发布了普通高中学生综合素质评价信息使用办法。2017 年起，综合素质评价信息正式在高校招生录取中发挥重要参考作用，这使得一些有特长的学生进入自己喜欢的学校和专业学习的可能性大大提高，很多有潜力的学生可以综合素质评价环节脱颖而出；同时，高校和学生之间的信息对称也提高了，高校遴选学生的参考不再只限于成绩，还有学生的综合素质，强化了素质教育的价值导向。

11.4 案例 2：上海市黄浦区卢湾第一中心小学基于数据的学生学习评价

11.4.1 简要介绍

上海市黄浦区卢湾第一中心小学（简称“卢湾一中心”）2010 年起探索信息技术与课堂教学深度融合，推出“云课堂”理念，研究在现代技术支持下的精准学习分析与教学改进，为学生营造“随时、随地、随需”的学习环境。

卢湾一中心打造了现代云技术支持下的课堂教学改进系统，以解决教育教学问题为导向，开发了“云随行”“云手表”“云课桌”“云朗读”等系列云产品。课堂教学中适时运用云产品，采集学生学习兴趣、学习过程、学习方法以及学习成果等相关数据。同时经由科学统计、精准分析，把握学生学习需求，诊断教学问题，探究个性化学习风格，并支持教法改进，使个别化教育成为可能。通过“数据解读、精准分析、行动优化、个性评价”这一教学改进机制的建立，最大程度提升教与学的质量与效率。

11.4.2 功能层面

“云课堂”能够辅助基于云计算技术的课堂教学，使用者只需通过互联网界面进行简单易用的操作，便可快速高效地与不同用户同步分享语音、视频及数据文件，同时生成过程性数据。学校充分利用校园环境，结合学生年龄特点，研发了一系列相辅相成的云载体，与课堂中的云设备相配合，改变原有教学理念、教学方式、教学内容，尝试打破“教室”的传统概念，使学生在校期间的所有活动都成为重要的学习过程，得到完整记录。正是这样，极具卢湾一中心特色的云系列产品开始陆续出台——云课桌、云朗读、云手表、云厨房、彩云图书馆等，它们有的是电子设备，有的是电子平台，在卢湾一中心的云课堂中发挥了举足轻重的作用。

(1) 云课桌：从一到六，打开封闭的学习空间。因为 IPad 在课堂上使用时产生的“孤岛效应”，学校开发了用于合作学习的“云课桌”，使得合作交流互助的学习方式得以实现。

(2) 云朗读：随身老师，正音指导突破时空。因为在课堂上无法满足每位学生的口语指导，由卡拉 OK 的计分系统引发了“云朗读”系统平台的产生。

(3) 云阅读：随时随地，实时记录阅读痕迹。由于图书馆借阅统计接口的差错，引发了对阅读活动的深入思考，超市盘货的方法让学校重新确定了学生阅读需要了解的数据，建立了云阅读数据平台。

(4) 云展馆：立体成像，光影发布学生作品。校园手工展一向受到孩子们的欢迎，可是保护好这些展品成了问题，受一场 3D 演唱会的启发，学校的 3D 悬浮式云展馆诞生了，学生的作品可以利用悬浮成像技术被学校永久保留。

(5) 彩云墙：移动云朵，展示师生成长风采。学校地处市中心，占地面积小，学校的优良传统和文化精粹没有集中展示的舞台，来自家电城电视幕墙的灵感，彩云墙诞生了，彩云后面暗藏着各类小卡片，选择不同的小卡片就可以看到不同的展示内容。小小一堵墙，包容千千万。

(6) 云厨房：视听学习，动手操作烹饪技术。上得学堂，下得厨房。学生不仅要学会学习，也要学会基本的生活技能。“我是小厨师”的校本课程深受学生们喜爱，它有一套完整的数字化教学设备供学生自主学习，反复学习。

(7) 云手表：技术集成，私人定制运动方案。体育课上使用的云手表，可以采集学生的运动前后、运动时的心率和血氧含量，让学生拥有更好的锻炼效果。

(8) 彩云图书馆：四次升级，实现借阅高效精准。新型的彩云图书馆借还书时间只要2秒，利用图书上的智能标签可以快速在书架上搜索图书，在线图书查询，自动统计储存每月借还书数据如每班每人借阅总册书和借阅率等，帮助开展好书推导工作，一系列的智能技术提供了许多可供分析的数据。

11.4.3 基于数据的学生学习评价

借助"云课堂"系统，学校基于数据开展学生学习分析与评价，涉及了学生学习的每个方面，包括以下内容。

(1) 学习兴趣的激活与保持。教师首先会对学生的兴趣做一番全面了解，他们利用各类平台掌握学生的相关数据进行分析后，再进行有针对性的教学活动。

(2) 学习方法的关注与支持。"二期课改"倡导自主探究、实践体验、合作交流的学习方式与接受性学习方式的有机结合，实现学习方式的多样化。教师们不仅要关注教学实施的方法，更要重点关注学生"学"的方法，通过多种途径满足学生多样化和个性化发展的需求。这也是基于数据的学生评价在学生学习过程所希望发挥的作用。

(3) 学习过程的观察与记录。古今中外许多教育家都对学习过程提出许多真知灼见，云课堂从以下三个方面分别进行研究与思考：起始阶段的了解与预判、中期阶段的介入与干预、后期阶段的指导与思考。在教学情境中，学生可以在与教师、同学以及教学信息的相互作用中获得知识和技能。

(4) 学习成果的评价与反馈。评价是教学五环节的重要组成部分，具有重要的导向作用，是教学改革的关键环节。优化评价方案遭遇了一系列问题，例如，时间有限、思维定势、纸张浪费、评价主体方式单一等。传统手段无法解决这些问题，学校依托信息技术的强大资源整合及快捷便利的数据处理，突破评价难题，为评价创新提供了条件，实现了评价主体多元，丰富了评价方式。

在积累了大量的数据后，学校按照数据群体划分为三个部分——指向年级、班级、个体有针对性的教学改进。以年段为单位，教研组根据学生群体在知识学习过程中普遍存在的问题、瓶颈，调整教学进度、统整教学内容、改变教学设计、改进教学方式。教师则从学科角度出发，借由数据反映学生的学习品质、思维深广度、学习风格等，整体调整教学方法和策略，加强练习设计的针对性。同时针对学生的个性问题，选择适合每个学生特点的学习方法开展针对性教学，发挥每一个人的长处、激发兴趣。最终建立了"数据解读、精准分析、行动优化、个性评价"教学改进机制，在最大程度上提升了教与学的质量与效率，实现因材施教。

11.4.4 应用成效

(1) 促进学生个性发展。学校以学生发展为本，学校的探索体现着"情感教育"的温度，以情感人，用情育人，培养有温度的“云端少年”。学校充分利用信息化手段，充分关注学生的个性发展，达到教育教学效益最大化。为了完善学生的学习方式，卢湾一中心积极培育学生的问题意识，让学生学会求知、求同、求异；培养学生的合作学习能力，让学生学会思考、倾听、交流；培养学生的信息素养，让学生学会收集、选择、运用。学校利用现代技术最大限度地关注学生的个体发展，为学生建立个性化成长档案，推送“私人定制”学习方案，让教育的关怀深入到每一个学生的心田，使学校实现个别化教育成为可能。

卢湾一中心关注每个孩子的个性化发展。学校以《中国学生发展核心素养》为依据，对德、智、体、美、劳五个维度做系统的解构，勾勒出详尽、真实的学生个人数据画像，呈现学生的综合素质，清晰地刻画出学生的学习特性、学习状态与成长特点，发掘学生的兴趣、天资和特点，激发学生的学习兴趣，指导学生自主学习，形成良好习惯，帮助学生未来能够在最有天资、最有兴趣、最有益于社会的领域成就自己的最大价值。

(2) 促进综合素质评价机制有效形成。学校在课程设置上以培养“全面发展的人”为核心，从文化基础、自主发展、社会参与三个方面，力求学校课程的综合性、选择性，既有单学科知识扩展，又有跨学科知识结合，满足全体学生综合素质全面发展的需要。“云课堂”强调更新教育观念。突出一个“人”字，坚持把学生的发展放在首位，让课程贴近生活，走进学生。敢说一个“不”字，以质疑的目光、辩证的态度、发展的思路对教学现状进行反思，不断地创新。讲究一个“思”字，鼓励教师乐思、勤思、善思，不断完善教学行为，凸显教学智慧，追求教学成效。

卢湾一中心充分利用“云课桌”“云手表”“云剧场”等自主开发的云系列教学设备，不断开发新课程，激发学生学习兴趣，开展课堂教学的实践与探索，改进教学和学习方式，促进综合评价机制的有效形成。

(3) 强化学校教育特色。基于“云课堂”系统的学生数据分析促进了课堂教学的初步转型。教学目标由学科知识为重点转向学生需求为先；教学实施由“教”为主转为学为重；师生关系由教师主导转向学生主体；教学评价由单一的学习结果转向多元的学习分析。在“云课堂”的助力下，卢湾一中心不断优化课程实施，提高课程实施实效；不断丰富课程内容，深化情感教育；不断完善课程评价，衍生新型课程，为孩子们创建随时、随地、随需的“云课堂”空间。

11.5 案例3：上海市格致中学学生综合素质评价数字化成长档案建设

11.5.1 简要介绍

2010年9月，上海市格致中学开始实施以校为本的学生综合素质评价数字化成长档案建设，聚焦普通高中学生综合素质评价这一当今基础教育领域理论与实践研究的热点问题。2011年3月，学校在高二年级确定了两个试点班级，积累经验，以完善相关评价指标和评价实施流程。2011年9月起，全校推广实施。至今，"学生综合素质评价数字化成长档案系统"已进行了为期六年的实践应用，积累了大量案例和数据，开展了为期多轮、惠及学校全体学生的实践研究，取得了广泛的应用成果。

经过多年的研究与实践，学校建立了普通高中学生综合素质评价的主要框架，建构了以校为本的学生综合素质评价分类指标，形成了完整、丰富、指向实践、指导性强的普通高中学生综合素质评价与保障体系，并依托学校数字化校园应用系统的总体布局，基于学生综合素质评价与保障体系，建立学生综合素质成长数字化档案平台（普通高中学生综合素质评价系统）。在实践应用方面，学校通过共五轮的广泛应用与修正，形成了不失教育评价功能、兼具独特评价呈现方式的学生综合素质成长数字化档案，有效激励学生综合素质和谐发展，培养了一批又一批综合素质卓越的高中毕业生。

11.5.2 功能层面

"学生综合素质成长数字化档案系统"是上海市格致中学数字化校园应用系统中最为重要的子系统之一，其核心模块嵌套在上海市格致中学网站内，是一项基于Web与动态数据库的在线交互应用。从内容设置而言，系统涵盖了对学生"道德操行素养""创新实践素养""健身运动素养""心理心智素养""学习能力素养"五项评价内容的综合记录与评价。"学生综合素质成长数字化档案系统"在设计思想与技术实现的过程中着重凸显以下几个主要的功能特色。

(1) 跨系统的数据动态同步。在学生综合素质评价指标中，"学习能力素养"的评价包含记录学生每一学期各学科校内统一考试的成绩。这些数据可直接从学校的学生学业数据综合系统中调用。通过跨平台调用数据库的功能，使得学生每一次的考试成绩能够动态同步。

(2) 评价指标的量化思想。单纯的质性评价无法精准地表现出学生在某一方面完整的发展水平。学生综合素质成长数字化档案系统既包含了质的评价，又包含了量的评价。量化的思想不仅体现在每一项评价指标都有具体的分值和总得分，对学生在每一项具体事务中所承担的分工角色、完成情况、荣誉等地、社会影响等方面也均按照级差设置了对应的权重。这样能客观反映学生在各项评价指标中的表现差异，同时也能帮助学生明确现阶段自身综合素质发展的优势与不足。

(3) 评价结果的呈现方式上具有鲜明特色。系统通过对学生在各项评价指标中记录的具体信息赋值，换算为具体的总得分，最终以"五能雷达图"的形式向学生呈现。"五能雷达图"形象、直观地展现了学生的综合素养。不同的雷达图反映了不同类型学生的综合素养。图11-22所示反映的这一位学生在学能方面突出，但是其他素养表现一般，如果仅仅按照学业成绩排名，则他表现优异，如果按照学校“五能”评价的标准，则表现一般，特别是创新素养和道德素养得分较低。“五能”评价对学生的发展能起到积极的导向作用，引导学生在发现自己的问题后，根据“五能”评价的要求，积极参与各项活动，以实现全面、均衡发展。

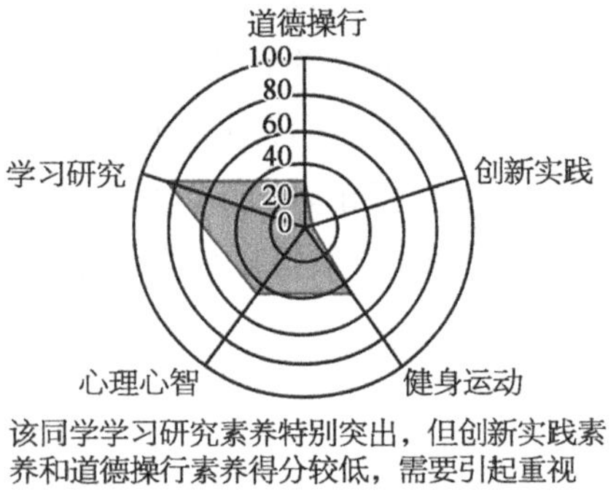

图 11 - 22 五能雷达图

图 11 - 23 学生成长树示意图

在“五能雷达图”的基础上，学生综合素质成长数字化档案系统又增加了“学生成长树”这一更加直观的呈现方式，实现了学生评价结果呈现的多元化。如图 11 - 23 所示，“学生成长树”由五部分组成，五个枝干代表评价的五个一级指标，枝干下的树叶和果实呈现学生成长的具体信息。五颜六色的树叶和果实表示经过审核的有效信息。树叶表示经过标准化处理的一般信息，果实表示经过标准化处理后的高质量信息，一个果实相当于五片树叶。当鼠标移动到枝干、果实和树叶上时，相关的评价内容概要就会呈现出来。这种呈现方式，更加直观、形象、具体。

“学生综合素质成长数字化档案系统”适用于对学生每一学期综合素质成长的诊断与指导。在学生未来升学、参加高校自主招生考试的过程中，系统中学生历年的数字化成长档案也便于作为高等院校对学生综合素质全面考察的参考与依据。“学生综合素质成长数字化档案系统”的运行环境为基于万维网的在线操作。微型计算机、平板电脑、智能手机等多种终端接入因特网后，均可通过访问格致中学网站并以个人账号登录的形式完成相关操作。

11.5.3 应用成效

在实践过程中，一些有代表性的案例值得深入探究。如图 11 - 22 所示，2014 届理科班的 W 同学，理科学习成绩优势明显，总成绩也位列年级前列，然而学生综合素质“五能”评价表现一般，尤其是创新素养和道德素养等方面得分较低，缺乏创新实践和创新成果，在社会实践等方面也缺少足够的课外实践活动。

在班主任老师的及时关心和协助下，该同学认识到了自身存在的不足，并根据“五能”评价的目标与要求，积极参与由班级同学组成的社会志愿服务小组，与同学们一起有规律地参加社会实践活动，还和同桌组成了研究型学习搭档，共同开展微课题研究。经过在各项活动中的积极表现，他在后续的综合素质评价中得到了更为全面的成长。

学生综合素质评价既为高校选拔人才提供参考和依据，更为重要的是，它是一种促进学生过程性发展的重要手段。通过每一个周期的阶段性评价，引导学生合理调整、自我修正，不断完善自身的综合素质发展与提升。最适合学生的综合素质评价体系，势必是基于学校发展文化、学校办学理念、学生学习实际而构建的，只有遵循这样的综合素质评价体系开发逻辑，才有可能使综合素质评价体系成为学生综合素质发展的动力与保障。

◇参◇考◇文◇献◇

[1] 戚业国，陈玉琨. 论素质教育目标体系框架的构建[J]. 教育研究，2000(01)：16 - 19.

[2] 菅志刚，金旭. 数据挖掘中数据预处理的研究与实现[J]. 计算机应用研究，2003：117 - 118.

[3] 张治. 大数据背景下普通高中综合素质评价研究[D]. 上海：上海教育出版社，2017.

[4] 阮一峰. 数据可视化：基本图表[EB/OL]. (2014 - 11 - 29)[2019 - 08 - 15]. http://www.ruanyifeng.com/blog/2014/11/basic-charts.html.

[5] 教育部教育管理信息中心，数字学习与教育公共服务教育部工程研究中心，百度教育. 2017 年中国互联网学习白皮书[R]. 北京：清华大学出版社，2017.

第12章

教育大数据的发展

《教育信息化"十三五"规划》提出:"信息化已成为国家战略,教育信息化正迎来重大历史发展机遇",应"积极利用云计算、大数据等新技术",以"提升信息化服务教育教学与管理的能力"。目前,教育大数据的收集、研究和技术应用主要基于MOOC的平台建设、学生电子教务系统与新生信息采集等平台开展。常用的教育数据分析模型包括决策支持模型、校情监测模型、适应性学习模型、学业评价模型、学习预警模型、深度学习行为诊断模型以及学生画像模型。上述系统和模型已日益成熟,相关从业人员也根据成功的应用经验积累了大量即时与过程性数据,但总体而言,教育大数据研究与实践仍处于起步探索阶段,克服现存的短板、将数据的规模之大进一步转化为意义之大,既是教育大数据的机遇,又是必须应对的挑战。

12.1 教育大数据的发展趋势

随着人工智能、云计算、物联网等周边技术的发展与广泛应用,教育信息化呈现出智能化、泛在化、个性化、开放化、协同化的趋势,教育大数据的规模、技术及产业已出现爆发式的增长。如图12-1所示,国内(CNKI中国知网数据库)和国外(Web of Science数据库)教育大数据主题的论文发布数量持续增加,自2017年以来,国内CNKI数据库中每年收录的教育大数据论文数已突破1 000篇。该领域产学研的协同进步,将驱动教育的变革与创新,给教育行业带来重大影响。

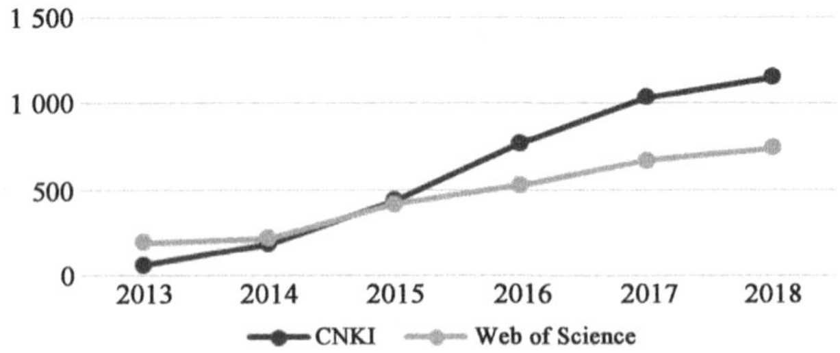

图12-1 教育大数据论文年度发表数量折线图

12.1.1 多元且内聚的教育数据采集

20世纪80年代,专家系统(Expert System)在物理等学科教育的应用研究中产生了大量较为成熟的成果,这类系统的组成包括领域知识库和规则推断引擎,通过特定语法的查询语句,可完成信息检索和智能问答的工作。随着知识图谱和语义网研究及实践的深入,利用分散在各学科领域和教育机构的成果和知识库等数据,形成更大规模、更高质量的多元教育领域知识库和数据仓库已经势在必行。

目前仍未出现成熟的教育知识图谱产品,但已有学者进行了这方面的应用研究,这类工作主要基于已有的公共知识库扩展,并将其应用于学习路径和教学路径的生成。Martínez 等人使用了基于维基百科建构的知识库,借助知识概念间的语义相似度辅助序列化学习路径的生成;Ramírez-Noriega 等人基于维基百科的面向对象程序设计概念,生成了学习路径,结果与人类教师的设计类似;Kaya 等人以 K－12 的认知技能知识库 CogSkillNet 为学习路径推荐的依据,建构了用于 K8 教育的在线学习环境。

实验和研究数据仅占教育大数据中的一小部分,数据的主体是现实中各类系统运行和教学过程所采集的即时和过程性数据,这些数据的集合可用于教育发展,并创造巨大潜在价值。目前,有 4 种流行且通用的教育大数据的采集技术,包括物联感知类技术、视频录制类技术、图像识别类技术以及平台采集类技术。用于教育大数据采集的新技术有眼球追踪、脑波采集和机器人辅助体感等技术,它们往往被用于实现学生的注意力、情绪和认知过程的研究和建模。

整合多元的教育数据极具挑战性。教育大数据领域暂无统一的数据表示格式和数据分享标准,这一现状制约了教育知识图谱和知识库的整合与重组工作。一方面,基于语义网技术的轻型本体工程方法成了研究热点,但这类成果多用于语义检索,难以表达概念间的抽象联系,其自动化生成的质量也不符合教育信息系统的标准和使用需求,部分学者认为它们暂时难以胜任实际任务;另一方面,传统重型本体工程已被用于生成课程计划等实际教学任务,但它有理解门槛高、难以自动化的弊病,学者们仍然在试图克服这些问题。

得益于数据分享平台的进展,在教育数据仓储方面已出现部分代表性成果,例如哈佛大学定量社会科学研究所建设的开源平台 Dataverse,该平台制定了数据开放获取的标准性流程,现已被北京大学、复旦大学等国内高校二次开发并采用。

由于数据采集、处理、流通、仓储的基础设施已无资源瓶颈,且教育科研机构拥有数据分析、扩大区域和国际影响力、进行科研资助等决策的客观需求,正规学校教育过程中将有越来越多的数据被采集、分析、共享和应用,教育大数据的开放程度也势必会进一步提升,其多元和内聚的趋势也将延续和扩大。

12.1.2 多样且精细的教育数据挖掘

直至 21 世纪初,AI 技术在教育中的应用仍主要基于传统的规则和符号方式,此类工作依赖于领域专家人工编写的结构性数据,在较小的学科领域内可发挥良好效果。2012 年,深度学习神经网络在计算机视觉领域获得突破，新一代AI进入公众视野。2017年，国务院提出要大力发展基于新一代人工智能的智能教育。基于机器学习的新一代AI正在被更多地应用到教育大数据的建模和数据挖掘中。

受惠于AI技术的进步，教育大数据领域逐步发展出承载和处理多样数据的能力，从目前的文本、数值型数据拓展为多媒体数据。目前，基于AI的教育多媒体信息处理已出现少量代表性成果。例如，MOOC系统中存在大量的课堂录像，Lee等人通过图像处理和聚类技术，提取视频中的板书图像，该技术可以自动补全被教师遮挡的部分板书，并且可以自适应视频的照明条件，完成部分课堂笔记和摘要的工作。在医疗教育方面，Hashimoto等人利用支持向量机、隐马尔可夫模型和神经网络等机器学习AI技术对医疗手术的过程录像进行摘要和总结，并将结果用于课堂教学，节省了大量人工识别和剪辑的时间。在特殊教育方面，Macukow等人使用神经网络识别乐谱，克服了识别模糊乐谱符号的难点，并制作了一个可触、可感的交互界面，丰富了盲人学生的音乐学习材料。在数据类型多样化的同时，教育大数据也变得更为精细，其时空关系也将从间断、割裂过渡为连续、统一。通过对学习过程全方位的建模，大数据将辅助基于AI的预测模型提升精度，并有望替代领域专家的工作。

12.1.3 丰富且开放的教育教学应用场景

教育大数据技术已涉及K-12教育、高等教育、职业教育等多个领域，在这些领域中，它的典型应用有自适应学习信息系统、在线视频课程、考试测评和学业预警等。未来，教育大数据将拓展更广泛的应用类型，例如CSCL合作平台、虚拟实验室和科学实验、自适应教育游戏、自适应学习与考试评估、辅助教学、智能答疑、课外活动与智能课堂等，在场景更丰富的同时，教育大数据也将以开放的姿态面向更多受众和更广阔的公共空间。

Wise等人将大数据技术列入了CSCL的首要发展方向。McLaren等人基于学生的历史数据，使用数据挖掘技术训练了分类器模型，该方案可实时提取和向教师推送学生在CSCL合作平台上有价值的互动信息，并自动评价每个学生在讨论中的贡献。Poitras等人基于学生在BioWorld虚拟诊断系统中的日志追踪数据，使用子群发现技术检测学生在诊断过程中的概念错误。数据挖掘可辅助计算机程序的代码质量评估，尽管这类技术未被大量引入教育领域，但已被有限地应用于编程训练，其算法模型通常嵌入在线教学环境或集成开发环境(Integrated Development Environment，IDE)。Jurado等人使用模糊逻辑技术实现了一个基于Eclipse IDE的代码自动评价插件，除了评价运行结果外，该系统还可以提供代码错误修正的建议。Ueno等人基于IRT理论在编程过程中对学生做出提示，该方法可实时评估学生的认知水平，从而动态决定提示的强度。Fratamico等人通过对物理虚拟实验室中的学生进行建模，实现了学生学习效果的评价和学生的聚类。Lin等人则通过挖掘用户在教育游戏中的行为，使用决策树生成个性化的学习路径。Bellotti等人根据用户的技能水平，通过增强学习等技术实现了游戏难度的动态调整，增强了学习者的教育游戏体验。

机器考试系统已趋向成熟，但仍然存在进一步自动化的空间。教育大数据技术可优化系统的试卷生成逻辑，例如，Wauters 对现有的学习材料和试题难度评估算法进行了评价和对比，Tsinakos 等人基于自然语言处理技术检测了考试环境中试题相互冲突的问题。对主观题或文章的自动判分是考试测评领域的新热点，尽管有学者质疑内容空洞的文章容易得到高分，并给出了挑战自动判分系统的实例，但自动打分系统的表现已经趋于稳定，甚至偶尔和人类专家得出一样的评分结果。

在辅助教学方面，Tsai 等人挖掘了工科学生阅读和翻译英语文献过程中常见错误模式。魏巍等人基于神经网络开发了一款汉语智能语音教学 APP，通过对多个学生的历史数据建模，它能够自动诊断学生发音中的偏误，并给出正音的引导信息，从而帮助学生不受时空限制地完成自主发音学习。

智能答疑系统是 AI 领域的一个重要分支，研究涉及问题理解、对话管理、对话生成和对话评测 4 个环节，它可以为智能教学系统提供交互和功能的支持。教育大数据技术在该系统中的应用包括知识库和语料库，涉及全部 4 个环节，是智能答疑系统的支撑性技术。JavaTutor 是基于机器学习的智能答疑系统在计算机教学中的应用实例，Wiggins 等人通过分析具有不同自我效能的学生对 JavaTutor 的使用结果，发现系统对全部的学生均有效，然而，在引导低自我效能学生的同时，它也会引入沮丧情绪。将智能答疑系统进一步人性化、个性化将是一大挑战。

Yen 等人通过研究引入社交网络分析和路径生成算法，开发了支持课外活动的移动 APP，通过计算和推荐最短路径使访问课外活动所需的资源更便捷。智能课堂是学习空间建构的重要课题，Kim 等人通过传感器和智能设备，提出了一种可感知学生情感的 AI 教室，该教室通过追踪学生的行为、手势、眼球移动等变化，可对学习的全过程进行建模、分析和预测，有助于形成师生高效互动的课堂。

目前，教育大数据技术已经进入了更广阔的领域，结合脑波传感器、运动传感器、虚拟现实等技术，可以进行企业训练和军事训练，并实现训练设备、环境的参数调整和效果评估。为了适应不同的应用场景和领域，并深入探求定量数据相关性背后的因果性，教育大数据的研究方法也将呈现多样化的趋势。定性定量数据的整合评估将回答更多的教育领域研究问题，涉及游戏和 VR 对学习效果的影响、教师教育、CSCL 和学习风格等主题。

12.1.4 完善且蓬勃的教育大数据产业生态

教育大数据整体应用层次偏浅，创新应用的广度和深度有待进一步拓展，以形成更多具有示范意义的案例。基础教育领域已出现一些大数据创新应用案例，可归纳为五大应用模式：驱动教育政策科学化、驱动教育评价体系重构、推动区域教育均衡发展、助推学校教育质量提升以及促进师生个性化发展。

教育大数据行业的产业和人才将进一步完善，目前，我国高校已组建成立了多个针对高校领域开展大数据"产、学、研、用"活动的社会公益组织，这类组织建设的线上开放平台包含人才市场、学科竞赛、数据开放和教育培训等信息和功能。

在商业系统和教育机构的应用方面，教育大数据扮演了重要的支撑角色，例如：国内外主流的 MOOC 平台(Coursera、MOOC 中国)以及 Blackboard 等主流学习管理系统(LMS)均已使用教育大数据技术提供个性化学习支持；Grammarly 等产品基于文献写作的大数据训练检测模型，实现了语法检测和英文写作打分，辅助科研论文和学习报告的写作；美国伯克利大学开发的选课系统已实现对高维课程模型的降维和可视化，可形成支持学生选课的课程图谱。

12.1.5 前沿技术助力 2035 教育大数据

中共中央、国务院印发的《中国教育现代化 2035》(以下简称《2035》)提出了十个教育现代化的战略任务，其中包括"加快信息化时代教育变革，利用现代技术加快推动人才培养模式改革，实现规模化教育与个性化培养的有机结合"。《2035》指出，需要"建设智能化校园，统筹建设一体化智能化教学、管理与服务平台"。目前，教育大数据仍是一座沉睡的金矿，而 AI 则是发掘大数据价值和创新效应的最佳途径。它已在教学辅助、学习过程、学习分析和教育决策等多个领域为校园的智能化提供全方位、全天候的支持。如果将 AI 和大数据比喻为数据分析和建模的一轴，云计算和物联网技术则是扩展其应用场景的两翼。云计算技术提供了算力和数据仓储基础设施的支持，物联网技术增强了计算和数据采集的即时性和普适性，它们使教育大数据走出屏幕，进入真实的课堂、校园甚至课余生活和课外活动。

《2035》还提出另一战略目标，即"构建服务全民的终身学习体系，健全国家学分银行制度和学习成果认证制度"。区块链技术可用于建构学分银行和成果认证平台的可信基础设施，其构想源于金融领域的数字货币，是一种把区块以链的方式组合在一起的数据结构。区块链去中心、可追溯及高可信的特点适合用于数字学位证书和学分的发放。目前，该研究方向已形成可应用的成果，并被美国麻省理工学院等教育机构采用。通过记录学生的正式及非正式学习活动、建立可追溯的学习过程，区块链可形成个体学信大数据，这类数据可显著提升教育大数据的可靠性。教育大数据和区块链的其他交叉应用仍然处在设想阶段，例如活用当前的知识库和电子资源，依托区块链建立可信的智能化教育电子商务平台等。

在前沿信息技术的助力下，教育大数据将逐步实现《2035》提出的相关战略目标，并与前沿技术实现更深入的融合，呈现以下发展趋势：① 教育大数据将引领教学、学习和评价方式的变革，使其进一步去中心化、个性化；② 数据采集和反馈将更为实时、全面、可信；③ 教育大数据的应用将更多走入前台，它将提供全程、全场景、全天候的教学辅助和决策参考，协助职业发展和终身学习。

12.2 教育大数据的机遇挑战

数据挖掘是教育大数据的关键技术，表 12－1 展示了 Papamitsiou 等人于 2014 年总结的教育数据挖掘的优缺点及机遇、挑战，这些机遇和挑战同教育大数据面临的问题有很多重合之处。在教育大数据领域的视域下，技术的问题会进一步反映为实践和现实难题。

表 12－1 教育数据挖掘的优点、缺点、机遇和挑战

优点 ● 巨大的数据体量和不断提升的实验结果精确度 ● 使用成熟的算法 ● 多种可视化方式支持学生、教师 ● 更精确的用户模型以实现系统的自适应和个性化 ● 揭示学习行为和过程的特征和重要时间点 ● 洞察学习战略和行为	缺点 ● 对实验结果意义的人为误判——侧重报告而非决策 ● 数据源过多，没有统一的数据表示语法——数据表问题 ● 多为定量研究结果，定性研究尚未提供显著的结果 ● 信息过载——系统复杂 ● 不确定性，只有技能熟练的教师才能正确地解释数据
机遇 ● 使用具有标准数据格式和兼容性好的开放知识图谱——开发通用平台 ● 基于复杂度量的多模式和情感分析推算的学习机会 ● 在大规模智能自动化系统中的自我反思、自我意识、自主学习 ● 使用跨系统的数据以辅助决策 ● 提出接受模型，例如用户认可的实用性、对目标的期待程度、用户认可的趣味性、信任度等	挑战 ● 伦理问题——数据隐私 ● 过度分析，分析的深度过大使得结果缺乏一般性 ● 模式识别错误 ● 可信度，实现过程中的矛盾结论

本书根据领域的最新进展，将教育大数据在近期有望解决的问题和产生实质进展的研究内容视为机遇：① 分析技术的再突破；② 深度挖掘数据改善教育实践；③ 破解教育教学发展难题。

教育大数据发展的挑战，即近期难以突破或争论已久的重大问题包括：① 数据开放和知识表示问题；② 信息安全和个人隐私保护问题；③ 算法偏见和道德伦理问题；④ 研究方法和应用模式问题。

12.2.1 教育大数据发展的机遇

1) 分析技术的再突破

一方面,中国基础教育领域存在真正的大数据,一年产生的数据量已达到 EB 级别;另一方面,教育领域的大数据不存在清晰的、固定的分析流程和分析方法,既要综合运用传统的数据分析方法与工具,又要合理采用专门针对大数据处理的新方法与新工具。分析技术的再突破可以显著提升教育大数据的创新应用效能。目前,成熟分析技术已经普遍被用于教育大数据中,但适合教育领域特点的分析技术研究仍然有待深入,教育数据及模型的质量仍存在较大的提升空间。在实践中,问题具体表现为数据特征提取不够精细、数据来源单一、多主体的建模较少、应用领域及范围较小、过于侧重定量和相关性分析等问题。分析技术的突破方式和所涉及的学科和领域密切相关,本节以教育大数据的一个典型应用——在线学习系统为例,描述分析技术突破的潜在机遇。

学习路径生成和材料推荐是解决 MOOC 等在线教学系统中知识迷失问题的主要方法。目前,这类功能依据三类信息,即学习材料间的语义联系、学习者的水平和学习风格及认知关系,基于以上信息的混合式推荐方式获得了良好的效果,但仍有进一步优化和细化的空间。

冷启动问题是系统投入使用初期或用户新注册时推荐系统数据不足的问题,从学习者本身出发的推荐和引导无法避免这类问题。为了缓解冷启动问题,现有的在线学习系统通常根据学习材料间的语义联系进行推荐,以积累早期数据,但语义联系不足描述认知关系和抽象的概念联系(例如知识理解的先后顺序)。补足这一缺陷可以提升改进初期的使用体验,常用的方法通常需要引入一个前期测试,这涉及对学习者进行知识水平或学习风格的测评。对学习者水平以及对学习风格的量化估计缺乏成熟理论的支撑,对学习材料难度的估计往往基于在线测评系统的算法,这些方式的效度仍然有待深入评估。

学习材料间的认知关系、顺序可通过知识图谱确定,但目前教育知识图谱的技术仍不成熟,该领域仍需大量的精力投入。现存教育领域的知识图谱大多由手工录入,相关应用的成果有土耳其语的 K8 认知技能知识库 CogSkillNet 等。知识图谱的建构方式已出现了自动化的手段,相关工作普遍基于公共的知识库或知识图谱(例如 WordNet 或基于维基百科生成的知识图谱)挖掘认知关系,进而确定需要推荐的学习材料。最大限度地利用公共资源,结合教育的属性,形成可靠的开源教育知识图谱,是教育大数据的一大机遇。但基于 Web 语义方式建构的知识图谱质量较低、实用性较差,如何解决知识表示和数据开放的问题,也是机遇中蕴含的挑战。

2) 深度挖掘数据改善教育实践

大数据并非仅仅基于单一性的实验或研究数据,而是采集了复杂和多样的现实世界机器、传感器的运行数据,对于后者,可以使用和传统方法不同的角度和统计方式,发掘数据内部隐藏的模式。Rachael 等人认为，教育数据挖掘需要探索结合领域数据的建模和聚类方式，例如，将医疗系统和教育教学过程中的数据结合的方式，具备颠覆循证医学实践的潜能。Papamitsiou 等人认为，学习者行为分析的过程涉及学习科学、心理学、教育学和计算机科学，通过分析和跟踪单一或多个操作，算法可识别出特定的模式，并凭此做出教育决策，然而，对学习者行为的理解和解构仍然不够充分。Li 等人在对学生毕业设计的大数据分析研究中提到，经过近两年的教育实践和研究，发现大数据分析的方法不仅可行，而且可以引导之后的教学实践。然而，在应用过程中仍然发现一些进步空间，例如，需要更深入地挖掘阶段性的质量标准、更合理地分配学生的权限和职责、及时发现学生拖延的迹象和解决方式等。通过更好地理解过程和即时性数据在教育学背景下的意义，对数据进行更深入的挖掘，可以改善研究和决策方式，进一步改善教育实践。

人机交互中存在屏幕的障壁，大数据服务的运行过程中，用户界面和后端自动化分析平台在技术上也并非完全耦合。大数据的应用和模型应从后台更多转向前台，完善支持前台交互的后台功能，通过可视化和透明的决策、进入教室和其他学习空间等手段，缓解用户的疑惑和疏离感。目前，大量的工作都聚焦于后端平台及屏幕内部内容的建设，这些平台的运行机理对用户不可见，或难以直观感知。欧盟的政策研究人员在关于《AI 对教育的影响》的报告提到，AI 不能脱离用户界面而存在（no AI without UI），并提倡将交互功能延伸到屏幕外的用户行为、历史数据和其他网络平台，使其更即时和全面，这一结论也适用于教育大数据；Lai 等人开展了关于学生和教师对移动学习偏好的研究，发现两者主要的区别是：教师更倾向于关注技术性问题，而学生更关心学习内容的丰富性和实用性。目前，以 MOOC 为代表的信息平台建设已经取得进展，对学生自主学习的支持，可以依托这类平台，更多地关注前台和人机交互的课题，探索对学生更友好的交互模式。

学生在自主学习的过程中需要更多的支持，而教育大数据可以为学生提供恰当的分析数据及学习引导。Schumacher 等人通过对学习统计面板的分析，提出学生希望获得学习分析的数据，以支持他们拟定学习计划、组织自评、获取适应性推荐的材料。目前，学习引导的研究已逐渐从基于学习路径、学习风格的个性化进化为认知过程、解题路径的个性化，后者的研究主要集中在计算机编程的自动提示领域。随着深度学习对符号推理问题解决和探究的深入，可能出现更多 STEM 学科问题的自动化解题路径和解题框架推断方式。

3）破解教育教学发展难题

通过使用数据分析技术改善教育实践，教育大数据能够破解传统教育面临的六大难题，即发展不均衡、方式单调化、信息隐形化、决策粗放化、择校感性化和就业盲目化难题。因此，教育大数据是重要的国家战略资产、教育领域综合改革的科学力量以及发展智慧教育的基石。

2009 年，Choi 等人的研究提出，在教师持续以一种方式教学的前提下，学习风格的差异仅在初期对学生的学习方法和效率造成影响，但后期渐渐趋向一致，该研究以此得出结论：为了适应各类学生学习风格，教育机构和教师往往投入大量人力、物力，这些努力有很大部分可能白费，出于效率的考虑，不如让学生主动适应学习环境。大量科研论文和效度分析的工作报告智能教学系统对学生的学习产生了正面效果，这类系统大量运用了基于大数据的自适应学习技术。以学习材料推荐和学习路径挖掘为代表的AI技术给予了教育机构提高效率、降低成本从而适应多样化学习风格的机会，其影响也值得进一步分析。随着智能信息系统和在线视频课堂的进一步推广，发展不均衡、方式单调化的问题已在一定程度上趋向缓解。然而，信息隐形化、决策粗放化、择校感性化和就业盲目化的难题仍然有待解决，其中，择校感性化和就业盲目化是信息不畅和决策困难的体现，信息处理及决策的问题也构成了教育大数据发展的挑战。

12.2.2 教育大数据发展的挑战

如表12-2，《中国基础教育大数据发展蓝皮书(2015版)》调查了教育大数据管理难题，并绘制了统计图表。除了管理难题外，本书扩展了信息处理的难题，并将挑战总结为如下四点。

表12-2 教育大数据管理难题

管理难题	同意人数占比(%)	同意的人数(人次)
A. 安全与隐私保护难	61.56	466
B. 落地案例少，应用推广难	70.94	537
C. 数据融通共享难	63.80	483
D. 数据质量难以保障	58.52	443
E. 数据运营模式不清晰	48.75	369
F. 数据化意识薄弱	52.58	398
G. 数据人才缺乏	52.84	400

注：表中数据来自《中国基础教育大数据发展蓝皮书(2015版)》。

1) 数据开放和知识表示问题

Daniel提出，即便有数据开放的意愿，各机构和领域间的知识整合仍然困难。在高等教育机构中，数据的总量在持续增长，但它们多以不统一的数据格式分散存放在桌面系统和行政学院里，难以获取和整合。尽管有形如Dataverse的数据开放基础设施的建设和应用，它们也无法动态收集个人终端的数据，更难以整合分析平台中不同类型的数据。为了将数据的创新应用效能最大限度发挥，发展跨数据种类、存储终端、机构甚至跨国、跨语言的数据整合能力，并建立数据仓储，是教育大数据急迫的核心需求。目前，数据仓储建立的难题主要有：知识表示的方式仍然不统一，整合困难，尽管整合方式的研究持续进展，但缺陷仍然较为明显、离大规模运用有一定距离；在打通数据壁垒的同时，难以合理及有目的地收集数据。

12.1.2 节中已阐述了两种本体工程的方式，进行了解决知识表示困难的尝试，本节介绍其他早期和前沿的成果。在知识表示方面，跨语言问题使得众多知识库成果无法实现成果互通，多语言实体对齐技术可整合多个不同语种的知识库，以解决这一问题。知识推理依赖于知识表示，它可应用于知识的检索和发现。目前，用于知识发现的推荐技术由电子商务的协同过滤推荐系统发展而来，尽管教育领域的协同过滤研究在一定程度上适应了学习材料访问的序列化特点，但推荐的材料难以契合认知规律，运用自动知识推理可改善这一问题。例如，Google DeepMind 实现了一个用于初等数学题的自动推理系统，并发布了训练推理模型的数学解题数据集和成果分析。教育大数据的模型往往是多维且复杂的，伯克利大学开发的选课系统通过对高维课程模型的降维和可视化，实现了决策的透明化，其课程图谱可显示出不同专业学生的选课偏好。对于知识表示的问题，用于传统信息检索的建模方式不完全适用于教育大数据，解决这一问题需要来自多个领域的智慧。

教育数据网络的构建是发展基础教育大数据的基础性工作，国家、区域、学校教育数据网络的构建方法不同，发展重点不同。数据仓储需要从数据网络中采集数据，数据整合问题不仅涉及知识表示的技术困难，而且需要行政管理的辅助、依赖法律法规的完善。Daniel 认为，尽管数据整合的困难大、成本高，但通过整合多源的数据并形成数据仓储，可有效地解锁大数据价值、提高预测模型的精确度，有计划的数据整合亦可防止教育决策过程中额外的时间和资源浪费。Dringus 等人建议，应该进一步提高组织的透明度，明确教育大数据需要达成的具体目标来筛选需要收集和整合的数据，以此克服数据收集低效的问题。另外，决策人员需要通过制定合理的行政法规保证数据仓储数据的时效性和准确性。

2）信息安全和隐私保护问题

Eynon 指出，大数据带来了伦理、隐私、知情同意权利和伤害保护等一系列问题，其中，哪些数据出于何种目的应被分析和整合，成为广泛争论的焦点。在大数据时代，大量数据的集中存储带来的信息安全、数据滥用和个人隐私保护等问题变得更为凸出，几乎涉及大数据相关的所有行业。

Willis 等人认为教育数据访问的约束必须先于数据的开放和分析使用实施。然而，法律法规的出台往往滞后于技术应用和行业发展，2018 年 5 月，欧盟的个人数据保护法《一般数据保护条例》（GDPR）正式生效，该条例严格禁止信息服务隐藏、默认地收集用户信息，并规定用户对个人数据掌握完全的访问权。同月，中国国家标准《信息安全技术　个人信息安全规范》颁布，尽管还未上升到立法层面，但它是目前中国个人信息保护制度中最完善的规范性文件。可以预见，保证数据收集过程的合法合规、提升算法和模型对稀疏或空缺数据的适应能力、预防逆向技术对匿名或被删数据的还原和破解，将成为教育大数据发展的新热点。

教育大数据带来的质疑，已经扩展到了对自适应学习意义本身的讨论。Couldry 等人以“解构数据化的美丽新世界”为题，提出自适应学习的正面意义被过多讨论，但其造成的潜在不良后果被忽略。本书作者指出，自适应学习是教育大数据驱动的，大量研究认为它和数据化时代来临前的方式完全不同,并将其奉为一种更优越学习方式。社会缺乏基本工具以应对这种数据化带来的不良后果,它可能损害基本的公民权利,所以对数据化负面意义的讨论可能比发展自适应学习技术更为重要和紧迫。

3) 算法偏见和道德伦理问题

教育大数据产生于各种教育实践活动,核心数据源头是"人"和"物"。每个教育利益相关者既是教育数据的生产者也是教育数据的消费者。教育大数据的本质决定了它与社会和伦理息息相关,它的普及会带来前所未见的道德伦理问题。

Ifenthaler 等人认为,系统在交互过程中收集的碎片化数据无法完整地表达学生这一概念。Roberts-Mahoney 等人对教育领域个性化数据的商业化产生了顾虑,他们认为,目前的个性化学习未将"有益学生发展"视为目标。与之相对,个性化学习将学生的个人特征转化为数据库拥有者和科技巨头的私有资产。在这种语境下,学生及其家庭是"消费者",而学生及其数据是"教育产业"的"商品"。商品无法主张其权利,于是学生的公民权,在私人和公共领域的意义上,均有被抹杀的危险。在缺乏道德伦理考量的前提下,如果教育领域的个性化技术被用于商业市场的自由竞争,它带来的危害一定远胜于便利。

Eynon 认为,大数据可能威胁教育公平、以多种方式加重现存的不平等,并提出了缓解这一问题的两种手段。首先,挑选用于作出决策的数据必须考虑数据对目标群体的普适性,不宜过于依赖线上来源,例如,基于社交网络、搜索引擎和网络日志的数据并未覆盖到足够多的人群。其次,有必要注意研究人员的来源背景,例如,受雇于商业公司的研究人员不宜访问一些非匿名的个人隐私数据。

除了上述问题外,算法偏见也在近期成了威胁社会公平的新问题。形成大数据预测模型的原始数据可能掺入主观因素,在模型训练的过程中,这种主观因素会被引入甚至扩大,以至于形成算法偏见。确定偏见存在和修正偏见的确切标准往往难以定义,算法偏见的隐匿性高、技术属性强。教育大数据具备多主体、多领域、多文化的复杂背景,需要有更多的精力投入到算法偏见的定性和定量分析中。Ifenthaler 等人认为,教育大数据分析也许可以洞察个人的学习历史和信息,但远未克服偏见,其可理解性和可用性也远未达到理想的水平。

4) 研究方法和应用模式问题

与其他领域大数据相比,教育大数据的独特性主要体现在三个方面:采集过程更加复杂、应用模式更具挑战性、更加注重因果关系。本节讨论研究方法和应用模式的问题。

Eynon 提到,教育大数据预测模型得出结论后,针对其后续手段的讨论很有限。目前教育大数据分析和挖掘已经可以识别退学或退出在线课程的风险、可以让学生像挑选电子商城的商品一样做出学习选择,甚至可以推测出学校和教师教学失败的部分理由,并且全程追踪学生在校内的学习过程。获得这些数据、得出这些结论的可能性是前所未有的,然而,它们后续的社会影响被忽略了,而这些问题恰恰是急需考虑、分析和回答的。例如,检测到学生可能退学时,教育机构是否应该提供经济或其他支持,还是告知他们退学的可能性并继续收取学费；如果全部的教育选择都基于推荐系统，学生的好奇心会不会被削弱；在什么情况下，学生可以真正匿名、独立地进行学习？正如 Eynon 所言，个性化学习在信息系统中的确有正面的促进和引导作用，但也有研究质疑推荐系统可能削弱学生自主学习和独立思考能力。Ashman 等人指出个性化学习是一把双刃剑，它对社会、伦理和学生发展的危害并未被充分讨论，随着这类技术的普及，危害可能已经悄然出现。

Bulgar 等人的研究表明，近年的研究中，教学过程的个性化、自适应、自动化和教学环境的响应性等词语的含义已经变得模糊，它们的含义存在区别、不应被混淆，这一现状揭示了大量的相关研究没有扎实的教育理论基础。Bartolomé 认为，部分研究人员并不清楚他们所谓的个性化为什么、个性化对于谁是有用的，很多教育技术的研究并未试图引入教育学理论，这种以教育为目的，却避谈教育学理论的研究方法一定不会奏效。

一方面，个性化技术的应用模式尚未明确；另一方面，学生却急需这类技术以支持学习。Schumacher 提出，学生对教育大数据分析系统的功能，包括推荐和数据统计、预测功能抱有巨大的期待。为了迎合这些实际存在的需求，研究者在设计信息系统前，应该更多倾听学生的意见，以提高系统的接受度和实用性。除了个性化技术外，在更广泛的研究领域，教育大数据也并非万能和普适的，否则将会得出没有意义或错误的结论。目前，对于一个教育问题是否适用于大数据分析，还没有统一的框架和确定方式，它对教育大数据的应用构成了挑战。

仅凭基于大数据得出的相关性结论也无法揭示因果性。当前对于教育大数据的研究，主要侧重于相关性的定量研究，因此无法形成具有说服力的导学、推荐、评价机制。通过定量研究揭示教育大数据内部因果性的主要难题在于：数据的维度多、复杂性高和存在隐性的混淆因子和偏倚变量。Schumacher 等人指出，从学习科学的角度来看，教育大数据分析的重点应该是理解和支持学习过程，基于学习理论选取合适的数据特征，也是揭示因果性的可靠方式。通过定性分析结合定量数据解决这一难题、提高结论的可解释性，构成了教育大数据的一个主要研究方向。然而，Feufel 等人提出，在医疗教育中，因为担心大数据预测模型的准确率而将其放弃，也是不可取的。尽管预测模型无法揭示因果性，但它们在一定程度上可以提供参考。与其顾虑误诊的可能性而将它们妖魔化，不如更多地将这类模型和算法应用到医疗领域中，从而提升其精度，并更好地辅助决策。

12.3 关于教育大数据的建议

尽管面临着无法忽视且必须竭尽全力应对的重大挑战，大数据也给教育带来了重大机遇，因此我们的教育改革与发展不能因噎废食而放弃大数据，反而要引导学生和从业人员适应大数据时代。

Barr 等人提出教育政策应大力推广和普及计算思维，它涉及 STEAM 教育中的每个环节，教育大数据中的数据采集和分析技能则是计算思维的两个主要概念。Du 等人认为，对新技术的实践和推广也需要个性化，除了需要考虑与文化和教育体制的契合程度外，还要考虑计算机技能的熟练程度和个人空闲时间等因素，对技术的推行策略进行更详细的区分。Colpaert 通过分析前几次的科技革命，总结出在技术演变中，教育领域中涉及的角色既有变化的部分，也有不变的部分。决策者、教师和学生等相关角色的人员需要灵活地适应变化。本书综合若干研究提出的观点，总结了面向教育大数据相关人员的建议。

（1）面向教育决策者的建议。

① 将科学的数据支撑作为必要条件，制定详细的管理规定、完善法律法规。

② 出台基础大数据治理相关办法，出台促进教育大数据行业发展的相关政策，鼓励学习开发应用程序的初创企业，将发展教育大数据列入国家与地方教育信息化发展规划。

③ 加大宣传力度，提高社会公众对教育大数据的整体认知。

④ 成立基础教育大数据相关研究机构，成立提供专业教育数据质量与安全评估服务的第三方社会机构，保证知识库的数据质量。

（2）面向教育管理者的建议。

① 提升自身数据素养，积极利用教育数据实现标准化、精细化、智能化的教育管理。

② 完善各级教育数据网络建设以及教育数据的采集与更新机制。

③ 制定基础教育数据采集和质量管理标准及基础教育大数据应用指南。

④ 加强各级教育行政机构及各类教育机构的教育大数据人才队伍建设。

（3）面向教师的建议。

① 打破对知识的固有观念，重新思考对新的学习内容的态度，充分意识到教育数据在促进学生综合素质发展及个性化成长方面的作用。

② 培养基于学生学习数据改善教学决策的习惯，能与家长就学生的各项学习数据进行沟通交流，使用大数据促进学生的学习效率与质量。

③ 与研究人员一起探索大数据与学科教学深度融合的模式、方法与策略。

④ 注重培养学生的数据素养，主动帮助儿童和青少年适应大数据时代的挑战，提升数码素养和普及计算思维，掌握数据收集和分享的渠道和方法、理解计算程序的运作模式。

（4）面向学生的建议。

① 建立隐私保护意识。

② 掌握数据分析工具的基本操作。

③ 养成积累和整理学习成果数据的良好习惯。

（5）面向行业从业者的建议。

① 与高校、中小学校、科研机构深度合作，形成具有自主知识产权的教育大数据技术、标准和规范。

② 重点关注学习分析预警类产品、教育管理决策类产品、教育教学评价类产品以及个

性化服务类产品，避免盲目跟风，善用已有积累和优势，基于互联网思维打造极致化体验的教育大数据产品和服务。

③ 遵守相关法律法规，合理、有节制地采集数据，对符合条件的数据进行匿名化处理，并向用户公开数据用途。

④ 研究人员应更多专注于涉及数据交互的界面以鼓励数据的流通。

⑤ 出版商应革新出版渠道和商业模式，选择合适的学习内容。

◇参◇考◇文◇献◇

[1] 教技[2016]2 号文件，教育部关于印发《教育信息化“十三五”规划》的通知[Z].

[2] 中国基础教育大数据发展蓝皮书(2015)[EB/OL].(2016-04-17)[2019-04-16]. https://max.book118.com/html/2018/0226/154817029.shtm.

[3] 郑庆华，董博，钱步月，等. 智慧教育研究现状与发展趋势[J]. 计算机研究与发展，2019，56(01)：209-224.

[4] 杨宗凯. 大数据驱动教育变革与创新[J]. 大数据时代，2017(05)：8-11.

[5] Romiszowski A. Artificial intelligence and expert systems in education: Progress, promise and problems [J]. Australian journal of educational technology, 1987, 3(01): 6-24.

[6] Pérez Martínez C, López Morteo G, Martínez Reyes M, et al. Wikipedia-based learning path generation [J]. Computación y Sistemas, 2015, 19(03): 589-600.

[7] Ramírez-Noriega A, Juárez-Ramírez R, Jiménez S, et al. Determination of the course sequencing to intelligent tutoring systems using an ontology and Wikipedia [J]. Journal of Intelligent & Fuzzy Systems, 2018, 34(05): 3177-3185.

[8] Kaya G, Altun A. Utilizing a smart cognitive support system for K-8 education [J]. Smart Learning Environments, 2018, 5(01): 17.

[9] Lin Y T, Wu C C, Hou T Y, et al. Tracking students' cognitive processes during program debugging — An eye-movement approach [J]. IEEE transactions on education, 2016, 59(03): 175-186.

[10] Fan J, Wade J W, Bian D, et al. A Step towards EEG-based brain computer interface for autism intervention [C]//2015 37th Annual International Conference of the IEEE Engineering in Medicine and Biology Society (EMBC). IEEE, 2015: 3767-3770.

[11] Granados D F P, Yamamoto B A, Kamide H, et al. Dance teaching by a robot: Combining cognitive and physical human-robot interaction for supporting the skill learning process [J]. IEEE Robotics and Automation Letters, 2017, 2(03): 1452-1459.

[12] Gasparetti F, De Medio C, Limongelli C, et al. Prerequisites between learning objects: Automatic extraction based on a machine learning approach [J]. Telematics and Informatics, 2018, 35(03): 595 - 610.

[13] Mizoguchi R, Bourdeau J. Using ontological engineering to overcome ai-ed problems: Contribution, impact and perspectives [J]. International Journal of Artificial Intelligence in Education, 2016, 26(01): 91 - 106.

[14] Crosas M. The dataverse network: an open-source application for sharing, discovering and preserving data [J]. D-lib Magazine, 2011, 17(01): 2.

[15] 罗鹏程,朱玲,崔海媛,等. 基于 Dataverse 的北京大学开放研究数据平台建设[J]. 图书情报工作, 2016,60(03): 52 - 58.

[16] 殷沈琴,张计龙,张莹,等. 社会科学数据管理服务平台系统选型研究——以复旦大学社会科学数据平台为例[J]. 图书情报工作,2013,57(19): 92 - 96.

[17] Baker M J. The roles of models in Artificial Intelligence and Education research: a prospective view [J]. Journal of Artificial Intelligence and Education, 2000, 11(02): 122 - 143.

[18] 国发[2017]35 号文件,国务院关于印发新一代人工智能发展规划的通知[Z].

[19] Lee G C, Yeh F H, Chen Y J, et al. Robust handwriting extraction and lecture video summarization [J]. Multimedia Tools and Applications, 2017, 76(05): 7067 - 7085.

[20] Hashimoto D A, Rosman G, Volkov M, et al. Artificial Intelligence for Intraoperative Video Analysis: Machine Learning's Role in Surgical Education [J]. Journal of the American College of Surgeons, 2017, 225(04): S171.

[21] Macukow B, Homenda W. Methods of artificial intelligence in blind people education [C]// International Conference on Artificial Intelligence and Soft Computing. Springer, Berlin, Heidelberg, 2006: 1179 - 1188.

[22] Wise A F, Schwarz B B. Visions of CSCL: Eight provocations for the future of the field [J]. International Journal of Computer-Supported Collaborative Learning, 2017, 12(04): 423 - 467.

[23] McLaren B M, Scheuer O, Mikšátko J. Supporting collaborative learning and e-Discussions using artificial intelligence techniques [J]. International Journal of Artificial Intelligence in Education, 2010, 20(01): 1 - 46.

[24] Poitras E G, Doleck T, Lajoie S P. Towards detection of learner misconceptions in a medical learning environment: a subgroup discovery approach [J]. Educational Technology Research and Development, 2018, 66(01): 129 - 145.

[25] Jurado F, Redondo M, Ortega M. eLearning standards and automatic assessment in a distributed eclipse based environment for learning computer programming [J]. Computer Applications in Engineering Education, 2014, 22(04): 774 - 787.

[26] Ueno M, Miyazawa Y. IRT-based adaptive hints to scaffold learning in programming [J]. IEEE Transactions on Learning Technologies, 2017, 11(04): 415 - 428.

[27] Fratamico L, Conati C, Kardan S, et al. Applying a framework for student modeling in exploratory learning environments: Comparing data representation granularity to handle environment complexity

[J]. International Journal of Artificial Intelligence in Education, 2017, 27(02): 320 - 352.

[28] Lin C F, Yeh Y, Hung Y H, et al. Data mining for providing a personalized learning path in creativity: An application of decision trees [J]. Computers & Education, 2013, 68(03): 199 - 210.

[29] Bellotti F, Berta R, De Gloria A, et al. Adaptive experience engine for serious games [J]. IEEE Transactions on Computational Intelligence and AI in Games, 2009, 1(04): 264 - 280.

[30] Wauters K, Desmet P, Van Den Noortgate W. Item difficulty estimation: An auspicious collaboration between data and judgment [J]. Computers & Education, 2012, 58(04): 1183 - 1193.

[31] Tsinakos A, Kazanidis I. Identification of conflicting questions in the PARES system [J]. The International Review of Research in Open and Distributed Learning, 2012, 13(03): 297 - 313.

[32] Tsai Y R, Ouyang C S, Chang Y. Identifying engineering students' English sentence reading comprehension Errors: applying a data mining technique [J]. Journal of Educational Computing Research, 2016, 54(01): 62 - 84.

[33] 魏巍，张劲松. 一款汉语智能语音教学 APP 及教学实验初步结果[J]. 科技与中文教学，2018，9(02): 83 - 97.

[34] Wiggins J B, Grafsgaard J F, Boyer K E, et al. Do you think you can? the influence of student self-efficacy on the effectiveness of tutorial dialogue for computer science [J]. International Journal of Artificial Intelligence in Education, 2017, 27(01): 130 - 153.

[35] Yen N Y, Huang R, Ma J, et al. Intelligent route generation: discovery and search of correlation between shared resources [J]. International Journal of Communication Systems, 2013, 26(06): 732 - 746.

[36] Kim Y, Soyata T, Behnagh R F. Towards emotionally aware AI smart classroom: Current issues and directions for engineering and education [J]. IEEE Access, 2018, 6: 5308 - 5331.

[37] Yang J, Huang Z X, Gao Y X, et al. Dynamic learning style prediction method based on a pattern recognition technique [J]. IEEE Transactions on Learning Technologies, 2014, 7(02): 165 - 177.

[38] Pardos Z A, Fan Z, Jiang W. Connectionist recommendation in the wild: on the utility and scrutability of neural networks for personalized course guidance [J]. User Modeling and User-Adapted Interaction, 2019, 29(02): 487 - 525.

[39] 中共中央、国务院印发《中国教育现代化 2035》[EB/OL]. (2019 - 02 - 23)[2019 - 04 - 16]. http://www.moe.gov.cn/jyb_xwfb/s6052/moe_838/201902/t20190223_370857.html.

[40] Papamitsiou Z, Economides A A. Learning analytics and educational data mining in practice: A systematic literature review of empirical evidence [J]. Journal of Educational Technology & Society, 2014, 17(04): 49 - 64.

[41] Ellaway R H, Pusic M V, Galbraith R M, et al. Developing the role of big data and analytics in health professional education [J]. Medical teacher, 2014, 36(03): 216 - 222.

[42] Li Y, Zhai X. Review and Prospect of Modern Education using Big Data [J]. Procedia Computer Science, 2018, 129(01): 341 - 347.

[43] Lai C L, Hwang G J, Liang J C, et al. Differences between mobile learning environmental preferences of high school teachers and students in Taiwan: a structural equation model analysis [J].

Educational Technology Research and Development, 2016, 64(03): 533 - 554.

[44] Schumacher C, Ifenthaler D. Features students really expect from learning analytics [J]. Computers in Human Behavior, 2018, 78(03): 397 - 407.

[45] Choi I, Lee S J, Kang J. Implementing a case-based e-learning environment in a lecture-oriented anaesthesiology class: Do learning styles matter in complex problem solving over time? [J]. British Journal of Educational Technology, 2009, 40(05): 933 - 947.

[46] Daniel B. Big Data and analytics in higher education: Opportunities and challenges [J]. British journal of educational technology, 2015, 46(05): 904 - 920.

[47] Dringus L P. Learning analytics considered harmful [J]. Journal of Asynchronous Learning Networks, 2012, 16(03): 87 - 100.

[48] Eynon R. The rise of Big Data: what does it mean for education, technology, and media research? [J]. Learning, Media and Technology, 2013, 38(03): 237 - 240.

[49] Willis III J E. Ethics, Big Data, and Analytics: A Model for Application [J]. EDUCAUSE Review Online, 2013.

[50] EU Congress. General Data Protection Regulation (GDPR) [EB/OL]. (2018 - 05 - 25)[2019 - 04 - 16]. https://ec.europa.eu/commission/priorities/justice-and-fundamental-rights/data-protection/2018-reform-eu-data-protection-rules_en.

[51] GB/T 35273—2017.

[52] Couldry N, Yu J. Deconstructing datafication's brave new world [J]. New Media & Society, 2018, 20(12): 4473 - 4491.

[53] Ifenthaler D, Schumacher C. Student perceptions of privacy principles for learning analytics [J]. Educational Technology Research and Development, 2016, 64(05): 923 - 938.

[54] Roberts-Mahoney H, Means A J, Garrison M J. Netflixing human capital development: Personalized learning technology and the corporatization of K - 12 education [J]. Journal of Education Policy, 2016, 31(04): 405 - 420.

[55] Boyd D, Crawford K. Critical questions for big data: Provocations for a cultural, technological, and scholarly phenomenon [J]. Information, communication & society, 2012, 15(05): 662 - 679.

[56] Ashman H, Brailsford T, Cristea A I, et al. The ethical and social implications of personalization technologies for e-learning [J]. Information & Management, 2014, 51(06): 819 - 832.

[57] Bulger M. Personalized learning: The conversations we're not having [J]. Data and Society, 2016, 22(01): 1 - 28.

[58] Bartolomé A, Castañeda L, Adell J. Personalisation in educational technology: the absence of underlying pedagogies [J]. International Journal of Educational Technology in Higher Education, 2018, 15(01): 14.

[59] Feufel M A, Flach J M. Medical education should teach heuristics rather than train them away [J]. Medical education, 2019, 53(04): 334 - 344.

[60] 胡乐乐. 论国际视野中的"大数据与教育"[J]. 比较教育研究,2015,306(07): 70 - 77.

[61] Barr V, Stephenson C. Bringing computational thinking to K - 12: what is Involved and what is the

role of the computer science education community? [J]. Inroads, 2011, 2(01): 48 - 54.

[62] Du J, Fan X, Xu J. Factors Related to Chinese Students' Interest in Online Groupwork [J]. The Asia-Pacific Education Researcher, 2016, 25(02): 287 - 294.

[63] Colpaert J. Exploration of affordances of open data for language learning and teaching [J]. Journal of technology and Chinese language teaching, 2018, 9(01): 1 - 14.

[64] Pence H E, Williams A J. Big data and chemical education [J]. Journal of Chemical Education, 2016, 93(03): 504 - 508.